復旦哲學·中國哲學文獻叢書

陸

東亞《家禮》文獻彙編

日本篇

③

主編 吴震

[日]吾妻重二　[韓]張東宇

上海古籍出版社

朱子家禮筆記

［日本］三宅尚齋 撰
［日本］榧木亨 董伊莎
趙正泰 金 瑞 整理

《朱子家禮筆記》解題

[日]吾妻重二　撰　董伊莎　譯

《朱子家禮筆記》，寫本七册，九州大學中央圖書館碩水文庫所藏，圖示編號爲カ-12。碩水文庫原是平户藩（現長崎縣）儒者楠本碩水的舊藏書，經其兄端山之孫楠本正繼（一八九六—一九六三）斡旋，收入九州大學中央圖書館，主要收集了宋儒性理之書及崎門派（山崎闇齋學派）諸儒的著述。楠本正繼曾任九州帝國大學法文學部教授，是著名的漢學家，也是岡田武彦、荒木見悟之師。

此《朱子家禮筆記》爲三宅尚齋（一六六二—一七四一）所撰。尚齋是與佐藤直方、淺見絅齋並稱爲崎門三傑的朱子學者。播磨（今兵庫縣）人，名重固，字實操，通稱儀左衛門，後又稱丹治。尚齋是其號。尚齋少時先到京都學醫，十九歲入山崎闇齋門下，三年後闇齋去世，轉尊直方、絅齋爲兄，隨其學習。後到江户侍奉忍藩主的阿部侯，四十八歲時因常對藩主進諫而遭疏遠，又被監禁於忍藩城内（今埼玉縣行田市）的監牢近兩年。此時，尚齋在牢内偶然尋得一枚釘子，便刺破手指用血寫就了《狼疐録》。被釋放後，寶永七年（一七一〇）四十九歲時在京都開設學塾。貧窮中堅持講學，名聲漸響。曾應諸大名招募進講，享保八年（一七二三）後回歸京都，專注於著述和教育。享保十八年（一七三三），在京都的西洞院模仿朱熹的小學、大學開設培根堂和達支堂兩學塾，培養出衆多門人。尚齋性格剛直，但爲人温厚、誠實。

尚齋的學問只專於繼承、發展和完善朱熹、闇齋之學，其札記式的筆記多以寫本流傳。有《易本義筆記》十一册、《易學啓蒙筆記》三册、《朱易衍義筆記》一册、《洪範全書》一册、《詩經筆記》二册、《四書章句筆記》二十五册、《大學或問筆記》一册、《中庸輯略筆記》一册、《近思録筆記》二册、《太極圖説筆記》二册、《西銘筆記》一册、《小學筆記》二册、《孝經刊誤筆記》一册、《敬齋箴筆記》一册、《拘幽操筆記》一册、《白鹿洞揭示筆記》一册等。在此收録的《朱子家禮筆記》七册是他的代表作之一。另有著述《默識録》六卷、《神主總名式》一册、前述《狼疐録》三卷等，還有語録《尚齋先生雜談録》四册。其中，與祖先祭祀有關的著述有《祭祀來格説》一册（延享五年刊本）及其講義録《祭祀來格説講義》一册（寫本），内容爲用理氣論對鬼神的來格展開論述。

《朱子家禮筆記》是對《家禮》全文詳細的注釋，以漢文寫成。「筆記」在此應指爲準備講説而寫的講義録。前述筆記類的著述中，關西大學綜合圖書館泊園文庫所藏的《近思録筆記》《小學筆記》等也均是以漢文寫成。而尚齋之師淺見絅齋的《家禮師説》、絅齋門人若林强齋的《家禮訓蒙疏》則是以和文的口語記録而成，是門人筆録講説内容的講義録。因此尚齋用漢文寫就的這些筆記是他自己爲進行講説所準備的資料集。《朱子家禮筆記》卷首識語有「朱子家禮開講口義」，此「口義」也顯示了這些筆記正是講説時使用的預備記録，又識語末尾有「享保十一年丙午十一月　三宅重固識」，因此該講説進行於享保十一年（一七二六），尚齋六十五歲時。

關於此書的撰述方針，識語有云：

朱先生於千載之下，因當時所用者而斟酌之以古禮，著書五篇，爲一家禮。吾邦地隔萬里，俗殊時亦异矣。學者善讀此篇，有得於「因以斟酌之」之意焉，則庶幾於禮之全體，莫所失云。

據此，如朱熹曾順應當時的習俗而「斟酌」古禮，在日本順應俗禮而「斟酌」《家禮》也是可行的，此舉並不會喪失「禮」的精神。這顯示了作者考慮日本國情，並盡力推行《家禮》禮儀的立場。

《朱子家禮筆記》是對於《家禮》正文及朱熹自注的詳細注釋書，最大限度地參考了十八世紀初能入手的所有中國、朝鮮和日本文獻，包括《儀禮》和《禮記》等三禮文獻、朱熹的《文集》和《語類》、二程和張載的著作、明丘濬的《文公家禮儀節》、周應期的《家禮正衡》、胡廣的《性理大全》等中國文獻，更有朝鮮曹好益的《家禮考證》（見下文）、日本山崎闇齋的《文會筆録》、淺見絅齋的《家禮師説》等。《朱子家禮筆記》應爲日本最爲詳細的《家禮》注釋書之一，對《家禮》的研究至今仍有一定的價值。

需要注意的是，前述曹好益在書中被引作「金芝山」。經調查，書中常引的金芝山之説出自曹好益（一五四五—一六〇九）的《家禮考證》。曹好益號芝山，因此以號稱之應爲曹芝山，而《家禮考證》卷頭載有金堉（一五八〇—一六五八）的序，所以「金芝山」的稱呼應是混淆了兩者。金堉是曹好益的門人。在與尚齋同門的淺見絅齋《家禮師説》、同時代的新井白石《家禮儀節考》中，曹好益的《家禮考證》也被多次引用，是在當時的日本流通比較廣泛的朝鮮儒者著作。

《朱子家禮筆記》碩水本的另一個特色在於書的欄外及行間有許多以小字寫成的校記。自尚齋以後，《朱子家禮筆記》被多次轉鈔，碩水本應是根據這些轉鈔本進行了校訂。本次整理，這些校記依實際情況，酌情保留。

小浜市立圖書館酒井家文庫所藏《朱子家禮筆記》（小浜本，全九册）也是其中的一個轉鈔本，卷末有「寛保二壬戌仲夏既望　高木良央謄寫之」。據此，小浜本應是寛保二年（一七四二），即尚齋去世的第二年，由門人高木良央根據尚齋的筆記鈔寫而成，是比較早期的文本。此後，有過多次轉鈔，碩水文庫本便是利用了這些轉鈔本。

《朱子家禮筆記》至今鮮有考察，因此以本書的出版爲契機，望能打開新的研究視野。

目録

家禮筆記

家禮筆記

朱子家禮筆記

朱子家禮開講口義

夫禮者，恭敬退讓之理，而必本於天地，固有於人心。《樂記》云：「天高地下，萬物散殊，而禮制行矣。」《禮運》云：「夫禮先王以承天之道，以治人之情。」其用之行者，自冠昏喪祭之大，至於起坐進退之微，無時不有，無事不存。《禮運》云：「夫禮必本於天，動而之地，列而之事，變而從時，協於分藝，其居人也曰義，其行之以貨力、辭讓、飲食、冠昏、喪祭、射御、朝聘。」其實之存於內者，恭敬辭讓也。其文之著於外者，儀章疏數也。其理之固有，而其實之存於內者，通古今，宜遠近，無有異者矣。其用之行，而其文之著者，有古今異宜，士俗異制焉。《王制》云：「廣谷大川異制，民生其間者異俗，剛柔輕重遲速異齊，五味異和，器械異制，衣服異宜。修其（政）〔教〕，不易其俗。齊其政，不易其宜。」是以聖人之制禮也，本其固有而不易其俗尚，據存於內者以爲之品節。故措則正，施則行。後之言禮者，不達其意。拘時俗者，慝禮不本於固有。《樂記》云：「淫樂慝禮，不接心術。」又云：「中正無邪，禮之質也。」《郊特牲》

云：「禮之所尊〔一〕，其義也。」主本實者，直情而遺乎制度文爲矣。《檀弓》云：「直情徑行者，戎狄之道也。」二皆非體用本末之全也。朱先生生於千載之下，因當時所用者而斟酌之以古禮，著書五篇，爲一家禮。吾邦地隔萬里，俗殊時亦異矣。學者善讀此篇，有得於「因以斟酌之」之意焉，則庶幾於禮之全體，莫所失云。

享保十一年丙午十一月　三宅重固識

禮有王朝侯國之禮，有鄉里一家之禮。王朝侯國之禮，朱子於《儀禮經傳通解》述之，一家之禮，則此書著之。朱子丁母祝〔二〕人之憂，成喪葬祭禮，推之於冠昏。其命之以《家禮》者，序文曰：「以爲一家之書。」則以施吾家爲義，而謙退之意可〔三〕見矣。亦而其對王朝侯國之意，固在其中矣。丘氏《家禮儀節》卷首載諸説尤備焉，宜參考。且讀此書者，往往知有《儀節》而不知有先生本書，甚庬脱，惟參考爲任。其他《正衡》《考證》及《性理大全》所載，皆間有可取者矣。若夫卷首圖，則丘氏詳辨之，絅齋先生亦略言以附卷末。此書先生未嘗出示於人，蓋非成書也，先

〔一〕「尊」字之下，一本有「尊」字。
〔二〕一本「祝」字下有「夫」。
〔三〕按，一本「意可」間有「亦」字，而無「亦而其」三字。

生没後始出，故有與先生晚年説不合者，讀者所宜知矣。

序考〔一〕

是亦。《文集》無亦字。者也。《文集》無者字。究觀。《文集》無究字。務本。《文集》務作敦，或作敷。丘本作務，或作趨。崇化。《文集》作敦化。

注疏始終。《文集》作終始。

序

禮有本有文。《禮器》云：「先王之立禮也，有本有文。」○按《禮器》以義理爲文者，與此不同。名分之守。謂適子、庶子，大宗、小宗之類。有以一毫不可僭差者也。是就事上言。愛敬之實。就心上言。實是《孟子》所謂「仁義之實」之實。

〔一〕 一本作「考異」。

常體。體是體段，謂不易之定體也。朝鮮芝山《家禮考證》引《禮器》「禮也者猶體也」之語者，誤也。

禮經。《周禮・太宰之職》：「掌建邦之六典。」鄭注：「王謂之禮經，常所秉以治天下也。邦國官府謂之禮法，常所守以爲法式也。」疏：「凡言經者，以經紀天下也。」一説禮經猶曰禮書也。《語類》九十云：「然無禮經。」《家禮》首卷神主式圖下注：「禮經及《家禮》舊本。」

世之君子云云。楊氏復云「先生家鄉侯國王朝禮，專以《儀禮》爲經，及自述《家禮》，則又通之以古今之宜。故冠禮則多取司馬氏，昏禮則參諸司馬氏、程氏，喪禮本之司馬氏，後又以高氏名開，字抑崇，四明人。紹興初爲禮官。有《送終禮》。爲最善，及論祔遷則取横渠遺命，治喪則以《書儀》疏略而用《儀禮》，祭禮兼用司馬氏、程氏，而先後所見又有不同，節祠則以韓魏公所行者爲法」云云。

通禮

一説通於冠、昏、喪、祭之禮也，猶《小學》書「通論」。按冠、昏、喪、祭禮之大者，然皆行之有時，施之有所。此篇所著，則無時無所，泛通日用可常行者，故謂之通禮。通於冠、昏、喪、祭之義，亦自在其中，但首曰通四禮，則不可耳。

祠堂

按，祠亦廟也爾，字書可見。祭神之處也。謂之廟，則其制不止不傳，而庶人之賤，有不得爲者。故朱子命之以祠堂，而制度多用俗禮，是朱子以義起之。司馬公亦用影堂之名，説見《性理大全》。伊川亦曰：「庶人無廟，可立影堂。」然朱子改曰祠堂者，本乎伊川不可用影之説。然祠堂名已見《漢・文翁傳》。而〔二〕范文正公亦有《嚴先生(之)祠堂記》。〔三〕

△報本反始。《祭義》曰：「天下之禮，致反始也，致反始，以厚其本也。」應氏云：「致反始，所以極吾心報本之誠。」《郊特牲》曰：「萬物本於天，人本乎祖，此所以配上帝也。郊之祭也，大報本反始。」陳氏云：「報者酬之以禮，反者追之以心。」

△尊祖敬宗。《喪服小記》曰：「尊祖故敬宗，敬宗所以尊祖禰也。」疏云：「宗是先祖正體。尊崇其祖，故敬宗子。所以敬宗子者，尊崇祖禰之義也。」

〔二〕「傳而」間，一本有「及杜詩」三字。

〔三〕「祠堂記」下，「一本分注，前漢文翁，終於蜀，吏民爲立祠堂，歲時祭祀不絶」二十三字。傳云文翁。

○君子將營宮室至正寢之東。《曲禮下》曰：「君子將營宮室。宗廟爲先，廄庫爲次，居室爲後。」《周禮》匠人，及《禮記》「建國之神位，右社稷，左宗廟」。右制廟必左寢東。

鄭康成云：「宗廟是陽，故在左。社稷是陰，故在右。」鄭鍔云：「左，所以本仁。右，所以明義。」易氏云：「左者人道之所親，故立祖廟於左。右者地道之所尊，故立社稷於右。」王氏云：「右，陰也，地道之所尊。左，陽也，人道之所鄉。位宗廟於人道之所鄉，亦不死其親之意。」「問[二]：『家廟在東，莫是親親之意否？』曰：『此是人子不死其親之意。』」《語類》九十。「家廟要就人住居，神依人，不可離外做廟。又在外時，婦女遇雨時難出入。」《語類》九十。

△正寢謂前堂也。　按，正寢對燕寢堂室之後，別有下室，謂之燕寢。而言，故通堂室而言者有焉。《喪禮》初終條下，所謂「遷居正寢」者，出房而就室也。此曰正寢者，指棟南前堂也。前堂對中堂而言。中堂□有階而升見笄禮。蓋前堂之後有中堂者。《儀禮》：「死于適室。」注：「適室，正寢之室也。」疏：「『適室，正寢之室也』者，若對天子諸侯謂之路寢，卿大夫士謂之適室，亦謂之適寢。總而言之，皆謂之正寢。言正寢者，對燕寢與側室非正。」

△祠堂之制三間。　按，兩架之間，謂之間，間架並未詳丈尺之量，蓋無定數，以屋之大小

〔二〕「意問」間，一本空一字。

爲廣狹耳。《闕里誌》言聖廟間數無定法可見，而《禁秘抄》亦造禁殿之法，無間幾尺之定法。丘氏《儀節》祠堂圖似以三字堂一，庫一，厨一。或堂一，厨庫一，門一。爲三間。盧仝詩，有以一字爲一間。此説非矣。絅齋先生曰：「兩架之間爲間，丘説非是。南北三間，故曰『祠堂之制三間』也。」「南北三間」之云可疑。恐記者誤耳。《語類》曰：「適士二廟，各有門、堂、寢，各三間。」朱子此説雖不詳其所據，亦必有所考。祠堂三間，亦由于此乎。○新按，適士二廟之事，見于《祭法篇》。

按，古人家廟之制，不異乎常居宮室之法，所以不厚生薄死之道矣。宮室之制，詳見朱子《殿屋厦屋説》。而絅齋先生圖〔二〕，室直清〔三〕有《祠堂考》，余亦别有一書。今且此舉其略耳。

朱子曰：「古人宮室之制，前有門，中有堂，後有寢。凡爲屋三重，而通以墻圍之，謂之宮。」《文集》五十一、五十二版右。按，朱子曰以門堂室爲三重屋，則三間説以三字爲三間者，亦似有理，更思。

〔二〕「生圖」之間，一本有「有」字。

〔三〕東武侍講，俗稱新助，仕于有德廟、惇信廟之二朝。

堂室畧圖

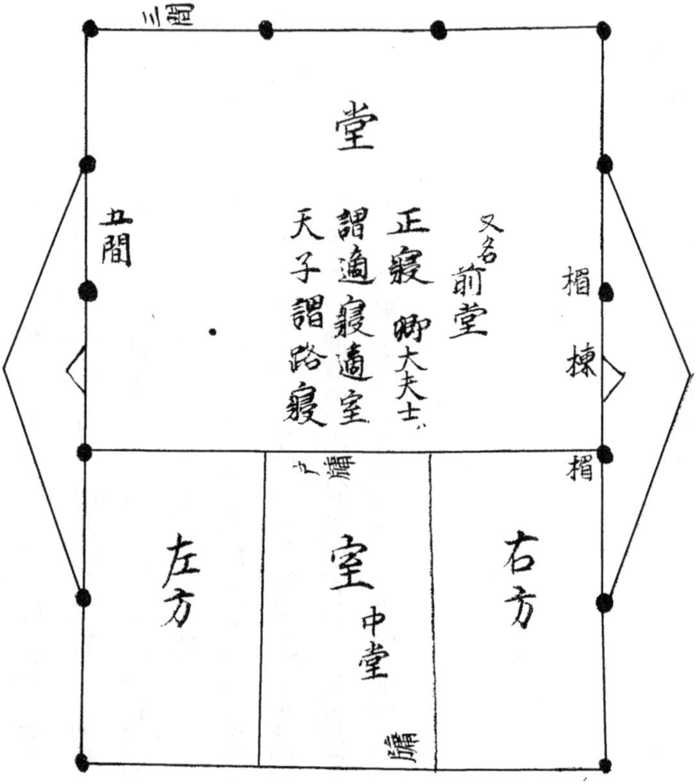

南北五架、而後楣以南為堂、以北為室、為旁夾三架為堂、二架為室、見上釋宮説

祠堂三間圖

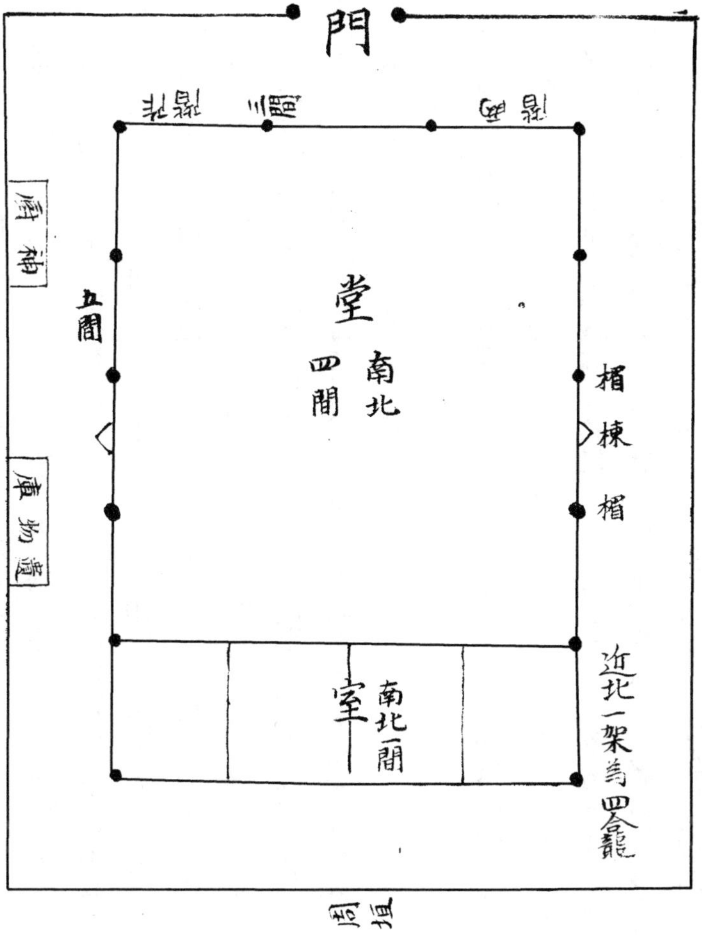

△東曰阼階。　鄭氏曰：「阼猶酢也。所以答酢賓客也。」《儀禮注》。

△廳事。　《考證》曰：「顔師古曰：『古者治官處，謂之廳事。後語省，直曰聽，加广作廳。』徐氏曰：『漢晉以來謂之聽事，六朝始加广也。』」　按，此已曰正寢，又曰地狹則於廳事之東，則廳事與正寢有差別，可見矣。而《語類》九十、十七版左。亦曰：「或堂或廳上。」然《文集》六十八、廿三版右。《釋宮説》引《士喪禮》注曰：「正寢聽事，則正寢聽事似無差別。蓋古者有正寢，又有聽事。後世或有廳事無正寢。」今我邦公卿有居室，又別有稱殿者，或有居室兼殿，而無稱殿者，此之類乎。且冠禮當行於正寢，而《冠禮篇》曰「陳設於廳事」，則此廳事，蓋兼正寢者也。又曰「或廳事無兩階，則以堊畫而分之」，廳事或謂之廳堂，則應有兩階，而或有無階者也。

△不得分折。《性理大全》及丘本「折」作「析」，恐是。

○爲四龕以奉先世神主。

金芝山曰：「龕，韵書及他訓義，皆曰塔下室也。又見《法華經》「佛以右指開寶塔户」。又禪書有「塔户自開」之説。蓋塔下有室，亦有户，有時開閉也。杜子美詩曰：「長者自布金，禪龕只晏如。」蘇子瞻詩又曰：「只有彌勒爲同龕。」僧之居室亦以名龕也。然羅先生有獨寢龕，朱子亦有「寒龕獨寢人」之句，是世俗亦通以名室矣。疑其制狹小，其狀類龕者，以名之耳。勿軒熊氏，賦滄洲精舍，有「小神龕」之句。王介甫詩亦曰「終日對書龕」，謂藏書之庋閣，以板爲之。

龕，户含切。按，塔，字書：佛堂也。○庋音己。字書：庋閣，板爲之，所以藏食物也。

△按，同堂異室之制，非古法也，起於漢明帝，《家禮》爲四龕室，亦從當世耳，士庶祭四世。蓋同堂異室而後庶幾乎得節度矣。同堂異室廟議，見《文集》六十九。室直清《祠堂考》亦詳論之。

△祭四世，《答汪尚書》《蔡季通書》言之。見《筆録》卅三版、卅六版，《語〔二〕類》九十、三十一版以下凡五條。〔三〕

金芝山曰：「按《程子遺書》：『問：今人不祭高祖，如何？程子曰：高祖自有服，不祭甚非。某家却祭高祖。』又曰：『自天子至於庶人，五服未嘗有異，皆至高祖。服既如是，祭禮亦須如是。其疏數未有可考，但其理必如此。雖二廟、一廟以至祭寢，亦及高祖。若止祭禰，只爲知母而不知父，禽獸道也。祭禰而不及高祖，非人道也。』又曰：『雖庶人祭及高祖。比至天子諸侯，止有疏數耳。』」　按《答葉仁父書》，以祭高祖爲過。《筆録》一之三八十三版左。載之。

△神坐上右上西。　司馬温公曰：「所以西上者，神道尚右故也。」載《性理大全》十九。朱子曰：「廟主自西而列，此也不是古禮。如古時一代只奉之於一廟。」《語類》九十。《答余正

〔二〕「版語」間，一本有「圖」。
〔三〕「條」下，一本有「論之」二字。

甫》《王子合書》亦論之。見《筆録》卅七版、卅八版。《答郭子從書》《文集》六十三、十七版左。亦言之。

△宗子之法。　絅齋先生有圖。重固別有《集説》。

△香卓。　《性理大全》補注曰：「簾外設香卓，是各設一卓。兩階之間又設，是共設一卓也。蓋同堂異室，其禮如此。」張子曰：「祭用香茶，非古也。香必燔柴之意，茶用生人意事之。」司馬温公曰：「古之祭者灌用鬱鬯，蕭合黍稷臭陽達于牆屋，所以求神也。今此禮既難行於士庶之家，故但焚香酹酒以代之。」

朱子曰：「温公《書儀》，以香代爇蕭。楊子直不用，以爲香只是佛家用之。」《語類》九十。下同。「温公《書儀》降神一節，亦似僭禮。大夫無灌獻，亦無爇蕭。灌獻爇蕭，乃天子諸侯禮。爇蕭欲以通陽氣，今太廟亦用之。或以爲焚香可當爇蕭。然焚香乃道家以此物氣味香而供養神明，非爇蕭之比也。」

丘氏曰：「古無今世之香。漢以前上是焚蘭芷蕭茇〔一〕之類，後百越入中國，始有之。雖非古禮，然通用已久，鬼神亦安之矣。」

〔一〕「茇」，《儀節》作「艾」。

金芝山曰：「按《郊特牲》：『周人尚臭，灌(以)〔用〕鬯臭，鬱合鬯，臭陰達於淵泉。』注：『先酌鬯酒灌地以求神，以鬯之有芳氣也。故曰灌用鬯臭。又擣鬱金香草之汁，和合鬯酒，使香氣滋甚，故曰鬱合鬯也。以臭而求諸陰，其臭下達於淵泉矣。』後世酹酒降神取此義也。又曰：『蕭合黍稷，臭陽達於墻屋，故既奠，然後焫蕭合羶薌。』注：『蕭，香蒿也。取此蒿及牲之脂，膋合黍稷，而燒之，使其氣旁達於墻屋之間。是以臭而求諸陽也。馨香，即黍稷也。』後世焚香降神取此義也。又曰：『魂氣歸于天，形魄歸于地，故祭求諸陰陽之義也。』《述異記》：『海南有香木，土人資之以爲衣食，有香布及採香户，蓋舊百越之地。』」《家禮考證》。

△非適長子則不敢祭其父。《曲禮下》曰：「支子不祭。」《喪服小記》曰：「庶子不祭禰者，明其宗也。」《王制》曰：「支子不祭。」

程子曰：「古所謂支子不祭者，惟使宗子立廟，主之而已。支子雖不祭，至於齊戒，致其誠意，則與主祭者不異。可與，則以身執事。不可與，則以物助，但不別立廟爲位行事而已。後世如欲立宗子，當從此義。雖不祭，情亦可安。若不立宗子，徒欲廢祭，適足以長惰慢之志，不若使之祭，猶愈於已也。」

《答黄子耕書》，《文集》五十一。《筆録》載之。《答李晦叔書》，《文集》六十二、廿四版。《語類》九十。三十版左。

△見《喪禮・治葬章》。　《性理大全》作「見《喪禮》及前圖」，丘氏曰：「南廱《家禮》舊本，作『見《喪禮・治葬章》』，無『及前圖』三字。」

○旁親之無後者以其班祔。

《喪服小記》云：「庶子不祭殤與無後者，殤與無後者從祖祔食。」

《儀禮》鄭注：「班，次也。祔猶屬也。」賈疏：「次者，謂昭穆之次第。祔猶屬者，孫與祖昭穆同，故以孫連屬於祖，而祭之也。」

△《儀禮》曰：「年十九至十六爲長殤，十五至十二爲中殤，十一至八歲爲下殤，不滿八歲以下爲無服之殤。」

△《禮運》曰：「禮雖先王未之有，可以義起也。」

味池修居有《殤考》，櫛比諸說尤詳矣。

下殤終父母之身　考己子　父母之身　祔——子殤

中殤終兄弟之身　考己子　兄弟之身　祔——子殤

長殤終兄弟之子之身　考己子孫　兄弟之子之身　祔——子殤

成人而無後者終兄弟之孫之身　考己子孫曾孫　兄弟之孫之身

○置祭田。　按，取二十之一以爲祭田。如此每龕取於見田，而親盡則爲墓田。恐見田終至盡，是可疑。

△墓下。指既没先祖而言。《文集》詩部有《拜魏公墓下》之題。此「下」字，如《孟子》所謂「岐之下」之「下」字。

△典賣。金芝山曰：「典猶言典當也。九數二曰粟布，以御交質變易。程氏曰：『交謂買賣，質謂典約，變易謂擅換。』是典者相質定價之謂。杜詩：『朝回日日典春衣。』黄山谷詩：『寧剪髻鬟不典書。』」按元王與《無寃録》曰：典雇人口。注：典，典當也。

○具祭器。

△倚。金芝山云：一作掎，俗呼坐登。

△卓。金芝山云：伊川先生指前食棹問康節，是也。卓一作棹。

○主人晨謁於大門之内。

《答葉味道書》：「問：『昔侍先生，見早晨入影堂，焚香展拜，而昏暮無復再入，未知尊意如何。』曰：『向見今趙相日於影堂行昏定之禮，或在燕集之後。竊疑未安，故每常只循舊禮晨謁而已。』」《文集》五十八。

○出入必告。

△瞻禮。金芝山曰：「瞻者，尊而仰之之謂，瞻仰而致禮也。」丘氏曰：「男子唱喏，婦人

立拜。」

△夾拜。丘本作「俠」。　金芝山曰：「俠猶夾也。按《儀禮·少牢禮》，『尸酢主人，主人拜受爵，尸答拜，主人又拜』。又『主婦拜，獻尸，尸拜受，主婦又拜』。注：『俱謂之俠拜，亦曰夾爵拜。』《冠禮》：『既冠，見于母。母拜句，受子拜句，送句，母又拜。』注：『婦人於丈夫雖其子亦俠拜，然則俠之爲儀可知也。』今據《家禮》而言，如祭禮主婦二拜而獻，退而又二拜。昏禮婦先二拜，夫答再拜，婦又二拜。是皆夾拜也。但主婦點茶及亞獻，無先拜之文。則恐是一時四拜，而俠拜之名由此也。又按，婦人拜禮，以肅拜爲正。兩膝齊跪，手至地，頭不下，爲肅拜。雖拜君賜亦然。又有手拜，手至地而頭在手爲手拜。昏禮見舅姑，及有喪，用此拜。爲夫及長子之喪主則稽顙。又《内則》：『凡女拜，尚右手。』注：『尚謂拱而右手在上也。』詳見丘氏《儀節》一十九版。注。」《考注》。　按字書，俠，竝也。蓋二拜相並，凡四拜，故謂之俠拜。

《文集》六十八，《跪坐拜説》《九拜辨》。《語類》八十九。四版右。按，金芝山舉《語類》八十九四版右。之説論之曰：「今按，俠拜之禮，冠禮子見于母，母拜受，子拜送，母又拜。昏禮婿見于婦之母，母一拜，婿答再拜，母又拜。然則凡俠拜者，婦人先二拜，然後男子再拜，婦人又二拜，此正禮也。今昏禮婦二拜，婿答一拜，婦又二拜，婿又答一拜者，疑亦齊拜之義也。」

○正至朔望則參。參，覲也。

金芝山曰：「正即正朝。杜臺卿《玉燭寶典》：『正月爲端月。其一日爲元日，亦曰上日，亦曰正朝。』杜氏《通典》：『漢高祖十月定秦，遂爲歲首。七年，長樂宫成，制群臣朝賀儀。武帝改用夏正，亦在建寅之朔。則元日朝賀，起於漢高也。後世遂至士庶，亦相賀拜。』《漢書》注：『顔師古曰：適會七年十月，長樂新成。漢時尚以十月爲正月，故始朝歲之禮也。』至即冬至，《漢書》：『冬至陽氣起，君道長，故賀。』《玉燭寶典》：『冬至日南至，景極長，陰陽日月爲物之始，律當黄鐘，其管最長，故有履長之賀，遂至士庶亦相賀。』朔，即朔旦。望，即望旦。《廣州記》：『朔望之儀，自尉佗始，立朝臺，朔望升拜，後世遂至士庶亦相禮謁。』按禮，『天子常朝則服皮弁，朔旦則服玄冕。諸侯常朝則服玄端，朔旦則服皮弁』。《儀禮·喪禮》，『大夫士朔望有奠』，『孔子月朔朝服而朝』。《漢書》：『宣帝令蘇武朝朔望。』宣帝豈用佗禮者，朔望之禮，其來遠矣，佗亦聞而行之耳，非自佗始也。」

楊氏復曰：「先生云：『元旦則在官者有朝謁之禮，恐不得專精於祭事。某鄉里却止於除夕前三四日行事，此亦更在斟酌也。』」《性理大全》十九。劉氏璋引司馬温公《影堂雜儀》曰：「朔日設常食，月望不設食。」同上。重固按，司馬公朔日設常食，《家禮》不言設食。

後復按，元旦禮，朱子行之於除夕前，似可疑。竊謂元旦在官者，有朝謁之事，則忽略先行元旦禮，後二三日如常儀行之，則似可，是更思。丘氏云，今朝廷于元日行大朝賀禮，而孟春時享，亦于别日行之，今擬有官者以次日行事。此説恐當矣。

△新菓。　張子曰：「朔望用一獻之禮，取時之新物，因薦，以是日無食味也。」程子曰：「月朔必薦新。」朱子曰：「諸家禮皆云，薦新用朔。朔新如何得合？但有新即薦于廟。」〔一〕

△茶。　金芝山曰：「茶，木名。生南方，高至數十尺。樹似梔子，花白如薔薇，實如栟櫚，蔕如丁香。其名一曰茶，二曰檟，三曰蔎，四曰茗，五曰荈。茶之盛行於世，自晉始。春早摘其芽，火焙而杵碎，和膏作團餅，有龍團鳳團之名。詳見陸羽《茶經》、蔡襄《茶譜》。」張子曰：「祭用香茶，非古也。香必燔柴之意，茶用生人之意事之。」

△托。　金芝山曰：「程泰之《衍繁露》曰：『托始於唐，前世無有也。崔寧女飲茶，病盞熱熨指，取楪子融蠟象盞之大小而環結其中，置盞於蠟，無所傾側，因命工髹漆爲之。寧喜其爲制，名之曰托。遂行於世。今世又着足，以便插取，間有隔塞不爲通管者，乃初時楪子融蠟遺制也。』」按字書：「托同拓，手承物也。」〇後按《事物紀原》，引事始言之，亦同於此。

△盞盤。　金芝山曰：「盤即盞之臺也。」《事物紀原》云，《周官》司尊彝之舟，即漢世承盤，今世盤盞之所起也。

〔一〕「于廟」下，一本有「此朱子説亦可疑。朔望外因薦新而特啓櫝，似不安，更思」二十二字。

△束茅。　金芝山曰：「按《書・禹貢》：『荆州，包匭菁茅。』蔡氏曰：『菁茅有刺而三脊，所以供祭祀縮酒之用。』《周禮・甸師》：『供蕭茅。』注：『鄭大夫曰：蕭字或爲莤。莤讀爲縮。束茅立之祭前，沃酒其上，酒滲下去者神飲之，故謂之縮。縮，浚也。』《説文》：『縮通作莤。』《禮・祭》：『束茅加于裸圭，而灌鬯酒，是爲莤。象神飲之也。』《春秋傳》注：『祭祀必束茅而灌之以酒，爲縮酒。』程子曰：『古者灌以降神，故以茅縮酒。』若然則後世束茅酹酒似取此義也。又按，鄭康成曰：『縮酒，泲酒也。以茅覆藉而泲之也。』或問：『縮酌用茅，恐茅乃以酹。』朱子曰：『某亦疑今人用茅酹酒，古人蒭狗乃酹酒之物。則茅之縮酒，乃今人釃酒也。想古人不肯用絹帛，故以茅縮酒也。』縮酒用茅之説，其不同如此。然而《士虞禮》『刌茅五寸而束之，祭食于其上』，《周禮》『男巫掌望祀，用茅旁招以降其神』，古人之以茅交神明者，亦尚矣。其束茅降神，抑亦遺意歟。按，茅之類甚多，所謂著茅者，有毛刺。《管子》注『今辰州麻陽縣苞茅山有之』，我國未聞有此茅也。今俗所用者滑澤無毛，疑即傳所稱菅蒯之類，非真茅也。」

△聚沙。　金芝山曰：「用沙之義無所考，然古人祭必酹酒，沃地曰酹。而程子亦曰：『酹而澆在地上。』又朱子曰：『古人祭酒於地。祭食於豆間，有版盛之。』然則古人之所以酹，直瀉之於地上，而無所盛也。後世用沙代之者，即澆地之義，而其必取沙者，沙土一也，而沙能滲酒歟？」　按，《筆録》引劉氏璋「立于盤内」之説，斷之以《大過》初六之語，而以立爲非。竊謂《家

禮》曰聚沙，曰束茅，而《周禮》注曰：「束茅立之祭前。」劉氏之説亦如此，則似當爲立矣。然鄭氏有「以茅覆藉」之説，則《筆録》所言亦似有理，更思。

△酒注。《事物紀原》曰：「《事始》曰：『唐元和初，酌酒用樽勺，雖十數人，一樽一杓，挹酒了無遺滴。無幾，改用注子。雖起自元和時，而輒失其所造之人。』」

△臺架。臺，盥盆臺也。架，帨巾架也。

△主人有諸父諸兄云云。　補注：「神主位次，則男西女東。子孫位次，則男東女西。此陰陽之别也。」《性理大全》。

△姑。父之姊妹。

△分出諸祔主之卑者。分出者，謂長子出男主，長婦長女出女主也。

△降神，參神，辭神。詳之於《祭禮篇》。

△茶筅。　丘氏謂茶筅之制不見於書傳，《筆録》詳之。

△湯瓶。　金芝山曰：「蔡氏曰：『以銀鐵或瓷石爲之，欲小易候湯也。』」

△點茶如前。　金芝山曰：「抄茶一錢匕，先注湯調極均，又添入，環迴擊沸〔二〕上盞，可四

〔二〕「沸」一作「滿」。

分則止。」按，點者，先置茶末於器中，然後投以滾湯，點以冷水，即用茶筅調之。是丘氏之説也。或謂專以冷水點於盞中，爲點茶之義。此説不是。如前。按，謂如斟酒先正位次祔位之儀。

△命長婦或長女亦如之。按，謂如斟酒次〔二〕，命長子斟諸祔位之卑者之義。

△酹于茅上。「問：『酹酒是少傾？是盡傾？』曰：『降神是盡傾。』」《語類》九十。又曰：「酹酒有兩説：一用鬱鬯灌地以降神，惟天子諸侯有之；一是祭酒，蓋古者飲食必祭，以鬼神不能祭，故代之也。」

△冬至則祭始祖畢云云。至日參神，高祖以下。已如上儀。而與始祖祭同日。故此日先行始祖祭，畢而後行此禮如上儀也。

△望日不設酒。金芝山曰：「《士喪禮》：『月半不殷奠。』鄭氏曰：『自大夫以上，月半又奠。士月半不復如朔盛奠，下尊者。』疏曰：『尊謂大夫也，士禮朔望之不同如此。』今按朱子之意，非必取此義也，只是欲令簡而易行。」重固按，此説非矣。朔望自有輕重，其禮固當有隆殺之等差矣。

△準禮。按，丘本「準禮」作「曲禮」者誤矣。準字冠下文十六字，舅没則姑老不預於祭，是《内則》語。支子不祭，是《曲禮》語。以是觀之，丘本分明誤焉耳。《内則》曰：「舅没則姑老，冢婦

〔二〕「次」一作「以」。

所祭祀云云。」朱子隱括曰：「不預於祭。」按，舅没則不計年，姑乃老而傳家事冢婦，姑死舅未七十，則固再娶。雖年七十亦子或幼或無子孫者，再娶以領宗女。是古之禮也。故《曾子問》曰：「宗子雖七十，無〔無〕主婦，非宗子，雖無主婦可也。」《正義》云：「宗子，大宗子也。凡人年六十無妻者不復娶，以陽（道）〔氣〕絶故也。而宗子領宗男於外，宗婦領宗女於内，昭穆事重，不可廢闕，故雖年七十亦猶娶也。故云『無無主婦』，言必須有也。然此謂無子孫，及有子而幼小者。若有子孫，則傳家事於子孫，故《曲禮》『七十老而傳』是也。」朱子亦年七十，血氣衰耗。致事時，傳家事於嫡孫鑑，使二子埜、在佐之。有《致仕告家廟文》。載《文集》八十六。《語類》九十，三十版，僩録。亦言之。

△有官，當仕者。進士，應舉者。處士，金芝山曰：「朱子所謂未應舉者。」無官者。上三等外之人。

金芝山曰：「進士謂應舉者，《王制》：『大司徒命鄉大夫論考才，升之司徒曰選士。司徒論選士之秀而升之學曰俊士。升於司徒者不征於鄉。謂免鄉之徭役。升於學者不征於司徒，謂不給徭役於司徒。曰造士。造者，成也。大樂正論造士之秀者，以告于王而升諸司馬曰進士。司馬論進士之賢者，以告于王而定其論，然後官之。』漢時舉賢良文學之士，親策之於廷。但有甲乙之科，而無進士之名，歷代皆然。至隋煬帝，始建進士之科，試以詩賦。唐因之，每歲仲冬，郡縣館監課試其成者。長吏會僚屬，設賓主，陳俎豆，備管絃，行鄉飲禮，歌《鹿鳴》之詩，召耆艾，叙少長，而觀焉。既餞與計偕而進於禮部，謂之進士。其不在館學而得者謂之鄉貢進士』。得第者謂之前進士。如韓愈《上宰相書》，曰『前鄉貢進士韓某』，時愈已登第矣。宋又因唐制，故謂應舉者爲進士。如伊川先生舉進士報罷，而吕申公稱『南省進士程某』，是也。」

△幞頭。《文集》六十九，十二版左九行以下。《語類》九十一，五版右二行以下，六版右三行，同版左二行。《事物紀原》三。十三版左。金芝山曰：「《炙轂子》曰：『古者以三尺皂絹裹髮，名折上巾。後周武帝裁爲四脚，名幞頭，但空裹髻而已。隋大業中，着巾子以桐木爲之，内外皆漆，裹於幞頭之内。亦見郭若虚《見聞志》。』」《事類全書續集》幞頭條下，引《炙轂子》曰，隋大業中，又賜百僚絲葛巾子，呼爲高頭樣。自後有華昭樣、僕射樣。馬周上議裹頭左(有)〔右〕各三摺，象三才，重繫前脚，法二儀，詔從之。《强識略》。丘氏曰：「幞頭在宋時上下通服也。今惟有官者得用。」《儀節》二。

△公服。按公服朝服之别，觀於《君臣服議》。《文集》六十九、十六版左，自一行至九行。《語類》九十一，一版右六行以下，四版左一行以下，五版左十行，十版右六行。《事物紀原》三。廿一版左，載朝服公服兩條。《家禮考證》曰「公服即朝服」，按，公服即朝服，而後世分爲二。

△帶。大帶也。其製見下文。革帶、大帶兩物也。《答郭子從書》曰：「革帶是正帶以束衣者，不專爲佩而設。大帶乃申束之耳。申，重也，故謂之紳。」《文集》六十三。

金芝山曰：「革帶，即《唐・輿服志》所謂九環帶也。秦時反插垂頭，始名腰帶。唐初繫下插垂，又名獺尾，取下順之義。革〔帶〕士庶通服，但以胯子分貴賤耳。」按《事類全書續》三，三十版右，詳言貴賤之等威。

朱子曰：「韠以皮爲之。蓋古人未有衣服時，且取鳥獸之皮來遮前面後面，後世聖人制服不去此者，示不忘古也。今則又以帛爲之（韠耳）〔耳。韠〕中間有頸，（而）〔兩〕頭有肩，肩以革帶穿之，革帶今有胯子。古人却是環子釘於革帶，其勢垂下，如今人釘鉸串子樣。鐫鐩之類，結放上面。今之胯子，便是倣他形像。」《語類》九十一。

△靴。《事物紀原》三。三十一版。朱子曰：「今世之服，大抵皆胡服，如上領衫、靴、鞋之類，先王冠服掃地盡矣。」《語類》九十一、四版。金芝山曰：「按先王之制，舄與履而已。《周禮・屨人》：『掌王及后之赤舄、黑舄、素舄、葛舄。』鄭康成曰：『複下曰舄，禪下曰屨。』鄭鍔曰：『王之舄三赤爲上，后之舄三玄爲上。天子吉事皆舄，上公服冕則赤舄，諸侯服冕則亦赤舄，其他則皆履而已。』後世朝祭之服皆用靴，無復舄履之制，此朱子所以歎也。」

按，韡作靴者俗字也。《麻韵》言之。《釋文》曰：「韡，跨也。兩足各以一跨騎也。」《說文》曰：「靴，鞮屬。」《字彙》鞮字下曰：「絡鞮，胡人履也。胡人履連脛，故謂之絡鞮。今堂上有靴者，不連脛。」

△笏。《事物紀原》三，廿九版。《語類》九十一。七版左。按《禮記》曰：「將適公所，史進象笏，書思對命也。」《玉藻》曰：「天子以球玉，諸侯以象，大夫以魚須文竹，士竹本象。」注：「球，美玉也。文，飾也。以鮫魚須，飾竹以成文也。大夫近尊而屈，故飾竹以魚須。士遠尊而伸，故飾以象。」陸氏曰：「諸侯之笏，二尺有六寸，降殺以兩，則大夫二尺四寸，士二尺二寸也。」《晉·輿服志》：「古者貴賤皆執笏。其有事則搢之於腰帶。」胡氏曰：「古者君臣所執贄，而笏則搢之，插於腰間，正用以指畫記事，而不執之以爲儀也。宇文周復古乃不修〔贄而〕執笏，於是攝齊鞠躬之禮廢，升堂而蹴齊者多矣。」金芝山曰：「笏之爲義忽也，所以記事而備忽忘也。故事君事親，奉宗廟祭祀，無貴賤皆執也。」《職原抄別勘》曰：「《禮記》曰：『笏度二尺有六寸，其中博三寸，其殺六分〔而〕去一。』」《式部判官記》曰：「笏長一尺二寸，上廣二寸七分，下廣二寸四分，厚二分。式曰，凡五位已上，通用牙笏白木笏，前詘後直。六位已下官人用木，前挫後方。」《江次第抄》曰：「笏者備忽忘之義也。在君前記事，恐忽忘。粘紙笏上，記其頭緒。今笏紙之意也。或在君前不可以手指人物，須用笏指之，常尺插在腰間，不執在手中。」味池修居所編《笏制考》亦宜合考。

△襴衫。金芝山曰：「或問士祭服。朱子曰：『應舉者用襴衫幞頭，不應舉者用皂衫幞頭，帽子亦可。』衣與裳連曰襴，蓋衣之上衣下襴者。朱子嘗論上領公服之非，而不及襴衫之領，

則其領亦直耳。程子曰：『堯夫初學李挺之，師禮甚嚴，雖在野店，飯必襴，坐必拜。』朱子《君臣服議》有曰：『皇帝成服日服布襴衫。群臣三等服皆有布襴衫。』朱子又曰：『四脚襴衫，當世之常服，是襴衫在當時通上下以服者也。』瓊山丘氏曰：『今幞頭有官者得用，襴衫專爲生員之服。然則襴衫今中朝但爲士人之服耳。』」

《事物紀原》三。　按，襴衫其製未詳。丘氏亦以爲不分明。《儀節》二可見。蓋略似深衣者耶。字書謂衣與裳連曰襴。或曰，襴衫，襴，裙也。或曰，上衣下襴，而裙則謂裳。然則其製亦略可知。

△皂衫。單布加汗衫，而綴裳者。　金芝山曰：「皂衫猶言黑衫。按《周禮》『山林宜皂物』，鄭司農曰：『皂，柞栗之屬。今世謂柞實爲皂斗。』黃氏曰：『柞實即橡也，其房可以染黑，故謂之皂斗，俗因謂黑爲皂也。』朱子曰：『涅，黑土，染皂物也。蓋二物皆可以染皂也。』又朱子嘗曰：『前輩士大夫家居常服紗帽、皂衫、革帶，無此則不敢出。今士大夫殊無有衫帽者。』又曰：『宣和末，京師士人行道間猶着衫帽。至渡江戎馬中乃變爲白涼衫。紹興間，士人猶是白涼衫。至後來軍興，又變爲紫衫。然則皂衫者，當時士大夫之常服也。』瓊山丘氏曰：『帽子、皂衫，其制不可考。』又按襴衫、皂衫，皆一時士大夫之常服，而以爲進士、處士之別。又後冠禮再加皂衫，三加用襴衫，則其服之輕重亦必有差矣。」

△帽子。　金芝山曰：「按《晉書·輿服志》，帽名猶冠也。義取於蒙覆其首，其本纚也。古者冠無幘，冠下有纚，以繒爲之。後世施幘於冠，因裁纚爲帽。自乘輿宴居，下至庶人無爵者，皆服之。江左時野人已着帽，人士亦往往而見，但無頂圈矣。後乃高其屋。朱子曰：『帽本只是巾，前二脚縛於後，〔後〕二脚反前縛於上，今硬帽是後來漸變如此。』《説文》：『髮有巾曰幘。』《方言》：『覆髻謂之幘。』按幞頭、帽子，其初皆以巾覆髻，而後世漸變其制，遂列並行於世，而各爲士大夫之常服。然而《祭服》則自處士以下，《冠禮》則先施於再加，其用之輕重亦必有辨矣。」重固按，纚，綏也。

《語類》九十一，數條。《事物紀原》三，丘説。見《冠禮篇》。

△衫。　金芝山曰：「即皂衫也。」《朱子談綺》曰單裏衣，亦曰汗衫。藍衫則以爲表衣，秀才服也。

△凉衫。　《事物紀原》三曰：「《筆談》曰：『近歲京師士人，朝服乘馬，以黲衣蒙之，謂之凉衫，亦古遺法也。』《儀禮》曰：『朝服如景。』但不知古人之制度何如耳。」　金芝山曰：「凉衫，即白凉衫。朱子曰：『不應舉者皂衫、幞頭。』問曰：『皂衫、帽子如何？』曰：『亦可。然亦只當凉衫。』又曰：『若紫衫、凉衫，便可懷袖間去見人，又費輕。如帽帶、皂衫是多少費？窮秀才如何得許多錢？然則凉衫服之簡便而費輕者，所以爲無官者之用，而與帽子其所用輕重亦自相當耳。』」重固按，謂之凉者，蓋單考之意。

△假髻。《事物紀原》三。十六版左。金芝山曰：「朱子曰：『婦人有環髻，今之特髻是其意也。』環髻即假髻也。以形言則曰環髻，以制言則曰假髻。按《周禮》，婦人之首服有三：一曰副，二曰編，三曰次。鄭康成曰：『副之言覆，所以覆首爲之飾，其遺象若今步繇矣。編，編列髮爲之，其遺像若今假髻矣。〔次，〕次第髮長短爲之，所謂髮鬄。』賈氏曰：『步繇、假髻，鄭據時目驗以曉古，至今去漢久遠，亦無以知其狀矣。』又按孔氏曰：『副之言覆，所以覆首爲之飾。編列他髮，假作髻形，加於首上。』然則副亦假髻，而爲制略可想矣。」

△大衣。《事物紀原》三。二十三版。金芝山曰：「大衣即大袖也。《事物〔紀〕原》云：『唐命婦服裙、襦、大袖爲禮衣。』又云：『隋作長裙十二破，今大衣中有之。』胡瑗《蒼梧雜志》：『婦人只是大衣，但有横帔、直帔之異耳。』『或問：「婦人不着背子，則何服？」朱子曰：「大衣。」問：「大衣，非命婦亦可服否？」曰：「可。」』然則大衣之爲大袖明矣。」命婦，大夫妻也。帔，裙也。詳見丘氏《儀節》婦人服制下。

△長裙。按《事物紀原》三，二十三版。引《二儀實録》曰：「隋煬帝作長裙十二破，名仙裙。今大衣中有之。」然則長裙亦大衣之類。

△冠子。金芝山曰：「《名臣言行録》王安石子雱，『手携婦人冠以出』。婦人之有冠明矣。」《事物紀原》三。十六版。金芝山曰：「冠子未詳。古者婦人不冠，以笄固髻而已。朱子亦

曰：『婦人不戴冠。』今按《周禮》『副有衡笄』，鄭司農曰：『衡，維持冠者。』鄭康成曰：『衡以玉爲之，垂于副之兩旁，當耳。』鄭鍔曰：『衡所以維持其冠，而笄則以約束其髮，所謂冠者，指副而言。』《詩》毛傳『副亦謂編髮之』，是編次二物亦可謂之冠。然以其覆首而言曰冠，非若男子之冠，故曰婦人不冠。又按《炙轂子》，『秦時有席帽制，本羌服，婦人亦服之，以（年）〔羊〕毛爲之，鞔以故席，四緣垂網子，飾以珠翠，亦謂之幃帽。』《前漢》：『薄太后以帽絮提文帝。』注：晉灼曰：『《巴蜀異志》謂頭上巾爲帽絮。』《後漢·輿服志》：『夫人紺繒幗。』《釋名》云：『后夫人之首飾上有垂珠，步則摇。』《烏桓傳》：『婦人着勾决，飾以金碧，猶中國之有幗、步摇。』雖非先王之遺制，而婦人之有冠久矣。《通鑑》：『諸葛亮遺司馬懿（中）〔巾〕幗婦人之服。』注：『幗，婦人之喪冠。以巾上覆髮，如帕之類。』帕之爲制，亦略可想見矣。又如後世花冠珠冠之類，亦未必古人之遺意，而其制略如男子之爲者，則婦人冠制之變，隋世益巧矣。又按《儀禮·士》」

以下二版欠。

△背子。《事物紀原》三，二十四版。《語類》九十一。二版左五行，四版右三行。按背子本婦人婢妾之服，而後世男女通用，其制袖短於衫，身與衫齊。

○俗節則獻以時食。

△清明寒食。清明，三月節，寒食翌日。寒食，冬至後一百五日。《周禮·烜氏》：仲春禁火

于國中。注：季春將出火也。

按俗節之祭，《答張欽夫書》《答林擇之書》論之，曲折盡矣。見《筆録》一之三、九十四版。《語類》九十，卅四版左。數條亦須合考。

△角黍。　舜水《談綺》詳之。

金芝山曰：「寒食諸説本介子推事言。《初學記》，本《周禮》司烜氏仲春禁火言。其意謂，今准節氣，是仲春之末。清明，是三月之初。然則禁火，并周制也。張子亦曰：『寒食者，《周禮》四時變火，惟季春最嚴，以其大火心星，其時太高，故先禁火以防其太盛。既禁火須爲數日粮，既有食復思其祖先祭祀。寒食與十月朔日展墓亦可，爲草木初生初死。』」《荆楚歲時記》，唐開元敕寒食上墓。

△重午。　金芝山曰：「《風土記》：『端午，端，始也。』按重午者，取日〔一〕午時午之義。」

△中元。　金芝山曰：「七月十五日。《道經》以正月十五日爲上元，天官降福之辰。七月十五日爲中元，地官救罪之辰。十月十五日爲下元，水官備厄之辰。朱子曰：『三元，道家之説。如上元燒燈，却見於隋煬帝，不知始於何時。』《太平御覽》：『漢家祠太乙，以昏時祠至明。

〔一〕「日」，一本作「月」。

今人正月望日夜遊觀燈，是其遺事。』《夢華録》：『是日供養祖先素食，城外有祖墳即往拜掃，禁中亦出車馬（諸）〔詣〕道院謁墳，作度止大會。』」

△重陽。　金芝山曰：「九月九日，魏文帝重九以菊賜鍾繇，（興）〔與〕書曰：『歲往月來，忽復九月九日。九爲陽數，而日月並應，俗宜其名，以爲宜於長久，故以燕享高會也。』」又引吴筠《續齊諧記》，言桓景事云云。

△食如角黍凡其節之所尚者。　金芝山曰：「《鄴中記》：『寒食三日爲醴酪，搗杏仁煮作粥。』《玉燭寶典》：『寒〔食〕煮大麥粥，研杏仁爲酪，别造餳沃之。』嚴有翼《藝苑雌黄》：『寒食以糆爲蒸餅樣，團棗附之，名曰棗餻。』《（大）〔天〕寶遺事》：『每端午，造粉團、角黍，釘[一]金盤中，纖妙可愛。以小小角弓架箭，射中粉團者得食。蓋粉團膩滑而難射也。都中盛行此戲。』周處《風土記》：『端午烹（鶩）〔鶩〕，以菰葉裹粘米，爲粽，以象陰陽相包裹未分散，謂之角黍。』《歲時雜記》：『端午作水團，又名白團，或雜五色人獸花果之狀。其精者名滴粉團，或加麝香。又有乾團，不入水者。』又云：『重陽尚食餻，大率以棗爲之。或加以栗，亦有用肉者。』《夢華録》：『都人重九各以粉糆蒸餻相遺，上插剪彩小旗，糝釘果實（加）〔如〕石榴子、栗黄、銀杏、松

〔一〕「釘」一作「飣」。

子肉之類。』」

○有事則告。

△維年政和二年歲歲次丁亥月九月丙午朔越辛酉朔日五日壬午。

△孝子。　《郊特牲》曰：「祭稱孝孫孝子，以其義稱也。疏：「義，宜也。事祖禰宜行孝道，是以義而稱孝也。」

△敢。　金芝山曰：「鄭氏曰：『敢者冒昧之辭。』賈氏曰：『凡言敢者，皆是以卑觸尊，不自明之意，故云冒昧之辭。』」

△故。　金芝山曰：「按故猶舊也，古也。古人於存亡通稱。如韓愈《河南府同官記》：『故相國今太子賓客鄭公。』朱子《考異》曰：『故相猶今言前宰相，非亡没之謂。以故字加於祖先之上，亦猶曰今人前人云耳。或者以爲故如《漢書》物故之故，謂亡没也。嗚呼！孝子方致如在之誠，而豈忍遽以亡没爲稱哉。』丘氏曰：『《家禮》舊本於高曾祖考妣上，俱加皇字。今本改作故字，故字近俗，不如用顯字。蓋皇與顯皆明也，其義相通。』」《家禮》首卷神主式圖下注云：「禮經及《家禮》舊本，於高祖考上，皆用皇字。大德年間，省部禁止，回避皇字。今用顯可也。」　按禮經已有皇考顯考廟字，則今我邦亦避皇字，用或故字或顯字可矣。《家禮》舊本用故字，是朱子元本也。

△某親高祖考某官丞相封温國謚文正公府君。　金芝山曰：「封謚，如某國某公之類是。」

△府君。　金芝山曰：「府君本漢人呼太守之稱，猶公侯之公，轉爲男子之尊稱耳。」

△某封。　金芝山曰：「如某國夫人、某郡夫人之類是。」　按如上國郡君、孺人、碩人之類是。〔一〕重固又按，夫人、郡夫人，《事物紀原》一命婦詳之。

△若弟子則言某之某某餘同。　按《性理大全》，某某之下某字作其。絅齋先生謂當作親某。

某主人。之某或弟，或子。某。弟、子之名。若作親某亦同。一説某或弟，或子。某弟、子之官。某。弟、子之名。

又按前後例無言其餘者，絅齋先生所言恐是。

△追贈。　金芝山曰：「宋制，贈官輔弼以上方及祖。」重固按，贈官必及先考妣二人。按焚黄，《筆録》四十三版以下。詳論之。　按丘氏曰「録制書一通」，則所焚者，是後所寫者也，非焚所賜者。金芝山曰：「馮鑑（讀）《〔續〕事始》：『唐貞觀中，太宗詔用麻紙寫誥敕文。高宗以白紙多蟲蛀，尚書頒下州縣並用黄紙。』杜甫《贈翰林學士張洎詩》：『紫誥仍兼綰，黄麻似六經。』注：

〔一〕「類」下「是」，一本無。

謂寫誥詞於黄麻紙上。又李從一《答劉侍御詩》：『惟羡君爲(柱下史)〔周柱史〕，手持黄紙到滄州。』注：古詔皆用黄麻紙，故詔書謂之黄紙。又劉禹錫詩：『黄紙除書每日(閲)〔聞〕。』白樂天詩：『黄紙除書無我名。』是除祥制書必用黄紙，自唐始也。按用黄紙，别無意義，以黄檗辟蠹，故染之紙。古人寫書皆用黄紙者爲此，而書亦謂之黄卷。必録而焚之者，命書不可焚也。」

△刷子。　金芝山曰：「刷，入聲。數刮切。刷子一名篦子，所用以刮拭者。」

△特贈。　金芝山曰：「朱子《贈官告皇考文》云：『往歲天子用祀泰壇云云。』按此以郊祀之恩特贈者，於此可以見其例矣。」　重固按，《文集》有遷居告家廟、致仕告家廟之文，有事則告者不一。

△生嫡長子云云。　滿月。朱舜水《談綺》曰：「子生而一月剃髮謂之滿月。二月而剃謂之雙滿月。一月而剃，再剃，再剃謂之覆頭。」按此説未考所據。

金芝山曰：「禮，諸侯、大夫、士，有接子、名子之禮，無見廟之文。獨賈誼《新書》，有夫子立世子之禮。《大戴禮·保傅篇》有太子始生見于南郊之文。疑朱子取此儀也。今並載于左。《内則》：凡接子用三日，否則擇日。『國君世子生，告于君，(君)接以大牢，宰掌具。三日，卜士負之，吉者宿齊，朝服寢門外，詩注：持也，承也。負之。射人以桑弧蓬矢六，射天地四方。』大夫士亦三日接子，始負子射，天子則大牢，諸侯世子亦大牢，大夫小牢，士特豕，庶人特豚，餘子則皆降一等，庶人猶特豚也。『三月之末，擇日剪髮爲鬌。』『是日也，妻以子見於父。』注：大夫以下見於側室。『夫入門，升自阼階，立于阼，西向。妻抱子出自房，當楣立，東面。』『父執子之右手，咳而名之。』注：咳謂以手承子之咳也。○右大夫士名子之禮。『三月之末，擇日剪髮爲鬌。』『世子〔生〕，則君沐浴朝服，夫人亦如之，注：君見世子於路寢。皆立〔於〕阼階，西面。世婦抱子升自西階，君名之，乃降。』右諸侯名子之禮。賈誼《新書》：『古之聖帝，將立世子，則帝自朝服，升自阼階上，西向〔於妃〕。妃抱世子自房出，東向。太史奉書〔西〕上堂，當[一]兩階之門，北面立，曰世子名曰某者三。帝命世子曰授太祖、太宗與社稷於子者三。妃曰不敢者再，（至）〔於〕三命曰謹受命，拜而退。太史以告大祝，大祝以告大祖、大宗與社稷。』《大戴禮·保傅篇》：『古之王者，太子迺生，注：顔師古曰，迺，始也。固舉以禮，使士負之，有司齊肅端冕，見之南郊。過闕則下，過廟則趨。』鄭曰：『過闕故下，望廟則趍。蓋先見于天，而後見于廟也。』」

丘氏曰：「嫡孫亦如之。生餘子則殺其儀。」又曰：「餘子孫則不設茶酒，止啓櫝不出主。」

金芝山曰：「丘氏餘子見廟之儀甚詳，然禮諸侯大夫士接子名子，餘子則皆降一等。天子必世子，然後告廟見廟，而此亦必曰嫡長子云，則丘氏之説恐或未然。」按，金芝山所疑當矣。

[一]「當」一本作「堂」。

△祝版。　按《禮樂志》詳之。《闕里誌》一載圖，其下曰：「以木爲之，高九寸，闊一尺二寸，用白紙寫祝文貼版上，祭畢揭而焚之。」又按《闕里誌》圖有兩脚。或云，諸侯以上有脚側立，大夫以下無脚。此説更考。

△其首尾皆如前。　按，此六字似不明白。蓋丘氏所言衍此六字意者歟。丘氏曰：「臨祭則置于酒注卓上，讀畢則置于案上香爐之左，祭畢則焚之，留版。凡祭倣此。」　後按，指書祝文之始末文法也。

△孝元孫。　按，元孫，《儀節》作玄孫，曰宋朝諱玄。　金芝山曰：「宋祖諱玄朗，故避之。朱子曰：『玄朗之諱，起於真廟朝，王欽若之徒推得出，然無考竟處。』玄，《爾雅》：『親屬微昧也。』」　按改玄孫、元孫，元孫二字，見于《金縢篇》，而元是猶元子之元字意。

△曾孫。《爾雅》：曾猶重也。

△行第。　金芝山曰：「如幾郎、幾公之類。」重固按，《筆録》詳之，《江談抄》及林氏《史館(若)〔茗〕話》中，亦言之。

△稱號。　金芝山曰：「如處士、秀才之類。」

△(其)〔某〕氏夫人。　丘氏曰：「無官者妣曰某氏夫人，蓋婦人稱夫人，猶男子之稱公也。今制二品，方得封夫人，宜加俗稱孺人。」　金芝山曰：「夫人二字，在宋制亦非卑者之稱，

如國夫人、郡夫人之類，必公卿之妻，方得此封。世俗通以爲婦人之尊稱，其來遠矣，自漢時已然。而朱子從之者，於理無害耳。且孺人之稱，在古禮必大夫之妻，在今制亦非無官者之妻，何必捨聖賢而從俗哉。」金芝山又曰：「丘氏《儀節》，參神、辭神皆四拜。按，程子曰：『家祭，凡拜皆當以兩拜爲禮。今人事生，以四拜爲再拜之禮者，〔蓋〕中間有問安之事故也。事死如事生，誠意則當如此。至如死而問安，却是瀆神。（如）〔若〕祭祀有祝、有告、謝神等事，則自當有四拜六拜之禮。』」

○或有水火云云。

金芝山曰：「按温公《雜儀》云，先救遺文，次祠版。此云先遷神主遺文。蓋温公以手澤爲重，朱子以神之所依爲重。其先後之辨，亦各有意，而此神主下無曰次云，則朱子之意亦欲一時並遷歟？」

遞。霽韵，更易也，代也，迭也。

△墓祭。詳之《祭禮篇》。

△諸位迭掌。　諸位，一説指祖先而言，一説指墓下子孫。更思。

△藏其主於墓處。　楊氏復曰：「《喪禮》大祥章亦曰：『遷于墓所，不埋。』（失）〔夫〕藏其主於墓所不埋者，則墓所必有祠堂，以奉墓祭。」　金芝山曰：「蓋立祠堂於始祖之墓，所以藏始

祖之祧主而祭之也。餘主則埋之。」　按古者天子至大夫，有始祖廟，祧主皆藏于此，而時祭祫祭之。後世無之，且士庶不可僭立始祖廟，則於墓所立始祖祠堂，如俗所謂魂屋者。藏始祖主以祭之墓所。第二世以下親盡，則又埋其主於墓所。古者埋于兩階間。後世埋墓所。《語類》九十，十八版二行。同卷，十九版十一行、七行。詳言之。　金芝山曰：「朱子曰，古昔『天子〔則〕有始祖之廟，而藏之夾室，大夫亦有始祖之廟。今皆無此，更無頓處。古人埋桑主於兩階間，蓋古者階間人不甚行。今則混雜，（亦難）亦難埋於此，看來只得埋於墓所』。」按此條更考出處。

深衣制度

《文集》六十八載圖説，三十七《答顔曾子書》。二條。《語類》九十一。三版九行。　丘氏論辨甚詳矣。

△此章本在冠禮之後。　金芝山曰：「謂《書儀》〔章〕次如此。（象）《〔家〕禮》本《書儀》而修定，故云然。」

△前章已有其文。　金芝山曰：「指晨謁深衣及不能具則或深衣等語。」

△又平日之常服。　金芝山曰：「嚴陵方氏曰，《經》曰：『有虞氏深衣而養老。』《傳》曰：

『庶人服短褐深衣，〔則〕自天子至于庶人，皆服之也。』」　又《深衣篇》曰：「可以爲文，可以爲武，可以擯相，可以治軍旅，完且弗費，善衣之次也。」　《玉藻》曰：「夕深衣。」深衣，燕居之服。

〇度用指尺。

△中指中節爲寸。　金芝山曰：「度如《周禮》『室中度以几』之度。去聲。　王氏曰：『度，所以度長短者也。』補注：『度謂尺寸之度數，用指尺者，蓋大指與食指兩步爲尺，中指中節一距爲寸。』按此自矛盾。凡人之手指，雖各有長短，然今試以兩指兩步爲尺，而中指中節十寸相準，則兩步之長尺有四寸矣。若用兩步之尺，則四尺四寸之長，爲六尺一寸六分，不亦太長乎。本注既云中指中節，則不必更言兩指也。」丘氏曰：「中指中節，乃屈指節向内，兩紋尖相距處，《鍼經》所謂同身寸也。」

△如今之直領衫。　金芝山曰：「直領者，其領直下垂之而不上盤者，制未詳。按朱子《君臣服議》有曰『直領布衫，是古之喪服』，而因論直領之義，曰『古今之制，祭祀用冕服，皆用直領。垂之不加紳束，則如今婦人之服，交掩於前而束帶焉，則如今男子之衣』，疑其爲制亦或如此。」直領布衫，即所謂直領衫也。以喪故用布也。

重固按，直領制未詳。有直領、有曲領、有方領、有上領，雖有四名，方領即是直領也，曲領亦謂直領。直領者，交會其袷，則領狀如矩，故亦謂方領耳。深衣乃爲直領，而交會兩襟，則爲方領，故下文曰方領。直領裁法未詳，蓋不爲如俗所謂開襟肩縫綴者。直垂下至穿着，合前袷，則方如矩方也。上領疑是開襟肩者，斜裁入於本身二三寸許，而綴袷繞項則比直領，領上盤而開，故謂之上領歟。《性理大全》及丘本所載圖，大槩可見其彷彿矣。而《文集・君臣服議》亦曰「既曰直領，則非上領。既曰上領，則不容不盤」，又曰，「有强爲之説者曰，雖爲上領，而不聯綴斜帛，湊成盤曲之勢，以就正圖，(祖)〔但〕以長布直縫」，使邊者歟。神注直領，俗所謂對襟也。蓋兩襟垂而直下相對之故也。又按我邦裁衣法，無有非斜剪入二三寸許。開襟肩者，不開而綴領，甚不便穿着。然深衣開襟肩之事，諸説未嘗言之，但補注「衣兩肩上各裁入三寸」，此似開襟肩者。丘氏以此説爲臆説不可從，則深衣直領不開襟肩者可知矣。然爲直領不開襟肩，方領則開之，則丘氏近世人有斜入三寸裁領法，何如此説？然則上領亦開襟肩否？未可知，更思。

△約圍七尺二寸。按，丘氏曰：「布幅廣狹以一尺八寸爲則。」補注曰：「幅廣二尺二寸，四幅廣八尺八寸，除負繩之縫與領旁之屈積各寸，及兩腋之餘，前後各三寸許，約圍七尺二寸，所以爲衣之廣也。」二説不同。補注恐拘矣，且布帛長(矩)〔短〕廣狹，諸書所言不同。《前漢・食貨志》曰：「布帛廣二尺二寸爲幅，長四丈爲匹。」《周禮・載師》「有里布」，注「廣二尺，長二丈」。又内宰立布，注「長丈八尺，廣二尺四寸」。

○裳交解十二幅云云。

按《深衣篇》曰：「制十二幅，以應十有二月。」漢以來皆以裳十二幅言之，而朱子之意未知如何。《文集》《語類》亦不言。丘氏疑似通一衣而言也。補注亦曰：「衣與袖共四幅，裳四幅，及續衽鉤邊四幅，所謂十二幅也。」此交解十二幅之謂，恐朱子之意亦以裳言。　丘說見《儀節》一二十六版。及深衣圖下，補注與丘說不同。

○圓袂。　孔氏曰：「袂是袖之大名，袪是袖頭之小稱。」袂口即袪也。

○方領。

《深衣篇》曰：「曲袷如矩應方。」鄭注：「袷，交領也。古者方領，如今小兒衣領。」孔疏：「鄭以漢時領皆向下交垂，故云『古者方領』，似今擁咽，故云『若今小兒衣領』，但方折之也。」金芝山曰：「温公曰：『方領如今上領衣，但方裁之，須用結紐。』按方領之說，本鄭注，誤矣。蓋方裁爲領，領之兩端，有紐結之。其曰相掩自方者，朱子蓋改修之，如蔡氏淵所說。建安何氏曰：『曲袷，交領也。今朝祭之服，皆向下交垂也。』」擁咽，小兒領名。

補注：「衣之兩肩上，各裁入三寸，而反摺之，就綴於兩襟上，左右相會。其形自方，非別有所謂領也。蓋袂圓在外，領方在內，有錢圓含方之象。一說裁入反摺即剪去之，別用布一條，自項後，褶轉向前，綴兩襟上，左右齊反摺之長表裏各二寸，除反屈。《禮記》所謂袷二寸是也。」《性理大全》。丘氏曰：「領用布一條，闊二寸，爲領如常衣法，然後加緣其上。近世人有斜入三寸裁領法，臆説無據，不可從。且衣必有領，而後緣可施，信如其説，則是有緣而無領矣，《玉藻》所謂『袷二寸』者，果何物也？況《家禮》制度本文，既有方領，又有黑緣，其爲二物亦明矣。於乎，衣而無領，豈得爲衣哉。」　按丘氏所考，可謂的確矣。然《家禮》不言别用一條布，何也？更思。

○曲裾。　按《家禮》及《文集》六十八。所説，皆别用一幅布爲之者，而與蔡子淵、楊氏復所言不合。然二氏所言有明據，則今制深衣，從二氏之説爲是。《儀節》一。二十五版左。

所收朱白雲之説，則以「續衽鈎邊」爲今俗所謂ヲクビ之義，亦是一説。

「續衽鈎邊」字義，如《家禮》《文集》説，則衽謂裳幅所交裂也。見《玉藻》鄭注。又《深衣篇》鄭注：「衽，在裳旁者也。」朱子本於此，謂布幅交裂者連續裳之右旁，謂之續衽。鈎，曲也。邊，幅旁也。交裂者殺其邊，使如魚腹，曲釣而似釣，謂之鈎也。如蔡楊丘三氏之説，則衽指裳之左右腋下前後幅交裂狹頭向上寬頭下。者而言，通透合縫其左右前後幅，謂之續衽。鈎，曲也。反屈，交互之義。邊，其合縫者。幅，邊出於表也。反屈幅邊一左一右，交互覆縫鈎針，謂之鈎邊。

《玉藻篇》曰：「衽當旁。」　鄭注：「衽謂裳幅所交裂也。凡衽者，或殺而下，或殺而上，是以小要取名焉。衽屬衣則垂而放之，屬裳則縫之以合前後，上下相變。」　孔疏：「『衽謂裳幅所交裂也』者，裳幅下廣尺二寸，上闊六寸，狹頭向上，交裂一幅而爲之。云『凡衽者，或殺而下，或殺而上』者，皇氏云：『言凡衽，非一之辭，非獨深衣也。或殺而下，謂喪服之衽，廣頭在上，狹頭在下。或殺而上，謂深衣之衽，寬頭在下，狹頭在上。云是以小要取名焉者，謂深衣與喪服相對爲小要，兩旁皆有此衽。』熊氏大意與皇氏同，或殺而下，謂朝祭之服耳。云『衽屬衣則垂而放之』者，謂喪服及熊氏朝祭之衽。云『屬裳則縫之〔以〕合前後』者，謂深衣之衽。云『上下相變』者，上體是陽，陽體舒散，故垂而下，下體是陰，陰主收斂，故縫而合之。今删定深衣之上獨得衽名，不應假他餘服相對爲衽。何〔以知之？深衣，衣下屬幅而下，裳上屬幅而上，相對爲〕衽。鄭注《深衣》『鉤邊』，『今之曲裾』，則宜（兩）〔一〕邊而有也。但此等無文言之，且從先儒之（業）〔意〕。』」

《深衣篇》曰：「續衽鉤邊。」鄭注：「續，猶屬也。衽，在裳旁者也。屬連之，不殊裳前後也。鉤，讀如『鳥喙必鉤』之鉤。鉤邊，若今曲裾也。」孔疏：「衽，謂深衣之裳，以下闊上狹，謂之爲『衽』。接續此衽而鉤其旁邊，即今之朝服有曲裾而在旁者是也。『衽當旁』者，凡深衣之裳十二幅，皆寬頭在下，狹頭在上，皆似小要之衽，是前後左右皆（在）〔有〕衽也。今云『衽當旁』者，謂所續之衽，當身之一旁，非爲餘衽悉當旁也。云『屬連之，不（珠）〔殊〕裳前後也』，若其喪服，其裳前三幅、後四幅各自爲之，不相連也。今深衣裳一旁則連之相着，一旁則有曲裾掩之，與相連無異，故云『屬連之，不殊裳前後也』。云『鉤，讀如鳥喙必鉤之鉤』者，按《援神契》云：『象鼻必卷長，鳥喙必鉤。』鄭據此讀之也。云『若今曲裾也』，鄭以後漢之時，裳有曲裾，故以

『續衽鈎邊』似漢時曲裾。今時朱衣朝服，從後漢明帝所爲，則鄭云『今曲裾』者，是今朝服之曲裾也。其深衣之衽，已於《玉藻》釋之，故今不復言也。」蔡氏淵曰：「司馬公所載方領與續袵鈎邊之制，引證雖詳，而不得古意。先生病之，嘗以理玩經文與身服之宜，而得其説。謂方領者，只是衣領既交，自有如矩之象。謂續袵鈎邊者，只是連續裳旁，無前後幅之縫，左右交鈎，即爲鈎邊，非有别布一幅裁之，如鈞而綴于裳旁也。方領之説，先生已修之《家禮》矣。而續袵鈎邊則未及修焉。」

楊氏復曰：「深衣制度，惟續袵鈎邊一節難考。按《禮記·玉藻、深衣》疏，皇氏、熊氏、孔氏三説皆不同。皇氏以喪服之衽廣頭在上，深衣之衽廣頭在下，喪服與深衣二者相對爲衽。」金芝山曰：「謂一廣頭在上，一廣頭在下，彼此若相對。然各在别服而曰相對爲衽者，以喻一上一下之義也，猶《易》之屯蒙、需訟爲反對也。」「孔氏以衣下屬幅而下，裳上屬幅而上，衣裳二者相對爲衽。」金芝山曰：「衣字句，裳字句。凡深衣之幅，狹頭爲上，廣頭爲下。衣則廣頭在上，故曰下屬幅而下。裳則狹頭在上，故曰上屬幅而上。衣之廣頭在上，裳之廣頭在下，一俯一仰，上下相對也。蓋以裳之狹頭皆向上也。」止[二]此其不同者一也。「皇氏以衽爲裳之兩旁皆有，孔氏以

[二]「止」字一本無，恐是。

衽爲裳之一邊所有，此其不同者二也。皇氏所謂廣頭在上，爲喪服之衽者，熊氏又以此爲齊祭服之衽，一以爲吉服之衽，一以爲凶服之衽，此其不同者三也。《家禮》以深衣續衽之制兩廣頭向上，似與皇氏喪服之衽、熊氏齊祭服之衽相類，此爲可疑。是以先生晚歲所服深衣，去《家禮》舊説曲裾之制而不用，蓋有深意，恨未得聞其説之詳也。及得蔡淵所聞，始知先師所以去舊説曲裾之意。復又取《禮記·深衣篇》熟讀之，始知鄭康成注續衽二字，文義甚明，特疏家亂之耳。按鄭注曰：『續，猶屬也。衽，在裳旁者也。屬連之，不殊裳前後也。』鄭注之意，蓋謂凡裳前三幅、後四幅。夫既分前後，則其旁兩幅分開而不相屬，惟深衣裳十二幅，交裂裁之，皆名爲衽，見《玉藻》。衽當旁注，所謂續衽者，指在裳旁兩幅言之，謂屬連裳旁兩幅，不殊裳前後也。疏家不詳考其文義，但見衽在裳旁一句，意謂別用布一幅裁之如鉤而垂於裳旁，妄生穿鑿，紛紛異同，愈多愈亂。自漢至今二千餘年，讀者皆求之於別用一幅布之中，而注之本義爲其掩蓋而不可見。夫疏，所以釋注也，今推尋鄭注本文，其義如此，而皇氏、熊氏等所釋，其（謂）〔謬〕如（此）〔彼〕，皆可以一掃而去之矣。先師晚歲知疏家之失，而未及修定。愚故著鄭注於《家禮》深衣曲裾之下，以破疏家之謬，且以見先師晚歲已定之説云。」

丘氏曰：「今依楊氏，不用裾，當裳之兩旁，自腋下至齊，前後相交處，皆合縫之，相連續不開，是謂（讀）〔續〕衽。又覆縫其邊，如俗所謂鉤針者，是謂鉤邊。」金芝山曰：「丘氏此説，本

《衣圖》楊氏之説，然《衣圖》説與附注不同，豈楊氏後别有所見歟。」又曰：續，連屬也。衽，裳之旁幅也。鈎有交互之義，邊者裳幅之側，謂其相掩而交鈎也。又曰：「按白雲朱氏曰：『衽，《説文》曰衿。注：交衽爲襟。《爾雅》：衣皆爲襟，通作衿。《正義》云，深衣外衿之邊有緣，則深衣有衽明矣。宜用布一幅交解裁之，上尖下闊，内連衣爲六幅，下屬於裳。《玉藻》曰，深衣，衽當旁。王氏謂袷下施衿，趙氏謂上六幅，皆是也。又曰，續衽鈎邊，謂邊也，縫也。衽邊，斜幅既無旁屬，别裁直布而鈎之，續之衽下，若今之貼邊。經曰續衽鈎邊，正以鈎邊續於衽也。後人不察，至有無衽之衣。』朱氏此説與《家禮》不合，蓋欲與衣身上加内外兩襟，如世常服之衣，别裁直布，鈎而續之衽下，以爲續衽鈎邊，如此則便於穿着。但以非《家禮》本制，不敢從，姑存以備一説。」

補注曰：「楊氏注引《衣圖》云，既合縫了，又再覆縫，方便於著，以合縫爲續衽，覆縫爲鈎邊。蔡氏淵謂續衽鈎邊者，只是連續裳旁，無前後幅之縫，左右交鈎，即爲鈎邊。愚按二説俱未甚明白。若深衣呆裳十二幅，則其要與十二幅各合縫爲續衽，裳前兩襟及下齊反屈爲鈎邊，邊即純邊也。後細思之，則《禮記》十二幅指深衣一身所用之布。屈裾，别用布二幅，斜裁爲四幅，廣頭在下，尖頭在上，續裳之兩旁，故謂之續衽，在裳之兩邊，故謂之鈎邊。《玉藻》所謂『衽當旁』是也。黄閏玉云，古者朝祭衣短有裳，（帷）〔惟〕深衣長邃無裳，不知《禮記》明言要縫半下，既有要縫，豈得無裳？」重固曰，亦備一説。金芝山曰：「疏家惑於鳥喙曲裾之説，斜裁爲衽，如鳥喙狀，綴之裳旁，謂之曲裾。温公亦取載《書儀》，朱子晚年亦覺其非而未及改修也。『續衽鉤邊』四字，釋衽當旁之義。鄭注之意，謂衽指裳旁前後兩衽相交接者，屬連前後兩衽，如裳之前後兩幅。〔二〕蓋古人之服，上衣下裳七幅，前三幅，後四幅，其兩旁前後兩幅分開而不相屬。楊氏之説深得鄭注之意，而發明朱子之説爲多。但又以合縫爲續衽、覆縫爲鉤邊者何也？此不可曉。重固按，金氏何以疑之，未知其意如何，更思。又按，『衽當旁』注，衽屬衣則垂而放之，屬裳則縫之以合前後，其合縫之説，或出於此。然屬連之云，非縫合之義，且朱子已有定論矣。重固曰，朱子定論，蓋指蔡淵之説乎。愚嘗反覆思之，續衽之義既如鄭注，而鉤邊之説，亦猶可疑。朱子以爲左右交約，重固按，指蔡淵之説。亦似未盡。妄意以爲既兩衽分開，則兩衽之邊斜裁處必有反屈之縫，疑鉤邊二字或指此也。或謂鉤邊則是矣，若今曲裾者，是何謂也。曰：曲即屈曲之義，裾，《説文》衣邊也。古人於衣邊，必反屈以縫之。疑漢時指衣邊反屈以爲曲裾，故鄭以爲緶緝兩衽之邊，如今衣邊之反屈也，豈別有所謂裾哉。不敢自以爲然，姑書之以俟博古者。重固曰，亦備一説。建安何氏曰，裳十一幅，外則添兩斜衽於旁縫屬於裳，謂之續衽。（如）〔加〕緣於上，不欲緣侵裳之正幅也。鉤邊者裳下圜其角如鉤，恐其垂下而不齊也。」重固曰，亦是備一説。

〔二〕「幅」一作「端」。

○黑緣。

《玉藻》曰：「緣廣寸半。」本注何故領用二寸，袂口裳邊用寸半。建安何氏曰：「領緣廣二寸，衣緣廣寸半，帶兩邊飾各一寸，取其次第登降之義也。」丘氏曰：「用皂絹爲之領，及袂口裳邊表裏皆用寸半。領及裳邊内外則夾縫在本布上，袂口則綴連布之外，即所謂袂口布外別此緣之廣也。」又曰：「按《家禮》領緣用二寸，袂口裳邊用寸半。今不然者，考《禮記·玉藻》『袷二寸，緣廣寸半』，不分領與裳袂，則皆寸半矣。今擬領亦用寸半，與裳袂同，俾少露領也，否則，是袷爲虚設矣。」

○大帶。

金芝山曰：「《玉藻》：『士練帶，率，下辟。』鄭氏曰：『率，繂之也。士以下皆襌，不合而繂積，如今作幧頭爲之也。辟，讀如裨冕之裨。〔裨〕，謂〔以繒〕采飾其側也。人君充之，大夫裨其紐及末，士裨其末而已。紐，兩耳也。』陳氏曰：『辟讀如縞冠素紕之紕，緣也。練，繒也，士以練爲帶，單用之而緶緝其兩邊，故謂之繂，腰及兩耳皆不緣，〔惟緣〕其紳，故云下辟。又并紐用組三寸，長齊于帶，疏曰，并，並也。謂天子下至士，其所紐約之物，並用組爲之。』方氏曰：『〔組〕〔組〕則帶之交結也。合并其紐，用組以約，則帶始束而不可解矣。「三寸」，其廣也。「長齊於帶」者，言組之垂適與紳齊也。』又士緇辟二寸，再繚四寸。鄭氏曰：『士襌垂之下，外内皆以緇，是謂緇帶。〔二〕大夫以上以素，皆廣四寸。士以練，廣二寸，再繚之。』陳氏曰：『士練帶，惟廣二寸，而再繚腰一匝，則亦是四寸矣。』劉氏曰：『《深衣》不言帶之制。《玉藻》所言乃朝祭服之帶也。朱子曰深衣帶，蓋亦彷彿《玉藻》之文，但禪、複異耳。』丘氏曰：『如禮單用爲是。今按再繚之義與禮注不同，謂一繚爲耳，再繚爲兩耳，蓋亦交結之義也。』建安何氏曰：『繚四寸，謂旁兩紐各繚二寸。』」率音律，素熟絹也。重固按，再繚言一交結而後二交結時作兩耳也。金氏一繚爲耳，再繚爲兩耳之謂，誤認者也，更思。

補注：古者不綴小帶，當要中惟束以大帶而已。按本注帶用白繒，廣四寸，而《禮記》又曰士緇辟二寸，（外）〔再〕繚四寸。蓋白繒四寸，而緶緝其兩邊各寸，即二寸也，而再繚要一匝，則亦是四寸矣。重固按，此説欲以禮經所言强合於本注，而本注之意，却誤認了。本注所謂再繚者，交結再繚之義也，非再繚要矣。其四寸亦廣四寸，而夾縫爲二寸也。

△五采條云云。按朱子初疑之，見《答類魯子書》。或人曰，以絛約之，只是如是耳，非交結也。

○緇冠。

〔二〕「帶」一作「布」。

金芝山曰：「丘氏曰：『糊紙，或用烏紗加漆爲之，裁一長條，其長一尺四寸許，其高寸許，圍以爲武，其圍之兩旁各廣三寸，前後各長四寸，又用一長條廣四寸長八寸，上襞積以爲五梁，縫皆向左，彎其中跨頂前後下著于武，屈其兩端各半寸，自外向内而黑漆之。又于武之兩旁半寸之上，爲竅以受笄，笄用白骨或象牙爲之。』建安何氏曰：『王普《制度》曰，緇布冠，用烏紗漆爲之，不如紙尤堅便。』《雜記》大白冠，緇布之冠，皆不蕤。鄭注：不蕤，質無飾。大白冠，大古之布冠也。《家語・冠頌》，孔子曰：太古冠布，齊則緇之。注：唐虞以上曰太古。疏曰：將祭而齊則緇者，以鬼神尚幽闇也。朱子曰：『緇布冠其制小，僅可撮其髻也。』」武，冠卷也。秦人曰委，齊東曰武，蕤音耳佳反，纓飾也。補注：又用一長條，廣八寸許，長八寸許，長襞積以爲五梁則廣四寸。　按八寸者襞積則爲四寸，丘説謂一長條廣四寸長八寸，上襞積以爲五梁，則四寸者爲五梁大狹，恐下字誤了，爲五梁者廣四寸也，丘説似以四寸者爲五梁。然以《文集》六十八所言觀之，則分明爲辟積而後爲四寸也。

△廣三寸袤四寸。字書：東西曰廣，南北曰袤，又長也。爲五梁者四寸，而著廣三寸者則侵左右各五分也。（丘也）丘説作廣三寸，前後各長四寸。武前廣三寸，左右之廣也，前後四寸也。又按以南北爲袤，則袤是自前至後也。武左右廣四寸前後三寸也。《文集》所言尤分明。

○幅巾。

補注：用皂絹六尺許，當中屈摺爲兩葉。就右邊屈處，摺作一小横㡇子，又翻轉從㡇子左邊四五寸間，斜縫一路向左，圓曲而下，循左邊至兩末。又將翻轉使所縫餘剩絹藏在裏，却以㡇子當額前裹之，於對兩耳處兩邊各綴一帶，闊二寸長二尺，自巾外過頂後，相結而垂之。其作㡇子也，就右邊屈處，用指提起少許，摺向右，又提起少許，摺向左，兩相湊著，用綫綴住而空其中間，以爲㡇子。

朱子《幅巾圖説》曰：用黑繒六尺許，剌一邊作中額，當中作㡇，兩旁三寸許，各綴一帶，廣一寸許，長二尺許。循㡇中，上反屈之，當幅之中，斜縫向後，去其一角而復反之，使巾頂正圓，乃以額㡇當頭前，向後圍裹，而繫其帶於緇後，餘者垂之。《文集》六十八。

按幅巾之制難分明，蓋六尺許黑繒，反屈一邊少許而剌之，以作巾額，次當中屈摺爲兩葉，就右邊屈處，作一小横㡇子。㡇，字書：摺也，衣領耑也。又《字彙》曰，或作𧙃，又有襊字，音醉，衣遊縫也。蓋𧙃襊通乎。遊逢，疑俗所謂縫揚者也。其狀大槩如此乎。往昔以横㡇子爲巾額事者，恐誤矣。綴小帶，綴之於裏面當耳處，繞之於巾外頂後而結之也。綴小帶於裏面，《文集》取載圖亦大槩可見。

△自巾外過項後。巾。《儀節》作中，其義則一耳。《性理大全》作巾。項，丘本作頂，《性理大全》亦作頂。《家禮圖》下，亦作項。作頂恐不是。

《事物紀原》三曰：「古庶人服巾，士則冠矣。傅子曰：『漢末王公多委士服，以幅巾爲雅素。』則幅巾古賤者服也，漢末始爲士人之服。袁紹戰敗，幅巾渡河是也。」

金芝山曰：「朱子曰：『古人戴冠，郭林宗戴巾，温公幅巾是其類也。古人衣冠，〔大率〕如今之道士。道士以冠爲禮，不戴巾。』又按《林宗傳》，嘗行遇雨，巾一角墊，時人乃故爲折巾一角，以爲林宗巾。注：周遷《輿服雜事》曰，巾以白葛爲之，形如帕，本居士野人所服，今國子學生服焉，以白紗爲之。又《符融傳》，融幅巾奮袖，談辭如雲。注：以一幅爲巾。其制若如温公，則無角可以墊矣。是兩人一時名士，而所着亦兩樣巾矣。林宗之巾，不知何狀，而幅巾之名實起於偉明矣。又桓帝時，韓伯（林）〔休〕亦柴車幅巾。又《汝南先賢傳》，袁閎卒，勅其子着疏布單衣幅巾。蓋皆一時事也。丘氏曰，按《禮・深衣篇》無有冠制，而緇布冠古用以爲始加之服。然亦冠而弊之，非常服也。（主）〔至〕宋温公（如）〔始〕服深衣冠緇冠，而裹以幅巾，朱子效之，亦非古制也。若夫幅巾之制，古者有冠而無巾，巾止以羃尊，疊瓜果之用，不加於首也。至漢去罪人冠而加以黑幪，所謂（中）〔巾〕幘者，特爲庖人賤者之服。士大夫以爲首服者，始見于郭林宗折角巾。此後晉人又有接䍦、白葛等巾，於是人故從衆。」

○黑履。《文集》亦曰「黑履」。

丘氏曰：「按《禮》黑履當作白履爲是，用白布作履。如世俗所謂鞋者，而稍寬大。既成，用皂絲條一條，約長尺三四寸許，當中交屈之，以其屈處綴履頭近底處，立起出履頭一二寸，岐爲二，復綴其餘條於履面上，雙交如舊圖所畫者，分其兩梢綴履口兩旁緣處，是之謂絇。於牙底相接處，用一細絲條，周圍綴于縫中，是之謂繶。又于履口納足處，周圍皆緣以皂絹廣一寸，是之謂純。又于履後跟，綴二皂帶以繫之，如世俗鞋帶，是謂之綦。如黑履則用皂布爲之，而以白或青爲絇繶純綦。」

又曰：「按黑履注下云，白絇純繶綦。而卷首圖下注則云，深衣用白履。蓋以屨，順裳色，深衣裳既用白，則屨亦合用白矣。又《禮》黑履以青爲絇繶純，白屨以黑爲絇繶純。深衣用白履，則當用黑色爲飾，若黑履，又當以青爲飾，不用白也。」又曰：「考《儀禮》，玄端則用黑履，素積則用白屨，屨當順裳色也。」

《士冠禮》曰：「屨，夏用葛。玄端黑屨，青絇繶純，純博寸。冬，皮屨可也。」疏：「屨者順裳色，玄端黑屨，以玄裳爲正也。純者於屨口緣，繶者牙底接處縫中有條，絇者履鼻有飾，爲行戒。」重固按，圓機活法，引身章撮要曰，屣底下有齒牙，蓋言之。《周禮》鄭注：「絇之言拘也。以爲行戒，狀如刀衣鼻，在履頭。」疏：「言拘取自拘持也。爲行戒者，謂低目不（忘）〔妄〕顧視也。」劉氏曰：「履頭，以絛爲鼻，或用繒一寸，屈之爲絇，所以受繫穿貫者也。」補注：「絇，盧繩，屨頭飾也。受綦穿貫，因以爲行戒焉。」

《漢書·王莽傳》：「句屨，孟康曰：（令）〔今〕齊祀屨舄頭飾也，出屨一二寸。師古曰：其形岐頭。」

金芝山曰：「純，《周禮》鄭注以絛爲緣也，廣一寸也。其《禮記注》履繫也。朱子曰，綦，鞋口帶也。古人皆旋繫，今人只從簡易，綴之於上，如假帶然。按《禮》注約爲履頭鼻。丘氏謂雙交綴屨向上，純用絛。丘氏用皂絹，疑從俗，且取簡易，但非古也。」

《書儀》：黑屨白緣。自注云，複下曰舄，禪下曰屨。《周禮》屨有五色，近世惟赤黑二舄，赤貴而黑賤。今用黑屨白緣，亦從其下。夏用繒，冬用皮。自注云，古者夏葛屨，冬皮屨。今無以葛爲屨者，故從衆。重固按，黑屨是温公從時俗之所爲，而朱子亦倣之，固當如此矣。如丘説則欲强反古，恐非朱子之意也。

司馬氏居家雜儀

丘氏方析《家禮》所載以附篇末，不止侵亂成書之罪，不知朱子之意甚矣。其丘本每章有題名，亦恐丘氏之所添乎。

△此章本在昏禮之後。　金芝山曰：「指《書儀》中章次如此。」

○禮法。　金芝山曰：「陳氏曰，禮，先王之禮；法，國家之法。」按如此分析，邑不是。

△倉廩廐庫庖厨舍業田園。　金芝山曰：「倉，穀藏也。廩，米藏也。廐，養馬之閑也。庫，貯財物之舍也。庖，宰殺之所。厨，烹飪之所。舍業，别墅别業也。樹果木曰園。或曰，舍，邸舍。《自警編》，故相李昉家，子孫數世至二百餘口，猶同居共爨，田園邸舍所收，皆聚之一庫，計口日給餉，是也。按《小學》亦載此語，而曰温公云云，則恐邸舍爲是。而注陳氏曰，邸舍，客舍也。又《宋書》趙普爲邸舍以窺利，然則非别墅之類也。」

○俸禄。　金芝山曰：「徐氏元瑞曰：『錢帛曰俸，米粟曰禄。』朱子亦有俸錢、禄米之語。」

△貨蓄。　吴氏曰：「貨，交易之物也。蓄，藏積之物也。」

△耰。鄱陽王氏曰，按《韵會》，布種後以此器摩之，使土之開處復合，所以覆種也。

○天欲明咸起。　金芝山曰：「按《内則》子事父母，婦事舅姑下，皆云，雞初鳴。此子婦至天欲明而起，昧爽而省問，與禮意不同，豈雞初鳴太早，恐其難行歟。馬永卿問，『《内則》雞鳴而起，適父母之所，不亦太早乎』。元城先生正色曰，『禮，事父與君一體，父召無諾，君命召無諾。父前子名，君前臣名。今朝謁者，必以雞鳴而起，適君之所，而人不以爲勞。蓋刑驅其後也。世俗薄惡，故事父母之禮，得已而已焉。若士人畏義如刑，則今人可爲古人矣』。某聞其言，至今愧之。」

△慮有德色。　子之心自矜於惠父，以見於顔色。　如此看，慮與色不相應，慮猶察思也，

德色是父悦子之恩惠之色也，慮則子觀父之色也。

△頭⿱髟巾。丘本「⿱髟巾」作「⿱須巾」。《性理大全》亦作「⿱須巾」。今按字書，無「⿱髟巾」字。恐字之誤。⿱須巾與繻同，謂細密之羅。《事物紀原》曰：「《二儀實録》曰：『燧人時爲髻，但以髮相纏，而無物繫縛。至女媧之女，以羊毛爲繩，向後繫之，後世易之以絲及彩絹，名頭⿱須巾，繩之遺狀也。』」　丘氏曰：「頭⿱須巾即是總。《禮》注所謂裂練繒以束髮，是也。」

△帽子。說見前。

△道萬福。　金芝山曰：「問夜來平安之意，温公《書儀・上祖父母父母書》云『伏惟某親尊體起居萬福』亦此意也。韓愈《答孟簡書》，亦然。又按《唐書》，義成軍節度使李元素聞遺詔，密告李師古，時告哀使未至諸道，師古曰：『聖上萬福，而元素忽傳遺詔，是反也。』遂發兵爲亂。是萬福元即保安之辭，而含祈祝之意也。」

△檢數。　金芝山曰：「朱子曰：『點檢數過也。』」案此說，未詳出於何書。　重固按，下文注有檢校字。唐本《性理大全》或有檢數作檢校，則恐文字誤乎。

△點心。《筆録》詳之。　金芝山曰：「《韵書》白地小黑曰點，點心謂暫食少味以點空心，與點茶之點義同。」

△《詩》云惟酒食是議。《小雅・斯干》之篇。

△舉筯。或云，謂食畢而置箸於盤上也。此説未詳是否。

△席地而坐。　金芝山曰：「《内則》父母舅姑將坐，少者執床與坐。陸氏曰，床，《説文》云安身之坐者，至於恭坐，則席。蓋尊者坐床，故餘皆席地而坐耳。」

△安置。　金芝山曰：「安置猶言安穩。《廣韵》云，置，安置也。置字亦有安義，蓋欲親安穩過夜之意。杜子美《簡吴郎司法》詩，「遺騎安置讓西頭」，亦安之之意也。

又曰，或問晨省則曰丈夫唱喏，婦人道萬福。昏定則曰丈夫唱喏，婦人道安置。是婦人獨萬福、安置，而丈夫但唱喏而已乎。曰，否。丈夫不言萬福、安置，而婦人不言唱喏者，蓋互文耳。丘氏《儀節》出入必告下注，男子唱喏，婦人立拜，是婦人無唱喏之禮。柳西厓曰，某少時赴燕京，親質於中原人，以爲作揖之時，口道萬福安置，故謂之唱喏。又看雜書，其作揖而無聲者，謂之啞揖，是萬福安置在唱喏中也。愚嘗疑，兩字皆從口，又能言教以唱喏之語，故質之。又按他訓義，喏音人者反，敬言也。則西厓之言得之。重固按，唱喏作揖時，引聲也，男子當如此。唱喏萬福，婦人宜如此。金氏之言可疑。

○出中門。十二版左。　外内之分，有門以限之。金芝山。

△蓋頭。　《事物紀原》曰：「唐初，宫人着羃羅，雖發自戎夷，而全身障蔽。王公之家亦用之。永徽之後，用幃帽。後又戴皂羅，方五尺，亦謂之幞頭，今曰蓋頭。凶服者，亦以三幅布爲之。

或曰白碧絹，若羅也。」　金芝山曰：「按喪服章，丘氏以爲凡三幅，長與身齊，則古制亦如此。面帽。金芝山曰：「以紗冒面者。凡帽用紗。」

△鈴下。　金芝山曰：「蓋懸鈴以代傳呼，如翰苑之爲者。《晉・羊祜傳》：『鈴閣之下，侍衛十數人。』《楊方傳》：『初爲郡，鈴下威儀。』山谷贈林爲之詩：『爲之街南居，時通鈴下謁。』李白《猛虎行》：『昨日方爲宣城客，掣鈴交通二千石。』」《筆録》。

△蒼頭。　金芝山曰：「《漢書・蕭望之傳》『蒼頭盧兒。』注：漢謂奴爲蒼頭者，服純黑以別於良人也。鈴下蒼頭，蓋小豎通内外之令者，歐陽修賦所謂蒼頭丫髻是也。《周禮》亦有以童豎掌内外之通令。」《筆録》。

○經再宿以上則再拜云云。十三版右。　金芝山曰：「按程子曰：今人事生，以四拜爲再拜之禮者，中間有問安之事故也。蓋經宿以上則再拜者，卑幼見尊長之禮然也。五宿以上四拜者，加問安一節。正至六拜者，比朔望加賀一節。朔望四拜者，特以其望，故比平時加再拜。」

△冬至朔望。十三版右。　金芝山曰：「獨言冬至者，文不具也。」

△共拜各以。十三版左。　共、各字並指男女而言。

△長兄長姊。同上。　金芝山曰：「就主人諸弟中，推其最長者一人立主人右，其妻立主婦右，弟姪以下，依前行次弟立拜之，以上丘説也。而主人右之右，當作左。其妻下，恐當有『及

姊』二字。」

△訖各就列云云。十三版左。　金芝山曰：「丘氏曰，拜訖，又以次推其長者，出就次拜之，如前儀。按丘説與本儀不同，若宗族少者，如丘説可也。」

△受拜訖先退後輩云云。同上。　金芝山曰：「後輩指子姪及其婦并女子也，共受孫行之拜。丘氏曰，推出長者拜遍，諸子姪輩行同者分班對之，男左女右互相再拜。拜訖，諸孫行拜其諸父，如就次儀，其自相拜，如分班儀。按丘説亦與本儀不同，至於分班相拜之説，本説（本説）無之。今但載之以待好禮者，但諸弟妹行中，亦當有之。」以上一節便考，似不分明。

△晨夜唱喏萬福安置。本文言卑幼自遠方至，及遇尊長之禮，此則言平日朝夕之禮。

△細注亦三而止。　亦是謂三再拜而止。蓋晨夜唱喏萬福安置之時既再拜，訖又三再拜而止。

△搊策。　《家禮衡庫》云，搊，擁也。策，杖也。以杖擁之也。蓋物之（時）〔將〕轉倒以杖拘之，似少垂手而揖，故謂之扶謂搊策也。

〇立而扶之。十四版右。　金芝山曰：「少垂首接之曰扶。」重固按，《名臣言行録》：「王嗣宗知長安，放至，通判以下群拜謁，放小俯垂首接之而已，嗣宗内不平。放召其姪出拜嗣宗，嗣宗坐受之。放怒，嗣宗曰：『向者通判以下拜君，君扶之而已。此白丁耳，嗣宗狀元及第，名位不輕，胡爲不得坐受其拜。』放曰：『君以手搏得狀元云云。』」以是觀之，扶之者少俯垂首接之也。

△扶謂搊策。　金芝山曰：「此二字不見他書，亦恐是俗語。按小垂手揖之謂之扶，扶者扶起人之義也。搊，以手拘執之意，策即扶策之義，謂以手拘執而扶策以起。蓋不敢安然受拜，而辭之之義。」重固按，搊尤韵，拘也，策，立起之義。

○上壽。　金芝山曰：顔師古曰：凡言爲壽者，謂進爵於尊者，而獻無疆之壽也。如淳曰：上酒爲壽，非大行酒也。」重固按，丘氏曰，或三行，或五行。金氏又曰：「按丘氏《儀節》與本儀不同，然曲折詳備情文盡云云。」

○良家。　金芝山曰：「良家謂非醫巫商賈百工之家。」

△舉以禮。見《内則》及《斯干篇》。

△纂組。十六版。　《漢書・景帝紀》：「錦繡纂組，害女紅。」顔師古曰，紅讀曰功。纂組，赤組也。

○庭中庭。十七版。　金芝山曰：「庭外庭，門之内，廳事之前也。中庭，中門之内，寢之前也。」

△主婦。十七版左。　丘本及《性理大全》並作主父，是。

○資。十八版。　資，裝也。

家禮筆記

冠禮

《禮記·冠義》疏曰，冠禮起早晚，書傳既無正文。按《略説》稱周公對成王云，古人冒句領。注云：古人，謂三皇時，以冒覆頭，句領繞頸。至黃帝時，則有冕也。故《世本》云黃帝造火食旃冕，是（是）〔冕〕起於黃帝也。但黃帝以前，則以羽皮爲之冠。黃帝以後，乃用布帛。其冠之年，即天子、諸侯十二而冠，故襄九年《左傳》云：國君十五而生子，冠而生子，禮也。又云：一星終也。是十二年歲星一終。按文王十五而生武王，尚有兄伯邑考。《金縢》云：王與大夫盡弁。時成王十五而著弁，則成王已冠矣。是天子十二而冠，與諸侯同。又《祭法》云：王下祭殤五。若不早冠，何因下祭五等之殤？大夫冠之年幾無文。按《喪服》大夫爲昆弟之長殤，大夫既爲昆弟長殤，則不二十始冠也。其士則二十而冠也，《曲禮》云二十曰弱冠是也。其天子之子亦早冠，所以祭殤有五。其諸侯之子皆二十冠也。故下《檀弓》云君之適長殤，及大夫之適長殤是也。

《家禮正衡》曰：「《白虎通》曰：『冠，帷也。所以帷持髮也。』人之成禮有修飾文章，故制冠以飾首，别成人也。」

金芝山曰：「《後漢・輿服志》，聖人見鳥獸有冠角頔〔二〕胡之制，乃作冠冕纓蕤，以爲首飾。」

補注：《儀禮》所存者，惟士冠禮。自士以上有大夫、諸侯、天子冠禮，見於《家語・冠頌》《太戴・公冠》與《禮記・特牲》《玉藻》。雖遺文斷缺不全，而大槩亦可考。如趙文子冠，則大夫禮也。魯襄公、邾隱公冠，則諸侯禮也。周成王冠，則天子禮也。大夫無冠禮，古者五十而後爵，何大夫冠禮之有？其冠也，則服士服，行士禮而已。始冠緇布冠，自諸侯下達諸士，始加緇布冠績緌，其服玄端，再加皮弁，三加玄冕。天子始冠加玄冠朱組纓，再加皮弁，三加衮冕。又君冠必以裸享之禮行之，以金石之樂節之，以先君之後處之。又諸侯禮賓以三獻之禮，其酧賓則束帛乘馬。其詳見于《儀禮經傳通解》。《性理大全》。《張南軒集》三十三。八版右。

冠

○男子年十五至二十皆可冠。

〔二〕「頔」當作「頟」。

程子曰：「冠禮廢，天下無成人。或欲如魯襄公十二而冠，此不可。〔冠〕所以責成人事，十二年非可責之時。既冠矣，且不責以成人事，則終其身不以成人望之也，徒行此節文何益？雖天子諸侯，亦〔必〕二十而冠。」丘氏曰，按《家禮》十五至二十皆可冠，不必二十也。○重固按，二十冠是古之禮，其有意義如程説也。朱子曰十五者，時俗冠太早，故斟酌言耳。

△所以責成人之禮至不可以不重。《冠義》語。

△皆所以責成人之禮。皆者，或云指三加，或云自天子以至士。「成人之禮」四字連綿。前卷。十六版左。冠笄則皆責以成人之禮。所以責成人之禮，如此讀者非矣。

○必父母無期以上喪，始可行之。

司馬温公曰：「因喪而冠，恐于今難行。」丘氏曰：「今世俗有行之者。」重固按，「因喪而冠」，《曾子問》及《雜記》有其禮。然宋時俗甚難行，故温公之言如此，而《家禮》亦斟酌言如此。

△主人謂冠者之祖父，自爲繼高祖之宗子者。冠者大宗子，則冠者之祖或父主之。以貴於冠者爲之，小宗雖老輩不得主之。故下文曰若宗子已孤而自冠也，無父祖則自冠耳。曰繼高祖之宗子者，舉最重者而言。繼世未久，則父祖未繼高祖者有之。

△若非宗子則必繼高祖之宗子主之，有故則命其次宗子，若其父自主之。冠者非宗子而小宗子，則必大宗之繼高祖者主之，小宗不敢自專。有故則大宗之次小宗之最貴者，承大宗子

之命而主之。或其冠者之父，承命而主之。

○前期三日，主人告于祠堂。

△古禮筮日云云。《冠義》曰：「古者冠禮，筮日筮賓，所以敬冠事。」《士冠禮》：「筮于廟門。」注：「筮者，以蓍問日吉凶於《易》也。冠必筮日於廟門者，重以成人之禮成子孫也。」疏：「不筮月者，《夏小正》曰：『二月綏多士女，冠子娶女時也。』既有常月，故不筮也。」金芝山曰：「古人二月冠子，而今《家禮》用正月者，疑取首月之義也。」

△某之子某。猶孝玄孫近之子邇。某之某親之子某。猶孝玄孫近之從弟迫之子密。

○戒賓。或告也。

△古禮筮賓。《冠義》言之，見於上。《儀禮》：「前期三日，筮賓，如求日之儀。」注：「前期三日，空二日也。筮賓，筮其可使冠子者，賢者恒吉。」金芝山曰：「前所戒之中，筮取吉者，爲加冠之正賓也。朱子曰：前已廣戒衆賓，此又擇其賢者，筮之吉則宿之，以爲正賓。不吉則仍爲衆賓，不嫌於預戒也。蓋先戒，後筮。」重固按，有衆賓，有正賓，預戒衆賓，就衆賓中筮以爲正賓。此云戒賓者，戒正賓也。

△加冠。《儀禮》疏載此文。加冠作加布。金芝山曰：「《儀禮》注謂初加緇布冠也。」

△吾子。《儀禮》注：「吾子，相親之辭。吾，我也。子，男子之美稱。」疏：「古者稱師曰

子。〔又〕《公羊傳》云：『名不若字，字不若子。』」《考證》。

△以病。《儀禮》注，「病猶辱也」。

○前一日宿賓。

《儀禮》注：「宿，進也。宿者必先戒，戒不必宿。其不宿者爲衆賓，或悉來或否。」金芝山曰：「非正賓則不宿。」《少牢禮》注：「宿之爲言肅也。肅，進也。」金芝山曰：「《儀禮》『主人宿賓』，今《家禮》遣子弟者，以從簡。」○朱子曰，宿賓「是戒肅賓也，是隔宿戒之」。《語類》八十五。

○陳設。

△帟幕。《周禮》：「幕人掌帷幕幄帟綬之事。」注：鄭氏曰：「在旁曰帷，在上曰幕。四合象宫室曰幄。帷幕皆以布爲之。『帟』，鄭司農云：『平帷〔一〕也。』玄謂帟，幄中〔二〕，坐上承塵也。皆以繒爲之。」《禮》注：「帟，幕之小者。」

△以帟幕爲房於廳事之東北。金芝山曰：「即《禮》東房西室之制，鄭氏所謂士無西房者。」

〔一〕「平帷」一本作「平帳」。

〔二〕「幄中」一本作「帳中」。

△堊。白土也，丘氏《儀節》，用石灰。

△畫。一作「書」。

○厥明夙興，陳冠服。

△公服帶云云。　冠服之制，已見《通禮》。但襆掠，丘氏曰：「頭襆即是總。《禮》注所謂裂練繒以束髮是也。掠頭今無其制。考《喪禮篇》，解免字謂裂布或縫絹廣寸，自項向前，交於額上，却繞髻後，如著掠頭，則其制亦可以意推矣。今皆不用，擬以時制網巾代之。」金芝山曰：「丘説缺『垂餘於髻後以爲飾』八字。掠頭即掠頭綺子。」

△東領北上。　金芝山曰：「疏：喪禮服，或西領，或南領，此東領者，嘉禮異於凶禮也。冠時先用卑服。北上，便也。」

△冠。緇布冠。　巾。幅巾。　帕。金芝山曰：「帊同，今之袱也。」

△一人守之。　金芝山曰：「禮，三人各執其一。重固按，一人執爵弁一匴，一人執皮弁一匴，一人執緇布冠一匴。今一人守之，從（從）簡也。」重固按，在房中者無守者，唯陳于西階下者，一人守之。

△長子至南面。　金芝山曰：「《儀禮》注：『庶子不於阼階，非代也。不醮於客位，成而不尊。』疏：『《記》云，適子冠於阼，以著代也。明庶子不於阼，非代故也。』又：『《記》云，醮於客位，加有成也。是適子於客位成而尊之，庶子成而不尊，故因冠之處遂醮焉。』少北者，主人位在

東。序端，避主人也。著代者，父老則傳之子，所以著其傳付之意也。」

○主人以下序立。

△儐。　金芝山曰：「亦作擯。出接賓曰擯，入詔禮曰相，儐相一也。因事而異其名也。蓋贊主人之禮者。」重固按，儐立門外者，立於外門外也。下文注可見。

△紒。　丘氏曰：「紒即是髻字。《書儀》注童子髻似刀環，疑是作兩圓圈子也。」

△四䙆衫。　丘氏曰：「不知其制。考《玉篇》《廣韵》等書，并無䙆字，惟《車服志》史炤《釋文》曰：『䙆音睽桂反，衣裾分也。』李燾《師友談記》有云：『國朝面賜緋，即四睽義，襴衫。』《事物紀原》衫下注云：『有缺胯衫，庶人服之，即今四袴衫也。』《事物紀原》宋高承作，所謂今者指宋時言也，豈四袴衫即此四䙆耶。又按《書儀》始加適房服四䙆衫，無四䙆衫即服衫，則是四䙆衫亦可無也。況此服非古制，殊非深衣之比，隨時不用可也。」

△勒帛采屐。　丘氏曰：「《書儀》無采屐，而於勒帛下有素字。自注云：『幼時多躡采，將冠可以素。』謂之躡，意勒帛乃用以裹足者也。屐是木履，今云采屐，疑是以采帛代木爲之。謂之勒帛采屐，似是以帛裹足納屐中也。此蓋當時童子服，今不必深泥，便隨時用童子所常服者代之，似亦無害。」

○賓至，主人迎入升堂。

△賓自擇止贊冠者。　金芝山曰：「《儀禮》注『佐賓爲冠事者』，按《禮》主人親宿贊冠者，此云賓自擇子弟習禮者爲之，蓋亦從簡。」

△入門止至階。　金芝山曰：「按《禮》入門每曲揖，曲者指堂塗之曲處。入廟門分路處有曲，主東行，賓西行，各分背時一揖。既行而北向處又有曲，轉向北面與賓相見，故又揖。碑者庭中之大節，故當碑又揖。此所以三揖而至階。今但曰揖讓而至階者，恐或立文太簡而然歟。」重固按，丘氏《儀節》亦無每曲當碑揖之文。○又按，金芝山所言三揖，見《士冠禮》疏。

△筵于東序少北西面。　金芝山曰：「《儀禮》注：『筵席也。』疏：『敷陳曰筵，藉之曰席。』然散言則筵席通矣。此即長子冠位，《記》所謂冠於阼者。」

○賓揖將冠者至納履出。

△主人揖升。　按，丘氏《儀節》：「主人揖賓，而賓主共升堂。」

△受冠笄執之云云。　贊者以巾跪進云云。　楊氏復曰：「《書儀》始加以巾，《家禮》又先以冠笄，乃加巾者，蓋冠笄正是古禮。」《性理大全》。

△順爾成德。　《儀禮》注：「既冠爲成德。」疏：「『既冠爲成德』者，按《冠義》，既冠責以父子君臣長幼之禮，皆成人之德。」注：「因冠而戒，且勸之。」疏：「『棄爾幼志，順爾成德』，是戒也。『壽惟祺，介爾景福』，是勸也。」順字，《儀禮經傳通解》，朱子改以爲慎字義。

程子曰：「今行冠禮，若制古服而冠，冠了又不常服，却是僞也，必須用時之服。」丘氏曰：「古禮始加緇布冠，再加皮弁，三加爵弁。緇布冠亦是當時不用之服，豈是僞哉。今《家禮》始加用深衣、幅巾，而再加、三加以時服，似亦是存古之意，宜從之，不必泥程子此説也。」丘氏又曰：「按孟懿子曰：『始冠必加緇布冠，何也？』孔子曰：『示不忘古。』今冠禮始加以緇冠、幅巾，亦此意也。或者乃以其非世所常服，而别以他巾代之，蓋亦不考福之過也。且古之時冠而弊之，今恐其拂時而不之常服，冠畢而藏之，亦可也。」

朱子曰：「『冠、昏之禮，如欲行之，當須使冠、昏之人易曉其言，乃爲有益。如三加之辭，出門之戒，若只以古語告之，彼將謂何？』曰：『只以今之俗語告之，使之易曉，乃佳。』」

○再加帽子服皂衫革帶繫鞋。

丘氏曰：「今擬以時樣帽子，直領衣，絲絛，布鞋或皮鞋。又按，所謂帽子皂衫者，其制不可考，惟文公《語録》有云：『前輩士大夫家居，常服紗帽皂衫革帶。』又云：『温公冠禮，先裹巾，次裹帽。』又云：『今來帽子，做得恁地高硬，既不便於從事，又且費錢，皂衫費更重，向疑其必廢，今果人罕用也。』繇是數言推之，則帽子必是以紗爲之。温公時猶以軟幅裹頭，至文公時始爲高硬之制，後與皂衫俱不用於世也。然此亦非古服，乃是一時之制。在當時已不用，今不用之亦可，故擬代以時制。但今世所戴帽子有二等。所謂大帽者，乃是笠子，用以蔽雨日之具，决不可用。惟所謂小帽者，以縐紗或羅或段爲之。此雖似褻服，然今世之人通貴賤以爲燕居常服，環衛及邊方官舍，以事來朝見者，亦往往戴之。今世除此二帽之外，別無他帽。必不得已，用以再加其紗帽〔一〕者，似亦可用。」

金芝山曰：「初加用履，再加用鞋。今故訓義兩字皆通釋，恐其制未必相遠也。然而其用有初加再加之異者，蓋履無系而鞋有系，則疑有綦有絇以寓戒之之意，故爲重也。又按，綦履注，朱子曰『綦，鞋口帶也』，是履即鞋也。頃年島夷之變，天朝遺兵來救。觀其所著帽子，如國俗所謂笠子者，謂之大帽子。有桶頂無檐，如國俗所著在〔笠〕子裏者，謂之小帽子。皆以毛爲之。以此推之，則丘説可知。」

重固按，《事類全書》鞋下注云：「履也。」《事物紀原》三，鞋下曰：「『古者草謂之屨，皮謂之履。』《實録》曰：『鞻夏商皆以草爲之，用以麻。晉永嘉中，以絲。』或云：『馬周始以麻爲之，名鞋也。』《古今注》云：『魏文帝絶寵段巧笑始製絲履，則非晉永嘉中始以絲爲鞋矣。』按《禮·少儀》云『國雖靡敝，君子不履絲屨』，則周人已用絲爲屨也。」以上《紀原》。以是觀之，則履以布爲之，鞋以絲爲之，形亦相似而不同。金芝山鞋有綦有絇之謂，恐不當。初加服深衣納履，則履

〔一〕「紗帽」，《義節》作「紗製」。

有綦絇可知。

△遐福。　丘氏曰：「按《儀禮》及舊本，皆作胡。今本作遐。改從舊。」《禮》注，胡猶遐也，遠也。

○三加幞頭公服革帶納靴執笏若襴衫納靴。

丘氏曰：「今擬爲生員者，儒巾襴衫皂絲絛皂靴，餘人平定巾盤領袍絲絛皂靴。按此三加用幞頭公服，而温公《書儀》亦云幞頭靴笏，則是幞頭在宋時上下通服也。今惟有官者，得用幞頭，而襴衫專爲生員之服。今世未有既官而後冠者，其幞頭公服革帶靴笏，不可用，故擬代以時制如此。」

金芝山曰：「按宋時朝官，或郊祀覃恩，或遺表恩澤。子孫雖在襁褓，而得以授官。故有既官而冠者。今丘説如此，則是今聖朝無此恩例也。」

△黄耇。《禮》注：「黄，黄髮也。耇，凍梨也。皆壽徵也。」疏：「其面如凍梨之色。」

重固按，初加賓降一等，再加降二等，三加没階。注疏無説，蓋冠服以漸重，冠者亦以漸貴之故乎。《儀節》《考證》亦不言。

○乃醮。

《士冠禮》篇：「若不醴，則醮用酒。」注：「若不醴，謂國有舊俗可行，聖人用焉不改者也。」

酌而無酬酢曰醮。」疏：「用醴，周法也。醮用酒，夏殷法也。醴亦無酬酢，而不名醮者，但醴大古之物，自然質無酬酢。此醮用酒，酒本有酬(酬)〔酢〕，故無酬酢得名醮也。」朱子曰，國有舊俗，謂當時國俗不同有如此者，非謂夏殷也。恐疏義非。

△改席于堂中間少西南向。《冠義》曰：「醮於客位，三加彌尊，加有成也。」注：「户西爲客位。庶子冠於房户外，又因醮焉，不代父也。冠者，初加緇布冠，次加皮弁，次加爵弁。每加益尊，所以益成也。」疏：「必在賓客位者，尊以成人，若賓客待之。冠彌漸而尊，故云『三加彌尊』。『加有成也』，謂加益有成人之事矣。」

△祝之曰旨酒云云。　温公曰：「醴則一獻，酒則三醮。今私家無醴，以酒代之。但改醴辭『甘醴惟厚』爲『旨酒既清』耳，所以從簡。」金芝山曰：「疏：醴重而醮輕。醴是古之酒，故爲重。醮用酒，後代之法，故爲輕。所以三加之後，總一醴之，每一加一醮。今以酒代醴，酒宜三醮，而但用一獻，所以從簡。」　嘉薦芬芳。　按，《儀禮》芬芳作令芳。《性理大全》《儀節》亦並作令芳。注：「嘉，善也。善薦，謂脯醢芳香也。」疏：「謂脯醢爲善薦芳香者，謂作之依時，又造之依法，故使芳香而善也。」

丘氏曰：「《家禮》本《書儀》，略去《儀禮》薦脯醢一節。然温公以人家無醴，既改『甘醴惟厚』，作『旨酒既清』矣。而下文『嘉薦令芳』，古注謂脯醢芳也。若去薦脯醢一節，即是此一句爲虚設矣。今補入，若從簡省，不用亦可。壽考不忘。注：不忘，長有令名。○重固按，注所謂長字，釋壽考字。不忘者，不忘令名。

△賓復位東向答拜。《禮》注：「冠者南向拜，賓東向拜者，明成人與爲禮，異於答主人。」疏：「鄉飲酒、鄉射禮賓於西堦北面答主人拜，今此以西堦東面拜，故云異於答主人。」金芝山曰：「凡門在拜外則賓主東西相向拜。在堂上則賓主皆北向〔二〕拜。」重固按，金説可疑，更考之。

△冠者進席前跪祭酒與就席末跪啐酒。

《儀禮》注：「啐，嘗也。」疏：「入口爲嘗。」金芝山曰：「《鄉飲酒義》，啐酒於席末，言是席之正，非專爲飲食也，爲行禮也。此所以貴禮而賤財也。疏：於席末，謂席西頭也。若此席專爲飲食，應於席中啐酒。今乃席末啐酒，此席之設，本不爲飲食，是主人敬重於賓而設席耳。祭薦祭酒嚌肺，敬主人之物，故在席中，啐酒入於己。故在席上祭薦祭酒，是貴禮。席末啐酒，是賤財也。按禮席南向北向者，以西爲上。然鄉飲酒禮，賓南向以西爲下者，注以爲統於主人也。是則醮子之席，雖曰南向，而當以西爲下也。禮升由下，降由上。冠者就席右再拜，升席受盞，是升由下也。席前以向背言也，席末者以上下言也。知然者，鄉飲酒禮，主人自席前適阼

〔二〕一作「面」。

堦。注：『啐酒席末，因從席北頭降由便也。』西向東向之席，以南爲上，北爲下，是席末者指下也。」　重固按，此曰席右者，指席外之西而言。與冠者再拜升席對看可知。席末者，席中之下西側也。席前者。就席前，指席外之南也。進席前，指席中之南側也。《昏禮》親迎遂醮其子條下細注須合考。

△遂拜贊者。丘氏曰：「冠者略側身西向拜贊者。」

○賓字冠。

△髦士所宜。髦士二字，出於《甫田》之詩，而髦士所宜四字，見於《大雅・棫樸》篇。髦，髮中之長毛，俊士勝於人如此。

△宜之于嘏　《儀禮》注：「于猶爲也。假，大也。宜之是爲大矣。」按《儀禮》作于假。朱子曰，今按假恐與嘏同，福也。注説非是。

△伯。

《檀弓上》曰：「幼名，冠字，五十以伯仲，死謚，周道也。」疏：「若生無名，不可分別，故始生三月而加名。人年二十有爲人父之道，朋友等類，不可復呼其名，故冠而加字。年至五十耆艾轉尊，又捨其二十之字，直以伯仲別之。《士冠禮》二十已有『伯某甫、仲叔季』，此云『五十以伯仲』者，二十之時，雖云『伯仲』，皆配『某甫』而言。五十之時，直呼伯仲耳。《禮緯含文嘉》云：『質家稱仲，文家稱叔。』周代是文，故有管叔、蔡叔、霍叔、康叔、聃季等，末者（無）〔稱〕季是也。」

《士冠禮》疏：「殷質，二十爲字之時，兼伯、仲、叔、季呼之。周文，二十爲字之時，未呼伯、仲，至五十乃加而呼之。故《檀弓》云『五十以伯仲，周道也』。是呼伯仲之時，則兼二十字而言。若孔子生於周代，從周禮呼尼甫，至五十去甫，以尼配仲，而呼之曰仲尼是也。若然，二十冠而字之，未呼伯、仲、叔、季。今於二十加冠而言者，一則是殷家冠時，遂以二十字呼之。二則是周家若不死，至五十乃加而呼之。若二十已後死，雖未滿五十，即得呼伯仲。知義然者，見慶父乃是莊公之弟，桓六年莊公生，閔公二年慶父死時，莊公未滿五十，慶父乃是莊公之弟，時未五十，慶父死，號曰共仲。是其死後雖未五十，得呼仲、叔、季。故二十冠時，則以伯、仲、叔、季當擬之，故云『唯其所當』也。」《語類》八十七曰：「『幼名，冠字，五十以伯仲，死謚，周道也。』所謂以伯仲者，蓋古者初冠而字，便有伯某父、仲某父三字了。及到得五十，即除了下面兩字，猶今人不敢斥尊者呼爲幾丈之類。今日偶看《儀禮》疏中却云，既冠之時，即是權以此三字加之，實未嘗稱也，到五十方才稱此三字。某初疑其不然，却取《禮記》看，見其疏中正是如前說。蓋當時疏是兩人做，孔穎達、賈公彦。故不相照管。」

朱子曰：甫，美稱。助辭。

父與甫通　按字書：「甫，始也。《釋名》始生已者，故義通。爲尊稱者，敬之如父也，爲美稱者，甫字有美也訓也，又甫字訓爲且也，故五十以伯仲者正字也，二十字者且字也。《雜記》注疏可見。

《文集》六十三，十二版右。亦有甫字説。

△某父。《士冠禮》疏：「知『甫是丈夫之美稱』者，以其人之賢愚，皆以爲字，故隱元年，『公及邾儀父盟于蔑』。《穀梁傳》云儀，字也。父猶傅〔一〕也，男子之美稱也，是也。云孔子爲仲尼甫者，哀十六年，孔丘卒，哀公誄之曰：『哀哉，尼甫。』因字號謚曰尼甫也。云『周大夫有嘉甫』者，桓公十五年，『天王使嘉甫來求車』是也。云『宋大夫有孔甫，是其類』者。（采）〔案〕《左氏傳》桓二年『孔父嘉爲司馬』是也。又甫字或作父者，字亦通。」

丘氏曰冠者對曰云云。拜興拜興平身。《家禮》無此再拜之文。今補之者，蓋以下文冠者見于鄉先生，有誨焉且拜而不答，况賓祝之以辭乎。金芝山曰：「《儀禮》本無冠者再拜之文，故《家禮》從之，恐不可添補。」

○出就次。

《士昏禮》注：「次，門外更衣處，以帷幕簟席爲之。」金芝山曰：「疏：帷幕皆以布爲之，或

〔一〕恐「甫」字。

以簞席爲之。」重固按，今本無此疏文，「或以簞席爲之」之謂，恐非。然今戒邦朝廷及官家有掛席者，蓋其類乎。

丘氏《儀節》行禮畢，賓揖主人。曰：「盛禮既成，請退。」主人揖賓。曰：「某有薄酒，敢禮從者。」賓辭。曰：「某不敢當。」主人請。曰：「姑少留。」賓。曰：「敢不從命。」主人乃舉手揖賓，送出外，贊從之，主客次。　揖平身。賓主對揖。主人乃退，命執事治具。

○主人以冠者見于祠堂。

△曾祖、祖以下。　何以不曰高祖以下，蓋與我同高祖，則四從兄弟也。四從親盡，故親盡之宗，不相宗如此者無同居也。

○冠者見于尊長。

△諸叔母。叔父之妻。　姑。父之姊妹。

△冠者北向拜父母，父母爲之起。　《士冠禮》：「冠者北面見于母。母拜，白。受。子拜，句。送。句。母又拜。」注：婦人於（大）〔丈〕夫，雖其子，猶俠拜也。○朱子曰：重成人也。

司馬温公曰：「《冠義》曰：『見於母，母拜之。見於兄弟，兄弟拜之。成人而與爲禮也。』今則難行，但於拜時母爲之起立可也。下見諸父及兄放此。」《冠義》孔穎達疏云：今唐禮母見子，但（越）〔起〕立，不拜也。　金芝山云：「禮，見於兄弟，兄弟再拜，冠者答拜。疏：兄弟先拜。」　朱子曰：「冠者見母與兄弟，而母與兄弟皆先拜，此一節亦差異。昏禮亦然。婦始見舅姑，舅姑亦拜。」《語類》八十五。

△應答拜者答。金芝山云：「謂兄弟姊嫂也。」

○乃禮賓。

《士冠禮》：「禮賓有一獻束帛儷皮之酹。」温公曰：「今慮貧家不能辦，故務從簡易。」

○冠者遂出云云。

按，丘氏《儀節》，別有倉卒簡便之略禮，亦可考。如對賓之辭。　賓字冠者之下，有對賓之辭。

笄

《説文》：「女子許嫁，笄。笄，簪也。其端刻雞形。」

《内則》曰：「十有五年而笄。」注：未許嫁則二十而笄。

《雜記》曰：「女雖未許嫁，年二十而笄，禮之，婦人執其禮。」注：「雖未許嫁，年二十亦爲成人矣。禮之，酌以成之。言婦人執其禮，明非許嫁之笄。」疏：「『婦人執其禮』者，賀瑒云：『十五許嫁而笄者，則主婦及女賓爲笄禮。主婦爲之著笄，女賓以醴禮之。未許嫁而笄者，婦人禮之，無主婦、女賓，不備儀也。』」　朱子曰：「許嫁笄，則主婦當戒外姻爲女賓，使之着笄，而遂禮之。未許嫁笄，則不戒女賓，而自以家之諸婦行笄禮也。婦不冠，以簪固髻而已。」《性理大全》補注。

○母爲主。

△於中堂。

△如上儀。金芝山云：「指於中堂三字。」

○前期三日戒賓，一日宿賓。

△親姻。　親，己之親族。姻，《説文》：「壻家也。」《詩》疏：「婦黨爲婚，兄弟之黨爲姻。」《昏義》疏：「壻曰昏，妻曰姻。」杜預曰：「妻父曰婚，壻父曰姻。」詳見《昏義》題下疏。

△卑幼則以屬。　金芝山曰：「或姑或姊之類。」　按己爲卑幼之姊，則自稱姊，己爲卑幼之姑，則自稱姑之類，以其黨爲稱。　金芝山曰：「如丘氏所稱，辱交某氏啓某氏某封者是。」按辱交某氏之某氏是黨也。黨猶某氏。　按戒賓書辭見丘氏《儀節》。

○厥明陳服。

△冠笄。　金芝山曰：「今按笄禮而曰冠笄，婦人不冠，不知冠字何義。或曰，冠如冠禮之

冠，所冠之笄。然文義未穩，愚謂婦人亦首有所著者，如副決謂之冠，蓋冠而笄之也。婦人冠予〔一〕之説，已見上。」按《通禮》冠子下，收金氏之説。

△雙紒。　金芝山曰：「《内則》：『男角女羈。』注：『夾囟曰角。午達曰羈。』此謂子生三月，剪髮爲髦者。《詩·氓》篇『總角之宴』，疏：『孔氏曰：總角，結其髮爲兩角也。』然則既長而髻，男女皆雙髻歟。」　按紒，《儀禮》注「結髮也」。雙紒便是雙環也，總角也。《詩·衛風·氓》篇，《集傳》曰：「總角，女子未許嫁，則未笄，但結髮爲飾也。」《詩衍義》曰：「結髮爲飾，謂結其髮爲兩角也。蓋子生三月剪髮，男角女羈，其後未冠笄，則男女皆作雙紒也。」

△衫子。亦是皂衫乎。

○乃字。　△女士。《詩·既醉》篇語，謂女之有士行者。

按丘氏《儀節》，補入主人以笄者見于祠堂，及笄者見於尊長之二節。

〔一〕「予」當作「子」。

家禮筆記

昏禮

鄭曰：「士娶妻之禮，以昏爲期，因而名焉。必以昏者，陽往而陰來，日入三商爲昏。昏禮於五禮屬嘉禮。」疏：「商謂商量，是漏刻之名，故《三光靈曜》亦日入三刻爲昏，不盡爲明。按馬氏云：日未出、日没後皆云二刻半，前後共五刻。今云三商者，據整數而言，其實二刻半也。」〇《士昏禮》注疏。

孔氏曰：「天地初分之後，遂皇之時，〔則〕有夫婦。譙周云：『太昊制嫁娶，儷皮爲禮。』其媒官之義，具於《月令》疏。五帝以前爲昏，不限同姓異姓，三王以來文家異姓爲昏，質家同姓爲昏，其昏之年幾，按《異義》、《大戴》説，男三十、女二十有昏娶，合爲五十，應大衍之數，自天子達於庶人，同一也。故《春秋左氏》説，國君十五而生子，禮也。二十而嫁，三十而娶，庶人禮也。禮，夫爲婦之長殤，長殤十九至十六，知夫年十四、十五，見《士昏禮》也。許君謹按：舜三十不娶，謂之鰥。文王十五而生武王，尚有兄伯邑考，知人君早昏娶，不可以年三十，非重(昏)〔繼〕嗣也。若鄭意，依正禮，士及大夫皆三十而後娶。及《禮》云『夫爲婦長殤』者，關異代也。或有早娶者，非正法矣。天子、諸侯昏禮早矣。如《左氏》所釋，《毛詩》所用《家語》之說，以男二十而冠，女十五而笄，自此以後，可以嫁娶，至男三十，女二十，是正昏姻之時，與《家語》異也。」《昏義》疏。

魯哀公曰：「《禮》男子三十而有室，女子二十而有夫也，豈不晚哉？」孔子曰：「夫禮言其極也，不是過也。男子二十而冠，有爲人父之端，女子十五許嫁，有適人之道。」《家語》。

朱子曰：「今按《周禮・媒氏》，『凡男女自〔一〕成名以上，皆書年月日名焉。令男三十而娶，女二十而嫁』。又〔二〕按，孔子曰：『霜降逆女，冰（洋）〔泮〕殺止。』《媒氏》又言：『中春之月，令會男女。』此皆昏禮之大期也。《左傳》云『國君十五而生子』，是人君早娶，所以重繼嗣也。」孔子曰：「群生閉藏乎陰，而爲化育之始，故聖人因時（而）〔以〕合偶。霜降而嫁娶行焉，冰泮而昏禮殺止。」《說苑》：「《管子》曰：（大）〔丈〕夫（二）〔三〕十而室，女子十五而嫁。」重固按，此篇本《儀禮・士昏禮》。古有六禮，納采、問名、納吉、納幣、請期、親迎是也。今《家禮》除去問名、納吉之二節，蓋從簡也。納徵是納幣。

〔一〕「自」一本作「有」。
〔二〕「嫁又」間，一有「而」字。

議昏

△令文。當時法令之文。

○無期以上喪。

△大功未葬。　按《曾子問》曰：「『壻親迎，女未至，而有齊衰大功之喪，則如之何？』孔子曰：『男不入云云。』」曾子不問小功者，《雜記》曰：「小功可以冠子娶婦。」小功輕，不廢昏禮。齊衰以上廢昏禮。大功則葬而後可行。故《雜記》曰：「大功之末，可以冠子。」詳見《曾子問》篇疏。

△凡主昏如冠禮主人之法云云。

金芝山曰：「《禮》：『宗子無父，母命之。親皆没，己躬命之。』注：『命之，命使者。母命之，在《春秋》紀裂繻來逆女，是也。躬猶親也，親命之，則(來)〔宋公使〕公孫壽來納幣，是也。宗子有有父者，禮，七十老而傳，八十齊衰之事不及。若是者，子代其父爲宗子，其娶也，父命之。』疏：『命使者，謂納采以下至請期五者，(之)〔皆命〕使者也。《公羊傳》曰：「裂繻紀大夫，何以不稱使？昏禮不稱主人。」何休曰：「爲養廉遠耻也。」又曰：「然則曷稱？稱諸父兄師友。

宋公使公孫壽來納幣，則稱〔一〕主人何？辭窮也。辭窮者何？無母也。」何休又曰：「禮，有母，母當命諸父兄師友，稱父兄師友以行。宋公無母，莫使命之，辭窮，故自命之。自命之，則〔不得〕不稱使。」又曰：「然則紀有母乎？曰有。有則何以不稱母？母不通也。」休注又曰：「禮，婦人無外事，但得命諸父兄師友，以行耳。母命不得達，故不得稱母通使文，所以遠别也。」此注之文，似母親命，蓋略言之也。其實但使子之父兄師友命之也。』《禮》又云：『支子，則稱其宗。弟，則稱其兄。』注：『支子，庶昆弟也，稱其宗子命使者。』疏：『謂命使者，當稱宗子以命之，以大、小宗皆然也。弟則稱其兄者，弟，宗子母弟也。』○李孝述問曰：『孝述議親十年，轉展牽制，尚未成畢。老母欲令今冬畢親，但先兄几筵未徹，老母乃齊衰三年之服，復有妨礙，然主昏却是叔父欲姑從鄉俗就親，不知可否。若就畢，挈歸凡百從殺，衣服皆從淡素，不知可否。』朱子曰：『若叔父主昏，即可娶婦無嫌，禮律皆可考也。但母在而叔父主昏，恐亦未安，可更詳考也。』孝述又問曰：『按《禮》，婿將親迎，父醮而命之。今孝述父兄俱没，上有母在，旁尊有叔父，不知往迎之時，當受母命耶，爲復受叔父之命耶。』朱子曰：『當受命於母。然母既有服，又似難行。記得《春秋》隱二年，《公羊傳》有母命其諸父兄，而諸父兄以命使者之説，恐可撿看，爲叔父稱母之

〔一〕一本「則稱」之間有「其」字。

命以命之否。更詳之，更以上條并考之。』孝述又問曰：『按《禮》，婦盥饋舅姑，若舅已没，不知可以叔父受盥饋禮否？』朱子曰：『叔父無盥饋之文，蓋與姑受禮相妨也。母若有服，則亦難行此禮。要是本領未正，百事俱礙耳。』○按所問三條，先生皆無判語者。蓋母方有服，則不可命諸父兄，而父兄亦不敢自主之也。至於盥饋之禮，尤非父兄所敢當也。○又按禮文（曲）折如此，而國俗妄行無據，世亦無覺其非者，故詳録于此，使有所考云。」《家禮考證》。

△庸有極乎。庸，字書，豈也。豈，又字書訓以爲安也。則讀與何同。

△無賴。《史記·張釋之傳》亡賴，江淮間謂小兒多詐狡獪爲亡賴。

△先祖太尉。金芝山曰：「按温公世系，公曾祖名政，長子曰炳，炳二子浩、沂，沂生里，里生宏，宏生林；次子曰炫，炫生池，池生光。又按，温公《葬説》云『昔者吾諸祖之葬也，家甚貧，不能具棺槨。自大尉公以下，始有棺槨云云』，則先祖太尉云者，疑指政而言也。」

納采

《士昏禮》疏：「昏禮有六，五禮用雁，納采、問名、納吉、請期、親迎是也，唯納徵不用雁，以其自有幣帛可執故也。且三禮不云納者，恐女氏不受，若《春秋》内納之義。若然，納采言納者，以其始相采擇，恐女嫁不許，故言納。」《士昏禮》：「昏禮，凡行事，必用昏昕。」注：「用昕，使者。用昏，婿也。」疏：「納采、問名、納吉、納幣、請期五者，皆用昕。昕即明之始，君子舉事尚早，故用朝旦也。」

丘氏曰：「《禮》納采用雁。而《書儀》亦曰：『使者盛服，執生雁。』《家禮》削去不用，從簡也。」

○主人具書。　此書，致女家之書也。告祠堂時，用盤子盛以置香案。見《儀節》。

△其父具書告于宗子。以書告宗子。宗子別有致女家之書。

○夙興云云。

△伉儷。見《左傳》。伉，匹也，敵也。儷，偶也。

○乃使子弟爲使者云云。

丘氏曰：「《儀禮》『用賓』，而《家禮》本温公《書儀》，用子弟爲使者，恐與女氏主人非敵，難于行禮。今擬兩家通往來者一人，如世俗所謂保親者，用以代賓。」

貺室某也某之某親某官。　金芝山曰：「某也之某，婿名也。某之之某，使者名也。」重固按，也字，絅齋先生謂當作男。然《儀禮》：「下達，納采用雁。」疏云「是以下記昏辭云『吾子有惠，貺室某也』」，又納徵曰「吾子有嘉命，貺室某也」，皆作也，則蓋猶「賜也」「商也」之也歟。丘氏《儀節》，書式，作晛室僕之男某，或某親之子某。

△吾子命之。吾子指使者。

○使者復命婿氏。丘氏以爲句。

丘氏曰：「主人受復書，再拜。今所以補此者，蓋以女氏受婿家之書，既再拜，而婿家受女家之書，不拜可乎？」

納幣

△問名。《昏義》疏：「問名者，問其女之所生母之姓名，故《昏禮》云『爲誰氏』，言女之母何姓氏也。納采、問名此二禮一使而兼行之。」

《士昏禮》：「問名，曰：『某既受命，將加諸卜，敢請女爲誰氏？』」注：「某，使者名也。誰氏者，謙也，不必其主人之女。」疏：「云『誰氏者，謙也』者，以其下達乃納采，則知女之姓矣。今乃更問主人女爲誰氏者，恐非主人之女，假外人之女收養之，是謙不敢必其主人之女也。其本云問名，而云誰氏者，婦人不以名行，明本不問女之三月名，此名即姓號之名。若《尚書》孔注云『虞氏〔舜名〕』，舜爲謚號，猶爲名』解之，明氏姓亦得爲名。若然，本問名上氏姓，故云誰氏也。」　按爲問生母之姓氏，孔穎達。爲問女子之姓號，賈公彦。二説不同。丘氏《儀節》名帖式曰，父某母某氏女某行幾其甲子年幾月幾日某時生。此合兩説而言。

△納吉。　《士昬禮》納吉曰：「吾子有貺命，某加諸卜，占曰『吉』。使某也敢告。」注：「貺，賜也。賜命，謂許以女名也。某，婿父名。」　問納吉若卜不吉，則如何？朱子曰：「便休也。」《語類》八十九。　丘氏曰：「《家禮》于昬之六禮止用其三，愚合問名于納采，而以納吉、請期附納幣，以備六禮之數。」金芝山曰：「納吉、請期，惟於書辭之間略及其名而已，其實無所增損也。」

○納幣。

△不過兩，不踰十。　《士昬禮》：「納徵，玄纁束帛、儷皮，如納吉禮。」注：「束帛，十端也。《周禮》曰：『凡嫁子娶妻，入幣，純帛無過五兩。』儷，兩也。皮，鹿皮也。」疏：「五兩，十端也。」　金芝山曰：「少不過兩，謂二匹，非五兩之兩。多不踰十，謂十匹，非十端之十。」《語類》八十九，三版右四行。

△釵。　金芝山曰：「婦人之岐笄，或玉或金爲之。古人賦婦人詩，有『一股金花兩臂釵』之句，兩臂即岐。」《事物紀原》三曰：「《實録》曰，燧人始爲髻，女媧之女以荆梭及竹爲笄以貫髮，至堯以銅爲之，且横貫焉，舜雜以象牙、玳瑁，此釵之始也。」

△釧。　《事物紀原》三：「《通俗文》曰，環臂謂之釧。《後漢》孫程十九人，立順帝有功，

各賜金釧、指環。則釧之起，漢已有之也。」

○具書云云。

△吾子。吾子謂使者。

丘氏曰：「《家禮》納幣不告廟。按《儀禮》納徵辭曰：『有先人之禮，儷皮束帛。』夫禮之行必稱先人，恐亦當告，今補入。」《儀節》納幣始終告廟者二。金芝山曰：「按《家禮》之意，納采已告，故納徵不告。今丘氏之説，亦爲有理。」

楊氏復曰：「《家禮》略去問名、納吉，止用納采、納幣，以從簡便。但親迎以前，更有請期一節，有不可得而略者。」丘氏曰，宜如附注，别行請期一節爲是。

親迎《語類》八十九、二版左七行以下。

○前期一日云云。

△帳幔帷幙。　金芝山曰：「覆幬曰帳，小帳謂之斗帳，形如覆斗也。幔，帷之屬。」　按，帷、幕、帟之别，見《周禮·幕人》注，而在上爲帷。但帳幔、帷幕之别，字書亦不分明。蓋帳幔在内，帷幕施外乎？

△合二姓之好至繼後世也。《昏義》語。

駔儈。　金芝山曰：「《呂氏春秋》，段干木，晉國之駔。郭泰亦曰，段干木，晉國之大駔，率爲魏之名賢。注：《説文》曰：『駔，會也。謂合兩家之賣買，如今之度市也。』顔師古曰：『駔者其首率。』嵇康《高士傳》：『王君公明易爲郎。數言事不用，乃自污，與官婢通，免歸。詐狂儈牛，口無二賈也。』《後漢・獨行傳》：『王君公遭亂獨不去，儈牛自隱。』注：『儈，平會兩家賣買之價也。』又按《史記・貨殖傳》，子貨（子）〔千〕錢，節駔儈。注：徐廣曰：『駔，馬儈也。』《漢書音義》曰：『節，節物貴賤也。』又按《自警編》，鍾離權爲德化令，將嫁女，買婢。見婢悲泣，問其所由，則前令之女也。權大驚，呼平儈問之，果然，遂嫁之。然則奴婢通買賣，亦駔儈所爲也。」　按儈也，會合二家之價，以在二家間者也。駔，其首率也。《筆録》引《左氏》「楚子乘駔會師于臨品」者，可疑。

△不舉其女。　金芝山曰：「謂不舉乳其女也。《史記》田文以五月五日生，其父嬰令勿舉，其母竊舉生之。注：『上舉謂初誕而舉之，下舉謂浴而乳之。』《自警編》：『閩人生子多者，三四子則率皆不舉。若女，則不待三。往往臨蓐以器貯水，纔産即溺之，謂之洗兒。又岳鄂間田野小民，例只養二男一女，過此則輒殺之。（左）〔尤〕諱養女，初生輒以冷水浸殺。其父母亦不忍，率常閉目，背面以手按之（水按之）水盆中，咿嚶良久乃死。』」

○厥明婿家云云。

△勺。　金芝山曰：「挹取器，所以沃盥者，用以斞酒者，亦曰勺。」或作〔抅〕〔杓〕。○按二盥盆，設於南北，親迎婿婦交拜之下可見。

△匏。　陸佃曰：「長而瘦上曰瓠，短頸大腹曰匏。」

《昏義》曰：「共牢而食，合巹而酳，所以合體同尊卑，以親之也。」疏：「酳，演也。謂食畢飲酒，演安其氣。巹，謂半瓢，以一瓠分爲兩瓢，謂之巹。婿之與婦各執一片以酳。」

《郊特牲》曰：「器用陶匏，尚禮然也。注：此謂太古之禮器也。三王作牢，用陶匏。」注：「言太古無共牢之禮，三王之世作之，而用太古之器，重夫婦之始也。」疏：「共牢之時，俎以外，其器但用陶匏而已，此乃貴尚古之禮自然也。陶是無飾之物，匏非人功所爲，皆是天質而自然也。」

程氏復心曰：「半用爲瓢，全用爲瓠。」　按復心之說，載〔證考〕〔《考證》〕，未詳是非。

巹音謹。　按此釋音蓋有意。《昏義》釋音曰：「巹，徐音謹，破瓢爲巵也。」《說文》本作𦊔，云蠡也。《字林》几敏反，以此巹爲警身有所承。音義二說，朱子取破瓢巵說，故釋音如此。吻韵可見。

○女家設次于外。

○初昏，婿盛服。

△花勝。　金芝山曰：「《山海經》：『崑崙之丘，有人，戴勝，虎齒，有尾，穴處，名曰西王母。』勝，世傳西王母冠名。《漢書·司馬相如傳》：西王母暠然白首，戴勝而穴處。注：顔師古曰，勝，婦人首飾也，漢代謂之華勝。杜子美《人日》詩：『樽前柏葉休隨酒，勝裏金花巧耐寒。』注：《荆楚歲時記》：『人日剪彩爲花勝以相遺，起於晉代。或鏤金薄爲人勝，以像瑞圖之形。』賈充《李夫人曲》云：『像瑞圖金勝之形。』蘇子瞻《元日》詩亦曰：『年年幡勝剪宫花。』注：《荆楚歲時記》：『正月七日爲人日。鏤金薄爲人，以貼屏風，亦戴之頭鬢。又造花勝相遺。』又按子瞻《春日賜幡勝》詩，亦曰：『鏤銀錯落飜斜月，剪彩繽紛舞慶霄。』是宋時以賜群臣，而其制亦略可想見矣。蓋以西王母之故，而至於君臣以爲慶，世俗又轉以爲新婿之慶者歟。」《朱氏談綺》云金紙。又按，花勝字義二説。《文昌雜録》曰，華勝象草木華也。勝言人形容止等，一人著之則勝。《歲時記》，人日剪彩爲花勝以相遺，或以金箔爲人勝，以像瑞圖之形，取舊從新之意，鬪功争贏故曰勝。

朱子曰：「昏禮用命服，乃是古禮。如士乘墨車而執雁，皆大夫之禮也。冠帶只是燕服，非所以重正昏禮，不若從古之爲正。」《文集》五十七，十八版左。　黄氏瑞節曰：「士昏禮謂之攝盛，蓋以士而服大夫之服，乘大夫之車，則當執大夫之贄也。」　金芝山曰：「命服，大夫服也。按《周官·大宗伯》一命受職，下士、中士。再命受服。注：謂受玄冕之服。又《典命》子男之國，其大夫一命，士不命。蓋小國之大夫一命，比天子之下士而同是玄冕之服。故大夫之服謂之命服。士而命服，即攝盛也。『士未仕而昏，用命服，禮乎？』程子曰：『昏姻重禮。重其禮者，當盛其服。况古亦有是。今律亦許假借。』曰：『無此服而服之，恐僞。』曰：『不然。今之命服，乃古之下士之服也。古者有其德則仕，士未仕者也，服之其宜也。若農商則不可，非其類也。』又曰，墨車，《禮》：主人乘墨車。注：婿爲婦主，故曰主人。墨車，漆車。士而乘墨車，攝盛也。疏：《周禮·巾車》『大夫乘墨車，士乘棧車』。注：墨車革輓而漆之，棧車但漆而已。執雁，大夫贄用雁，士用雉。冠帶，如當時幞頭、革帶之類。」

○主人告于祠堂。《經傳通解》引隱公八年左氏傳，有論辨。

○遂醮其子而命之迎。

△詣婿席前。席外之南。席末。席中之西。

△勉率以敬。此下《儀禮》有「先妣之嗣」四字，此本及《儀節》《性理大全》無之，恐脱耳。《儀禮》注：勉帥婦道以敬，其爲先妣之嗣。疏：爲先妣之嗣者，謂入室使代姑祭也。

△設婿席於其西北。按《家禮正衡》曰：「舊禮設主人坐于東序西向，設婿席西序南向。今制親王昏禮云云。」今按句勢，婿席恐當在堂當中少東北。近父處。《儀節圖》婿席在于西階上，《正衡》西序南向之謂，似可疑，更思。司馬温公曰：「贊者，兩家各擇親戚婦人習於禮者爲之。凡婿及婦人行禮，皆贊者相導之。」按父醮其子時，贊者酙酒，此贊者恐男子，更思。

○婿出乘馬。

△以二燭前導。　金芝山曰：「《禮》：『執燭前馬』，注：『使徒役持炬火居前昭道。』蓋燭即炬火也。古人呼火炬爲燭，古未有蠟燭，凡言燭者皆火炬也。但《家禮》所稱則未必然耳。程子曰：『今用燭四或二。』」

○遂醮其女而命之。

△姆相之。　《士昏禮》注：「婦人年五十，出而不復嫁，能以婦道教人者，若今時乳母。」疏：「七出之中，餘六出是無德行，不堪教人，故無子出能以婦道教人者，以爲姆，既教女，因從女向夫家也。《喪服》大夫子有三母，子師、慈母、保母。其慈母闕，乃今有乳者養子，謂之爲乳母，死爲之服緦麻。師教之，乳母直養之而已。漢時乳母則選德行有乳者爲之，并使教子，故引以證姆也。」

△敬之戒之。　《士昏禮》作戒之敬之。《家禮》恐誤倒也。

△無違舅姑之命。　按《士昏禮》無「舅姑之」三字。而注命，舅姑之教命，疏謂父戒之使無違舅命，母戒之使無違姑命。注有姑字，傳寫誤也。朱子編《經傳通解》載疏文如此，而《家禮》却曰「無違舅姑之命」者，可疑。然下文「母命之」之辭，《士昏禮》曰無違宮事，而《家禮》作無違爾閨門之禮，則皆是從俗而然也。

△整冠歛帔。《士昏禮》云，施衿結帨。程子曰，今謂之整冠飾帔。帔，《事物紀原》三：「《實録》曰，三代無帔説，秦有披帛，以縑帛爲之，漢即以羅，晉永嘉中，制絳暈帔子，開元中，令三妃以下通服之。是披帛始於秦，帔始於晉矣。今代帔有二等，霞帔非恩賜不得服，爲婦人之命服，而直帔通用於民間也。唐制，士庶女子在室搭披帛，出適披帔子，以別出處之義，今仕族亦有循用者。」按字書曰，裙，群也。連接群幅。《方言》：陳魏之間謂裙爲帔，繞衿謂之裙。《玉篇》：帔在肩背也。又帔，披也，披荷衣也。以此數説合考，則其制略可知。

△諸母。《禮》作庶母，父之妾也。

丘氏曰：「按《家禮》止有醮女一節，而無女辭父母親族之儀。夫以女子生長閨門，與諸親族共聚處。一旦出以適人，略無辭別之禮，以非人情，故今補之。」重固按，《儀節》行醮女之禮前，補辭別之一節。

○主人出迎，婿入奠雁。

丘氏曰：「《士昏禮》下達，納采用雁。下達者，雁本大夫贄，而自士以下皆得通用也。是則所謂攝盛者也。」《士昏禮》六禮皆用雁，《家禮》惟用之親迎者，從簡省也。按《昏禮》有六而五禮用雁，（納采、問名、納吉、請期、親迎是也，唯納幣不用雁。）納采、問名、納吉、請期、親迎是也，唯納幣不用雁，以其自有幣帛可執故也。今丘氏曰六禮皆用雁，蓋大槩言之耳。《周禮·大宗伯》六贄，「大夫執雁，士執雉，庶人執鶩，工商執雞」。

《士昏禮》注：「用雁爲贄者，取其順陰陽往來。」疏：「能順陰陽往來，以明婦人從夫之義也。」朱子曰：「自士以下至於庶人，皆得用雁，亦攝盛之意也。蓋既許攝盛，則雖庶人不得用匹，又昏禮摯不用死，故不得不越雉而用雁爾。今注疏既失其指。」《儀禮通解》。「問：『昏禮用雁，壻執雁，或謂取其不再偶，或謂取其順陰陽往來之義。』朱子曰：『《士昏禮》謂之攝盛，蓋以士而服大夫之服，爵弁。乘大夫之車，墨車。則當執大夫之贄。前説恐傅會。』又曰：『重其禮而盛其服。』」《語類》八十五。

朱子之言如此，而今《家禮》用注疏説及程説者，蓋《家禮》是未定説耳。

△主人迎壻于門外，揖讓以入。《士昏禮》主人迎于門外西面再拜，賓東面答拜。今《家禮》無此一節。丘氏曰：「按楊氏謂，今不立廟制，雖不親迎于廟，而勉齋定龔氏親迎禮，主人迎于門外，西面再拜，賓東面答拜。主人揖入，三揖三讓，主人升西面，賓升北面，奠雁。此似亦可從。」

△主人不答拜。《士昏禮》注：「主人不答，明主爲授女耳。」疏：「納采、問名、納吉、納徵、請期皆言主人拜，獨於此不言，明壻拜爲授女，不爲主人，不答。」朱子曰：「乃爲奠雁而拜，主人自不應答拜。」

△凡贄用生雁云云。《性理大全》補注，首宜作手，生亦恐五字之誤。刻木爲雁，近於死，無則以鵝代之，鵝亦雁之屬也。金芝山曰：「按《士相見禮》贄用雉，左頭奉之。注：『左頭，頭陽也。』又曰，大夫相見以雁，飾之以布，維之以索。注：『飾之以布，謂裁縫衣其身也。維，謂繫聯其足。』又按，《曲禮》執禽者，左首。疏：『左陽也。首亦陽也。左首謂橫捧之也。』又曰，飾羔雁者以繢。注：『繢，畫也。諸侯大夫以布，天子大夫以畫。』疏：『飾，覆也。畫布爲雲氣，以覆羔雁爲飾，以相見也。』又《士昏禮》贄不用死。注：『贄，雁也。』疏：『凡贄（雁）〔亦〕有用死者，士贄雉，雉，死贄也。用死亦是士禮，恐用死雁，故云不用死也。』今《家禮》贄用生雁，即不用死之義。左首，即左頭奉之之義。以色繒交絡之，即飾以布、維以索之義。生如所謂生（絹）〔綃〕生絹之生，生色，繒未熟而染之者，必用生者，贄生之義。必用色者，亦以繢之義，即所謂攝盛者。不言其色者，皆可用也。《性理大全》補注首作手、生作五者非是。或黃魯直詩：『誠堪婿阿巽，買紅纏酒缸。』注：『今人定昏者多以紅彩纏酒壺云。』疑此亦用紅色，然未可知。」

丘氏曰：「按《白虎通》云，婚禮贄不用死雉，故用雁也。刻木爲雁，近于死，無則代以皂鵝。蓋鵝形色類雁，足皆蹼屬，故借以代之。或以交絡爲兩雁，非是。」又曰：「《士昏禮》用雁，是即攝盛也。《家禮》仍《書儀》，謂取其順陰陽往來之義，又引程子不再偶之言，質之《儀禮》，似非古意。今若取二説所取之義，則婿所贄必用雁，决不可以他物代之，無則刻木爲之可也。若主《儀禮》攝盛之義，則執贄爲禮，于昏義本無所取，苟類似之物，亦可用以代之矣。矧雁之爲物，不常有于四時，而閩廣之地亦所不到。鵝形類于雁，借以代之亦無害。刻木爲雁，近于用死，恐非嘉慶之禮所宜也。」　金芝山曰：「李涪《刊誤》曰，雁非時莫能致，故以鵝替之。按涪，唐人，則唐時已用鵝替雁矣。或者不當用鵝，當替以巾帕，無（無）所據。」

○姆奉女出登車。

△婿揖之。請女行也。

△婿舉轎簾云云。　金芝山曰：「《禮》，婿御婦車，授綏，姆辭不受。注：『婿御者，親而下之。綏，所以引升車者。』疏：『今婿御車，即僕人禮，僕人合授綏，姆辭不受，謙也。』《書儀》今無綏，故舉簾代之。轎，程子所謂擔子是也。《漢書·嚴助傳》輿轎踰嶺。注：『薛瓚曰，轎，竹輿車。今江表作竹輿以行。』」

○婿乘馬先婦車。

司馬温公曰：「男率女，女從男，夫婦剛柔之義自此始也。」

○至其家，導婦以入。

《禮》，婿揖入，升自西階。注：『升自西階，導婦入也。』疏：『尋常賓客，主人在東，賓在西。今主人與妻俱升西階，故云導婦入也。』」主人即婿也。

○婿婦交拜。

司馬公曰：「女子與(大)〔丈〕夫爲禮，則俠拜。男子以再拜爲禮，女子以四拜爲禮。古無婿婦交拜之儀，今從俗。」按俠拜已詳之《通禮》，與交拜異矣。俠拜者，女二拜、男一拜，女又二拜、男又一拜，是古禮也。交拜者，男二拜，而女亦二拜，是後世俗禮也。

温公又曰：「從者皆以其家女僕爲之。女從者沃婿盥於南，婿從者沃女盥於北。夫婦始接，情有廉耻，從者交導其志。」

○就(生)〔坐〕，飲食畢，婿出。

△婿婦祭酒。從者以盞盛酒，分進于婿婦前，婿婦各傾酒少許于地。

△舉殽。婿婦各以殽少許，置卓子空處。朱子曰：「古人飲食，每種各出少許，置之豆間之地。」古人席地而坐，置豆於地，故置祭物於豆間之地。然有飯以盛之酒，則直傾之於地也。金芝山曰：「舉如《禮》舉肺之舉，謂舉而祭之也。殽，解其骨肉，使可食者。」

△又取巹，分置婿婦之間。丘氏曰：「從者以兩巹杯斟酒，和合以進。婿婦各執其一。」

△婿揖婦舉飲。丘氏《儀節》曰：「婿揖婦，婦起答拜。」金芝山曰：「按《禮》則婿婦受爵，皆與贊者相拜，無婿婦自相拜飲之文。程子昏禮亦曰贊者進爵、姆助婦舉而已。今《家禮》婿揖婦者，但導飲之義耳，婦起答拜者恐非。」

△婿從者餕婦之餘云云。　疏：「亦陰陽交接之義也。」　司馬公曰：「古者同牢之禮，婿在西，東面。婦在東，西面。蓋古人尚右，故婿在西，尊之也。今人既尚左，且從俗。」

○復入脱服，燭出。《性理大全》補注：「成夫婦。」《儀禮》注曰：「昏禮畢，將卧息。」

△古詩、李廣之事並載《筆録》。　《漢書》「令廣出東道，廣辭曰『臣結髮而與匈奴戰云云』」，顔師古曰：「結髮，謂始勝冠，即在戰陣也。」

按《韵府續編》，今世昏禮有結髮一事，取夫與婦髮，合而結之，古無有也。《性理大全集覽》。　蒙齋蔡氏曰，蘇子卿詩「結髮爲夫婦」，曹子建詩「結髮辭嚴親」。　後世於昏姻，遂有結髮之舉。

伊川先生語載《筆録》，朱子説見《語類》。八十九，四版左。

金芝山曰：「按李太白詩『自(徒)〔從〕結髮日未幾』，白居易詩『與君結髮未五載』，皆言初嫁時合髮也。　張乖崖守蜀，有得罪逃亡者，拘母十日，不出，拘妻，一夜而來。　公判曰：『禁母十夜，留妻一霄，倚門之望何疏，結髮之情何厚。』是結髮之俗，其來遠矣。」

○主人禮賓。

《性理大全》補注，賓即從者。

《禮》：「舅饗送者以一獻之禮，酬以束錦。」注：「送者，女家有司也。束錦，所以相厚也。」

疏：「大夫遣臣送之，士無臣，故有司送之也。」又曰：「姑饗婦人送者，酬以束錦。」注：「婦人送者，隸子弟之妻妾。」疏：「《左傳》云，士有隸子弟。士卑無臣，故自以其子弟爲僕隸，但尊無送卑，故知婦人送者，是隸子弟之妻妾也。」金芝山曰：「有司，主人之吏，所自辟除，府史以下也。」

婦見舅姑

○明日夙興，婦見于舅姑。

金芝山曰：「按《禮》舅席在阼西面，姑席在房户外之西，南面。今《家禮》舅姑東西相向，非古也。丘氏曰，按《集禮》舅姑并南面，坐堂中。今人家多如此。或從俗亦可云。」

△立於阼階下北面拜舅。　司馬公曰：「古者拜于堂上，今拜于下，恭也。可從衆。」

金芝山曰：「《禮》疏：『舅尊，直撫之而已，姑則親舉之。』又按《士冠禮》注：『婦人於丈夫，雖其子猶俠拜。』男子再拜，婦人俠拜，即陽奇陰偶之義。陽以一爲一，陰以二爲一故也。《家禮》本注：『凡拜，男子再拜則婦人四拜，謂之俠拜。其男女相答拜亦然。』是婦人俠拜不獨與丈夫爲禮而已。又按《士昏禮》婦見于舅，進拜奠贄。舅答拜，婦還又拜。見于姑，進拜奠贄，姑舉以興拜云云。其下無婦又拜之文。注：『還又拜者，還於先拜處拜，婦人與丈夫爲禮則俠拜。』是於姑但再拜而已。婦人之於婦人，雖姑之尊亦再拜而止也。今《家禮》婦拜舅，升奠贄，降又拜。拜姑，升奠贄，降又拜。是於舅姑皆俠拜。蓋古人以爲男女相與之禮，而後世遂以爲婦人之定禮歟。或曰，丘氏《儀節》：『婦四拜，升奠幣，降又四拜。』是四拜非俠拜乎？曰，丘氏拜例男子亦四拜，恐非《家禮》意耳。」

△奠贄幣。　金芝山曰：「《禮》：『婦執笲棗栗，升自西階，進拜，奠于席。降階，受笲腶修，(陛)〔陞〕進拜，奠于席。』按男女之贄不同，《春秋》莊公二十四年『秋八月丁丑，夫人姜氏入。戊寅，大夫宗婦覿用幣』。《左傳》：『公使宗婦覿用幣，非禮也。御孫曰，男贄大者玉帛，小者禽鳥，以章物也。女贄不過榛栗棗修，告虔也。今男女同贄，是無别也。』《公羊》曰：『宗婦者何？大夫之妻也。覿者何？見也。用者何？不宜用也。見用幣非禮也。然則曷用？棗栗云〔乎〕，腶修云乎。』何氏曰，腶修，脯也。《禮》婦見舅以棗栗爲贄，見姑以腶修爲贄，棗栗取其早自謹敬，腶修取其斷斷自修。然則婦人之贄，其取義亦深。而《家禮》用幣，非古人之意，恐或從俗而然也。笲音煩，竹器也。」補注：「按丘氏《儀節》，壻婦俱拜，拜畢壻先退。《家禮》無壻拜之文。今從俗補之。」重固按，《儀節》婦進立於阼階下之前，有壻婦竝立兩階間而拜之文。

○舅姑禮之。　金芝山曰：「親厚之也。」

丘氏《儀節》：「執事者，設婦席于姑座之東南面，見于舅姑之禮畢，姆引婦退立設席，而後姆復引婦趨席右，北面云云。」

○婦見于諸尊長。

△小郎。即男子之稱。　金芝山曰：「按《晉書》，王澄，衍之弟也。衍妻郭謂澄曰，昔夫人臨終，以小郎屬新婦云云。又《晉書》《列女傳》，謝道蘊，王凝之之妻也。道蘊遣婢白凝之。弟獻之曰，欲爲小郎解圍云云。皆稱夫之弟爲小郎。」

△小姑。　金芝山曰：「按《玉臺新咏》焦仲卿詩：『新婦初來時，小姑如我長。』又李太白《去婦詞》：『憶昔初嫁君，小姑纔倚床。』王仲初《新嫁娘詩》：『先遣小姑嘗。』皆稱夫之妹爲小姑。」

△如舅姑禮。　金芝山曰：「是有贄也。」

丘氏曰：「今世人家娶婦，親屬畢聚，宜留至次日，行見舅姑禮畢，先見本族尊長及卑幼，次見諸親屬。」

補注：「按《禮·雜記》曰：『婦見舅姑，兄弟、姑、姊妹皆立于堂下，西向北上，是見已，見諸父，各就其寢。』注云立于堂下，則婦之入也。已過其前，此即是見之矣，不復各特見之也。諸父旁尊，故明日各詣其寢而見之。無還拜諸尊長于兩序，小郎小姑皆相拜之禮。而《家禮》本注，亦從俗用之也。」

○若冢婦則饋于舅姑。《禮》注：「饋者，婦道既成，成以孝養也。」《禮》注：「庶婦不饋者，供養統於適也。」

△洗盞斟酒止婦降拜。　金芝山曰：「按此一節立文太簡，故語意未瑩。當曰洗盞斟酒，置舅卓子上，降拜。俟舅飲畢，又拜，遂獻姑，洗盞斟酒進。姑受，降拜。飲畢，又拜。如此則其節文備矣。」　重固按，舅則云置于卓子上，姑則云受飲者，其實姑亦置于卓子上，姑則速舉之，若親授然也。金芝山亦言此（言）〔意〕。

按，丘氏《儀節》則曰，詣舅位前（三）〔四〕拜，獻贄幣，復位四拜。詣姑位前四拜，獻贄幣，復位四拜。　此儀與《家禮》本注不合。金芝山所言，亦恐不合。當曰，舅姑就坐，婦拜，盥，升自西階，洗盞斟酒，置舅卓子上，降拜。俟舅飲畢，又拜。遂獻姑，進酒。姑受飲畢，婦降拜。舅則斟酒置卓上，降拜。飲畢，又拜。姑則進酒，飲畢，而後婦降拜。恐如此乎，更思。

△婦就餕姑之餘。　《禮》疏：「不餕舅餘者，以舅尊，嫌相褻也。」按婦是姑之嗣，宜餕姑之餘。

△婦從者止又餕婦之餘。　《禮》疏：「謂沃盥交之義也。」

○舅姑饗之。

金芝山曰：「《禮》，舅姑共饗之，以一獻之禮。注：『以酒食勞人曰饗。舅獻爵，姑薦脯醢。』《家禮》如禮婦之儀，則非親之也。」

△舅姑先降自西階云云。《曲禮》曰「升降不由阼階」，今却如此者，《昏義》曰「舅姑先降自西階，婦降自阼階」，以著代也。《郊特牲》亦曰「舅姑降自西階，婦降自阼階，授之室也」。

廟見

金芝山曰：「《禮》疏：『必三月者，三月一時，天氣變，婦道可以成故也。』《白虎通義》曰：『三月一時，物有成者，人之善惡可得知也。然後可得事宗廟之禮。』按《春秋》成公九年，春二月，『伯姬歸于宋。夏，季孫行父如宋致女』。程子曰：『女既嫁，父母使人安之，謂之致女。古者三月而廟見，始成婦也。』何氏曰：『古者婦人三月而後廟見，稱婦，父母使人操禮而致之。必三月者，取一時，足以別貞信，貞信著，然後成婦禮。』」《語類》八十九數條，論此事。八十五。五版一條。

壻見婦之父母

○明日，壻往見父母。

《禮》：「婦入三月，然後壻見。」疏：「一時天氣變，婦道成，故見于外舅姑。」補注：「按《鄭氏家禮》，婿婦同往婦家，行謁見之禮。雖非古禮，頗合人情，宜從之。」

△扶之。見《通禮》。

△入見婦母云云。　《禮》：「闔扉，立于其内。」注：「闔扉者，婦人無外事。扉，左扉。」

疏：「婦人無外事者，婦人送迎不出門，見兄弟不踰閾，是無外事也。」朱子曰：「古人常闔左扉。」金

芝山曰：「婦父跪而扶之，婦母立而受之而已。」

△婦女相見如上儀。　金芝山曰：「指闔門左扉，立于門内也。」

〇次見父黨諸親。

父黨指婦家父黨。

〇婦家禮婿如常儀。

△親迎之夕云云。　程子昏禮，有婿至婦家廟見及見女黨等之禮。

按，丘氏《儀節》，補婿見于婦家之廟一節。而丘氏謂禮止有婿見婦黨諸親之禮，而無廟見

之儀，今據《集禮》等書補之。蓋以女適人，生者既有謁見之禮，而于死者漠然不相干，況又有已

孤而嫁者乎。　補注：「婿往婦家後，若富家，當有會親一節。」

按，入見婦母之禮，蓋婦父送迎畢，而婿至中門外之次俟之，少時，然後入見婦母時，其禮

如此。

家禮筆記

喪禮鄭云「不忍言死，言喪，喪者，棄亡之辭，若全存居於彼焉，已亡之耳」。

初終第一日。

○疾病，遷居正寢。

金芝山曰「《禮》鄭注，『疾甚曰病』」，陳氏曰「總言曰疾，甚言曰病」。

《士喪禮》曰：「死于適室。」注：「適室，正寢之室也。疾時處北牖下，死而遷之，當牖下。」疏：「適室，正寢之室也者，若對天子、諸侯謂之路寢，卿大夫、士謂之適室，亦謂之適寢，故下記云士處適寢，總而言之，皆謂之正寢。是以莊二十二年秋八月，公薨于路寢，《公羊傳》云路寢者正寢也。《穀梁傳》亦云路寢，正寢也。言正寢者，對燕寢與側室非正。按，《喪大記》云君、夫人卒於路寢，大夫、世婦卒於適寢，內子未命，則死於下室，遷尸于寢，〔士、〕士之妻皆死于寢。鄭注云言天子崩亦於路寢，是以《顧命》成王崩，延康王於翼室。翼室，則路寢也。若非正寢，則失其所。是以僖公三十三年冬十二月，公薨於小寢。《左氏傳》云即安也。是譏不得其正。」

丘氏曰：「所謂遷居正寢者，惟家主爲然，餘人則各遷于其所居之室中。」

《喪大記》曰：「男子不死於婦人之手，婦人不死於男子之手。」注：「君子重終，爲其相褻。」馬氏曰：「君子於其生也，欲内外之有別，於其死也，欲終始之不褻。」

按，丘氏於遷居正寢後補入書遺言、加新衣、屬纊、廢牀寢地、揳齒五節，且曰「此廢牀寢地在屬纊之前」，而高氏厚終禮，則屬纊在廢牀之前。今從高氏者，恐有妨于將死者也。重固按，此者指《喪大記》而言。

○復。

《士喪禮》注：「復者，有司招魂復魄也。」疏：「出入之氣謂之魂，耳目聰明謂之魄，死者魂神去，離於魄，今欲招取魂來復歸于魄，故招魂復魄也。」

△侍者一人。《喪大記》：「小臣復。」注：「小臣，君之近臣也。」《士喪禮》：「復者一人。」注：「復者，有司。」疏：「諸侯之士一命與不命並皆一人。按，《雜記》鄭注云復者多少，各如其命之數。若然，按《典命》諸侯卿大夫三命、再命、一命，天子三公八命，其卿六命，大夫四命，上士三命，中士再命，下士一命，上公九命，侯伯七命，子男五命，皆依命數，九人以下。則天子宜十二爲節，當十有二人也。士家不得同僚爲之，則有司府、史之等也。」

△左執領。《士喪禮》："招而左。"疏："以左手執領，還以左手以領招之。必用左者，招魂所以生死。左陽，陽主生，故用左也。"

△自前榮升屋中霤，北面招以衣，三呼。

《士喪禮》："升自前東榮，中屋，北面招以衣，曰『皋某復』三。降衣于前。"注："北面招，求諸幽之義也。皋，長聲也。某，死者之名也。復，反也。必三者，禮成於三。降衣，下之也。"

《喪大記》："升自東榮，中屋履危，北面三號。卷衣投于前，司服受之，降自西北榮。"注："榮，屋翼。升東榮者，謂卿、大夫、士也。天子、諸侯言東霤。危，棟上也。號，若云『皋某復』也。司服以篋持衣於堂前。三號者，一號於上，冀神在天而來也。一號於下，冀神在地而來也。一號於中，冀神在天地之間而來也。初復是求生，故升東榮而上。求既不得，不忍虛從所求不得之道還，故自陰幽而下也。"

△中霤。《月令》注："古者陶復陶穴，皆開其上，以漏光明，故雨霤之後，因名室中爲中霤。"朱子曰："古人穴居，當土室中，開一竅取明，故謂之中霤。而今人以中堂名曰中霤者，所以存古之義也。"金芝山曰："今以《家禮》言，則中霤蓋室上屋脊也。"

△呼某人者，從生時之號。《士喪禮》注："某，死者之名也。《喪大記》曰：『凡復，男子稱名，婦人稱字。』"疏："引《喪大記》者，證經復時所呼名字，云男子稱名者，據大夫以下。若

天子崩，則云皋天子復，若諸侯薨，則稱皋某甫復，若婦人稱字，則尊卑同。此（今）〔經含〕有男子、婦人之喪，故言男子稱名，婦人稱字。按《喪服小記》云男子稱名，婦人書姓與伯仲是也。」《喪大記》疏：「自殷以上，貴賤復，同呼名。周則天子稱天子，諸侯稱某甫且字矣，大夫、士稱名。而婦人並稱字。」金芝山曰：「《家禮》今曰『從生時之號』者，有官封則某官某封，無官封則常時所稱者。」或問復，男子稱名，然諸侯薨，復曰皋某甫復，恐某甫字爲可疑，又周人命字，二十弱冠皆以甫字之，五十以後乃以伯仲叔季爲别，今以諸侯之薨，復云『甫』者，乃生時少者之美稱，而非所宜也。朱子曰：「此等所（民）〔記〕異詞不可深考。或是諸侯尊故稱字，大夫以下皆稱名也。但五十乃加伯仲是孔穎達説，據《儀禮》賈公彦疏，乃是少時便稱伯某甫，至五十乃去某甫而專（而專）稱伯仲，此説爲是。如今人於尊者不敢字之，而曰幾丈之類。」《家禮》不言稱名字者，蓋尊名字之故歟。

司馬公曰：「《士喪禮》：復者一人，升自前東榮，中屋，北面招以衣，曰『皋某復』三。注：皋，長聲也。今升屋號，慮其驚衆，但就寢處之南，男子稱名，婦人稱字，或稱官封，或依常時所稱。」按，《家禮》曰生時之號者非官封。高氏曰：「淮南風俗，民有暴死則使數人升其居，及於路傍徧呼之，亦有蘇活者，豈復之餘意乎。」按，聖人制此禮，恐有此理，而有此事，恐不虚。

○立喪主。立字冠下文至司貨。

《奔喪》：「凡喪，父在，父爲主，丘氏曰：「謂父在而子有妻、子之喪，則父主之。與賓客爲禮，宜使尊者。」朱子曰：「父存，子無主喪之禮。」父没，兄弟同居，各主其喪，丘氏曰：「父没之後，兄弟雖同居，各主其妻、子之喪。」朱子曰：「凡妻之喪，夫自爲主，以子爲喪主，未安。」親同，長者主之，丘氏曰：「謂同是兄弟輩，父母喪，則長子主之，兄弟喪，則長兄主之。」不同，句。親者主之。」丘氏曰：「謂親不同者，則推其最親者一人主其喪。如從父兄弟之喪，則用彼親者自主之也。」

《喪大記》：「其無女主，則男主拜女賓，無男主，則女主拜男賓。喪有無後，無無主。」方氏曰：「有後無後，存乎天，有主無主，存乎人。存乎天者，不可爲也，故喪有無後者。存乎人者，可以爲也，故無無主者。」丘氏曰：「言雖絶嗣，不可無喪主也。」〇按，《喪大記》所言如是，則有無男主，有無女主。

《雜記》：「姑、姊妹，其夫死，而夫黨無兄弟，使夫之族人主喪。妻之黨雖親，弗主。」注：「此謂姑、姊妹無子，寡而死也。夫黨無兄弟，無緦之親也。其主喪不使妻之親，而使夫之族人。婦人外成，主必宜得夫之姓類。」

「夫若無族，則前後家、東西家，無有，則里尹主之。」注：「喪無無主也。里尹，閭胥、里宰之屬。《王度記》曰：『百户爲里，里一尹，其禄如庶人在官者。』里，或爲士。諸侯(矛)〔弔〕於異國之臣，則其君爲主。里尹主之，亦斯義也。」朱子曰：「古法既廢，鄰家里尹決不肯祭他人之親，則從宜而祀之别室，其亦可也。」

「或曰：主之，而附於夫之黨。」注：「妻之黨自主之，非也。夫之黨，其祖姑也。」疏：《正義》曰：「此一節明姑、姊妹在夫家而死，無後，使外人爲主之事。夫既先死，而夫之黨又無兄弟，今既身死，使夫之族人主其喪也。」○「妻之黨雖親，弗主」者，妻黨雖親，不得與之爲主。明婦人外成於夫，不合却歸本族也。○「或曰主之」者，或人之説，云妻黨主之，而附祭之時，在於夫之黨主之，其義非也。○「喪無無主也」者，言死喪之禮，無得無人爲之主，必須有人爲主也。○「諸侯（予）〔吊〕於異國之臣，則其君爲主。里尹主之，亦斯義也」者，以己國臣在國而死，他國君（求予）〔來吊〕，則君爲主。死者雖有至親，不得主。今此婦人死於此里，正得里尹主之，妻家之親不得爲主，故云「亦斯義也」。

△與賓客爲禮。　丘氏曰：「主賓用同居之尊且親者一人爲之，如無同居者，擇族屬之親賢者，又無族屬，則用親戚，又無親戚，則用執友亦可。專主與賓客爲禮。」《喪服小記》：「男主必使同姓，女主必使異姓。」注：「立男主以接男賓，立女主以接女賓。」

司馬公曰：「若子孫有喪，而祖父主之，子孫執喪，祖父拜賓。」

○司書。

丘氏曰：「以子弟知書者爲之。」司通書疏。

○司貨。

丘氏曰：「置二曆，其一書凡喪禮當用之物及財貨出入，其一書親賓賻襚祭奠之數。」按，《正衡》「二曆」作「二曆」，而其下曰「其一書予客姓名」。

△使僕。使，或作吏，或作史，皆非。○按，《考證》作吏僕而注之曰「謂有官者也」。

按，丘氏護喪下補入立主賓、立相禮二條，《家禮》立喪主下有主賓，而其相禮則護喪者爲之，恐不必立相者。

○乃易服不食。

《問喪》：「親始喪，笄纚，徒跣，扱上(任)〔衽〕，交(卒)〔手〕哭。」注：「親始死，孝子先去冠，惟留笄纚也。徒，空也。徒跣，無屨而空跣也。徒跣者，未著喪屨，吉屨吉又不可著也。上衽，深衣之前襟也。以號踊屨踐爲妨，故扱之於帶也。交手哭，謂兩手交以拊心而哭也。」丘氏曰：「笄，謂以骨爲笄也。纚，即内則所謂『縱』者，韜髮之繒也。蓋謂親始死，孝子去其冠，露出笄纚而未及去，至括髮乃去之也，非謂以之爲喪服也。歷考古禮，竝無有所謂被髮者，惟唐《開元禮》有男子易以白布衣被髮，女子易以青縑衣被髮之説。温公謂笄纚，今人平日所不服，被髮尤哀毁無容，故從《開元》。」　金芝山曰：「按，《士喪禮》注：『始死，去冠而笄纚，服深衣。』《檀弓》曰：『親始死，羔裘玄冠者易之。』疏曰：『引《檀弓》者，以證服深衣易去朝服之事也。』又按《記》『疾病男女改服』注『爲賓客來問亦朝服』云云。蓋至此始易去也。」

○金芝山曰：「爲人後者，爲本生父母亦降服，齊衰不杖期。女子已嫁者，爲其父母亦降服，不杖期。故不被髮徒跣。」

△諸子三日至再不食。《喪大記》言之。

△親戚鄰里至少食可也。　《問喪》曰：「惻怛之心，痛疾之意，傷(賢)〔腎〕、乾肝、焦肺，水漿不入口，三日不舉火，故鄰里爲之糜粥以飲食之。」注：「糜厚而粥薄。」

△珠翠。　金芝山曰：「翠，玉名。歐陽公所謂『翡翠銷金』是也。又古書有翠碧瑟瑟之語，皆玉名也。《韵會》翡翠碧玉能屑金，或曰翠，翠羽，即青雀羽也。《漢書·楊雄傳》後宮却翡翠之飾。又《宋鑑》永康公主衣賜一作貼。鑑一作繡。鋪翠襦，大祖責之，對曰此用翠羽幾何，亦以翠羽爲飾也。」

○治棺。

△油杉、有油脂赤杉也。柏、不詳，檜或木槙之類。土杉，白杉乎？未詳。程子以柏爲上，葬用柏棺，説見《全書》六十四卷。七版。《本草綱目·杉部》璞云：「黏似松，生江南，可以爲船及棺材。」宗奭云：「入藥，油杉及臭者良。」時珍云：「其木有赤、白，赤杉實而多油，作棺尤貴，其木不生白蟻。」　金芝山曰：「田按，《説文》杉似松而材良，蓋杉有二種，有脂者爲油杉。」柏，陸氏曰：「柏性堅緻有脂。」程子論柏木之堅，曰：「間有人伐東漢時墓，柏棺尚在，又有因城地得柏木，皆堅潤如新。有松千柏萬之説，於是知柏最可以久。」人求堅莫如柏，欲完莫如漆。禮，天子用柏。

△灰漆。和蚌粉，漆喰也。

△瀝青。松脂別名，見《本草綱目》。朱子避父諱，稱瀝青，《文會筆録》。一之三，四十八版。

△溶瀉。溶，安流也。瀉，行水也。

△煉熟秫米灰鋪其底。金芝山曰：「按，《韵會》，秫，稉也。稻之粘者，可爲酒。徐廣曰：『糯，臑也。』粘者其性柔輭，今作糯，故《丘氏儀節》作『糯米』。」丘氏曰：「以煉熟糯米灰鋪其底，厚四寸許，加以紙，紙上加七星板。」或曰先鋪蚌粉，灰也。次糯米粉煉熟者，其上加以紙□以麻穰，而後加七星板。或曰以糯米粉和蚌粉而煉熟之。二説更思。或曰秫米灰是煎糯米細末者。

△七星板。見《三才圖會》，其由來未詳。疏：「水氣之臭耳。」此説未知是否。

△又許貧者還葬而無椁。《檀弓》子路曰：「傷哉貧也。生無以爲養，死無以爲禮。」孔子曰：「啜菽飲水盡其歡，斯之謂孝，歛首足形，還葬而無槨，稱其財，斯之謂禮。」陳氏《集説》曰：「世固有三牲之養而不歡者，亦有厚葬以觀美，而不知陷於僭禮之罪者，知此則孝與禮可得而盡矣，又何必傷其貧乎？還葬謂歛畢即葬，不殯而待日月之期也。」

△雜書云云。金芝山曰：「張華《博物志》『松脂入地千年爲茯苓，又千年爲琥珀，又千年爲瑿』。又《唐本草》注『二物燒之皆有松氣』。」《本草》有陶弘景之説。

高氏曰：「伊川先生謂『棺之合縫，以松脂塗之，則縫固而木堅』。注云『松脂與木性相入，而又利水。蓋今人所謂瀝青者是也。須以少蚌粉、黃蠟、油合煎之，乃可用。不然，則裂矣。其棺椁之間，亦宜以此灌之』。」金芝山曰：「蚌粉即蚌粉之灰。少，猶言少許也。如顔魯公《乞米帖》惠及少米，范文正公煮粟米作粥入少鹽，嵩山（薰）〔董〕五經賈少茶果以奉待之類，古人下語如此。」

胡氏泳曰：「松脂塗縫之説，未然。先生葬時，蔡氏兄弟金芝山曰：『元定之二子，伯靜與仲默也。』主用松脂，嘗問用黃蠟麻油否。答云：『用油蠟則松脂不得全其性矣。』此言有理。但彭正堂字龜年。作《訓蒙》云：『灌以松脂，宜於北方。江南用之，適爲蟻房。』彭必有考，更詳之。」

劉氏璋曰：「凡送死之道，唯棺與椁爲親身之物，孝子所宜盡之。初喪之日，擇木爲棺，恐倉卒未得其木，灰漆亦未能堅完。或值暑月，恐難久留。古者國君即位而爲椑，歲一漆之。」金芝山曰：「《檀弓》疏曰：『人君無論少長，體存物備，即位造爲親尸之棺。蓋乃棺也，漆之堅剛，甓甓然，故名椑。每年一漆，示如未成也。』」方氏曰：「椑，即所謂櫬也。」今人亦有生時自爲壽器者，金芝山曰：「《後漢·光武紀》『初作壽陵，蓋取久長之義』。《綱目集覽》『帝生前豫作陵墓，故曰壽陵』。以此觀之，則壽器之義有自來矣。」此乃猶行其道，非豫凶事也。金芝山曰：「禮，凶事不豫，《家語》桓魋自爲石棺，孔子譏之，左氏亦曰『豫凶事，非禮也』。」其木油杉及柏爲上，毋事高大，以圖美觀，惟棺周於身，椁周於棺，足矣。棺內外皆用布裹漆，務令堅實。余嘗見前人葬墓，掩壙之後，即以松脂溶化，灌於棺外，金芝山曰「棺外，當作棺外」。重固按，恐非。其厚尺餘，後爲人侵堀，松脂歲久凝結愈堅，斧不能加，得免大患。今有葬者用之，可謂宜矣。

○訃告于親戚僚友。

訃。告喪也。僚。同官也。友。同志也。

沐浴　襲　奠　爲位　飯含

○執事者，設幃及牀，遷尸掘坎。

△幃。《禮》：帷堂。疏：「以其未襲斂也。」《檀弓》曾子曰：「尸未設飾，故帷堂，小斂而徹帷云云。」注：「蓋始死未襲斂，故設帷於堂。以人死斯惡之矣，所以遮蔽之。至小斂則設飾矣，故徹去焉。」　丘氏曰：「縫白布爲幃幙，以障内外。」

△尸牀。按，禮初終，廢牀，《家禮》略廢牀一節，今此曰尸牀，則不廢。牀，尸在牀，可見。《喪大記》曰：「疾病廢牀，始死，遷尸於牀。」丘氏云：「病困時置于地，至是死則遷尸於牀。」

△縱置之。南北置之也。

△簀。　疏：「簀，謂無席，如浴時牀也。」　金芝山曰：「簀，簟也。」按，字書，簟，竹席也。

△薦席。　按，字書，藁曰薦，莞曰席，藁秸曰薦，莞蒲曰席，禾莖爲藁，去皮爲秸。

《檀弓》注：「襢，袒也。去席，盝水便也。」盝，音禄，亦作漉，歷也，竭也。《喪大記》曰：「設牀，襢第，有枕。」《喪大記》疏：「第，牀簀也。」金芝山曰：「此使水之寒氣得通，然舉席安尸于簟，皆有爲也。疑《家禮》席字，衍字也。」

《士喪禮》曰：「士有冰，按，士無冰，此則謂君賜而有。用夷槃可也。」疏：《喪大記》曰：「士無冰，用水，夷槃，承尸之槃。」《喪大記》注：「禮，自仲春之後，尸既小斂，先内水槃中，乃設牀於其上，不施席而遷尸焉。秋涼而止是也。」

△南首。　《禮》疏：「未葬已前，不異於生，皆南首。《檀弓》云『葬于北方北首』者，從鬼神尚幽暗，鬼道事之故也。惟有喪朝廟時北首，順死者之孝心，故北首也。」　朱子《答余正甫書》：「按，《士喪禮》飯章鄭注云『尸南首』，至遷柩于祖，乃注云『此時柩北首』，及祖又注云『還柩向外』，則是古人尸柩皆南首，惟朝祖之時爲北首耳。非温公創爲此説。」《筆録》四十九版載之詳矣。

△堀坎于屏處潔地。　《禮》：「掘坎于階間，少西。爲垼于西墻下，東向。」注：「垼，塊竈。西墻，中庭之西。」疏：「《既夕記》（既夕記）堀坎南順。廣尺，輪二尺，深三尺，南其壤。」注：「南順，統於堂也。輪，從也。」疏：「沐浴餘水，及巾櫛浴衣，皆棄埋之於此坎。」金芝山曰：

「今曰屏處，則不必階間也。然沐湯必有煮處，疑當在中庭之西。」

○陳襲衣。

△以卓子陳于堂前東壁下。　《禮》：「陳襲事于房中，西領南上。」疏：「所陳之法，房戶之内，於戶東，西領南上。知戶東陳之者，取之便故也。」按，堂前是堂前。

△西領南上。　金芝山曰：「《士冠禮》東領北上。疏：『《喪大記》與《士喪禮》服或西領，或南領。此『東領』者，此嘉禮異於凶禮故也。士之冠，特先用皁服。北上，便也。』以此觀之，則西領者凶禮然也，南上者恐亦或便也。」

△幅巾。　劉氏璋曰：「古者，人死不冠，但以帛裹其首，謂掩。」《士喪禮》：「掩練帛，廣終幅五尺，析其末。」注：「掩，裹首也。析其末，爲將結於頭巾，又還結於項中。幅巾，所以當掩也。」

△充耳。　金芝山曰：「《禮》瑱用白纊。注：『瑱，充耳。纊，新綿。』疏：『下記云瑱塞耳。《詩》云充耳。充即塞也。生時人君用玉，臣用象。又著《詩》云充耳以素、以黄之等，注云所以懸瑱者，生時爲之，示不聽讒，今死者直用纊塞耳而已，異於生也。曰纊新綿者，對緼是舊絮也。』」

△幎目帛。　《禮》：「幎目，用緇，方尺二寸，䞓裏，著，組繫。」注：「幎，音縈。䞓，丑貞

反。幎目，覆面者也。幎，讀若《詩》曰葛藟縈之縈。（經）〔赬〕，赤也。著，充之以絮也。組繫，爲可結也。」　金芝山曰：「《説文》音義引《周禮・冪人》。《周禮・冪人》注，『以巾覆物曰冪』，疑冪音冪者爲是。」按，丘氏亦曰「幎，音覓」。

△握手。　金芝山曰：「《禮》：握手，用玄，纁裏，長尺二寸，廣五寸，牢中旁寸，著，組繫。注：牢讀爲樓。樓，爲削約握之中央，以安手也。疏：名此衣爲握，以其在手，故言握手，不謂以手握之爲握手。云樓爲削約握之中央以安手者，經云廣五寸，牢中旁寸者，則中央廣三寸，廣三寸中央又容四指而已。四指〔指〕一寸，則四寸，四寸之外，仍有八寸，皆五寸也。讀從樓者，義取樓斂狹少之意。削約者，謂削之使約少也。又曰：設決麗于掔，自飯持之，設握，乃連掔。注：麗，施也。掔，掌後節中。飯，大擘指本也。決，有（驅）〔彄〕。內端爲紐，外端有橫帶，設之以紐，擐大擘本也。因沓其彄，以橫帶貫紐，結於掔之表也。設握者，以繫約中指，由手表與決帶之餘（逋）〔連〕結之，此謂右手也。今按，決者，生時所用，故與握同結。《詩》決拾既次，注：朱子曰決以象骨爲之，著於右手大指，所以鈎弦開體者。《士喪禮》用棘木。《既夕記》曰：設握，裏親膚，繫鈎中指，結于掔。注：掔，掌後節中也。以握繫一端，繞掔還從上自貫，反與其一端結之。疏曰：上文設握連掔者，據右手有決者，不言左手無決者，故記之。今裏親膚，據從手內置之，長尺二寸，中掩之，手纔相對也。兩端各有繫，先以一端繞掔一匝，還從上自貫，又以一

端向上，鈎中指，反與繞掔者結於掌後節中。」《家禮考證》。 重固按，握手，廣五寸，殺以爲五寸。 長尺二寸，四角施繫，其繞之如此，其紐之交結宜詳疏文。 丘亦有説。

△大帶履。 金芝山曰：「大帶，即《禮》緇帶是也。 履，《禮》夏用葛屨，冬用皮履，其色皆白。」

△袍。 金芝山曰：「按，《後漢·禮儀志》三老五更皆服都紵大袍單衣，（皇緑）〔皂緣〕領袖中衣，又《輿服志》袍單衣，皂（緑）〔緣〕領袖中衣爲朝服。 又按，《喪大記》袍必有表。 注：袍，衣之有著者，乃褻衣也。 朱子亦曰『袍有著者，蓋漢時單衣名袍，而後世所謂緑袍、紫袍之類，亦皆單衣也』。 然則袍之名，於單複俱有，而此與襖并稱，則指有著者明矣。」按，丘氏亦曰「袍，襖有綿者」。

△襖。 金芝山曰：「横渠先生解襦袴義曰『袴，則今之袴也。 襦，則今之襖子也』。 是今之襖，即古之襦，有著者亦裹衣也。 黄魯直爲官教，有五開府者酒餘脱淺色香羅襖衣之，公醉中作詩曰「疊送香羅淺色衣，著來春氣入書帷」云云。 襖，蓋當時世俗所常服者。 見《山谷集》。」

△汗衫。 金芝山曰：「按，《唐·車服志》凡祀天地之服，皆有白紗中單。 又《炙轂子》曰：『朝燕衮冕中有白紗中單，又有明衣，皆汗衫之象。 至漢高祖與項羽戰，汗透中單，改名汗衫，貴賤通服之。』以此觀之，則汗衫者，蓋親身之單衣也。」

△勒帛裹肚。　金芝山曰：「俗謂腹爲肚，勒帛裹肚，以丘氏之説推之，以帛裹尸腹者也。歐陽公以朱（扶）〔抹〕劉幾試卷，謂之紅勒帛，蘇子瞻詩『青綾衲衫暖襯（中）〔甲〕，紅線勒帛光繞脅』，觀此則凡所謂勒帛者，形與容可想見矣。」

○沐浴飯含之具。

△錢三實于小箱。　《禮》：貝三，實于笲。音煩。注：貝，水物，古者以爲貨，江水出焉。笲，竹器。《既夕記》曰：「實貝，柱右齻、左齻。」注：象齧堅也。疏：齻，牙兩畔最長者，象生時齧堅。金芝山曰：「今《家禮》以錢代之，後世不用貝也。此即含也。」疏：《雜記》云：「天子飯九貝，諸侯七，大夫五，士三。」鄭注云：「此蓋夏時禮也。周禮天子飯含用玉。」

△米二升，以新水淅令精，實于盌。盌，與椀同。《禮》：稻米一豆，實於筐。注：士用稻豆四升。《既夕記》：祝淅米，差盛之。注：淅，沃也。差，擇之也。此即飯也。

金芝山曰：「按，《春秋傳公羊》曰：『含者何？口實也。』何氏曰：『天子珠，諸侯以玉，大夫以璧，士以貝。』今觀士喪用貝，無用玉之文，恐何説近是。蓋天子又有珠耳。《檀弓》曰：『飯用米、貝，不忍虛也。不以食道，用美焉爾。』注：陳氏《集説》曰：『實米與貝于死者口中，不忍其口之虛也。此不是用飲食之道，但用此美潔之物以實之焉耳。』方氏曰：『不忍虛，則無致死之不忍，不以食道，則無致生之不智。』」　重固按，飯含二字，細分則飯是米，含是錢，或有二字並用合通者，此禮也。西邦古來習俗，而固起於不忍之心者，故聖人用之。今我邦不用，恐可矣。

○乃沐浴。

△侍者以湯入。《禮》：祝淅米于堂，南面，用盆。管人盡階不升堂，受潘，煮于㼜。注：潘，米汁也。盡階，三等之上。管人，有司主館舍者。

△出幃外北面。《禮》：主人皆出，户外北面。注：象平生沐浴裸裎，子孫不在旁也。

△晞以巾，拭以巾。《禮》：乃沐櫛，挋用巾。注：挋，晞也。又曰：浴以巾，挋用浴衣。注：浴衣，已浴所衣之衣，以布爲之。

金芝山曰：「按，浴巾，禮本意以巾拭而去垢，以浴衣拭之令乾，故曰：『浴用巾，挋用衣。』今《家禮》但曰『拭以巾』，無浴衣，從簡也。」

△抗衾而浴。《既夕記》注：抗衾，爲其裸裎，蔽之也。按，抗者，非除去之義，故注言如此。

△剪爪。《禮》：巾、柶、鬊、蚤埋于坎。注：巾，沐巾、浴巾。柶，角柶。鬊，亂髮。蚤爪同，所剪手足之爪甲。《喪大記》：君、大夫鬊爪實于角中，士埋之。注：生時積而不棄，今死，爲小囊盛之，而實于棺内之四隅，故曰角中。士則賤，以物盛而埋之。

金芝山曰：「今所剪爪不隨巾櫛而埋者，爲將與平生所積者實于棺角也。愛惜遺體，不忍棄埋也。」

△埋之。疏：以其已經尸用，恐人褻之。

○襲。《士喪禮》疏：襲事謂衣服也。《正衡》曰：「襲，復衣也。向去具衣，今復著之，故謂之襲。」按，對向所去而謂之襲，此説更思。

△去病時衣，及復衣。金芝山曰：「按，病時褻衣，及復衣，古人不言所置處，疑亦同在藏衣之内，而不以爲奠衣服也。《周禮》奠衣服，鄭氏謂今坐上魂〔衣〕，而疏家以爲大斂之餘衣，祭時設之者也。今世俗以復衣置于魂魄箱者，無據。」按，病時衣污穢者，不可在藏衣中，亦不可爲奠衣服，復衣未知何所置矣。

○徙尸牀置堂中間。自正寢徙于堂正中，而亦以幕障之。小斂徹帷見于前。

《性理大全》補注：「當正中南首。」

○乃設奠。

《禮》注：鬼神無象，設奠以憑之。《禮》：奠脯醢、醴酒，升自阼階，奠于尸東。注云云。

疏曰：「小斂一豆一籩，大斂兩豆兩籩。此始死，俱言脯及醢，亦無過一豆一籩而已。」《既夕記》云：「即牀而奠，當腢，若醴，若酒。」鄭注：「腢，〔眉〕〔肩〕頭也。或卒無醴，用新酒。」此雖俱言醴及酒，亦料用其一，不並用也。小斂方具有，此其差也。《既夕記》：奠用吉器。注：用吉器，未變也。疏：「未變也」者，謂未忍異於生，故未變。至小斂奠，則變。《檀弓》曾子曰：「始死之奠，其餘閣也歟？」注：不容改新也。

陳氏《集説》曰：「始死，以脯醢、醴酒就尸牀而奠于東，當死者之肩，使神有所依也。閣，所以度量飲食，蓋以生時度閣所餘脯醢爲奠也。」方氏曰：「人之始死，以禮則未暇從其新，以情則未忍易其舊也。」

△巾之。　疏：《檀弓》云：「喪不剥奠也與。有巾者，爲在堂而久設，塵埃故也。」《既夕》注：「巾之，加飾也。」劉氏璋曰：「《士喪禮》：復者降，楔齒，綴足，即奠脯醢與酒于尸東。《開元禮》五品以上，如《士喪禮》，六品以下，（龍）〔襲〕而後奠。今不以官品高下，沐浴正尸然後設奠，於事爲宜。奠，謂斟酒奉至卓上，而不酹，主人虞祭，然後親奠酹巾者，以辟塵蠅也。」

△祝以親戚爲之。　《禮記》：天子諸侯之喪，斬衰者奠，爲君服者皆斬衰，唯主人不奠。大夫齊衰者奠，服斬衰者不奠，辟正君也。齊衰者，兄弟。○正君謂天子諸侯。士則朋友奠。不足則取大功以下者，不足則反之。服斬衰者不奠，辟大夫也。○反之者，疏云：「取前人執事者充之。」陳氏曰：「反，取大功以上也。」

疏曰：「以次差之。天子斬衰者奠，大夫用齊衰，士則應先取大功，今取朋友者，以天子諸侯皆使臣爲奠，大夫辟正君，故遣兄弟奠，士則位卑不嫌敵君，故遣僚屬奠，僚屬則朋友也。祝，則僚屬也。加麻，朋友也。」《曾子問》。

○主人以下，爲位而哭。丘氏曰：「自是以後，凡言爲位哭，皆如此儀。」

△藉以藁。　金芝山曰：「藉以藁者，禾莖爲藁，去皮爲秸。按《禮》寢苫注，編藁曰苫，此不編者，故但曰藁而已。藉以席薦者，莞曰席，草曰薦，或席或薦，以服之輕重而不同也。」按，至大斂而後，斬衰者寢苫，則此時寢不編者可知矣。大斂條下有寢苫事。又按，薦服重者藉之，席輕服者藉之，以下文嬴病者藉以草薦可見。

《士喪禮》：主人坐于牀東，衆主人在其後，西面。婦人俠牀，東面。疏：衆主人直言在其後，不言坐，則立可知。婦人雖不言坐，婦人無立法也。《喪大記》疏：大夫之喪，尊者坐，卑者立。蓋君與大夫位尊，故坐者殊其貴賤。士位卑，故坐者等其尊卑。按，《家禮》主人以下皆曰坐，而唯妾婢曰立，蓋婦女無立法。而妾卑則立者，亦是上下之分也。又按，小斂條下亦有尊長坐卑幼立之文。

△別設幃。　尸牀已有幕障之，此別設幃也。

△若内喪云云。　按，内喪謂主婦死之類。《曾子問》有齊衰内喪者，謂門内有齊衰之喪，與此不同。丘氏曰：「若内喪，則親男及婦女皆如上儀。同姓大夫不分尊卑，皆坐于幃外之東北向，西上，異姓大夫皆坐于幃外之西北向，東上。」

△外親。母黨、妻黨。

〇乃飯含。

《禮》注：「士之子親含，大夫以上賓爲之含。」

朱子曰：「未殯以前，如何恁地得一一子細，如飯含一節，教人從那裏轉，那裏安頓，一一各有定所，須是有人相，方得。」此説載《考證》。

△左袒。　《禮》疏：「謂袒左袖，扱於右腋之下帶之内，取便也。」　金芝山曰：「此袒恐與袒括髮之袒不同，《記·内則》曰『不有敬事，不敢袒裼』，《郊特牲》曰『肉袒割牲，敬之至也』。蓋古人有敬事則袒也。」

△盥手執箱以入。　金芝山曰：「《禮》盥于盆上，洗貝，執以入。今《家禮》但曰『執箱以入』，無洗錢之文。錢乃轉貨之物，豈可不洗，恐文不具也。」又曰：「錢即古之具也，箱即盛錢者也。主人執箱以入，侍者并受而置之尸西也。」

△以幎巾入覆面。　《性理大全》今俗以珠銀之屑置其口，其餘意與。按，《禮·雜記》鑿巾以飯，蓋大夫以上貴，使賓爲其親含，恐尸爲賓所憎穢，故以巾覆尸面，而當口處鑿穿之，令含全，得以入口。士賤不得使賓，子自含，無憎穢之心，故不以巾覆。而本注又言，以幎巾入覆面，未知是否。

△由足而西。　《禮》注：「不敢從首前也。」疏：「恐褻之故也。」

△以匙抄米云云。　《禮》：「主人左扱米，實于右，三，實一貝。左、中亦如之。又實米，唯盈。」注：「于右，尸口之右。唯盈，取滿而已。疏：「于右，尸口之右者，尸南首，云右，謂口東邊也。云唯盈，取滿而已者，以經左右及中各三扱米，更云實米唯盈，則九扱恐不滿，是以重云唯盈也。」　金芝山曰：「《家禮》不言扱數，又不言盈否，恐文不具也。」

○侍者卒襲云。

△設幎目。　飯含時，以幎巾且覆面耳，至此而後設幎目如法。

重固按，《性理大全》載司馬公及高氏、楊氏復之說。司馬公舉古禮襲斂之數甚盛，以憂貧者難辦矣。高氏又舉古之厚，以歎後世之薄矣。楊氏舉二氏之大意，以論朱子折衷之旨矣。後之讀《家禮》者，宜並考焉。

靈座　魂帛　銘旌

○置靈座，設魂帛。靈座，《答陳明仲書》言之，見《筆録》五十版右。

△椸。　《內則》楎椸。注：竿謂之椸。楎，杙也。植曰楎，橫曰椸。孔氏曰：「在墻者謂之楎，橫者曰椸，以竿爲之，蓋置衣服之具也。」

△帕。見于前。

△結白絹，爲魂帛。　丘氏曰：「魂帛以白絹爲之，如世俗所謂同心結者，垂其兩足。」又曰：「按，魂帛之制，本注引温公説，謂用束帛依神。而朱子本文則又謂結白絹爲之。考古束帛之制，用絹一匹，卷兩端，相向而束之。結之制，無可考。近世行禮之家，有摺帛爲長條，而交互穿結，如世俗所謂同心結者，上出其首，旁出兩耳，下垂其餘爲兩足，有肖人形，以此依神，似亦可取。雖然，用帛代重，本非古禮，用束、用結二者俱可。」　重固按，朱子本注既曰「結白絹」，而其所引温公之説則曰「束帛」，實似相異矣。《丘氏儀節》有二圖，蓋爲兩樣者也。本注前後豈有矛盾如此哉。古束帛兩端相向而卷，或有如同心結者，而亦謂之束帛歟。

又按，楊氏復曰：「《禮》大夫無主者，束帛依神。司馬公用魂帛，蓋取束帛依神之意。」以此楊説所言，則魂帛與束帛是兩樣物，魂帛則結之者，温公是代古束帛，故温公已曰「束帛，又謂之魂帛」，蓋混言之耳。

高氏曰：「古人遺衣裳，必置於靈座，既而藏於廟中，恐當從此説，以遺衣裳置於座，而加魂帛於其上，可也。」　《性理大全》補注：「靈座、魂帛皆設於帷外，卷首圖設於帷内，恐非。」

△頮。與靧同，洗面也。

△重。　金芝山曰：「《禮》重木刊鑿之。置于中庭，三分庭，一在南。注：木也，懸物焉曰

重。刊，剄治，鑿之爲懸簪孔也。士重木長三尺。疏：云重者，以其木有物懸於下，相重累，故得重名。懸簪孔者，下云繫用軨，用軨納此孔中。謂之簪者，若冠之簪，使冠連屬於紒，此簪亦相連屬於木之名也。士重三尺、大夫五尺、諸侯七尺、天子九尺。方氏曰：始死而未葬，則有柩矣，有柩而又設重，所以名重也。《禮》又曰：祝粥餘飯，用二鬲子于西墻下。注：餘飯以飯含，餘米爲粥也。鬲，瓦器也。疏：煮粥於鬲而仍盛之也。《禮》又曰：冪用疏布，灸之，繫用軨，懸于重。冪用葦席，北面，左衽，帶用軨，加之，結于後。注：灸，謂蓋塞鬲口也。軨，竹簩也。疏：灸，塞義，謂直以麤布蓋鬲口爲塞也。簩，竹之青，可以爲繫者。『以席覆重，辟屈而反，兩端交於後，左衽，西端在上』者，據人北面以席先於重，北面南掩之，然後以東端爲下向西，西端爲向東，是爲辟屈而反，兩端交於後，爲左衽，左衽然後以簩加束之，結於後也。灸，音久。辟，辟衣也。古人用重，其義至矣。而今人且莫識其何狀，故詳録于此。」金芝山又曰：「《雜記》曰：重既虞而埋。注：虞祭畢，埋於祖廟門外之東。《檀弓》曰：重，主道也。殷主綴重焉，周主重徹焉。陳氏《集説》曰：始死作重，以依神，雖非主而有（至）〔主〕之道，故曰主道也。殷禮始殯時，置重于殯廟之庭，暨〔成〕虞主，則綴此重而懸於新死者所殯之廟。周人虞而作主，則徹重而埋之也。方氏曰：殷雖作主矣，猶綴重懸於廟，不忍棄之也。周既作主矣，重遂徹而埋於土，不敢瀆之也。《晉·禮志》蔡謨曰：以二瓦器盛始死之祭，繫於木，裹以葦席，置庭中近南，名爲重。《禮》既虞而作主，今未葬，未有主，故以重當之。《禮》稱爲主道，此其義也。張子曰：重，主道也。謂人所耆者飲食，故死以飲食依之。既葬然後爲主，未葬之時，棺柩尚存，未可爲主，故以重爲主。今人之喪既爲魂帛，又設重，則兩主道也。如張子之説，則宋時或有設重依神者。程子曰：重，主道也。士大夫得有重，應當有主，既埋重，不可一日無主，故設苴，及其已作主，即不用苴。」按，《士虞禮》刌茅五寸，束之，祭食于其上。或曰「苴，主道也」。鄭氏以爲苴猶藉也，用以藉祭，非主道也。今張子、程子皆云無重故設苴依神，蓋從或人之説。○《考證》。重固按，朱子《答郭子從書》：「重，《三禮圖》有畫象。」金芝山曰：「何氏曰：『阮諶有《三禮圖》。』」余未見其圖，然疏文所言如此，則其形狀大槩可知。

△令式。　金芝山曰：「指當時之敕令格式。」

△輜軿。　《後漢・輿服志》：皇后乘紫罽軿車。注：《字林》曰：軿車，有衣蔽，無後轅者，謂之輜。」《釋名》：「軿，屏也，蔽也。」《列女傳》齊孝孟姬曰：「妃、后踰國必乘安車輜軿。」《字彙》：「婦人車，四面屏蔽。」

△訾相。《國語・齊語》：「訾相其質。」注：「訾，量也。相，視也。」《楚詞》：「誰使乎訾之。」朱子曰：「訾，相度之度。」相，去聲。度，入聲。《經傳通解》亦朱子曰：「訾，猶計度也。」

同心結。

○立銘旌。

《禮》：爲銘，各以其物。亡則以緇，長半幅，經末，長終幅，廣三寸，書銘于末，曰某氏某之柩。注：銘，明旌也。亡，無也。無(旗)〔旌〕，不命之士也。半幅一尺，終幅二尺。在棺爲柩。疏：銘，書死者名，故曰銘。各以其物者，天子、諸侯、大夫、士各以生時所建之物爲銘。物，指旌也。析羽注于旗干之首者，名爲(旗)〔旌〕。凡旗皆有，故曰旌旗，單言則曰(旗)〔旌〕。凡旗之帛，皆用絳。日月爲常，天子建之，故銘用大常。交龍爲旂，諸侯建之，故銘用旂。全帛爲旜，孤卿建之，故銘用旜。雜帛爲物，大夫、士建之，故銘用物。子男之士不命，故無旗。生時無旌旗，故用緇。長一尺，以赬爲末，赬，赤色繒也。長二尺，總長三尺，而廣三寸。古者凡布幅廣二尺二寸，而鄭除邊幅各一寸而言，故曰一尺二尺。「書名于末」者，書死者之名于赬末之上，「某氏某」者，某氏是姓，下某是名。《禮》又曰：「竹杠三尺，置于宇西階上。」注：杠，銘橦(疏)也。宇，梠也。按，《禮緯》云：「天子之旌旗，其杠九刃，諸侯七刃，大夫五刃，士三刃。」今士三尺，則天子九尺、諸侯七尺、大夫五尺，皆以尺易刃也。重固按，疏云：「但死以尺易刃，所以别生死也。」旌與杠長短本同。「置于西階上」者，(殆)〔始〕死作銘，訖，且置於宇下西階上，待爲重訖，倚於重。卒塗，置於肂東。此時未用，權置於此也。大夫、士同用物，其杠之長短不同，故有别也。黄氏曰：「雜帛爲物，必有以爲大夫、士之别也。」○《喪服小記》曰：「復與書銘，自天子達於士，其辭一也。男子稱名，婦人書姓與伯仲。」注：此殷禮也。殷質，不重名，復則臣得名君。周之禮，天子崩，復曰「皐天子復」，諸侯薨，復曰「皐某甫復」。其餘及書銘則同。疏：復則除天子、諸侯之外，男子皆稱姓名。書銘則天子、諸侯、大夫並與士同。○《檀弓》曰：「銘，明（銘）〔旌〕也，以死者爲不可别已，故以其旌識之。愛之，斯録之矣，敬之，斯盡其道焉耳。」疏：「銘，明旌也」者，謂神明死者之旌也。《陳氏集説》曰：「愛之而録其名，敬之而盡其道，曰愛、曰敬，非虚文也。」方氏曰：「夫愛之則不忍亡，故爲旌以録死者之名。敬之則不敢遺送終之禮，故所以爲盡也。」○雜帛，注：中央赤，旁邊白。梠，音吕。屋梠，檐下。肂，以二反。埋棺之坎也。温公之制，即《家禮》所云者。按，（曾）〔荀〕子書其名置于重，則名不見而柩獨明矣。注：謂見所書置于重，名已無，而但知其柩也。按，銘皆有名，此云無，後世禮變，今猶然。然則銘之不名，亦自周末已然矣。《考證》。

司馬公曰：「銘旌設跗立於殯東。」注：跗，杠足也。其制如傘架。丘氏曰：「以粉筆大書。」《正衡》曰：「喪具皆用素，惟此用紅者，客書故也。」重固按，此説未詳是否，不命之士以赬爲末之遺意乎？

△五品以下，以下恐宜作以上。正五品，上階，下階。從五品，上，下。六品。同上。

○不作佛事。

△七七日。　金芝山曰：「七七之齊，因七虞而起。眉山劉氏曰：『虞者，既葬返哭而祭也。蓋未葬則柩猶在殯，既葬則返而已亡焉。則虞度神氣之返，於是祭而安之。且爲木主而托之，以憑依焉，故謂之虞主。嘗求之傳注，謂天子九虞，以九日爲節，諸侯七虞，以七日爲節，大夫五、士三，由是言之，既葬而虞，虞而卒哭，降殺有等。自春秋末世，大夫僭用諸侯七虞之禮矣，後代循習，莫究其義，而世俗遂以親亡以後，每七日必供佛飯僧，以爲是日當於地府見某王者。吁！古人七虞之設，乃如是哉？故世之治喪者，未葬則當朝夕奠，朔望殷奠，既葬則作主虞祭，不必惑於浮屠齊七之説，庶乎可謂祭之以禮矣。』按，劉氏名泗洙，宋時人，其學問深淺雖未可知，其爲言懇惻而理足以破世俗之惑矣，故具録于此。」重固按，所謂傳注者，指《公羊傳》有「天子九虞」云云。

△百日。　百日卒哭，出《開元禮》。朱子曰：「《開元禮》以百日爲卒哭，以今人葬或不能如期，故爲此權制。王公以下皆以百日爲斷，殊失禮意。」今按百日而齊，因百日卒哭之義也。《考證》。

△設道場。　金芝山曰：「佛家謂法會處爲道場，《華嚴經》『佛入菩提道場，始成正覺』。」

△水陸大會。　《事物紀原》八曰：「今釋氏教中有水陸齊儀，按，其事始出於梁武帝蕭衍，初帝居法雲殿，一夕夢僧教設水陸齊，覺而求其儀，而世無其説。因自撰集詮次，既成，設之於

金山，實天監七年也，大抵取《救焰口經》事云爾。」

△波吒。 或曰貝原篤信《近思録備考》。 波吒，梵語也。 中華曰切，見《佛説思益經》。 金芝山曰：「《楞嚴經》有罪者入寒冰地獄，波〔波〕吒吒羅羅。 注：忍寒聲也。」重固按，《筆録》所引説爲神名。

△借使銼燒消磨。 消字，《性理大全》及丘氏本並作舂，是。

△雖鬼。 蓋指死者。 ○《正衡》鬼字下有神字。

△李丹。 丹，《正衡》及《考證》並作舟。 金芝山曰：「《唐書》：李舟字公度，隴西人，父岑嘗爲水部郎官。 李肇《國史補》：李舟嘗與妹書曰『釋〔迦〕生中國，設教如周孔。 周孔生(而)〔西〕方，設教如釋迦。 天堂無則已，有則君子登。 地獄無則已，有則小人入』云云。」《事文類聚》三十五佛部載李丹《天堂地獄偈》曰云云，與金芝山所引與妹書無一字異矣。

△廬州刺史。《正衡》作「虔州」。

△閻羅等十王。 《性理大全集覽》張美和曰：「釋氏所謂十王者，一曰秦廣，二曰初江，三曰宋帝，四曰五官，五曰閻羅，六曰變成，七曰泰山，八曰平等，九曰都市，十曰轉輪之類是已。」

○執友親厚之人至是入哭可也。

△主人未成服而來哭者，當服深衣。 丘氏曰：「主人未成服，來哭者素淡色衣可也。」

金芝山曰：「按，《檀弓》孔子曰：始死，羔裘、玄冠者，易之而已。疏曰：養疾者朝服，羔裘、玄冠，即朝服也。始死則去朝服，着深衣。《家禮》去上服者，即去朝服之義也。《問喪》扱上衽注：衽，深衣前襟也。以著深衣，故扱其衽也。又崔氏《變除》云自始死至成服，白布深衣不改，今襲事纔畢，而主人且未變服，吊者不可服吊服，故曰當服深衣，蓋主人深衣，故吊者亦深衣也。又按，《檀弓》：子游裼裘而吊。曾子曰：『夫夫也，爲習於禮者，如之何其裼裘而吊也？』主人既小斂，袒，括髮，子游趨而出，襲裘帶絰而入。曾子曰：『我過矣。』疏曰：凡吊喪之禮，主人未變服之前，吊者吉服。吉服者，羔裘、玄冠、緇衣、素裳。又袒去上服，以露裼衣，此『裼裘而吊』是也。主人既變服之後，吊者雖著朝服而加武以絰。武，吉冠之卷也。又掩以上服，若是朋友又加帶，此『襲裘帶絰而入』是也。又按，楊氏《吊服圖》主人未小斂而吊條云子游裼裘而吊。疏曰：主人未變服之前，吊者吉服，謂羔裘、玄冠、緇衣、素裳，又去上服，以露裼衣。主人既小斂而吊條云《喪大記》吊者襲裘加武帶絰。小斂之後來吊者，以上朝服掩襲裘上裼裘加武者。武，吉冠之卷也。主人既袒，括髮，故吊者加武，明不改冠，亦不免也。帶絰者，帶謂要帶，絰謂首絰。以明朋友之恩，加緦之絰帶。主人既襲帶，故吊者亦襲裘帶絰也，子游『襲裘帶絰而入』是也。主人既成服而吊條云凡吊事弁絰服。弁絰，如爵弁而素加環絰。又曰大夫相爲吊服，弁絰裼衰，士相爲服吊服，加麻，即緦絰帶，疑衰素裳。今按，吊服節次如此，《家禮》但曰未成服之前當着深衣而已者，恐省煩也。」○裼衣，吴氏曰：「以單衣加裘上而見其美曰裼，以全衣蒙之曰襲。」胡氏曰：「古者衣裘不欲其文之著，故必加單衣覆之，然欲其色之稱，《玉藻》所謂羔裘、緇衣以裼之是也。」白雲許氏曰：「裘，冬服也。内有袍襗之屬，然後加裘，又以衣蒙之，謂之裼。此所謂衣裼衣是也。裼之色必與裘之色類，裼上加襲，襲則朝祭之服也。襗，音澤，袴也。加武帶絰，謂以絰（謂以絰）加武也。環絰，單股絰也。五服絰皆兩股相纏也。錫衰，錫，鍛濯灰治之謂，十五升去其半，有事其布，無事其縷，象衰在内也。疑衰吉服十五升去一升，疑之言擬也，擬於吉也。吊服，即疑衰也。麻，謂絰也。緦絰帶，即緦服之絰帶也。」《考證》。

△主人相向哭盡哀至無辭。　丘氏曰：「高氏曰：『古人謂吊喪不及尸，非禮也。』今人多待成服而後吊，則非矣。」又曰：「親始死，雖不敢出見賓，然有所尊者則不可不出。今本注有吊主人相向哭盡哀，主人以哭對無辭之文，則是主人出見賓矣。然考《書儀》及《厚終禮》，又有未成服主人不出，護喪代拜之説，今兩存之，各爲其儀于後。俾有喪者於所尊親，用前儀，於疏遠者，用後儀云。」金芝山曰：「今按，丘説有補未盡處，有喪者考行可也。」○重固按，本文已曰執友親厚之人，則其他人來吊者，使代拜可知矣。主人成服以後，吊者素服，見吊奠賻條。

小斂　袒　括髮　免　髽　奠　代哭

○執事者陳小斂衣衾。

△衾用複者。　《喪大記》：「小斂，君、大夫、士皆用複衣複衾。大斂，君、大夫、士祭服無算。君褶衣褶衾，大夫、士猶小斂也。」注：「褶，袷也。君衣尚多，去其著也。衾，制五幅。」疏：「算，數也。大斂之時，所有祭服皆用之無限數也。」金芝山曰：「複者，衾之有綿纊者，小斂，君、大夫、士皆一衾用複。」○重固按，《喪大記》以複對褶而言，則複是有綿纊者也。然大斂衾，《家禮》曰「用有綿」者，則小斂衾只是袷也。金氏謂「《家禮》互文耳，大小斂衾並有綿者」，未知朱子意如此否。

△絞横者三云云。　《禮》：「厥明，陳（夜）〔衣〕于房，南領，西上。絞横三，縮一，廣終幅，析其末。」注：「絞，所以收束衣服，爲堅急者，以布爲之。縮，（縫）〔縱〕也。横者三幅，縱者一幅。析其末者，令可結也。」疏：「《喪大記》注云『小斂之絞也，廣終幅，析其末，以爲堅之强也。大斂之絞〔一幅〕，三析用之，以爲堅之急也。』」《士喪》記：「凡絞紟用布，倫如朝服。」注：「倫，比也。」金芝山曰：「《家禮》用細布，朝服，十五升布也，則其細可知。或云彩者，有則彩，亦可也。丘氏曰：『絞，用細白綿爲之。』」○重固按，彩，字書，繒繒也。

高氏曰：「襲所以衣尸，斂衣則包之而已。此襲斂之辨也。」《正衡》云：「大小斂者，以衣衾之數有多少也。」金芝山曰：「《儀禮》陳襲事，西領，南上，《喪大記》大夫、士西領，南上，《家禮》亦於襲事，西領，南上。後不言其領，其上，則皆西領，南上矣。但《儀禮》大小斂皆南領，西上，(來)〔未〕詳何義。」

重固按，《士喪禮》小斂陳衣于房，南領，西上，大斂亦同。《喪□記》小斂於户内，大斂於阼，小斂君陳衣于序東，大夫、士陳衣于房中，北上。注：《士喪禮》小斂陳衣於房中，南領，西上，與大夫異。今此同，亦蓋天子之士也。疏：房中者，東房也。大夫、士唯有東房故也。此陳衣與《士喪禮》衣不同，故云亦蓋天子之士也。又《喪大記》大斂君陳衣于庭，領西上。大夫陳衣于序東，西領，南上。士陳衣于序東，西領，南上。注：《士喪禮》大斂亦陳衣於房中，南領，西上，與大夫異，今此又同，亦蓋天子之士。疏：「君陳衣于庭，北領，西上」者，衣多，故陳在庭爲榮顯。「北領」者，謂尸在堂也。「西上」者，由西階取之便也。大夫、士陳衣于序東，西領，南上，異於小斂北上者，小斂衣少，統於尸，故北上。大斂衣多，故南上，取之便也。今考右所言，堂室制宋時與古不同，故小斂行之於堂中間，而陳衣于東壁下，則宜西領，南上，取之便也。高氏曰：「小斂衣尚衣少，但用全幅細布，析其末而用之。凡斂，欲方，半在尸下，半在尸上，故散衣有倒者，惟祭服不倒。凡鋪斂衣，皆以絞紟爲先。小斂美者在内，故次布散衣，後布祭服。大斂美者在外，故次布祭服，後布散衣也。」《喪大記》曰：「凡陳衣者實之篋，取衣者亦以篋，升降者自西階。」

〇設奠。

△巾之。　説見朝袒下筆記，《檀弓上》云「喪不剥奠也與？」下注疏詳言之。

〇具括髮麻，免布，髽麻。

△頭𦈡，緫也。掠頭，丘氏以爲未詳。並見《冠禮》。　金芝山曰：「頭𦈡，按《禮》，即布緫也。斬衰六升布爲緫，既束其本，又緫其末，出髻後所垂六寸。齊衰三年降（十）〔七〕升，正八升，垂長亦六寸。杖期八升，長八寸。不杖期降七升，正八升，義九升，長八寸。三月布九升，長八寸。大功八寸，小功、緦麻同一尺。布之升數象冠數，所垂爲飾也。縫綃之説古禮無考，疑世俗所爲，而亦無妨也。丘氏曰：以麤布爲巾代之，亦可也。去笄纚而露其髻，曰髽。爲父母皆麻髽，但母喪則男子著免時，婦人亦著布髽，至成服男子著冠，則婦人只是露髻之髽而著布。緫，箭笄或榛笄也。竹箭，篠也。木，榛木也。其長皆尺。成服始用笄，斬衰竹笄，齊衰木笄。始死，將斬衰者笄纚，將〔齊〕衰者素冠。今至小斂，變又將初喪服也。括髮者，去笄纚而髻。衆主人免者，齊衰將袒，以免代冠。冠，服之尤尊，不以袒也。免之制，舊説以爲如冠狀，廣一寸，此括髮及免用麻布爲之，狀如今之著幓頭矣。自項中而前交於額上，却繞髻也。疏：今至小

斂，變者謂服麻之節，故謂變也。又云：又將初喪服也。釋括髮，泛謂去笄纚而髺者，母雖齊衰，初亦括髮，與斬衰同，故謂〔去〕笄纚而髺，髺上著括髮也。斬衰，婦人以麻（而）〔爲〕髽，齊衰，婦人以布爲髽。髽與括髮皆以麻布，如著幓頭焉。免亦然，但以布廣一寸爲異也。《禮》又云婦人髽于室。注：始死，婦人將斬衰者，去笄而纚。將齊衰者，骨笄而纚。今言髽者，亦去笄纚而髺也。齊衰以上至笄猶髽。髽之異於括髮者，既去纚而以髮爲大髺，如今婦人露髺其象也。疏：婦人將斬衰者去笄而纚者，《喪服小記》云男子冠而婦人笄，冠笄相對，將斬衰，男子既去冠而著笄纚，則婦人將斬衰者亦去笄而纚可知也。將齊衰者骨笄而纚者，齊衰，男子始死素冠，故婦人亦骨笄而纚也。不言斬衰婦人去纚而髽，而但云去笄纚而髽者，專指齊衰婦人而言，文略故也。齊衰以上至髺猶髽者，謂從小斂著未成服之髽，至成服之笄，猶髽不改，至大斂殯後，乃著成服之髽以代之也。括髮與髽皆如著幓頭，而異爲名者，以男子陽，外物爲名，而謂之括髮；婦人陰，内物爲稱，而謂之髽也。賈疏又曰：髽有二種，一是未成服之髽，即《士（夫）〔喪〕禮》所謂將斬衰者用麻，將齊衰者用布是也。二者成服之後露髺之髽是也。皇（代）〔氏〕分麻髽、布髽、露髺爲三，且曰三年之内男子不恒免，則婦人必不恒用布髽，故知恒露髺也。恒居露髺之髽則有笄。孔疏則曰：髽有二，一是斬衰麻髽，一是齊衰布髽，皆名露髺。〇賈疏又曰：自齊衰以下至緦，首皆免也。又曰：自齊衰以下至緦，皆布髽也。孔疏曰：大功以下無髽。楊氏曰：其所用布之升數未聞。○今按，素冠骨笄指齊衰之親而言，非謂母喪也。母喪則男子笄纚括髮，既與父同，婦人去笄而髽，當與男子同，亦以文略故也。○《喪服小記》云：斬衰，括髮以麻，爲母括髮以麻，免而以布。疏：爲父小斂訖，括髮爲母，小斂後括髮，與父禮同。自小斂後至尸出堂，子拜賓之時，猶與父不異。至拜賓後，子往即堂下位則異也。若爲父，此時猶括髮，而踊襲絰帶于序東，以至大斂而成服。若母喪，於此時則不復括髮，乃著布免，踊而襲絰帶，以至成服。○《陳氏集説》曰：布而以免，專爲母言也。《喪服小記》又曰：男子冠而婦人笄，男子免而婦人髽。《陳氏集説》曰：吉時男子有吉冠，婦人有吉笄。若親始死，男去冠，女則去笄。父喪成服也，男以六升布爲冠，女則箭篠爲笄。若喪母，男以七升布爲冠，女則榛木爲笄。故曰男子冠而婦人笄也。男子免而婦人髽者，言遭齊衰之喪，男子著免之時，婦人則髽其首也。髽有二，斬衰則麻髽，齊衰則布髽，皆名露笄也。○按，《雜記》：小斂環絰，公、大夫、士一也。疏曰：環絰，一股而纏也。士素委貌，大夫以〔上〕素爵弁，而加此絰焉，散帶。又曰：親始死，孝子去冠而笄（纏）〔纚〕，至小斂不可無飾。士素委貌，大夫以上素弁，而貴賤悉得加環絰，故云「公、大夫、士〔一〕也。又《檀弓》曰：叔孫武叔之母死，小斂，尸出户，袒且投其冠，括髮。按，袒，括髮當在尸未出户之時，而出户然後始投冠括髮，故子游笑之。然則小斂時著素冠明矣。故陳氏曰：斬衰之喪，親始死，去吉冠而猶有笄纚。將小斂，乃去笄纚，著素冠。小斂訖，去素冠而括髮以麻云云。○按，山陰陸佃曰：《士喪禮》主人袒，括髮，衆主人免于房。袒，括髮一人而已，諸子皆免。此亦誤矣。經所謂衆主人者，指從父兄弟以下，斬衰而免，則與齊衰無異，爲母雖齊衰而括髮則與父禮同，况斬衰而可免乎？又《既夕記》：小斂後既憑尸，主人袒，括髮，絞帶，衆主人布帶。注：衆主人，齊衰以下。疏：衆主人知非衆子者，以其衆子皆斬衰絞帶，故知衆主人齊衰以下也。先儒所説如此分明，何必別立異説以傷名教乎？○《檀弓》曰：袒，括髮，變也。愠，哀之變也。去飾，去美也。袒，括髮，去飾之甚也。有所袒，有所襲，哀之節也。疏曰：袒衣括髮，形貌之變也。悲哀愠恚，哀情之變也。去其尋常吉時之服飾，是去其華美也。去飾雖多端，惟袒而括髮又去飾之中最甚者也。理應常袒，何有袒時？有襲時？蓋哀甚則袒，哀輕則襲，哀之限節也。方氏曰：袒則去其衣，括髮則投其冠。衣冠者，人之常服也。故曰袒括髮變也。發於聲音，見於衣服，而生於陰者，此哀之常也。及有感而愠，以至於辟踊者，陽作之也。此其變歟。故曰愠，哀之變也。○啓殯至卒哭，男子免，婦人髽，見《既夕禮》。○司馬公《書儀》曰：括髮先用麻繩撮髻，又以布爲頭幓。齊衰以下亦用布絹，皆如幓頭之制。自項向前交於額上，却繞髻如著幓頭也。○朱子曰：《儀禮》注疏以男子括髮與免，及婦人髽，皆如著幓頭。然幓頭如今之掠頭編子，自項而前交於額上，却繞髻也。免，或讀如字，謂（玄）〔去〕冠。藍田吕氏曰：免，以布爲卷幘，以約四垂短髮而露其髻，於冠禮謂之缺項。缺、頍同。冠者必先著此缺項而后加冠，故古者有罪免冠，而缺項獨存。因謂之免者，免以其冕弁之冕，其音相亂，故改音問也。」《考證》。

○設小斂牀，布絞衾衣。

△或顛或倒。《詩·東方未明》篇，「顛之倒之」，顛倒二字無注釋，不必分明。

△唯上衣不倒。《喪大記》曰：「小斂大斂，祭服不倒。」注：「尊祭服也。」金芝山云：「上衣，即祭服也。以後世言則公服是也。」重固按，上衣者，所布之衣最在上面者，即爲襲衣之次者也。

《士喪禮》曰：「布席于户内，下莞上簟。商祝布絞、衾、散衣、祭服。祭服不倒，美者在中。」注云云，疏。金芝山曰：「絞紟爲裏束衣，故皆絞紟爲先。但小斂美者在内，大斂美者在外，故小斂先布散衣，後布祭服，大斂則先布祭服，後布散衣。是小斂美者在内，大斂美者在外也。襲時美者在外，是三者相變也。」散衣，褖衣以下袍繭之屬。褖，他亂反，黑衣裳赤緣之謂褖，褖之言緣也，所以表袍者也。

○乃遷襲奠。

《既夕記》曰：「小斂，辟奠不出室。」辟，婢亦反。注：「未忍神遠之也。辟襲奠以辟斂，既斂，則不出於室，設于序西南，畢事而去之。」疏：「始死，猶生事之，不忍即爲鬼神事之，故奠不出室。辟襲奠只爲辟斂也。若將大斂，則辟小斂，奠於序西南。此將小斂，辟奠於室。至(此)

〔於〕既小斂，則亦不出於室，設于序西南，故言不出室。若然，奠不出室，（而）〔爲〕既斂而言者也。斂事畢，奉尸夷于堂乃去之，而設小斂奠于尸東。」　重固按，遷置靈座西南者，設于序西南之意也。

○遂小斂。

△左衽不紐。《喪大記》：「小斂大斂，祭服不倒，皆左衽，結絞不紐。」注：「左衽，衽鄉左，反生時也。」疏：「衽，衣襟也。生向右，左手解抽帶，便也。死則襟向左，示不復解也。結絞不紐者，生時帶並爲屈紐，使易抽解。死時無復解義，故絞束畢結之，不爲紐也。」

丘氏曰：「按《儀禮》有卒斂徹帷之文，無有未結絞、未掩面，猶俟其生之説，《家禮》此説蓋本温公《書儀》也。今擬若當天氣暄熱之時，死者氣已絶，肉已冷，决無可生之理，宜依《儀禮》卒斂爲是。增入掩首結絞于裹衾之下，而于大斂條舉棺入置堂中儀節下，去掩首、結小斂絞。」金芝山曰：「今按，衾襲並在南牖下而用牀，小斂在户内，既斂，遷尸于堂用牀。大斂在阼階，亦既斂遷尸于兩楹間用牀。《家禮》則襲後遷尸牀于堂中間，小斂則在尸南用牀，大斂則在尸牀西，與入棺同一節。其略豈以古今堂室異制，而遷動之難故如此歟。」又曰：「小斂後當服未成服之麻，斬衰苴絰而要絰散垂三尺，齊衰牡麻絰亦散帶垂三尺。斬衰婦人亦苴絰帶，齊衰則牡麻絰帶，但帶不散垂。至成服日絞帶之散垂者，見《禮》疏，《家禮》無此一節。」重固按，《家禮》只是成服以前袒、括髮、免、髽而已，故下文成服條下無結散垂之文，蓋從簡耳。

○主人主婦憑尸哭擗。

金芝山曰：「拊心曰擗。《禮》：主人西面憑尸，踊無算，主婦東面憑，亦如之。注：憑，〔服〕膺之。」

△凡子於父母云云。　《喪大記》：「君、大夫憑父、母、妻、長子，不憑庶子。士憑父、母、妻、長子、庶子。庶子有子，則父母不憑其尸。凡憑尸者，父、母先，妻、子後。君於臣撫之，父母於子執之，子於父母憑之，婦於舅姑奉之，舅姑於婦撫之，妻於夫拘之，夫於妻、於昆弟執之。凡憑尸，興必踊。」注：「撫，以手按之也。憑，謂扶持服膺。此恩之深淺尊卑之儀也。憑之類，必當心。悲哀之至，憑尸必坐，故興必踊。」疏：「君、大夫憑父、母、妻、長子者，君及大夫雖尊，而自主此四人喪，故同憑之。憑父母、撫妻子而并云憑，通言耳。不憑庶子者，賤，故不得也。士賤，故所憑及庶子也。凡憑尸者，父、母先，妻、子後者，凡，主人也。父、母、妻、子謂尸之父、母、妻、子也，父母尊，故憑尸在先，妻子卑，故憑尸在後。君於臣撫之者，此以下自恩深淺尊卑，憑撫之異也。君尊，但以手撫按尸心，身不服膺也。賤者略也。父母於子執之者，執當心上衣也。子於父母憑之者，謂服膺心上也。婦於舅姑奉之者，尊，故捧當心上衣也。舅姑於婦撫之者，亦手按尸心，與君爲臣同也。妻於夫拘之者，拘輕於憑，重於執也。拘者，微引心上衣也，賀云拘其

衣衾領之交也。凡馮尸，興必踊者，凡者，貴賤同然也。馮尸竟則起，但馮必哀殞，故起必踊，泄之也。馮者爲重，奉次之，拘次之，執次之。尊者則馮奉，卑者則撫執。執雖輕於撫，而恩深，故君於（君）〔臣〕撫，父母於子執，是兼有尊卑深淺。云馮之類必當心者，《士喪禮》君坐，撫當心。」陳氏曰：「馮之者，身俯而馮之。執之者，執持其衣。奉之者，捧持其衣。撫之者，撫按之也。拘之者，微牽引其衣也。皆當尸之心胸處也。」又曰：「馮尸之際，哀情切極，故起必爲踊，以泄哀也。」

○袒，括髮，免，髽于別室。

丘氏曰：「男子斬衰者，袒開上衣，始用麻繩括其散髮。齊衰以下至同五世祖者，皆袒開上衣，用布纏頭，或用布巾，婦人用麻繩撮髻，戴竹木簪。」

司馬公曰：「古禮，袒者皆當肉袒，免者皆當露髮。今袒者止袒上衣，免者惟主人不冠。齊衰以下，去帽，着幓，加免於其上，亦可也。婦人髽也，當〔二〕冠梳。」金芝山曰：「婦人有冠，説見上，梳義未詳。按，梳，櫛髪之具，非常著之物，今曰去冠梳云，則是常著者。嘗見宋人《咏美人春睡圖》詩曰『雲鬟半嚲犀梳偃』，是梳亦首飾也，疑以犀角爲之。又蘇子瞻詩曰『溪女笑時銀櫛低』，注，於潛女首飾，亦名蓬沓。然則世

〔二〕「當冠」之間，一本有「去」字。

俗固已櫛梳名首飾矣。」《性理大全》補注，劉氏《問喪》注曰：「已冠者爲喪變，而去冠則必著免，蓋雖去冠，猶嫌於不冠，故加免也。童子初未冠，則雖爲爽亦不免，以其未冠，故不嫌於不冠也。若爲童子而當室，則雖童子亦免，以其爲喪主而當成人之禮也。」

金芝山曰：「《既夕記》：既馮尸，主人袒、括髮、絞帶，衆主人布帶。注：衆主人，齊衰以下也。疏：小斂于户内，訖，主人袒，括髮，散帶垂。經不云絞帶及齊衰以下布帶事，故記者言之。按《喪服》：苴絰之外，又有絞帶。鄭注云：要絰象大帶，又有絞帶象革帶，齊衰以下用布。齊衰無等，皆是布帶也。知衆主人非衆子者，以其衆子皆斬衰絞帶，故知衆人齊衰以下也。至緦麻，首皆免也。《禮》：主人、衆主人于房，婦人于室。注：于房于室，釋括髽宜於隱者。疏：男子括髮與免在東房，若相對，婦人宜髽于西房，大夫、士無西房，故於室内户西，皆於隱處爲之也。今《家禮》皆云于别室者，亦堂室異制故也。五世祖者，《記·大傳》：四世而緦，服之窮也。五世祖免，殺同姓也。六世，親族竭矣。疏：上自高祖，下至己兄弟，同承高祖之後，爲族兄弟。爲親兄弟期，一從兄弟大功，再從兄弟小功，三從兄弟緦麻，其四世布緦服盡也。五世則祖免而無正服，減殺同姓。六世則不復祖免，惟同姓而已，故親族竭。陳氏曰：五世已無服，但不忍遽絶之，故不襲不冠，爲之肉袒免冠，以變其吉，同姓之恩至此減殺也。六世則親盡矣，窮而殺，殺而竭，不變吉可也。陳氏《集説》曰：括髮當在小斂之後，尸出堂前，主人將奉尸，故袒而括髮耳。」

○還遷尸牀于堂中。

丘氏《儀節》：「謝賓，主人降階下，凡與斂之人皆拜之。拜、興、拜、興，哭踊，拜訖，即于階下，且拜且踊訖。襲衣，掩向所祖之上衣。具絰帶，首戴白布巾，上加以單股之絰，《禮》所謂環絰也，成服日去之，具腰絰散垂其末三尺，及具絞帶。復位。」

丘氏曰：「按，《禮》于奉尸侇于堂之後，有拜賓襲絰之文，《家禮》無之。今補入者，蓋以禮廢之後，能知斂者少，賓友來助斂者，不可不謝之也。及《家禮》卷首《腰絰圖》，有散垂至成服乃絞之說，而《家禮》無有所謂未成服而先具腰絰者，故據《禮》補入。」以上俱詳見《考證》。

侇。《士喪禮》：「奉尸，侇于堂，幠用夷衾。」注：「侇之言尸也。夷衾，覆尸柩之衾也。今文侇作夷。」疏：「尸之衾曰夷衾，尸之牀曰夷牀。」

《士喪禮》：「奉尸，侇於堂。主人拜賓。」《喪大記》：「奉尸侇於堂，降拜。」《雜記》：「小斂、大斂，啓辨。」右謝賓。

《雜記》：「小斂，環絰，公、大夫、士一也。」環絰，一股而纏也。蓋兩股相交，謂之絞。

《喪大記》：「君將大斂，子弁絰。」注：「未成服，弁加爵弁而素。大夫之喪，子亦弁絰。」疏：「此雖以大斂爲文，小斂時亦弁絰。」

《士喪禮》："苴絰，大鬲，下本在左，要絰小焉。散帶垂，長三尺。牡麻絰，右本在上，亦散帶垂。"《雜記》："大功以上散帶。"

《已夕記》："主人絞帶，衆主人布帶。"環絰及絰上加弁絞帶。

○乃奠。《性理》補注，襲奠于尸側，此斂奠于靈座前也。

△卑幼者皆再拜。　金芝山曰："按《禮》奠祝與執事爲之，無拜奠之文，《家禮》恐因俗。丘氏謂卑幼皆拜而孝子不拜，然衆子亦當不拜也。"

問：孝子於尸柩之前，在喪禮都不拜，如何？曰：想只是父母在生時，子弟欲拜，亦須俟父母起而衣服。今恐未忍以神事之，故亦不拜。《語類》八十九。

○主人以下哭盡哀，乃代哭不絕聲。

《禮》："乃代哭，不以官言。"注："代，更也。孝子始有親喪，悲哀憔悴，禮防其以死傷生，使之更哭，不絕聲而已。人君以官尊卑，士賤以親疏爲之。三日之後，哭無時。"疏："《喪大記》君喪，縣壺，乃官代哭，大夫官代哭，不縣壺，士代哭，不以官，注云自以親疏哭也。壺，漏器也。人君有縣壺爲漏刻分更代哭法。三日之後，哭無時者，禮有三無時之哭。始死未殯，哭不絕聲，一無時。殯後葬前，朝夕入於廟，阼階下哭，又於廬中，思憶則哭，是二無時。既練之後，在堊室之中，或十日或五日一哭，是三無時。練前葬後有朝夕在阼階下哭，唯此有時，無無時之哭也。」 陳氏曰：「代哭不以官者，親疏之屬，與家人自相代也。」《正衡》云：「更代而哭，晝夜不絶聲，至成服而止，惟寡婦不夜哭，蓋遠嫌之道，不得不然也。」

大斂

○厥明。

△《禮》曰：「三日云云。」《記·問喪》曰：「或問：死三日而后斂者，何也？曰：孝子親死，悲哀志懣，故匍匐而哭之，若將復生然，安可得奪而斂之也？故曰三日而后斂者，以俟其生也。三日而不生（矣），〔亦〕不生矣。孝子之心亦益衰矣。家室之計，衣服之具，亦可以成矣。親戚之遠者，亦可以至矣。是故聖人爲之斷決，以三日爲之禮制也。」注：「此記者設問，以明三日而斂之義。」方氏曰：「始死而不忍斂之者，孝子之心存乎仁也，三日而必斂之者，聖人之禮制以義也。」 朱子曰：「三日便殯了，又見得防慮之深遠，今棺以用漆爲固，要拘三日便殯亦難。」

○執事者陳大斂衣衾。

按，於是丘氏有説，今此略之。《家禮》亦有衣有衾，特無絞耳。小斂已有絞，而大斂有衾，則絞不用亦無害，故從簡便。

又按，衾《家禮》不言其數，蓋亦所用只是一歟。高氏曰：「大斂衾凡二，一覆之，一藉之。」丘氏曰：「用有綿者一，單者一。」《士喪禮》：「大斂衾二。」《喪大記》：「大斂布紟二衾，君、大夫、士一也。」注：「二衾者，小斂，君、大夫、士各一衾。至大斂，又各加一衾，爲二衾，其衾所用與小斂同。但此衾一是始死覆尸者，故《士喪禮》云『幠用斂衾』，注『大斂所并用之衾』，一是大斂時復制。」

○舉棺入，置于堂中少西。

△凳。《字林》：「牀屬，或作橙。」《小補韵會》。

△周人殯于西階之上。《檀弓》。

按丘氏《儀節》有設大斂牀一節，而《家禮》不言之者，蓋就小斂牀以結絞遂入棺之故也。

丘氏曰：「《檀弓》曰：『孔子曰「周人殯於西階之上」。子游曰「大斂於阼，殯於客位」。』」注：大斂出在東階，未忍離其爲主之位也。主人奉尸斂于棺則在西階矣。掘肂於西階之上，肂，陳也，謂陳尸于次也。置棺于坎而塗之，謂之殯。按，阼階在東，客位在西，大斂與殯一在東、一在西，是爲兩處，則爲兩事亦明矣。《家禮》從簡省，止于大斂條下云『舉棺入，置于堂中少西』，而注引温公說『周人殯于西階之上，今堂室異制，但于堂中少西而已』，則固以殯爲言矣。惟乃大斂注下云『古者大斂而殯，既大斂，則累墼塗之』，其意蓋謂古人大斂既畢，既殯於坎中而塗之。所謂累墼塗之，即注所謂置棺于坎而塗之之謂殯也。今世雖不塗棺，而奉尸入棺亦殯也。然大斂既畢，即舉尸入棺，雖曰二事，而實同日行之，故《通解》雖分大斂與殯爲兩節，而陳大斂殯具併作一節書之，此亦可見。」重固按，大斂與殯，本是二事，而入棺則與殯一事。《士喪禮》：奉尸斂于棺，乃蓋。疏：先以棺入肂中，乃奉尸入棺中，所謂殯也。故《檀弓》注曰大斂在東階，主人奉尸斂于棺，則在西階矣。《家禮》不分大斂東、殯西，但置棺于堂中少西，奉尸入棺，以是兼大斂與殯也。

《語類》八十九。十四版論殯者二條。

○乃大斂。

丘氏曰：「《喪大記》：『君將大斂，小臣鋪席，商祝鋪絞紟衾衣，士盥於盤上，士舉遷尸於斂上。』如此則大斂不在棺中可知矣。世俗不知卷首圖非朱子本意，往往據其説，就棺中大斂，殊非古禮，况棺中逼窄，結絞甚難，讀《禮》者細考之。」重固按，就棺中大斂，固非古禮，卷首圖下所言既非古禮，而亦非《家禮》之意也。要之《家禮》所言，則入棺也爾，大斂一節甚簡省。

又按，加蓋下釘之次，丘氏《儀節》有謝賓一節，與小斂謝賓同，《正衡》設銘旌之後有祝文。

△實生時所落齒髮云云。　《喪大記》：「君、大夫鬊爪，實于角中，士埋之。」注：「角中，謂棺内四隅也。鬊，亂髮也。將實爪髮棺中，必爲小囊盛之。」疏：「士埋之者，士賤，亦有物盛髮爪而埋之。」

△謹勿以金玉珍玩置棺中，啓盜賊心。　《漢書·張釋之傳》，文帝至霸陵，意悽愴悲懷，顧謂群臣曰：「嗟呼！以(此)〔北〕山石爲槨，用紵絮斮陳漆其間，豈可動哉。」張釋之進曰：「使其中有可欲，雖錮南山猶有隙，使其中無可欲，雖無石槨，又何戚焉。」帝悟，遂薄葬，不起山墳。師古曰：「斮，斬也。陳，施也。」

又，劉向諫成帝營歧大奢曰云云，見《劉向傳》。　莊周言盜發塚之狀者，亦戒可懼。

△收衾，先掩足云云。　金芝山曰：「首不忍先掩者，小斂未掩首之餘意也。衣不忍先右者，亦小斂未結絞之餘意，蓋左衽故也。」按，凡説未知其所本，衣不忍先右云云，其義不分明，更思。

△主人主婦憑哭盡哀。　金芝山曰：「按，《禮》入棺後無憑哭之文，而《家禮》云爾者，以大斂入棺爲一節，故憑哭在入棺之後。」　重固按，《士喪禮》卒小斂，主人西面馮尸，踊無算。主婦(亦)東面馮，亦如之。卒大斂，主人馮如初，主婦亦如之。主人奉尸斂于棺，踊如初，乃蓋。故金氏言如此。

△累墼塗之。墼，磚之未燒者。　《士喪禮》曰：「掘肂見衽。」注：「肂，埋棺之坎也，掘之西階上。衽，小要也。」《喪大記》曰：「君殯用輴，欑至于上，畢塗屋。大夫殯以幬，欑置于西序，塗不暨于棺。士殯見衽，塗上。帷之。」又曰：「君蓋用漆，三衽三束。大夫蓋用漆，二衽二束。士蓋不用漆，二衽二束。」疏：「肂，埋棺之坎也者，肂訓爲陳，謂陳尸於坎。此殯時雖不言南首，南

首可知。鄭注上文云如商祝之事位，則尸南首。《檀弓》又云葬於北方北首，三代之達禮也。《禮運》云故死者北首，生者南鄉。亦據葬後而言。則未葬已前，不〔忍〕異於生，皆南首。唯朝廟時北首，故《既夕》云正柩于（西）〔兩〕楹間，用夷牀。」云云以下落丁。金芝山曰：「惟朝廟時必北首者，朝事不背父母，以首向之故也。畢，盡也。四面及上盡塗之，如屋然。大夫不得四面，但逼西序，以木幬覆棺。不暨棺者，欑中狹小，裁取（客）〔容〕棺，但欑木不及棺而已。士見其小要於上塗之。云帷之者，鬼神尚幽闇。君、大夫、士皆同。用漆者，塗合牝牡之中也。君棺蓋每縫爲三道，小要每道爲一條皮束之。大夫、士降于君也。大夫有漆，士無漆。引以證經殯與衽之義也。楊氏曰：『今按，古者棺不用釘鑿，棺蓋之際，以衽子連之，其形兩端大而中小，所謂小要也。見衽者，衽出見於平地。殔，深淺之節也。』陳氏曰：『輴，盛柩之車也。殯時，以柩置輴上。欑猶叢也，叢木于輴之四面，至于棺上也。塗，以泥塗之也。大夫之殯，不用輴，其棺一面貼西序之壁，而欑其三面，上不爲屋形，但以棺衣覆之。幬，覆也。塗不暨棺者，大夫欑狹而去棺近，所塗者，僅僅不及于棺而已。士殯掘殔以容棺，殔即坎也，棺在殔中，不没其蓋。縫用衽處，其衽以上亦用木覆而塗之。帷，幃也，貴賤皆用帷。朝夕之哭，乃搴舉其帷耳。』又按，欑，一作叢，《檀弓》天子之殯也，叢塗龍輴。疏：叢，菆也。菆塗，謂用木菆棺而四面塗之也。又按《檀弓》棺束縮二横三，衽每束一。注：陳氏曰：『古者棺不用釘，惟以皮條直束之二道，横束之二道。衽形如今之銀則子，兩端大而中小，漢時呼爲小要，不言何物爲之，其亦木乎。衣合縫處曰衽，以小要連合棺與蓋之際，故亦名衽。先鑿木置衽，然後束以皮，每束處必用一衽，故衽每束一也。』」

○設靈牀于柩東。

按，靈牀象生時寢室，此處當有夜則奉魂帛入靈牀之語，不然朝奠條下奉魂帛出就靈座之文無所應。

○乃設奠。

按，《正衡》於是有祝文。

○主人以下云云。

△中門之外云云。

《士喪禮》疏：「孝子所居，在門外東壁，倚木爲廬，故《既夕記》云居倚廬。兩下謂屋，非兩下謂廬。鄭云在中門外東方北户。」《喪大記》凡非適子者，自未葬，以於隱者爲廬。注云不欲人屬目，蓋廬於東南角。若然，適子則廬於其北顯處爲之，以其適子當應接吊賓，故不於隱者。」又云：「北，明北户鄉陰，至既虞之後，乃西鄉開户也。」

△寢苫枕塊。《喪大記》《既夕記》並言之。《禮》注：「苫，編藁。塊，塭。」疏：「孝子寢

苫者，哀親之在草。枕塊者，哀親之在土。」

△不脱絰帶。《禮》注：「哀戚不在於安。」疏：「不脱絰帶者，冠衰自然不脱，以其絰帶在冠衰之上，故舉絰〔帶〕而言也。」

△不與人坐焉。《曲禮》有喪者專席而坐。

△見父母。丘本作「見乎母」，恐是。《性理大全》亦與丘本同。

△寢席。《禮》疏：「謂蒲席加於苫上。」金芝山曰：「此指齊衰之親而言。按，《禮》注：斬衰倚廬，齊衰堊室，大功有帷帳，小功緦麻有床笫可也。又按，《記·間傳》：父母之喪，居倚廬，寢苫，枕塊，不脱絰帶。齊衰之喪，居堊室，芐剪不納。大功之喪，寢有席。小功緦麻，牀可也。注：芐，蒲之可爲席者，但剪之使齊，不編納其頭而藏於内也。《喪大記》：父母之喪，居倚廬，不塗，寢苫，枕塊，非喪事不言。疏曰：曰倚廬者，於中門之外東墻下倚木爲廬也。不塗者，但以草夾障，不以泥塗飾之也。是居母之喪，亦與斬衰無異也。」重固按，倚廬，不塗牆，以草夾障而已。堊室，塗牆飾之者。《間傳》曰：「父母之喪，居倚廬。」又曰：「齊衰之喪，居堊室。」母之喪是齊衰，何故其言牴牾。按，《間傳》疏，斬衰居倚廬，齊衰居堊室，論其正耳。亦有斬衰不居倚廬者，則《雜記》云「大夫居廬，士居堊室」，是士服斬衰而居堊室也。亦有齊衰之喪不居堊室者，《喪服小記》云「父不爲衆子次於外」，注「自若居寢」是也。又按，《家禮》曰「擇

朴陋之室爲丈夫喪次」，而不曰居倚廬，則亦是從俗也。

△大功以下云云。　按《喪大記》期之喪，三月既葬，食肉飲酒。期，終喪不食肉，不飲酒者，惟父在爲母，爲妻。九月之喪，食飲猶期之喪也。不食肉不飲酒者，亦不御於内也。金芝山曰：「父在爲母者，又持心喪三年。」

△婦人止别室。　《喪大記》：「婦人不居廬，不寢苫。喪父母，既練而歸。」注：「練後乃歸夫家也。」

成服

《儀禮·喪服傳》疏：《禮運》云「昔者先王未有宫室，食鳥獸之肉，衣其羽皮」，此伏羲之時也。又云「後聖有作，治其絲麻，以爲布帛，養生送死，以事鬼神」，此黄帝之時也。《易·繫辭》云「古者喪期無數」，在《黄帝九事章》中亦據之，黄帝以前，心喪終身不變也。《虞書》云「百姓如喪考妣，三載，遏密八音」，則是唐虞之日，心喪三年，亦未有服制也。《郊特牲》云「太古冠布，齊則緇之」，鄭云「三代改制，以白布冠質，以爲喪冠」，則唐虞以上，吉凶同服，唯有白布衣、白布冠而已。又《喪服記》鄭氏云「太古冠布衣布。後世聖人易之，因以爲喪服」，則謂夏禹以下三王之世，用唐虞白布冠、白布衣爲喪服矣。死者既喪，生人制服，服之者，貌以（喪）〔表〕心，服以表貌。「斬衰貌若苴，齊衰貌若枲，大功貌若止，小功、緦麻，容貌可也。」衰有淺深，故貌有此不同。　又云：《喪服》章次以精麤爲叙者，《服》上下十有一章，從斬至緦麻，升數有異者，斬有二，有正有義。爲父以三升爲正，爲君以三升半爲義，其冠同六升。三年齊衰，唯有正服四升，冠七升。繼母、慈母雖是義以配其父，故與因母同，是以略爲節，有正而已。杖期、齊衰有正而已。父在爲母爲妻同，正服齊衰五升，冠八升。不杖、齊衰期章正則五升，冠八升，義則六升，冠九升。齊衰三月章皆義服齊衰六升，冠九升。曾祖父母計是正服，但正服合以小功，以尊其祖，不服小功而服齊衰，非本服，故同義服也。殤大功有降有義。爲夫之昆弟之子長殤，是義，其餘皆降服也。降服衰七升，冠十升，義服衰九升，冠十一升。大功章〔有降〕有正有義。姑姊妹出適之等是降，婦人爲夫之族類爲義，自餘皆正，衰冠如上釋也。（緦）〔繐〕衰唯有義服四升半，皆冠七升而已。以諸侯大夫爲天子，皆同義服也。殤小功有降有義。婦人爲夫之族類是義，（因）〔自〕餘皆降服。降則衰冠同十升，義則衰冠同十二升。小功亦有降有正有義，如前釋。緦麻亦有降有正，皆如上陳。但衰冠同十五升，抽去其半而已也。自斬以下至緦麻，皆以升數。升數少者在前，升數多者在後，要不得以此升數爲（殺）〔叙〕者，一則正、義及降升數不得同在一章，又繐衰四升半在大功之下，小功之上。鄭云在小功之上者，欲審著縷之精麤。若然，《喪服》章次雖以升數多少爲前後，要取縷之精麤爲次第也。

○厥明，五服之人，各服其服，入就位，然後朝哭相吊如儀。　楊氏復曰：「三日大歛，可以成服矣。必四日而後成服，何也？大歛雖畢，人子不忍死其親，故不忍遽成服，必四日而後成服也。《禮》『生與來日，死與往日』，取此義也。」　「生與來日，死與往日」見《曲禮》。《集説》曰：「與猶數也。成服杖，生者之事也。數死之明日爲三日。歛殯，死者之事也。從死日數之爲三日，是三日成服者，乃死之第四日也。」戴氏曰：「死者日遠，生者日忘，聖人念之，故三日而殯，死者事也。以往日數，三日而食，生者事也。以來日數，其情哀矣。聖人察於人情之故，而致意於一日二日之間。以此教民，而猶有朝祥暮歌者，悲夫。」

丘氏《儀節》是日夙興，具服，五服之人，各服其服，執杖有腰絰者，絞其麻本之散垂者。各就位，男位于柩東，西向，女位于柩西，東向，各以服爲次序。舉哀，相吊，諸子孫就祖父父前及諸父前，跪哭，皆盡哀。又就祖母及諸母前哭，亦如之。女子就祖母及諸母前哭，遂就祖父諸父前，如男子之儀。主婦以下，就伯叔母哭，亦如之。訖。復位。哭吊儀，出《大明集禮》，今採補之。

○**一曰斬衰三年。**

《喪服傳》曰：「斬者何？不緝也。」丘氏曰：「緝，今人謂之緶。」

《喪服》疏：「斬衰裳者，謂斬三升布以爲衰裳。不言裁割而言斬者，取痛甚之意。《雜記》

縣子云：『三年之喪如斬，期之喪如剡。』」重固按，裁三升布，不緝其所裁之端，而見其斬處，以取痛甚如斬之意。

注：喪服又通以衰爲名，取其哀摧在遍體，不止心也。按，衰，摧也。哀子摧心之義。

△極麁生布。《儀禮·喪服》以升數爲叙，《家禮》不言升數，蓋從簡便矣。

△衣縫向外。　按，此四字恐衍文，下有「縫外向」三字，且注釋宜先衣次裳，今先裳次衣，似可疑。

△衣。　制度丘氏詳言之，今別有小本子。

△裳。　亦制度詳於丘説，亦別有小本子。

△負版。　本注分明。

△衰。　如上釋。

△辟領。　方八寸布，屈兩頭相著，爲廣四寸者，蓋如此乎。上文有屈兩邊相著之語，相照看，如此者恐不可。

攙負版一寸，攙，咸韵，剌也。剌入于負版下一寸。

按，以禮經及注文考之，楊、丘二氏所辨蓋得之。《家禮》所言辟領裁制與《通典》同，而恐朱子初年未定之説也耳。據《家禮》，別作小本子。

楊氏復曰：「喪服制度，惟辟領一節，沿襲差誤，自《通典》始。按《喪服記》云『衣，二尺有二寸』，蓋指衣身自領至腰之長而言之也。用布八尺八寸，中斷以分左右，爲四尺四寸者二，又取四尺四寸者二中摺以分前後，爲二尺二寸者四，此即尋常度衣身之常法也。合二尺二寸者四爲四重，從一角當〔一〕領處四寸下取方裁入四寸，乃《記》所謂『適博四寸』，注疏所謂『辟領四寸』是也。按，鄭注云『適，辟領也』，則兩物即一物也。今《記》曰『適』，注疏又曰『辟領』，何爲而異其名也？辟猶開也，從一角當領處取方裁開入四寸，故曰『辟領』，以此辟領四寸，反摺向外，加兩肩上，以爲左右適，故曰『適』，乃疏所謂兩相向外各四寸是也。辟領四寸，既反摺向外，加兩肩上，以爲左右適，故後之左右，各有四寸虛處，當脊而相並，謂之闊中，前之左右，各有四寸虛處，當肩而相對，亦謂之闊中，乃疏所謂闊中八寸是也，此則衣身所用布之處與裁之之法也。注又云『加辟領八寸，而又倍之』者，謂別用布一尺六寸，以塞前後之闊中也。布一條，縱長一尺六寸，横闊八寸，又縱摺而中分之，其下一半裁斷，左右兩端各四寸除去不用，只留中間八寸，以加後之闊中元裁辟領各四寸處，而塞其缺，當脊之相並處，此所謂『加辟領八寸』是也。其上一半，全一尺六寸不裁，以布中間從項上分左右對摺，向前垂下，以加於前之澗中，與元裁斷處當肩相

〔一〕「角當」，「當」恐衍。

對處相接，以爲左右領也。夫下一半加於後之闊中者，則用布八寸，而上一半從項而下以加前之闊中也，又倍之而爲一尺六寸焉，此所謂『而又倍之者』是也，此則衣領所用之布與（與）裁之之法也。」重固按，裁領之法，今左方圖之。

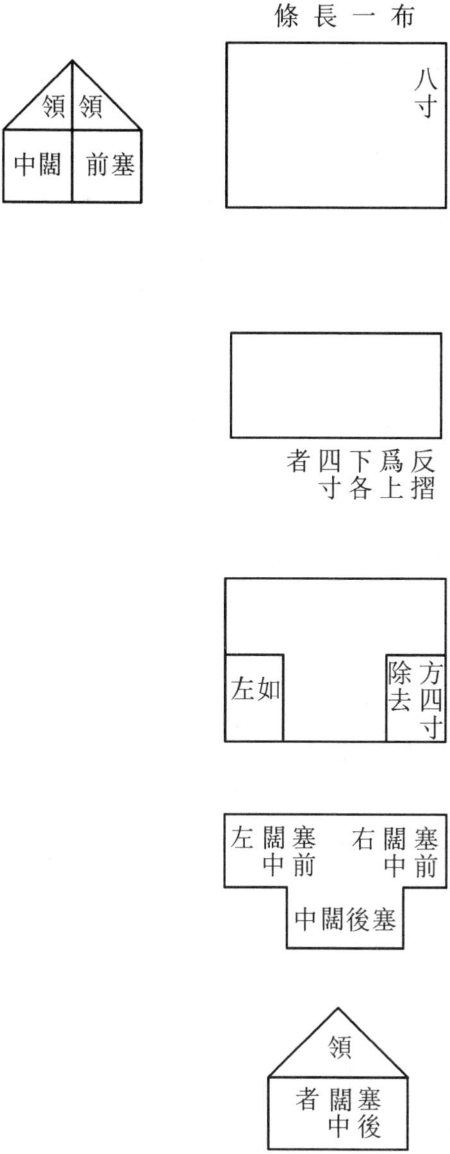

「古者衣服吉凶異制，故衰服領與吉服領不同，而其制如此也。注文云『凡用布一丈四寸』者，衣身八尺八寸，衣領一尺六寸，合爲一丈四寸也，此是用布正數，又當少寬其布，以爲釘縫之用。

然此即衣身與衣領之數，若衰帶下尺及兩衽，又在此數之外矣。但領必有袷，此布從何出乎？曰：衣領布闊八寸，而長一尺六寸，古者布幅闊二尺二寸，除衣領用布闊八寸之外，更餘闊一尺四寸，而長一尺六寸，可以分作三條，施於袷而適足無餘欠也。《通典》以辟領爲適，不用注疏，又自謂《喪服》注文難曉，而用臆説以參之。既别用布以爲辟領，又不言制領所用何布，又不計衣身衣領用布之數，失之矣。但知衣身八尺八寸之外，又别用布一尺六寸以爲領，凡用布共一丈四寸，則文義不待辨而自明矣。又按《喪服記》及注云，袂二尺二寸，緣衣身二尺二寸，故左右兩袂亦二尺二寸，欲使縱横皆正方也。《喪服記》又云『袪尺二寸』，袪者，袖口也。袂二尺二寸，縫合其下一尺，留上一尺二寸，以爲袖口也。又按，《喪服記》云『衣帶下尺緣』，古者上衣下裳，分别上下，不相侵越，衣身二尺二寸，僅至腰而止，無以掩裳上際，故於衣帶之下，用縱布一尺上屬於衣，横繞於腰，則以腰之闊狹爲準，所以掩裳上際而後綴兩衽於其旁也。度用指尺，中指中節爲寸，首絰、腰絰圍九寸、七寸之類，亦同。」《性理大全》收此説。重固按，丘氏説辟領，據楊氏而言者也，《家禮》不言袂袪之度，蓋略之歟，至于帶下尺，則當言者而不言，可疑耳。今據楊説，别作小本子。

《禮》注：「前有衰，後有負版，左右有辟領，孝子哀戚之心，無所不在。」疏：「孝子哀戚無不在者，以衰之言摧，孝子有衰摧之志。負在背上者，荷負其悲哀在背也。云適者，以哀戚之情指適，緣於父母，不兼念餘事，是其四處皆有悲痛，是無所不在。」

《正衡》云：「凡喪服雖破不補，雖短不接。」

《喪服》曰：「凡衰，五服皆如此。外削(服)〔幅〕。削猶殺也。殺幅，以便身而縫向外也。裳，内削幅，言縫向内也。幅三袧。裳每幅而爲三輒子。若齊，裳内衰外。言齊衰之服，緶裳邊則緶處向内，緶衰邊則向外。負，廣出於適寸。適左右合八寸，闊中亦合八寸，兩個八寸，凡一尺六寸，負一尺八寸，故左右各出旁一寸。適，博四寸，出於衰。此衰字，非指當心之衰而言，只是喪服上衣也，辟出於衣身故云爾，與上文凡衰之衰間。衰，長六寸，博四寸。是當心之衰也。衣帶下尺。此尺字，謂廣一尺也，與上文出於適寸之寸字法同，因亦謂之帶下尺。衽，二尺有五寸。袂，屬幅。屬猶連也，謂不削幅。衣，二尺有二寸。袪，尺有二寸。」以上見《儀禮》經文，而丘氏詳釋之，而《儀節》《考證》載之。今以意節略之，收于此。

△衽。裁法本注明白，《儀節》所圖亦正，而別有小本子。

△冠。比衣裳用布稍細，《喪服傳》詳言喪冠升數，今惟曰稍細者，亦蓋從俗耳。廣三寸，此似就廣三寸者爲三輒子，其形甚狹，更詳之。縱縫之，縱縫三輒子，未詳縫輒子何所。皆向右，《儀節》《考證》引《服圖説》，詳言五服喪冠制度之異。大功以上右縫，小功以下左縫。至耳結之。結法丘圖亦不分明，別作小本子，恐如此乎。丘氏、《考證》宜合考。

△首絰。《喪服》注曰：「絰之言實也。明孝子有忠實之心。首絰象緦布冠之缺頂，要絰象大帶，又有絞帶，象革帶。」《喪服傳》曰：「苴絰者，麻之有蕡者也。疏：蕡，麻子也。以色言苴，以

實言之謂之蕢。苴絰，大搹，注：盈手曰搹，扼也。中人之扼圍九寸。疏：雷氏以搹、搤不言寸數，則各從其人大小爲搤，非鄭義。據鄭注，無問人之大小，皆以九寸圍之爲正，若中人之跡尺二寸也。○朱子曰：首絰大一搤。左本在下，去五分一以爲帶。」疏：本謂麻本，本陽也。以其父是陽，左亦陽。言斬衰之絰九寸者，首是陽，故欲取陽數極於九，齊衰以下，自取降殺之義，無所（方）〔法〕象也。

按，首絰制丘氏詳言之，蓋以麻尾在麻頭上，以細繩以爲纓者，固結之，遂垂下以結之頤下，本注從頂。頂當作項。○《儀節》作圍回頂後。

首絰麻繩用單股，丘氏曰：「按，知此爲單股者，以《家禮》本注腰絰有兩股相交之説，故知此爲單股也。」此説蓋得之。

△腰絰。　丘氏曰：「用有子麻兩股相交爲麁繩，圓圍七寸有餘，兩相交結之。圍腰兩頭相交而結也，與本注兩股相交者不同。除圍身外，兩頭各存散麻三尺，未結，待成服日方結之。前日制腰絰時，未結，圍腰者與散垂之間，至成服日，度腰之大小方結之，餘結之餘者三尺。其交結處，兩頭各綴細繩繫之。」其狀蓋如下圖。

腰絰。　禮經不見，故丘氏、《考證》亦不引經，但疏有腰絰之云。　後《喪〔二〕服傳》所謂

〔二〕「後喪」間恐脱「按」字。

「去五分一以爲帶」。經待成服結之。並考之。後按，小斂時已有絰帶。

△絞帶。丘氏曰：「按，文公《語録》首絰大一搤，腰絰較小，絞帶又小于腰絰，今《家禮》本注絞帶下謂其大如腰絰，今擬較小爲是。」按，制法本注明白。

△苴杖。本注，苴杖上有圈，恐衍耳，下文無此例。

《喪服傳》曰：「苴杖，竹也。削杖，桐也。杖各齊其心，皆下本。杖者何？爵也。無爵而杖者何？擔主也。非主而杖者何？輔病也。童子何以不杖？不能病也。婦人何以不杖？亦不能病也。」注：「爵，謂天子、諸侯、卿、大夫、士也。無爵，謂庶人也。擔猶假也。無爵者假之以杖，尊其爲主也。非主，謂衆子也。」疏：「苴杖，不出杖體所用，所言苴杖者竹也。下章直云削杖，不辨木名，故曰削杖者桐也。然爲父所〔以〕杖竹者，父者子之天，〔竹〕圓亦象天，竹又外内有節，象子爲父，亦有外内之痛，又竹能貫四時而不變，子之爲父哀痛亦經寒温而不改，故用竹也。爲母杖桐者，桐之言同，言内心同之於父，外無節，象家無二尊，屈於父，爲之齊衰，經時而有變。又按，變除削之使方者，取母象於地也。杖各齊其心者，杖所以扶病，病從心起，故杖之高下以心爲斷也。皆下本者，本，根也，順其理也。女子在室，亦童子也。許嫁及二十而笄，爲成人，正杖也。」

《已夕》曰：「杖下本，竹桐一也。」

《喪服小記》曰：「絰殺五分而去一，杖大如絰。」注：如腰絰也。疏：以其同在下之物故也。○按，絰杖大，《喪服傳》言去五分一之法者詳，而《儀節》《考證》(戴)〔載〕之。

又曰：「苴杖，竹也。削杖，桐也。」疏：杖者苴、削異者。苴者，黯也。夫至痛内結，必形色外章，心如斬斫，(破)〔故〕貌必蒼苴，所以衰裳絰杖，俱備苴色也。必用竹者，以其體圓性(直)〔貞〕，履四時不改，明子爲父禮伸痛極，自然圓足，有終身之痛故也。故斬而用之，無所厭殺也。削，殺也，削奪其貌，不使苴也。必用桐者，明其外雖披削，而心本同也，且桐隨時凋落。故謂母喪示外被削殺，服從時除，而終身之心當與父同也。

《問喪》曰：「孝子喪親，哭泣無數，服勤三年，身病體羸，以杖扶病也。則父在不敢杖矣，尊者在故也。堂上不杖，辟尊者之處也。」疏：父是尊極，故爲之苴杖。言苴惡之物以爲杖，自然苴惡之色，唯有竹也。或解云，竹節在外，外，陽之象，故爲父矣。桐節在内，内，陰之類也，故爲母也。

丘氏曰：「桐木上圓下方，圍五寸餘。」

《正衡》：云「苴竹，自死之竹也。長與心齊者，孝子哀戚病從心而起也。苴，惡貌也，又是黎黑色，至痛色慘也。」

△屨。《喪服》曰：「斬衰。菅屨。傳曰：菅屨者，菅菲也，丘氏曰：「菲，屨之别名。」重固按，《周禮·屨人》可見。外納。」丘氏曰：「謂收餘末向外，取醜惡不可飾也。」

疏衰疏屨，傳曰：「藨蒯之類也。」丘氏曰：「二者皆草名。」不杖麻屨，《喪服小記》曰：「齊衰三月與大功同者繩屨。」疏：以繩爲屨。

《喪服》注曰：「小功以下吉屨無絇。」絇，屨頭飾也。丘氏曰：「按此數條則知五服之屨名有差等矣。」

丘氏曰：「《家禮》用粗麻，考古禮，用菅草爲是。」《正衡》曰：「或用粗麻，則同於小祥，非是。」

《正衡》同於小祥之云，更考之。《性理》補注：《周禮·屨人》命婦有散屨，注云散屨去帶，又云祭祀而有散屨者，惟大祥時。考合。

△大袖。　丘氏云：「用極麁生麻布爲之，如今婦人短衫而寬大，其長至膝，袖長一尺二寸，其邊皆縫向外，不緶邊，準男子衰衣之制。按，古者婦人皆有衰，《家禮》本《書儀》而代以時俗之服，所謂大袖者，今世不知何等服也。今人家有喪，婦女或爲短衫，或爲長衫，其制不一。按《事物紀原》唐命婦服裙襦大袖爲禮衣，又云大袖在背子下，身與衫子齊而袖大。及考衫子之制，乃云女子衣與裳連，至秦始皇方令短作衫，衫裙之分自秦始也。據此説，則大袖長短與衫子齊，衫子既是秦所作之短衫，則大袖亦是衫之短者，但袖大耳。然謂之大袖，則裁制必須寬大，今準以衰袂之袪爲長尺二寸，蓋準袂恐大長，故酌中而準以袪耳。」重固按，丘氏説大袖之制，疑丘氏以意定其法者。

△長裙。　丘氏云：「用極麁生麻布六幅爲之，六幅共裁爲十二破，聯以爲裙，其長拖地，其邊幅俱縫向内，不緶邊，準男子衰裳之制。　按《事物紀原》隋作長裙十二破，今大衣中有之，然不謂之幅而謂之破，意其分一幅而爲兩也，故擬其制如此。　然古禮婦女亦有衰，不若準喪裳之制，前三幅，後四幅，每幅爲三㡇子，爲不失古意，姑書所見，以俟擇者。」

△蓋頭。　丘氏云：「用稍細麻布爲之，比衣裙稍細者，凡三幅，長與身齊，不緝邊。　按《事物紀原》唐初宫人著羃羅，全身障蔽，永徽之後用幃帽。　又戴皂羅五尺，今曰蓋頭，凶服者亦以三幅布爲之。　按，此則蓋頭之來也遠矣，雖非古制，是亦古禮婦人出而擁蔽其面之意。」

△布頭⿱須巾。　丘氏曰：「用略細布一條爲之，長八寸，用以束髮根，而垂其餘于後。　按，此即所謂總也，《儀禮》女子在室，爲父布總，傳曰總長六寸，注謂六寸出髻外所垂之飾也。《曾子問》縞總，注縞白絹也，長八寸，今世俗婦女有服者，用白布束髻上，謂之孝圈，亦是此意。　但彼加于髻上而不束髮，亦不垂其餘。」重固按，或曰長八寸，或曰六寸者，疏曰南宫縚妻爲姑總六寸，以下雖無文，大功當齊同八寸，緦麻小功同一尺，吉總當尺二寸，與笄同也。丘氏曰斬衰總八寸，當作六寸。

△竹釵。　丘氏曰：「削竹爲之，長五六寸。　按，此即《儀禮》所謂箭笄也。　傳曰釵笄長尺，今恐大長，其長僅以約髮可也。」

△麻屨。　丘氏曰：「用麻爲之，或粗生布亦可。」

△背子。　丘氏曰：「用極粗生布爲之，長與身齊，小袖縫向外，不緝邊。按《事物紀原》秦詔衫子加背子，其制袖短于衫，與衫齊。由是觀之，則今背子乃長衫也。」

丘氏曰：「腰絰用有子麻爲之，制如男子，繫于大袖之上，未成服不散垂。按《家禮》婦人服制，皆本《書儀》。自大袖以下皆非古制，今亦不敢擅有增損，姑因其舊，而詳考其制如右。又特補入腰絰一事者，蓋以《禮》男子重乎首，婦人重乎帶，存其一之最重者，使後人或因此以復古也。故既補此，而又詳考禮書以爲婦人服制考證于後。有志于復古者，誠能參考以有取焉，使三代之時男女服制皆復其舊，是亦朱子待後世之意也。」重固曰，丘氏考證不收于此，詳考於《儀節》本爲是。○又按，楊氏復亦已論婦人當有絰帶，其説載于《性理大全》。

△凡婦人皆不杖。　楊氏復曰：「《喪服》斬衰傳曰：『童子何以不杖？不能病也。婦人何以不杖？不能病也。』疏曰：童子不杖，此庶童子也。《問喪》云童子當室則免而杖矣，謂適子也。婦人不杖，亦謂童子婦人，若成人婦人，正杖。《喪大記》云：『三日，子、夫人杖。五日，大夫、世婦杖。』諸經皆有婦人杖。又如姑在爲夫杖，母爲長子杖。按《喪服小記》云：『女子子在室爲父母，其主喪者不杖，則子（二）〔一〕人杖。』鄭云：『女子子在室，亦童子也，無男昆弟，使同姓爲攝主，不杖。「子一人杖」，謂長女也。許嫁及二十而笄，笄爲成人，成人正杖也。』是其童女爲喪主，則亦杖矣。愚按《家禮》用《書儀》服制，婦人皆不杖，與《問喪》《喪大記》《喪服小

記》不同，恨未得質正。」〔二〕《儀禮》三等殤條下疏云：凡言子者，可以兼男女，云女子子者殊之，以子關適庶。關，通也。

△其正服。《正衡》曰：服制有四：一曰正服，爲父母，爲祖父母，爲伯叔，爲兄弟之類。重固按，《喪服四制》所謂「爲父斬衰三年，以恩制者也」，是也。二曰加服，謂本輕而加之爲重，如嫡孫爲祖不杖期，承重則斬衰三年之類。三曰降服，謂本重而降之爲輕，如妻〔三〕杖期，姑在則不杖之類。重固按，《禮》注曰：「降有四品，君、大夫以尊降，公子、大夫之子以厭降，公之昆弟以旁尊降，爲人後者、女子嫁者以出降。」四曰義服，謂本無服而以義起之者，如舅姑爲婦及爲人之後者爲所後之類。重固按，《喪服四制》所謂「爲君亦斬衰三年，以義制者也」，是也。

重固按，加服、降服，進退於正服者也，更有從服，其等有六。《大傳》曰：服術有六，一曰親親，二曰尊尊，三曰名，四曰出入，五曰長幼，六曰從服。注：術猶道也。親親，父母爲首。尊尊，君爲首。名，世母叔母之屬也。出入，女子子嫁者及在室者。長幼，成人及殤也。從服，若夫爲妻之父母，妻爲夫之黨服。疏：父母爲首，次以妻、子、伯、叔。君爲首，次以公卿、大夫。名者，若伯叔母及子婦、弟婦、兄嫂之屬也。出

〔二〕「儀禮」上，一本有「女子子孝」四字。
〔三〕「如妻」之間，一本有「爲」字。

入者，若女子子在室爲入，適人爲出，及出繼爲人後者也。長幼者，長，謂成人，幼，爲諸殤。從服者，下六等是也。從服者有六，有屬從，注：子爲母之黨。有徒從，注：臣爲君之黨。有從有服而無服，注：公子爲其妻之父母。有從無服而有服，注：公子之妻爲公子之外兄弟。有從重而輕，注：夫爲妻之父母。有從輕而重。注：公子之妻爲其皇姑。疏：「有屬從」，屬，謂親屬，以其親屬爲其支黨。妻從夫、夫從妻並是也。「有徒從」，徒，空也，與彼無親，空服彼之支黨。妻爲夫之君、妾爲女君之黨、庶子爲君母之親、子爲母之君母並是也。「有從有服而無服」，鄭引《服問篇》云「公子爲其妻之父母」。其妻爲本生父母期，而公子爲君所厭，不得服從，是妻有服，而公子無服，是「從有服而無服」。嫂、叔無服亦是也。「有從無服而有服」，鄭亦引《服問篇》云「公子之妻爲公子之外兄弟」也。公子被君厭，爲己外親無服，而妻猶服之，是「從無服而有服」。娣、姒亦是也。「有從重而輕」，鄭引《服問篇》云「夫爲妻之父母」。妻自爲其父母期爲重，夫從妻服之三月爲輕，是「從重而輕」也。舅之子亦是也。「有從輕而重」，鄭引《服問》云「公子之妻爲其皇姑」。公子爲君所厭，自爲其母練冠是輕，其妻猶爲服期，是「從輕而重」也。《喪服小記》曰：「從服者，所從亡則已。」注：謂若爲君母之父母、昆弟、從母也。屬從者，所從雖没也，服。」注：謂若自爲己之母黨。疏：服術有六，其一是徒從者，徒，空也，與彼非親屬，空從此而服彼中有四，一是妾爲女君之黨，二是子從母服於母之君母，三是妾子爲君母之黨，四是臣從君而服君之黨。就此四徒之中，而一徒所從，雖亡則猶服。如女君雖没，妾猶服女君之黨。其餘三徒，則所從亡而止。謂君母死，則妾子不復〔服〕君母之黨，及母亡，則子不復服母之君母，又君亡，則自不服君黨親也。其中又有妾攝女君，爲女君黨，各有義故也。屬從者，亦有三，一是子從母服母之黨，二是妻從夫服夫之黨，三是夫從妻服妻之黨。此三從雖没，猶從之服其親也。以上所引可以見從服之曲折矣。

△子爲父也。《喪服傳》曰：「父至尊也。」疏：「父至尊者，天無二日，家無二尊，父是一家之尊，尊中至極，故爲之斬也。」又曰：「凡親有冥造之功，又有生育之惠，故懷哀戚之痛，同君〔衰〕服之限。君則徒有榮身顯親之事，而無冥造生育之功，故唯服麄服，表盡哀戚。師則既無親之冥造，又無君之榮顯，故無服，然恩愛成己，有同於親，故不爲制服，而戚容如喪父也。」又傳曰：「子嫁，反在父之室，爲父三年。」注：「謂遭喪後而出者，始服齊衰，期，出而虞，則受，以三年之喪受，既虞而出，則小祥亦如之，既除喪而出，則已。凡行於大夫以上曰嫁，行士、庶人曰適人。」疏：「既小祥而出者，以其嫁女爲父母期，至小祥已除矣，除服後乃被出，不復爲父更著服，故云既除而出則已也。若天子之女嫁於諸侯，諸侯之女嫁於大夫，出嫁爲夫斬，仍爲父母不降。知者，以其外宗、内宗，與諸侯爲兄弟者（爲兄弟者），爲君皆斬。明知女雖出嫁，反，爲君不降。若然，下傳云婦人不二斬，猶曰不二天。今若爲夫斬，又爲父斬，此乃尊君宜斬，不可以輕服服之，不得以彼决此。若然，外宗、内宗與諸侯爲兄弟者，（室）〔豈〕不爲夫服斬乎？明爲君

斬，爲夫亦斬矣。」《小記》曰：「爲父母喪，未練而出則三年，既練而出則已，未練而反則期，既練而反則遂之。」疏：「未練而反則期者，謂先有喪，而爲夫所出，今未小祥，而夫命己反，則還夫家，至小祥而除，是依期服也。既練而反則遂之者，已隨兄弟小祥，服三年之受，而夫反命之，則猶遂三年乃除，隨兄弟故也。」

△承重者。傳曰：「何以三年也？受重者，必以尊服服之。何如而可爲之後？同宗則爲之後。何如而以爲人後？支子可也。」疏：「支子可也者，以其他家又曰「若别宗同姓」。適子當家自爲小宗，小宗當收斂，五服之内亦不可闕，則適子不得後他，故取支子，支子則第二以下庶子也。」《小記》曰：「爲殤後者，以期服服之。」注：「殤無爲人父之道，以本親之服服之。」

按，宗子爲殤而死，父及祖以上人在立庶子，則庶子承重於祖以上人，故庶子得爲後。宗子殤死，無所承重，則庶子不可自立，弟立則奪嫡，以宗子爲一世，則殤無爲父之道，故以族人同昭穆之人代之，宗子殤死者，不得爲一世，但祭之祈祖而已。

《曾子問》曰：「孔子曰：宗子爲殤而死，庶子弗爲後。」注：「族人以其倫代之，明不序昭穆立之廟。其祭之，就其祖而已，代之者主其禮。」疏：「倫謂輩也。謂與宗子昭穆同者則代之。凡宗子爲殤而死，庶子既不得爲後，不以父服服之。以宗子殤死，無爲人父之道，故不序昭穆，不得與代之者爲父也。云代之者主其禮者，以宗子存時，族人凡殤死者，宗子主其祭祀。今宗子殤死，明代爲宗子者，主其禮也。此宗子是大宗族人，但是宗子兄弟行，無限親疏，皆得代之。」

傳曰：「爲所後者祖父母、妻，妻之父母、昆弟、昆弟子，若子。」注：「若子者，爲所爲後之親，如親子。」疏：「死者祖父母，則當己曾祖父母，齊衰三月也。如親子，爲之著服也。子夏作傳，舉疏以見親，言外以包内，〔骨〕肉親者可知也。」

△父爲嫡子當爲後者也。傳曰：「父爲長子。」注：「長子、長殤皆同。不言嫡子，通上下也。亦言立嫡以長。」疏：「適妻所生皆名適子，第一子死也，則取嫡妻所生第二長者立之；亦名長子，若言嫡子，唯據第一者，若云長子，通立嫡以長故也。」傳曰：「何以三年也？正體於上，又乃將所傳重也。庶子不得爲長子三年，不繼祖也。」疏：「以其父祖適適相承於上，爲己又是適，承之後，故云正體於上。云又乃將所傳重者，爲宗廟主，是有此二事，乃得長子三年也。」疏又曰：「雖承重不得三年有四種。一則三年不得傳重，謂適子有廢疾，不堪主宗廟也。二則傳重非正體，庶孫爲後是也。三則體而不正，立庶子爲後是也。四則正而不體，立適孫爲後是也。《喪服小記》云適婦不爲舅後者，姑爲之小功。鄭注云謂夫有廢疾他故，若死而無子，不受重者。婦既小功不大功，則夫死亦不三年期可知也。」問：「周制有大宗之禮，立嫡以爲後，故父爲後故三年。今大宗之禮廢，無立嫡之法，而子各得以爲後，則長子、少子不異，庶子不得爲

長子，三年不必然也。父爲長子三年，亦不可以嫡庶論也。」朱子曰：「宗法雖未能立，然服制自當從古，是亦愛禮存羊之意，不妄有改易也。如漢時宗子法已廢，然其詔令猶云賜民當爲父後者爵一級，是此禮猶在也。豈可謂宗法廢而庶子皆得爲父後者乎？」黄氏瑞節曰：「先生長子摯卒，以繼體服斬衰，《禮》謂之加服，俗謂之執服。」

右二條載《性理大全》。

或曰適子長子之别既如此，《家禮》所謂適子者，當作長子。重固按，後世適長通言之故乎？

△夫承重則從服也。夫祖若曾高祖承重之類也，妻從服。

△爲人後者爲所後父也。此指傍親之後者也，若祖若曾高祖承重者，上文已有之。

△爲所後祖承重也。此指傍親之後者，所後之父死，其祖承重者與上文加服下祖若曾高祖承重者不同。

△妾爲君。《禮》注：「妾謂夫爲君者，不得體之，加尊之也，雖士亦然。」

○二曰齊衰三年。

丘氏曰：「衣制，身、袂、袪、適、帶下尺、衽、負版、裳。俱與斬衰同，但布與緝邊不同。冠制，俱同，惟武與纓不同。武。用布一條，重疊之，折其中，從額上約之至項後，交過前各至耳，用線綴之爲武，各垂其末稍爲纓，結之頤下。」

丘氏又曰：「世俗齊衰下冠武，往往褶紙爲材，用布裹之，别以布爲纓，非《儀禮》條屬之制，不可用。」《儀禮·喪服傳》曰：「冠繩纓條屬。」注：「屬，猶著也，通屈一條繩爲武，垂下爲纓，著之冠也。」《雜記》曰：「喪冠條屬以别吉凶。」疏：「吉則纓武異材，凶冠纓武同材。」首絰，又用布兩條，約長二尺許，廣半寸許，用線綴在首絰上，左右兩邊垂下以爲纓。腰絰，大五寸餘，其制一如斬衰而小。○按《正衡》此下有「用牡麻爲之」五字。絞帶，用布夾縫之，約寬四寸許，屈其右端尺許，用餘綴之連下稍通，長七八尺，繫時圍腰，從左過後至前，乃以其末稍穿過其右端屈轉處之中，而反插於右邊。杖，用桐木爲之，上圓下方，長齊心，圍五寸餘。屨。以草或麻爲之，收其餘末向内。婦人服制：大袖，長裙，蓋頭，背子，俱同斬衰，但用布稍細，緝邊。布總，竹釵，麻鞋，或用布。腰絰。制如男子，用無子麻爲之。

△其正服則子爲母也。《喪服傳》：「父卒則爲母。」注：「尊得伸。」疏：「直云『父卒爲母』足矣，而云『則』者，欲見父卒三年之内而母卒，仍服期，要父服除後而母死，乃得伸三年，故云『則』以差其義也。」程子曰：「古人父在爲母服期，今則皆爲三年之喪。皆爲三年之喪則家有二尊矣，可無嫌乎！處今之宜，服齊衰一年外，以墨衰終月算，可以合古之禮，全今之制也。」

「緦麻三月」「士爲庶母」條，筆記須照考。

△士之庶子爲其母同，而爲父後則降也。《喪服傳》慈母條下注：「大夫妾子，父在爲母

大功，則士之妾子爲母期矣，父卒則皆得伸也。」疏：「大夫妾子父在大功者，父卒則與士皆得伸三年也。」《答李守約書》曰：「庶母自謂父妾生子者，士服緦麻，而大夫無服。」《喪服》曰：「庶子爲父後者爲其母緦。」　按妾死，大夫無服，士服緦，故妾子，大夫之子則服大功，士之子則服期，父卒則大夫、士之子皆得伸三年也。

女適人者爲私親降一等，下文言之，故女適人者當降服齊衰不杖期，是以《家禮》此不言之。

△其加服則嫡孫父卒爲祖母若曾高祖母承重者也，祖母正服，齊衰不杖期。　曾祖母正服，齊衰五月。　高祖母正服，齊衰三月。　今承重而加之，如此者，猶本生之母也。

△母爲嫡子當爲後者也。　傳曰：「父之所不降，母亦不敢降。」疏：「母爲長子，不問夫在否，皆三年者。　子爲母有降屈之義，父母爲長子，本爲先祖之正體，無厭降之義，故不得以父在屈至期，明母爲長子，不問夫之在否也。」

△其義服則婦爲姑也，夫承重則從服也。

按夫承重則爲夫祖母若曾高母齊衰三年。

△爲繼母也。　經曰：「繼母如母。」疏：「繼母，謂己母早卒，或被出之後，繼續己母。喪之如親母，父卒之後如母，父在如母可知。」傳曰：「繼母何以如母？繼母之配父與因母同，故孝子不敢殊也。」注：「因猶親也。」

△爲慈母，謂庶子無母而父命他妾之無子者慈己也。　經曰：「慈母如母。」傳曰：「慈母者何也？」傳曰：「妾之無子者，妾子之無母者，父命妾曰：『女以爲子。』命子曰：『女以爲母。』若是，則生養之終其身，慈母死則喪之三年如母，貴父之命也。」疏：「慈母輕於繼母。《小記》云『慈母不世祭』，亦見輕之義也。『如母，貴父之命也』者，一非骨血之屬，二非配父之尊，但唯貴父之命故也。」又疏：「注此謂『大夫、士之妾，妾子之無母，父命爲恐衍母子者』，知非天子、諸侯之妾與妾子者，按下記云『子爲其母練冠，麻衣縓緣，既葬除之』，父没乃大功，明天子庶子亦然，何有命爲母子，爲之三年乎！」　孔子曰：「男子外有傅，内有慈母，君命所使教子也，何服之有？」注：「言無服也。　此指國君、天子子也。」疏：「天子諸侯不服庶母，故此云『君命所使，何服之有？』故知此『慈母如母』，謂大夫以下也。」

《記》：「爲祖庶母可也。」疏：「父妾既無子，故命己之妾子與父妾爲後，故呼己父之妾爲祖庶母。既後〔二〕，亦服之三年，如己之母矣。」

△繼母爲長子也。　此一節《儀禮》見當ラズ，更考ヘコ。

△妾爲君之長子也。　注：「與女君同。　不敢以恩輕輕服君之正統。」

〔二〕「既後」之間一有「爲」字。

楊氏復曰：「按《儀禮》補服條，當增祖父卒而後爲祖母後者也，爲所後者之妻若子也。」

△杖期。　楊氏復曰：「按注、疏釋衰、負版、辟領三者之義，惟子爲父母用之，旁親則不用也。《家禮》至大功乃無衰、負版、辟領者，蓋《家禮》乃初年本也。後先生之家所行之禮，旁親皆無衰、負版、辟領，若此之類，皆從後來議論之定者爲正。」　丘氏曰：「按服有五：斬衰、齊衰、大、小功、緦麻是也。惟斬、齊二者謂之衰，既同謂之衰，則其制度必皆同矣，但緝與不緝異耳。古人喪父以斬，喪母以齊，喪母而父在則齊杖期，父没則齊三年，則是服之重者，莫大乎斬與齊也。齊衰服有三年、杖期、不杖期、五月、三月之異，用布則有粗細不同，若其制度則未必有異也，使其有異，古人必異其稱矣。凡喪服，上曰衰下曰裳，五服皆同。惟于斬、齊二服，又用布一片當心，亦謂之衰，意者古人因此而特用以爲名稱歟，不然何功緦之稱，則專取于用功治絲之義，而于此乃獨以其上衣爲名哉，必不然也。《儀禮》注所謂『孝子哀戚之心無所不在』，特就其重者言爾，豈具服者于其旁親皆無哀戚之心，特假是以爲文具哉。所見如此，始書之以俟知禮之君子。」　又曰：「《儀禮》：『疏衰裳，齊，牡麻絰，冠布纓，削杖，布帶，疏屨，三年者。』『疏衰裳，齊，牡麻絰，冠布纓，削杖，布帶，疏屨，期者。』謂之『期者』，明此爲齊衰期年服制也，觀其文不異，如此則期年服亦有負版、衰適明矣。」

衣裳制度與齊衰三年者皆同，但所用布次等耳，婦人服制亦同上。

△其正服則嫡孫父卒祖在爲祖母也。　按「齊衰三年」下曰：「加服，嫡孫父卒爲祖母若曾高祖母承重者也。」「齊衰不杖期」下曰：「正服則爲祖父母。」

△其降服則。　此脱「父在爲母也」數字。　傳曰：「何以期也？屈也。至尊在，不敢伸其私尊也。父必三年然後娶，達子之志也。」疏：「此章雖止一期，而禫、杖具有。按下《雜記》云：『十一月而練，十三月而祥。』注云：『此爲父在爲母。』母之與父，恩愛本同，爲父所厭屈而至期，是以雖屈，猶伸禫、杖也。」又曰：「子於母屈而期，心喪猶三年。故〔父〕雖爲妻期而除，然三年乃娶者，通達子之心喪之志故也。《左氏傳》曰晉叔向云『王一歲有三年之喪二』，大子與穆后。天子爲后亦期，而云『三年』喪者，據達子之志而言也。」《記》曰：疏繼經之不備者也。「公子爲其母，練冠、麻衣、縓緣；爲其妻，縓、文字シレス。葛絰、麻衣、縓緣。皆既葬除之。」注云：「公子，君之庶子也。其或爲母，謂妾子也。麻，緦麻之絰帶也。此麻衣者，如小功布。縓，淺絳色也，一染謂之縓。諸侯之妾子厭於父，爲母不得伸，權爲制此服，不奪其恩也。爲妻縓緣、葛絰帶，妻輕。」疏曰：「按士之妾子父在爲母大功，則諸侯之妾子父在小功，是其差次。諸侯尊，絶期以下無服，公子被厭，不合爲母服，故五服外權爲制此服也。」傳曰：「何以不在五服之中也？君之所不服，子亦不敢服也。」「君之所不服，謂妾與庶婦也。君之所爲服，謂夫人與適婦也。諸侯之妾，貴者視卿，賤者視大夫，皆三月而葬。」

△爲嫁母、出母也。　經曰：「出妻之子爲母。」注：「出，猶去也。」疏：「此謂母犯七出。去，謂去夫氏，或適他族，或之本家，子從而服者也。天子諸侯之妻，無子不出，唯六出耳。雷氏曰：『無出母之義，故繼夫而言「出妻之子」也。』」　傳曰：「出妻之子爲母期，則爲外祖父母無服。傳曰：『絶族無施以鼓反。服，親者屬。』出妻之子爲父後者，爲出母無服。傳曰：『與尊者爲一體，不敢服其私親也。』」疏：「『絶族』者，嫁來承奉宗廟，與族相連綴，今出則與族絶，故云『絶族』也。『無施服』者，傍及爲施，以母爲族絶，即無傍及之服也。云『親者屬』者，解母被出猶爲之服也。父已與母無親，子獨親之，故云『私親』也。」

△其義服，則爲父卒繼母嫁而已從之者也。

經曰：「父卒，繼母嫁，從爲之服，報。」疏：「此母爲父已服斬衰三年，恩意之極，故子爲之一期，得伸禫杖。但以不生己，父卒改嫁，故降於己母，雖父卒後，不伸三年，一期而已。云『從爲之服』者，亦爲本是路人，暫時與父牉合，父卒還嫁，便是路人，子仍著服，故生『從爲』之文也。『報』者，《喪服》上下并記云『報』者十有二，無降殺之義，感恩者皆稱報。若此子念繼母恩終，從而爲服，母以子恩不可降殺，即生『報』文，餘皆放此。」　傳曰：「何以期也？貴終也。」注：「嘗爲母子，貴終其恩。」

△夫爲妻也。　傳曰：「爲妻何以期也？妻至親也。」注：「適子父在則爲妻不杖，以父爲

之主也。」疏：「夫爲妻，年月禫杖亦與母同。爲夫斬，故夫爲之，亦與父在爲母同。妻既移夫齊體，與己同奉宗廟，爲萬世之主，故云『至親』也。按《喪服小記》云『父在子爲妻以杖即位』，是天子以下，至士庶人，父皆不爲庶子之妻爲喪主，故夫皆爲妻杖得伸也。」楊氏復曰：「按齊衰杖期，恐當添爲所後者之妻若子也，祖父在嫡孫爲祖母也。據先生《儀禮經傳》補服條，條首一條已具齊衰三年下。」按楊氏復所添入祖父在云云，與《家禮》合考，疑不相合，更詳之。

○不杖期。服制與杖期同，但不杖而布以次等而已。

△其正服則爲祖父母。傳曰：「何以期也？至尊也。」疏：「云『何以期也，至尊也』者，此據母而問，所生之母至親，唯期而已，祖爲孫止大功，孫爲祖既疏，何以亦期？答云『至尊也』者，祖爲孫降至大功，似父母於子降至期，祖雖非至親，是至尊，故期。」按大功爲衆子男女不杖期，祖爲衆孫男女大功九月，父在爲母杖期，雖疏亦至尊，故期。

△女雖適人不降也。經曰：「女子爲祖父母。」疏：「此謂十五許嫁者。」傳曰：「何以期也？不敢降其祖也。」疏：「祖父母正期也，已嫁之女可降旁親，祖父母正期，故不降也。」又經曰：「大夫爲祖父母、適孫爲士者。」傳曰：「何以期？大夫不敢降其祖與適也。」按大夫尚不降至尊之祖與至重之適，故女子或許嫁，或已適人，皆不降其祖。

△庶子之子爲父之母，而爲祖後則不服也。

按「庶子之子爲父之母」者，是爲祖妾也，故爲祖後則不服也。「緦麻三月」條下「庶子爲父後者爲其母，而爲其母之父母兄弟姊妹則無服也」，亦可照看。

△爲伯叔父也。　經曰：「世父母、叔父母。」疏：「言『世父』者，欲見繼世。」傳曰：「世父、叔父何以期也？與尊者一體也。然則昆弟之子何以亦期也？旁尊也，不足以加尊焉，故報之也。父子一體也，夫妻一體也，昆弟一體也。故父子，首足也；夫妻，牉合也；昆弟，四體也。故昆弟之義無分，然而有分者，辟子之私也。子不私其父，則不成爲子。故有東宮，有西宮，有南宮，有北宮，異居而同財，有餘則歸之宗，不足則資之宗。世母、叔母，何以亦期也？」疏：「昆弟之子亦期。不言報者，以昆弟之子猶子，若言報爲疏，故不言報。『父子一體也』者，謂子與父骨血是同爲體，因其父與祖亦爲一體，又見世叔與祖亦爲一體也。『夫妻一體也』者，亦見世叔母與世叔爲一體也。『昆弟一體也』者，又見世叔與父亦爲一體也。『命士以上，父子異宮。』不命之士，父子同宮，縱同宮亦有隔別，亦爲四方之宮也。世母、叔母是路人，以來配世叔父，則生母名，既有母名，則當隨世叔而服之。」

△爲兄弟也。　經曰：「爲昆弟。」注：「昆，兄也。爲姊妹在室亦如之。」疏：「此亦至親以期。昆，明也，以其次長，故以明爲稱。弟，第也，以其小，故以次第爲名。」　經曰：「大夫之庶子爲適昆弟。」注：「適子或爲兄，或爲弟。」疏：「此大夫之妾子，故言『庶』；若適妻所生，第

二已下，當直云『昆弟』，不言庶也。」　傳曰：「何以期也？父之所不降，子亦不敢降也。」注：「大夫雖尊，不敢降其適，重之也。適子爲庶昆弟，庶昆弟相爲，亦如大夫爲之。」疏：「『父之所不降』者，即斬章父『爲長子』是也。『子亦不敢降』者，於此服期是也。」

△爲衆子男女也。　傳注：「衆子者，長子之弟及妾子。女子在室，亦如之。士謂之衆子，未遠別也。大夫則謂之庶子，降之爲大功，天子、國君不服之。」疏：「『天子、國君不服之』者，以其絶旁親，故不服。若然，經所云唯據士也。」

△爲兄弟之子也。　傳曰：「何以期也？報之也。」注：「《檀弓》曰：『喪服，兄弟之子猶子也。』蓋引而進之。」疏：「世叔父爲之，此兩相爲服，不言報者，引同己子，與親子同，故不言報。」

△爲姑姊妹女在室及適人而無夫與子者也。　經曰：「姑姊妹、女子子適人無主者，姑姊妹報。」疏：「此等親出適，已降在大功。女子子出適大功，反爲父母，自然猶期，不須言報，故不言也。姑對姪，姊妹對兄弟，出適反爲姪與兄弟大功，姪與兄弟爲之降至大功，今還相爲期，故須言報也。」　傳曰：「無主者，謂其無祭主者也。何以期也？爲其無祭主故也。」注：「無主後者，人之所哀憐，不忍降之。」疏：「無主有二，謂喪主、祭主，傳不言喪主者，喪有無後，無無主者。若當家無喪主，或取五服之内親；又無五服親，則取東西家；若無，則里尹主之。今無主

者，謂無祭主也，故可哀憐而不降也。無夫復無子而不嫁，故不忍降之也。若然，除此之外，餘人〔爲〕之服者，仍依出降之服，而不服加，以其餘人恩疏故也。」

按，妹女之女，是在室所生之女子也。

△婦人無夫與子者爲其兄弟姊妹及兄弟之子也。　按與上條相對，是報也。

△妾爲其子也。　經曰：「公妾、大夫之妾爲其子。」傳曰：「何以期也？妾不得體君，爲其子得遂也。」注：「此言二妾不得從於女君尊降其子也。女君與君一體，唯爲長子三年，其餘以尊降之，與妾子同也。」疏：「諸侯絶旁期，爲衆子無服，大夫降一等，爲衆子大功，其妻體君，皆從夫而降之，至於二妾，則皆不得體君，君不厭妾，自爲其子得伸遂，而服期也。夫人已所生第二已下，以尊降與妾子同，諸侯夫人無服，大夫妻爲之大功也。」

△其加服則爲嫡孫若曾玄孫當爲後者也。

傳曰：「何以期也？不敢降其嫡也。有適子者無適孫，孫婦亦如之。」注：「周之道，適子死則立嫡孫，是適孫將上爲祖後者也。長子在，則皆爲庶孫耳，孫婦亦如之。適婦在，亦爲庶孫之婦。凡父於將爲後者，非長子，皆期也。」疏：「爲衆孫大功，此獨期，故發問也。『有適子者無適孫』者，謂適子在，不得立適孫爲後也。『孫婦亦如之』，亦謂不立之。故『周之道，適子死則立適孫，是適孫將上爲祖後者也』。周之道，對殷道則不然，以其殷道適子死，弟乃當先立，故言『周之道』也。『長子在，則皆爲庶孫耳』者，既適子在，不得立孫，明同庶孫之例。『凡父於將爲後者，非長子皆期也』者，按《喪服小記》云『適婦不爲舅後者，則姑爲之小功』，注云『謂夫有廢疾他故，若死而無子，不受重者。小功，庶婦之服也。凡父母於子，舅姑於婦，將不傳重於適，及將傳重者非適，服之皆如衆子、庶婦也』，是以鄭云『凡父母於子，舅姑於婦』，『非長子皆期』，非長子婦，及於非適(傳)〔孫〕傳重，同於庶孫，大功可知也。若然，長子爲父斬，父亦爲斬；適孫承重爲祖斬，祖爲之期，不報之斬者，父子一體，本有三年之情，故特爲祖斬，祖爲孫本非一體，但報期，故不得斬也。」

△女適人者，爲兄弟之爲父後者也。　經曰：「女子子適人者，爲其父母、昆弟之爲父後者。」傳曰：「爲昆弟之爲父後者何以亦期也？婦人雖在外，必有歸宗，曰小宗，故服期也。」注：「歸宗者，父雖卒，猶自歸宗其爲父後服重者，不自絶於其族類也。曰小宗者，言是乃小宗也，小宗明非一也。小宗有四，丈夫婦人之爲小宗，各如其親之服，避大宗。」疏：「全マメツ。」

△其降服則。　此恐脱「爲人後者爲其父母也」數字。

經曰：「爲人後者，爲其父母，報。」疏：「薄於本親，抑之，故次在孫後也。若然，既爲本生，不降斬至禫杖章者，亦是深抑，厚於大宗也。言報者，既深抑之使同，本疏往來相報之法故也。」　傳曰：「何以期也？不貳斬也。何以不貳斬也？持重於大宗者，降其小宗也。爲人後者，孰後？後大宗也。曷爲後大宗？大宗者，尊之統也。收族者也，不可以絶，故〔放〕〔族〕人以支子後大宗也，適子不得〔後〕大宗。」疏：「小宗無後當絶，『適子不得後大宗』者，以其自當主家事並〔侯〕〔承〕重祭祀之事故也。」

《記》：「夫爲人後者，其妻爲舅姑大功。」《續通解》曰：「先師文公親書藁本下云：『今按〔能〕〔熊〕氏則云，夫爲本生父母〔斯〕〔期〕，故其妻降一等服大功，是從夫而服。』」

△嫁母、出母爲其子，子雖爲父後猶〔肥〕〔服〕也。

△妾爲其父母也。　經曰：「公妾以及士妾爲其父母。」傳曰：「何以期也？妾不得體君，得爲其父母遂也。」注：「然則女君有以尊降其父母者與？《春秋》之義，雖爲天王后，猶曰『吾〔季〕〔季〕姜』，是言子尊不加於父母，此傳似誤矣。禮，妾從女君而服其黨服，是嫌不自服其父母，故以明之。」疏：「以公子爲君厭，爲己母不在五服，又爲己母黨無服，公妾既不得體君，君不厭，故妾爲父母得伸遂而服期也。鄭欲破傳義，故據傳云『妾不得體君，得爲其父母遂也』，然則女君體君，有以尊降其父母者與？言『與』猶不正執之辭也。云『《春秋》之義』者，按桓九年《左傳》云『紀季姜歸于京師』，杜云『季姜，桓王后也。季，字；姜，紀姓也。書字者，伸父母之尊』，是王后猶不得降父母，是子尊不加父母，傳何云『妾不得體君』乎？豈女君降其父母，是以云『傳似誤矣』，言『似』亦是不正執，故云『似』，其實誤也。『禮，妾從女君而服其黨服』者，《雜記》文

也。云『是嫌不自服其父母，故以明之』者，鄭既以傳爲誤，故自解之。鄭必不從傳者，一則以女君不可降父母，二則經文兼有卿大夫、士，何得專據公子以決父母乎？是以傳爲誤也。」

△其義服則繼母、嫁母爲前夫之子從己者也。　重固按，「嫁母」之「母」，恐「而」字誤耳。此蓋與杖期下「其義服則爲父卒繼母嫁而己從之者也」相照看可知矣。上文已有嫁母爲其子之謂，嫁母爲其子，亦非義服也。然《性理大全》及丘本亦作「嫁母」，而丘氏於此釋之云「謂非親生者」，若非親生，嫁母亦繼母耳。更思。　後按，前夫之子爲繼母，則非親生者，爲嫁母則親生者也，不問親生、非親生，以從己則爲義服，故作嫁母非不通，不爲與前所謂「嫁母爲其子」相重復，此説更思。

△爲伯叔母也。　上文爲伯叔父條下詳之。

△爲夫兄弟之子也。　注：「男女皆是。」疏：「《檀（子）〔弓〕》云『兄弟之子猶子也，蓋引而進之』，進同己子，故二母爲之亦如己子，服期。女在室與出嫁，與二母相爲服同期與大功，故子中兼男女。但以義服情輕，同婦事舅姑，故次在下也。　傳曰：「何以期也？報之也。」疏：「『報之』者，二母與子本是路人，爲配二父而有母名，爲之服期，故二母報子還〔服〕期。若然，上世叔之下，不言報，至此言之者，二父本是父之一體，又引同己子，不得言報，至此本疏，故言報也。」

△繼父同居，父子皆無大功之親者也。或曰「居」字下恐「爲」字脱。〇「皆」字，《性理大全》作「又」字，丘本作「兩」。

傳曰：「何以期也？」傳曰：「夫死，妻穉子幼，子無大功之親，與之適人，五字マメツ。無大功之親，所適者，以其貨財爲之築宫廟，歲時使之祀焉，妻不敢與焉，若是則繼父之道也。同居則服齊衰期。異居則服齊衰三月，必嘗同居然後爲異居。未嘗同居，則不爲異居。」注：「妻穉，謂年未滿五十。子幼，謂年十五以下。子無大功之親，謂同財者也，爲之築宫廟於家門之外，神不歆非族。妻不敢與焉。恩雖至親，族已絶矣，夫不可二，此以恩服爾。未嘗同居，則不服之。」疏：「子家無大功之内親，繼父亦無大功之内親，繼父以財貨爲此子築宫廟，使此子四時祭祀不絶，三者具，即爲同居，子爲之期，以繼父恩深故也。言『妻』不言母者，已適他族，與己絶也，言『妻』欲見與他爲妻，不合祭己之父故也。云『異居則服齊衰三月，必嘗同居，然後爲異居』者，此一節論異居。繼父言『異』者，昔同今異，謂上三者若闕一事，則爲『異居』。假令前三者皆具，其後或繼父有子，即是繼父有大功之内親，亦爲『異居』矣，如此父死，爲之齊衰三月，入下文齊衰三月章『繼父』是也。云『必嘗同居然後爲異居』者，欲見前時三者具爲同居，後三者一事闕即爲『異居』之意。云『未曾同居，則不爲異居』，謂子初與母往繼父家時，或繼父有大功内親，或己有大功内親，或繼父不爲己築宫廟，三者一事闕，雖同在繼父家，亦名不同居繼父，全不服之矣。

『大功之親，謂同財者』，下記云『小功以下爲兄弟』，則小功已下疏，故得『兄弟』之稱，則大功之親，容同財共活可知。『爲之築宫廟於家門之外』者，以其中門外有己宗廟，則知此在大門外築之也。必在大門外築之者，神不歆非族故也。鬼神爲非族，恐不（韶）〔歆〕之，是以大門外爲之。隨母嫁得有廟者，非必正廟，但是鬼神所居曰廟。」重固按，與繼父同居，繼父與己無大功以上同財共活之親者，孤立之人。則爲繼父不杖期。前同居今異居，則齊衰三月。今雖同居，繼父有子，己亦有大功以上之親，則齊衰三月。本不同居繼父，則不服。與齊衰三月條下相照看。

△妾爲女君也。疏：「妾事女君，使與臣事君同，故次之也。以其妻既與夫體敵，妾不得體夫，改名妾。妾，接也，接事適妻，故妾稱適妻爲女君也。」傳曰：「何以期也？妾之事女君，與婦之事舅姑等。」注：「女君，若適妻也。女君於妾無服，報之則重，降之則嫌。」疏：「妾或妻之姪娣，同事一人，忽爲之重服，故發問也。婦之事舅姑期，故云『等』，但並后匹適，傾覆之階，故抑之，雖或姪娣，使如子之妻，與婦〔二〕事舅姑同也。諸經傳無女君服妾之文，故云『無服』。云『報之則重』，還報以期，無尊卑降殺，大重也。云『降之則嫌』者，若降之大功、小功，則似舅姑爲適婦、庶婦之嫌，故使女君爲妾無服也。」按《儀禮》，舅姑爲適婦而大功，庶婦小功，與《家禮》不合。

〔二〕「婦」，一本無。

△妾爲君之衆子也。　重固按，君之衆子，適妻所生，第二以下子也。己所生，既見上文，己所生則非義服也。

△舅姑爲嫡婦也。《記》曰：「嫡婦不爲舅後者，則姑爲之小功。」

按《儀禮》爲嫡婦服大功，與《家禮》異矣，不知何故如此不同，與下大功條下「爲衆子婦也」相照看。

楊氏復曰：「按不杖期注，正服當添一條，姊妹既嫁相爲服也；其義服當添一條，父母在則爲妻不杖也。又按，爲人後者，爲其父母報；女子子適人者，爲其父母，此是不杖期大節目，何以不書也？蓋此條在後，凡男爲人後者，與女適人者，爲其私親皆降一等中，故不見于此。」《儀禮經傳注疏》載于大功條下。

○五月。

按《儀禮經傳》有齊衰三月而不言五月，蓋朱子據温公以分别之歟。

注：「不著月數者，天子諸侯葬異月也。」疏：「『天子諸侯葬異月也』者，大夫、士三月葬，此章皆三月葬後除之，故以三月爲主。三月者，法一時天氣變，可以除之。」又曰：「凡變除皆因葬練祥乃行，但此服至葬即除，無變服之理，故云『服是服而除』。若大功已上至葬後以輕服受之，若斬衰三升、冠六升，葬後受衰六升，是更以輕服受之也。」又曰：「《禮記》云『齊衰居堊室』者，據期，故譙周亦云『齊衰三月，不居堊室』。」又曰：「天子七月葬，諸侯五月葬，爲之齊衰者，

皆三月藏其服，至葬更服之，葬後乃除，是以不得言少以包多，亦不得言多以包少，是以不著月數者，天子、諸侯葬異月故也。」

△服制同上。

△其正服則爲曾祖父母，女適人者不降也。

經曰：「曾祖父母。」疏：「曾、高本合小功，加至齊衰，故次繼父之下。此經直云曾祖，不言高祖，按下緦麻章鄭注云『族祖父者，亦高祖之孫』，則高祖有服明矣。是以此注亦兼曾、高而説也。若然，此曾祖之内合有高祖可知。不言者，見其同服故也。」傳曰：「何以齊衰三月也？小功者，兄弟之服也。不敢以兄弟之服服至尊也。」注：「正言小功者，服之數盡於五，則高祖宜緦麻，曾祖宜小功也。據祖期，則曾祖大功，高祖宜小功也。高祖、曾祖皆有小功之差，則曾孫、玄孫爲之服同也。重其衰麻，尊尊也；減其日月，恩殺也。」疏：「怪其三月大輕，齊衰又重，故發問也。『小功者，兄弟之服也』，按下記傳云凡『小功已下爲兄弟』，是以云『小功者，兄弟之服也』。」「『高祖宜緦麻，曾祖宜小功也』者，據爲父期而言。故《三年問》云：『何以至期也？曰：至親以斷。是何也？曰：天地則已易矣，四時則已變矣，其在天地之中，莫不更始焉，以是象之也。』彼又云：『然則何以三年也？曰：加隆焉爾也。焉使倍之，故再期也。』是本爲父母加隆全三年，故以父爲本而上殺下殺也，是故言爲高祖緦麻者，謂父期，祖宜大功，曾祖宜小功，高祖宜緦麻。又云『據祖期』，是爲父加隆三年，爲祖宜期，『曾祖宜大功，高祖宜小功』，故鄭云『高祖、曾祖皆有小功之差』。」

楊氏復曰：「按《儀禮》補服條，當增爲所後之祖父母若子也。」丘氏曰：「若子，猶言如子也。」

〇三月。

△服制同上。

△其正服則爲高祖父母，女適人者不降也。

按《儀禮》，高祖包於曾祖之中，已見上。

△其義服則繼父不同居者，謂先同今異，或雖同居而繼父有子，已有大功以上親也。按「則」字下恐「爲」字脱。

按已詳於上不杖期條下，繼父同居，父子皆無大功之親者也。

按《儀禮·喪服》經傳，更有數條，《家禮》則略之。

《儀禮》無言齊衰五月者，而《家禮》分別五月、三月者，未詳考其所據，更詳之。

〇三曰大功九月。

注：「大功布者，其鍛治之功麤沽之。」疏：「斬衰皆不言布與功，以其哀痛極，未可言布體

與人功，至此輕，可以見之。斬衰章傳云『冠六升』，不加灰，則七升言『鍛治』可以加灰矣，但麤沽而已。言『大功』者，用功麤大，故沽疏。其言小者，對大功，是用功細。」丘氏曰：「服制同齊衰，但用布比齊衰稍熟耳。」

△無負版、衰、辟領。　按楊、丘二氏之辨，已載于齊衰杖期下。

△其正服則爲從父兄弟姊妹，謂伯叔父之子也。　注：「其姊妹在室亦如之。」疏：「昆弟親爲之期，此『從父昆弟』降一等，故次『姑姊妹』之下。謂之『從父昆弟』，世叔父與祖一體，（人而）〔又與〕己父爲一體，緣親以致服，故云『從』也，降於親兄弟一等，是其常，不傳問。」

△爲衆孫男女也。　疏：「卑於昆弟，故次之。庶孫從父而服祖期，故祖從子而服孫大功，降一等，亦是其常，故傳亦不問也。」

△其義服則爲衆子婦也。　經曰：「適婦。」注：「適婦，適子之妻。」疏：「疏於孫，故次之。其婦從夫而服其舅姑期，其舅姑從子而服其婦大功，降一等者也。　傳曰：「何以大功也？不降其適也。」注：「婦言適者，從夫名。」疏：「此傳問者，以其適庶之子，其妻等是婦，而爲庶婦小功，特爲適婦服大功，故發問也，答『不降其適』故也。若然，父母爲嫡長三年，今爲適婦不降一等服期者，長子本爲正體於上，故加至三年，婦直是適子之妻，無正體之義，故直加於庶婦一等，大功而已。」　重固按，《儀禮》爲適婦服大功，爲庶婦服小功，《家禮》則爲適婦服不杖

期，爲庶婦服大功，何以相異？更考。後按，朱子《答余正甫書》中可略見其意，《筆録》收之。五十五版。

△爲兄弟子之婦也。

《文會筆録》一五十五版。云：「大功爲兄弟子之婦，小功爲兄弟之妻。」卷首圖亦如此，可疑。楊氏《儀禮圖》，昆弟子婦小功，而昆弟婦不記其服也。或天木時中。曰：「大和《小學》亦言之，以爲易置可通也。竊謂伯叔父母，夫之父行，故兄弟子之婦爲之服大功，而夫之伯叔父母亦爲兄弟子之婦服大功者，即其報也。兄弟夫之同輩行，故兄弟之妻爲之服小功，而夫之兄弟亦爲兄弟之妻服小功者，亦其報也。如此則似無可疑者。」按此説更思，《儀禮》無爲兄弟子之婦，爲兄弟之妻之文。

△爲夫之祖父母，伯叔父母，兄弟子之婦也。

傳曰：「何以大功也？從服也。夫之昆弟何以無服也？其夫屬乎父道者，妻皆母道也。其夫屬乎子道者，妻皆婦道也。謂弟之妻婦者，嫂亦可謂之母乎？故名者，人治之大者也，可無慎乎！」注：「道，猶行也。治，猶理也。父母、兄弟、夫婦之理，人倫之大者，可不慎乎！《大傳》曰：『同姓從宗，合族屬，異姓主名，治際會。名著而男女有别。』」疏：「引《大傳》云『同姓從宗，合族〔屬〕』者，謂大宗子同是正姓姬、姜（子）〔之類〕。屬，聚也，合聚族人於宗子之家，在堂上行食燕之禮，即繫之以姓而弗別，綴之以食而不殊是也。又云『異姓主名，治際會』者，主名謂母與婦之名，治，正也，際，接也，以母、婦正接之會聚，則宗子之妻，食燕（於）族人之婦於房是也。云『名著而男女有別』者，謂母、婦之名明著，則男女各有分別，而無淫亂也。」先師文公親書藁本下云：「今按傳意，本謂弟妻不得爲婦，兄妻不得爲母，故反言以詰之曰：『若謂弟妻爲婦，則是兄妻亦可謂之母矣，而可乎？』言其不可爾，非欲卑遠弟妻而正謂之婦也，注疏皆誤，故今論於此，而頗刊定其疏云。」《檀弓》：「嫂叔之無服也，蓋推而遠之也。」《程氏遺書》書曰：「問：『嫂叔古無服，今有之，何也？』曰：『《禮記》曰：「推而遠之也。」此說不是。古之所以無服者，只爲無屬。其夫屬乎父道者，妻皆母道也。其夫屬乎子道者，妻皆婦道也。今上有父有母，下有子有婦。叔父、伯父，父之屬也，故叔母、伯母之服，與（我）〔叔〕父、伯父同。兄弟之子，子之屬也，故兄弟之子之婦服，與兄弟之子同。若兄弟，則己之屬也，（唯）〔難〕以妻道屬其（嫂）〔妻〕，此古者所以無服。以義〔理〕推，不行也。今之有服亦是，豈有同居之親而無服者？』」

△夫爲人後至其妻爲本生舅姑也。

按爲人後者降一等，故服不杖期也，是以其妻亦降之服大功也。爲舅斬三年，爲姑齊三年，是其本服也。

楊氏復曰：「大功九月，恐當添爲同母異父之昆弟也，或曰『爲外祖母也』。據先生《儀禮經傳》補服條，修同母異父之昆弟，本子游答公叔木之問，以同父同母則服期。今但同母而是親者血屬，故降一等，蓋恩繼于母，不繼于父。若子夏答狄儀，以爲齊衰則過矣，故注疏家以大功爲是。外祖母只據曾莊公爲齊王姬服大功，《檀弓》或曰『外祖母也』，今《家禮》外祖父母爲小功正服，則以《家禮》爲正。」

按《儀禮·喪服》經傳更有數條，《家禮》則略之。

○四曰小功五月。

丘氏曰：「小功者，言布之用功細小也，服制同大功，但用布比大功稍熟細耳。冠辟積，首絰，腰絰圍，其異如本注。

△爲從祖祖父、從祖祖姑。從祖祖父，是祖之兄弟也；從祖祖姑，是祖之姊妹也。

△爲兄弟之孫。

△爲從祖父、從祖姑。從祖父，是祖之兄弟所生男子；從祖姑，是祖之兄弟所生女子，乃父之從父兄弟姊妹也。即謂之堂伯父、堂叔父、堂姑母。淺見先生《冠注》以「祖姑」之「祖」爲衍字，丘本本宗五服之圖作「從姑」，服制下則作「從祖姑」，《性理大全》亦作「從祖姑」。「祖姑」之「祖」恐非衍。

△謂從祖之子，父之從父兄弟姊妹也。　淺見先生《冠注》謂「祖之」間一有「父」字，今按《性理大全》作「從祖祖父之子」，恐「祖父」二字脱。從祖祖父，是祖父之兄弟，父之從父兄弟也。

《儀禮》疏「從祖父母者，是從祖祖父之子，父之從父昆弟」云云，「祖父」二字脱，分明可見。

△爲從父兄弟之子也。

△爲從祖兄弟姊妹，謂從祖父之子，所謂再從兄弟姊妹者也。　從祖父，是祖之兄弟所生也。

△爲外祖父母，謂母之父母也。　傳曰：「何以小功也？以尊加也。」疏：「外親之服不過緦麻，今乃小功，故發問。云『以尊加也』者，以言『祖』者，祖是尊名，故加至小功。」　記：「庶子爲後者，爲其外祖父母、從母、舅無服，不爲後如邦人。」　「記。」疏：「《儀禮》諸篇有記者，皆是記經不備者也。作記之人，其疏已在《士冠》篇。」

△爲舅，謂母之兄弟也。爲甥也，謂姊妹之子也。　傳曰：「甥者何也？謂吾舅者，吾謂之甥。何以緦也？報之也。」疏：「怪其外親而有服，故發問也。甥既服舅以緦，舅亦爲甥以緦也。」「舅。」傳曰：「何以緦？從服也。」注：「從於母而服之。」

按舅、甥兩條，經傳本在緦麻，朱子加至小功者，蓋婦人已嫁，爲私親降一等。母之於其兄弟大功，則其子於舅甥服小功，尤得其次序之正，且聖人制禮於外親，雖無過緦，爲從母小功，爲舅緦麻，似不亦安矣。

△爲從母，謂母之姊妹也。　注：「從母，母之姊妹。」傳曰：「何以小功也？以名加也。外親之服皆緦也。」注：「外親異姓，正服不過緦。」疏：「『以名加也』者，以有母名，故加至小功。外親以本非骨肉情疏，故聖人制禮無過緦也。」

△爲同母異父之兄弟姊妹也。

△其義服則爲從祖祖母也。　謂祖父之兄弟妻也。

△爲夫兄弟之孫也。

△爲從祖母也，謂祖兄弟之子妻也。

△爲夫從兄弟之子也。

△爲夫之姑姊妹，適人者不降也。

△女爲兄弟姪之妻，已適人亦不降也。

△爲娣姒云云。　傳曰：「娣姒婦者，弟長也。何以小功也？以爲相與居室中，則生小功之親焉。」注：「娣姒婦者，兄弟之妻相名也。長婦謂穉婦爲娣婦，娣婦謂長婦爲姒婦。」疏：「假令弟妻年大，稱之曰姒，兄妻年小，稱之曰娣，是以《左氏傳》穆姜是宣公夫人，大婦也，聲伯之母是

宣公弟叔肸之妻，小婦也。『聲伯之母不聘』穆姜，云『吾不以妾爲姒』，是據二婦年大小爲娣姒，不（接）〔據〕夫年爲小大之事也。」《儀禮經〔傳〕通解》五親屬記：「今按此篇所指，皆姒娣相對之定名，同事一夫則以生之先後爲長少，各事一夫則以夫之長却爲先後，所謂從夫之爵、坐以夫齒者是也。單舉則可通謂之姒，蓋相推讓之意耳。疏説恐非是。」

△庶子爲嫡母之父母兄弟姊妹云云。

△母出則爲繼母之父母兄弟姊妹也。　疏：「以其與尊者爲一體，既不得服所出母，是以母黨皆不服之。」

傳曰：「母出則爲繼母之黨服，母死則爲其母之黨服。爲其母之黨服，則不爲繼母之黨服，雖外親亦無二統。」

△爲庶母慈母者云云。　此謂嫡妻之子，庶母所乳養也。《儀禮》有君子子爲庶母慈己者條，疏家説甚長，今略之。與齊衰三年條下爲慈母不同。

△爲嫡孫若曾玄孫之當爲後者之婦，其姑在則否也。　按爲嫡孫若曾玄孫，當爲後者服不杖期，故今爲其婦服小功。然婦有夫之母姑也。則不服者，蓋婦是姑之嗣，而姑則統婦者，故有姑則姑爲之。　或嫡婦則服不杖期，衆婦則服大功，是以否也。

△爲兄弟之妻也，爲夫之兄弟也。　大功下已詳之。

按《儀禮》所不言《家禮》言之者有焉，《家禮》所不言《儀禮》言之者許多，蓋朱子料簡之。

○五曰緦麻三月。

疏：「此五服之内輕之極者，故以緦如絲者爲衰裳，又以澡治莩垢之麻爲絰帶，故曰『緦麻』也。『三月』者，凡喪服變除，皆法天道，故此服之輕者，法三月一時，天氣變可以除之，故三月也。緦則絲也，但古之『緦』『絲』字通用，故作緦。」服制，丘氏曰：「同小功，但用極細熟布爲之，冠辟積縫向左，首絰圍三寸，腰絰二寸，竝用孰麻爲之。」

△其正服則爲族曾祖父、族曾祖姑，謂曾祖之兄弟姊妹也。

經曰：「族曾祖父母、族祖父母、族父母、族昆弟。」注：「族曾祖父者，曾祖昆弟之親也。族祖父者，亦高祖之孫，則高祖有服明矣。」疏：「此即《禮記·大傳》云『四世而緦，服之窮也』。名爲四，緦麻者也。云『族曾祖父母』者，己之曾祖親兄弟也。云『族祖父母』者，己之祖父昆弟也。云『族父母』者，己之父從祖昆弟也。云『族昆弟』者，己之三從兄弟，皆名爲族。族，屬也。骨肉相連屬。以其親盡，恐相疏，故以族言之耳。云祖父之從父『昆弟之親』者，欲推出高祖有服之意也。以己之祖父與族祖父，相與爲從昆弟，族祖父與己之祖，俱是高祖之孫，此四緦麻，又與己同出高祖已上，至高祖爲四世，旁亦四世，旁四世既有服，於高祖有服明矣。」

△爲兄弟之曾孫也，謂之曾姪孫也。

△爲族祖父、族祖姑，謂族曾祖父之子也，乃曾祖父兄弟之子也。

△爲從父昆弟之孫也，謂之從姪孫也。

△爲族父、族姑，謂族祖父之子也，乃曾祖兄弟之孫也。

△爲從祖兄弟之子也。　再從兄弟之子，謂之再從姪也。

△爲族兄弟姊妹，謂族父之子，所謂三從兄弟姊妹也。

△爲曾孫玄孫也。　按經傳不言玄孫，蓋朱子加之也。疏：「不言玄孫者，此亦如齊衰三月章，直見曾祖，不言高祖，以其曾高同，曾玄亦同，故二章皆略不言高祖玄孫也。」

△爲外孫也。　疏：「以女出外適而生，故曰外孫。」

△爲從母兄弟姊妹，謂從母之子也。　傳曰：「何以緦也？以名服也。」疏：「從母有母名，而服其子，故以名服也。」

△爲外兄弟，謂姑之子也。　傳曰：「何以緦？報之也。」疏：「姑是内人，以出外而生，故曰外兄弟。」

△爲内兄弟，謂舅之子也。　傳曰：「何以緦？從服也。」疏：「『内兄弟』者，對姑之子。云『舅之子』，本在内不出，故得内名也。『從服』者，亦是從於母而服之。」

△其降服，則庶子爲父後者爲其母，而爲其母之父母兄弟姊妹則無服也。　經曰：「庶子

爲父後者爲母。」疏：「此爲無冢適，唯有妾子，父死庶子承後，爲其母緦也。」傳曰：「何以緦也？傳曰『與尊者爲一體，不敢服其私親也』。然則何以服緦也？有死於宫中者，則爲之三月不舉祭，因是以服緦也。」注：「君卒庶子爲母大功，大夫卒爲母三年。士雖在，庶子爲母皆如衆人。」疏：「云『一體』者，父子一體也。云『有死宫中』者，縱是臣僕，亦三月不舉祭，故庶子因是爲母服緦也。有死即廢祭者，不欲聞凶人故也。」「鄭并言大夫士之庶子者，欲見不承後者如此服，若承後則皆緦，故并言之也。」「若天子、諸侯庶子承後，爲其母所服云何？按《曾子問》云『古者天子練冠以燕居』，鄭云『謂庶子王爲其母』無服。按《服問》云『君之母非夫人，則群臣無服，惟近臣及僕、驂乘從服，惟君所服服也』，注云『妾，先君所不服也』。《禮》庶子爲後，爲母緦。言惟君所服，申君也。《春秋》之義，有以小君服之者。時若小君（臣）〔在〕，則（蓋）〔益〕不可』，據《曾子問》所云，〔據小君在則練冠，五服外，《服問》所云，〕據小君〔没後，其〕庶子爲得伸，故鄭云『申君』，是以引《春秋》之義，母以子貴。若然，天子、諸侯禮同，與大夫、士禮有異也。」記曰：「庶子爲後者，爲其外祖父母、從母、舅無服。」按庶子爲母，正服則齊衰三年，爲後則降服緦，故爲外祖父以下無服。

△其義服則爲族曾祖母也，曾祖兄弟之妻也。

△爲夫兄弟之曾孫也，謂之曾姪孫也。

△爲族祖母也。

△爲夫從兄弟之孫也，夫之從姪孫也。

△爲族母也，上文所謂族父者之妻也。

△爲夫從祖兄弟之子也，夫再從兄弟之子。

△爲庶孫之婦也。　疏：「以其適子之婦大功，庶子之婦小功，適孫之婦小功，庶孫之婦緦，是其差也。」

△士爲庶母，謂父妾之有子者也。　注：「大夫以上爲庶母無服，則爲庶母是士可知，庶人又無庶母。」　傳曰：「何以緦也？以名服也。大夫以上爲庶母無服。」疏：「以有母名，故有服。『大夫以上爲庶母無服』者，以其降也。」按絅齊先生《冠注》以「士」字爲衍者，失考耳。

△爲乳母也。　注：「謂養子者有他故，賤者代之慈己。」　傳曰：「何以緦也？以名服也。」

△爲婿也。　傳曰：「何以緦？報也。」

△爲妻之父母云云。　按妻之親母，雖嫁出猶服，何也？蓋女之在家爲嫁母、出母服杖期，雖適人亦宜降一等而已，故夫亦當從服緦也。

△爲夫之曾祖、高祖也。

△爲夫之從祖祖父母也。

經曰：「夫之諸祖父母，報。」注：「諸祖父者，夫之所爲小功，從祖祖父母、外祖父母。或曰曾祖父母，曾祖於曾孫之婦無服，而云報乎？曾祖父母正服小功，妻從服緦。」疏：「云『或曰曾祖父母』者，或人解『諸祖』之中兼有夫之曾祖父母，凡言『報』者，兩相爲服，曾祖爲曾孫之婦無服，何云報乎？鄭破或解也。云『曾祖父母正服小功，妻從服緦』者，此鄭既破或解，更爲（或）〔成〕人而言，若今本不爲曾祖齊衰三月，而依差降服小功，其妻降一等，得有緦服，今既齊衰三月，明（爲）曾孫妻無服。」

△爲兄弟孫之婦也。

△爲夫兄弟孫之婦也。

△爲夫之從祖父母也。

△爲從父兄弟子之婦也。

△爲夫從兄弟子之婦也。

△爲夫從父兄弟之妻也。

傳曰：「何以緦也？以爲相與同室，則生緦之親焉。」注：「同室者，不如居室之親也。」疏：「以大功有同室同財之義，故云『相與同室，生緦之親焉』。言『同室』者，直是舍同，未必安坐；

言『居』者，非直舍同，又是安坐。以上小功章親娣姒婦發傳，而云『相與居室』，此從父昆弟之妻相爲，即云『相與同室』，是親疏相并，『同室』不如『居室』中，故輕重不等也。」

或云此上恐脱「爲從父兄弟之婦也」一條，丘氏《儀節》本及圖並有之。

按或説、丘説恐並不是。疏云：「何以緦？」發問者以本路人，夫又不服之，今相爲服，故問之。此疏文不爲從父兄弟之婦服可見。

按夫爲從夫昆弟之妻無服，而其妻却爲夫之從父兄弟之妻有，何也？曰：妻以同室之親服之，夫則否者，蓋兄弟之妻與從父兄弟之妻，已同室之至近者，故避嫌無服。《檀弓》曰：「嫂叔之無服也，蓋推而遠之也。」注：「嫂叔之分，雖同居也，然在義爲可嫌，故推而遠之，不相爲服。」

△爲夫之從父姊妹，適人者不降也。

△爲夫之外祖父母也。

△爲夫之從母及舅也。何以後男而言。

△爲外孫婦也。

△女爲姊妹之子婦也。

△爲甥婦也。

按女子，他日適人者也，故在家時既與男子比之爲親戚服之一等輕。

大功九月。爲兄弟子之婦也，是男子爲同姓姪婦也。

小功五月。女爲兄弟姪之妻，已適人亦不降，是女子爲同姓姪婦也。

緦麻三月。爲甥婦也，是男子爲異姓姪婦也。

楊氏復曰：「當增爲同爨也，爲朋友也，爲改葬也，大夫爲貴妾也，士爲妾有子也。按《通典》：『漢戴德云：「以朋友同道之恩，故加麻三月。」晉曹述初問：「有仁人義士，矜幼携養積年，爲之制服，當無疑耶？」徐邈答曰：「禮緣情耳，同爨緦，朋友麻。」』又按《儀禮》補服條：『同爨，謂以同居生於禮可許，既同爨而食，合有緦麻之親。改葬，謂墳墓以他故崩壞將亡失尸柩也，言改葬者，明棺物毁敗改設之加葬時也，此臣爲君也，子爲父也，妻爲夫也，餘無服。必服緦者，親見尸柩，不可以無服。緦三月而除之，謂葬時服之。』又按《通典》：『戴德云：「制緦麻具而葬，葬而除，謂子爲父，妻妾爲夫，臣爲君，孫爲祖後者也。其餘親皆吊服。」魏王肅云：「非父母無服，無服則吊服，加麻。」』士妾有子而爲之緦，無子則已。謂士卑妾無男女則不服，不别貴賤也，大夫貴妾雖無子猶服之，故大夫爲妾緦，是别貴賤也。《性理大全》二十下同。劉氏垓孫曰：「司馬公《書儀》斬衰古制，而功緦又不古制，此却可疑。蓋古者五服皆用麻，但布有差等，皆用冠絰，但功緦之絰小耳。今人吉服不古而凶服古，亦無意思。今俗喪服之制，下用横布作欄，惟斬衰用不得。」

按楊氏復據《儀禮》以增條件，《儀禮》條件多而《家禮》則略之，丘氏亦增多者有焉，有《儀禮》所無《家禮》有者。

○**凡爲殤服以次降一等。**殤文也。

按本注據《儀禮》《喪服》經傳。而言。「十一」，丘本作「十二」，非。

△中殤七月。　按《家禮》無七月喪，至此言七月者，何也？《儀禮・喪服傳》曰：「其中殤七月。」疏：「五服之正，無七月之服，唯此大功中殤有之，故《禮記》云：『九月、七月之喪，三時是也。』」何故殤有七月之服？

注：「以日易月，謂生一月者，哭之一日也。」疏：「殤三等，皆以四年爲差，取法四時穀物變易也。又以八歲已上爲有服，七歲已下爲無服者，按《家語・本命》云『男子八月生齒，八歲齔齒，女子七月生齒，七歲齔齒』，今傳據男子而言，故八歲已上爲有服之殤也。傳必以三月造名始哭之者，三月一時天氣變，有所識昈，人所加憐，故據（者）〔名〕爲限也。云『未名則不哭也』者，不止依以日易月而哭，初死亦當有哭而已。」「王肅、馬融以爲日易月者，以哭之日易服之月，殤之期親則以旬有三日哭，緦麻之親者則以三日爲制。若然，哭緦麻三月喪與七歲同，又此傳承父母、子之下而哭緦麻孩子，（陳）〔疏〕失之甚也。」「云『以日易月，謂生一月者，哭之一日也』，若至七歲，歲有十二月，則八十四日哭之。」

「以日易月」，賈疏：「生一月者，哭之一日也，若至七歲，歲有十二月，則八十四日哭之。」今按生五月者哭之五月，如此則無親疏之別也。　王、馬之説以哭之日易服之月，殤之期親則以旬有三日哭，緦麻之親者則以三日爲制。　今按期親者一歲則生四月以上。十三日哭之，七歲者亦十三日哭之，如緦親亦一歲者、七歲者同是三日，如此則無少長之分也。　朱子蓋有定説，更考。

○凡男爲人後、女適人者，爲其私親皆降一等，私親之爲之也亦然。

丘氏曰：「按《家禮》于服制條下，於凡女之出嫁、未嫁之類，皆不書而撮其凡例于此，使人推究而得之也。今愚就于本條下添入在室及出嫁于各條下，大意便于觀者也。」

△女適人者降服云云。　按《喪服小記》詳言之，既於斬衰子爲父條下收其説。

△凡婦服失黨云云。

△凡妾爲其私親則如衆人。　按妾不得體君，故却無所厭，而爲私親不同于適人者，降一等服之如常，故云如衆人。　按「不杖期」條下妾爲其父母也，《筆記》須與此照考。　既以爲降父母，而此却曰如衆人者，可疑，更考。蓋除父母而言歟。

○成服之日主人及兄弟始食粥。

按始食粥及飲酒食肉之等差，《禮・喪大記》詳言之。

△樸馬布鞍云云。　樸馬布鞍謂男子，素轎布簾謂婦人。《性理大全》補注。

○凡重喪未除而遭輕喪云云。

《喪服小記》云：「除喪者先重者，注：「謂練，男子除乎首，婦人除乎（腰）〔帶〕。」易服者易輕者。注：「謂大喪既虞，卒哭而遭小喪也，其易喪服，男子易乎帶，婦人易乎首。」」疏曰：「此一節論服之輕重相易及（餘）〔除〕脱之義。『重』謂男首絰，女要絰。男重（者）〔首〕，女重要。凡所重者，有除無變，所以卒哭不受以輕服，至小祥，各除其重也，『謂練，男子除乎首，婦人除乎帶』是也。『易服者，易輕者』，易，謂先遭重喪，後遭輕喪，變先者。輕，則謂男子要，婦人首也。謂先遭斬服，虞、卒哭已變葛絰，大小如齊衰之麻。若又遭齊衰之喪，齊衰要、首皆牡麻，則重於葛。服宜從重，而男不變首，女不易要，以其所重（要）〔故〕也。但以麻易（故男女首）〔男要女首〕，是所輕〔故也。男子易〕乎帶，婦人易乎首，若未虞卒哭，則後喪不能變也。」

《雜記上》曰：「有三年之練冠，則以大功之麻易之，唯杖、屨不易。」注：「謂既練而遭大功之喪者也，練除首絰，要絰葛，又不如大功之麻重也。言練冠、易麻，互言之也。唯杖、屨不易，言其餘皆易也。屨不易者，練與大功俱用繩耳。」疏云，略于此。《雜記下》曰：「有父之喪，如未沒喪而母死，其除父之喪也，服其除服。卒事，反喪服。注：「沒，猶竟也。除服，謂祥祭之服也。卒事，既祭。反喪服，〔服〕後死者之服。」雖諸父、昆弟之喪，如當父母之喪，其除諸父、昆弟之喪也，皆服其除喪之服。卒事，反喪服。注：「雖有親之大喪，猶爲輕服者除，骨肉之恩也。唯君之喪不除私服。言當者，期大功之喪，或終始皆在三年之中。小功、緦麻則不除。殤長、中乃除。」如三年之喪，則既穎，其練、祥皆行。注：「言今之喪既服穎，乃爲前三年者變除而練、祥祭也。此主謂先有父母之服，今又喪長子者。其先有長子之服，今又喪父母，其禮亦然。則言未没喪者，已練〔祥〕矣。穎，草名，無葛之鄉，去麻則用穎。」王父〔死〕，未（綠）〔練〕、祥而孫又死，猶是附於王父也。注：「未練、祥，嫌（拾）〔未祫〕祭序於昭穆爾。王父既附，則孫可祔焉。猶，當爲由，由，用也。附，皆當作祔。」有殯，聞外喪，哭之他室。注：「明所哭者異也，哭之爲位。」入奠，卒奠出，改服即位，如始即位之禮。」注：「謂後日之哭，朝入奠於其賓。既，乃更即位，就他室，〔如〕始哭之時。」○此一節亦疏説略之。

「曾子問曰：『並有喪，如之何？何先何後？』注：「謂父母若親同者同月死。」孔子曰：『葬，先輕而後重；其奠也，先重而後輕，禮也。自〔啓及〕葬不奠。注：「不奠，務於當葬者。」行葬不哀次。注：「不哀次，輕於在殯者。」反葬，奠而后辭於殯，遂修葬事。注：「殯當爲『賓』，聲之誤也。辭於賓，謂告將葬啓期也。」其虞也，先重而後輕，禮也。』」疏説亦略于此。

朝夕哭奠　上食

○朝奠。　《檀弓》曰：「朝奠日出，夕奠逮日。」丘氏曰：「朝夕奠者，陰陽交接之時，思其親也。」

丘氏云：「凡奠用脯醢者，蓋古人家常有之，如無，别具饌數器亦可。」

△設盥櫛。《既夕》云：「燕養、饋、羞、湯沐之（膳）〔饌〕如他日。」注：「燕養，平日所用供養也。饋，朝夕食也。羞，四時之珍異。湯沐，所以洗去汙垢。《内則》曰『三日具沐』，五日具浴。孝子不忍一日廢其事親之禮，於下室日設之，如生存。進徹之時，如其頃。」疏：「如其平生子進食於父母，故雖死，象生時，若一（時）〔食〕之頃也。」

○食時上食。《既夕》疏：「『饋，朝夕食也』者，鄭注《鄉黨》云『不時，非朝夕、日中時。一日之中三時食』，今注云『朝夕』不言『日中』者，或鄭略言，亦有日中也；或以死後略去日中，直有朝夕食也。」

劉氏璋云：「朝夕奠，若暑月恐臭敗，則設饌如食，頃去之，止留茶酒果屬仍罩之。」

按朝夕奠，高氏云：「若遇朔望節序，則具盛饌，其品物比朝夕奠差衆。《禮》疏曰：『士則月望不盛奠，唯朔奠而已。』」朝夕奠猶點心，食時之食則羹飲之類，而朔日於朝奠設饌，又食時食之盛者歟？然丘氏謂：「朝夕奠設蔬果、脯醢、羹飯、茶酒，則朝夕奠亦有羹飯。」《家禮》朔日膳有羹飯，而朝奠不言羹飯。且《儀節》於上食曰「徹去朝奠」，又於夕奠曰「徹去舊奠」，上食時徹去於朝奠，則夕奠既徹去朝奠無舊奠，此爲可疑，蓋上食時暫時移居朝奠於側，復置於舊處乎？

○哭無時。　注：「既殯之後，朝夕及哀至乃哭，不代哭。」

○朔日云云。　經：「月半不殷奠。殷，盛也。」疏：「自大夫以上月半有奠。」

○有新物則薦之。　經：「有薦新如朔[一]奠。」

按朔望二奠，陳設有輕重。丘氏於是有母喪朔祭父主之，故其禮殷之説，《性理大全》亦於此收朱子之説及楊復之論，宜參考。

吊奠賻

○凡吊皆素服。

問：「今吊人用樸烏，此禮如何？」朱子曰：「此是玄冠以吊，正與孔子所謂『羔裘玄冠不以吊』者相反。」《家禮考證》云：「樸烏，疑烏帽。」

丘氏曰：「各隨其人所當服之衣，而用縞素者，今制惟國卹用布裹紗帽，其餘則不許，有官者衣可變而冠不可變，若無官者用素巾可也。」

《曲禮》云：「知生者吊，知死者傷。知生而不知死，吊而不傷；知死而不知生，傷而不吊。」

[一]「朔」，一本作「朝」。

○奠賻。　楊氏復云：「奠謂安置也。安置於神座前。」《士喪禮》注：「賻之言補也，助貨財曰賻。襚之言遺也，衣被曰襚。」疏：「引《穀梁傳》曰『乘馬曰賵，衣衾曰襚，貝玉曰含，錢財曰賻』是也。」

荀子曰：「賻賵所以佐生也，贈襚所以送死也。送死不及柩尸，吊生不及悲哀，非禮也。賵贈及事，禮之本也。」司馬公曰：「奠貴哀誠，酒食不必豐腆也。」

○具刺。　尺牘。注：「古未有紙，削竹木，書姓名曰刺。」

△門狀。　文體見于《翰墨全書》。

△名紙題其陰面。

△炷火。　炷者主，字書：燼所著者，又燈中火主。　按《儀節》謂既通名，主人焚香然燭云云，焚香恐不是。

△酹茶酒。　按《儀節》止言酹酒，不言茶，「茶」字恐衍。更考。

△入酹跪酹。　楊氏復云：「按程子、張子與朱先生後來之説，奠謂安置也，奠酒則安置於神座前，既獻則徹去。奠而有酹者，初酌酒則傾少酒于茅，代神祭也。今人直以奠爲酹，而盡傾之於地，非也。高氏之説亦然。與此條所謂入酹跪酹，似相牴牾，蓋《家禮》乃初年本，當以後來已定之説爲正，詳見祭禮降神條。」高氏云：「既謂之奠，而乃燒香酹酒，則非奠矣，承習久矣，非禮也。」按

酹本是代神傾少酒于地也，後世以奠爲酹，盡傾之于地者，謬矣。如楊復之言也。已以奠爲酹，則以酹爲奠，所謂酹茶酒，亦以奠物之茶酒安置于神座前，此謂酹茶酒乎？下文所謂蒙奠酒與酹一事，而以酹爲安置之義乎？

△賓再拜，主人哭，出，西向稽顙再拜云云。　高氏云：「喪禮不答拜。凡非吊喪，無不答拜者。胡先生《書儀》曰『若吊人是平交，則落一膝，展手策之，以表半答。若孝子奠吊人卑，則側身避位，俟孝子伏次，卑者跪。還須詳緩去就，無令跪伏與孝子齊。』　楊氏復云：「按吊禮，主人拜賓，賓不答拜，此何義也？蓋吊，賓來有哭拜或奠禮，主人拜賓以謝之，此賓所以不答拜也，故高氏書有半答跪還之禮。凡禮必有義，不可苟也。《書儀》《家禮》從俗，〔有賓答〕拜之文，亦是主人拜賓，賓不敢當，乃答拜。今世俗吊賓來，見几筵哭拜，主人亦拜，謂代亡者答拜，非禮也。既而賓吊主人，又相與交拜，亦非禮也。」

丘氏云：「按《曲禮》凡非吊喪、非見國君，無不答拜者，則吊喪不答拜明矣。而《家禮》本《書儀》，乃從世俗，有賓主答拜之文，蓋禮從宜，三先生蓋以義起也。吊不答拜，《禮》有明訓，三先生尚以義起之，若夫祭奠而主人代亡者拜，恐無甚害，今從。吊奠者尊長于亡者，則主人代拜，平等與卑者則否。」

《奔喪記》：「凡拜賓，皆就賓之位而拜之，拜竟，則反己之位而哭踊也。」《考證》。

△若尊長拜賓，禮亦同此。　上文已言尊卑所稱之異，此承上文曰主人尊長而拜賓，其禮節之差等亦猶此耳。

△護喪出迎。　疏：「此時有吊葬之賓，主人皆不出迎，但在位拜之。所以不出迎者，既啓之後，既覩尸柩，不可離位以迎賓，唯有君命乃出。」天木時中云：「《家禮》不塗殯，三月未葬之間，如古人既啓之後，故主人不出迎，使護喪出迎。」

附考

○知生者吊，知死者傷。知生而不知死，吊而不傷；知死而不知生，傷而不吊。《曲禮》。

○君使人吊，撤帷，主人迎于寢門外，見賓不哭。《士喪禮》。

○大夫之喪，將大斂，既鋪絞、紟、衾、衣。君至，主人迎，先入門右。卒斂，宰告，主人降，北面于堂下。君撫之，主〔人拜〕稽顙。君降，升主人馮之，命主婦馮之。《喪大記》，下同。

○大夫、士既殯，而君往焉，使人戒之，主人具殷奠之禮，俟于門外，若君不戒而往，不具殷奠，君退必奠。

○君吊，見尸柩，而後踊。陳注：「既殯而君往，是不見尸柩也，乃視祝而踊。」

○喪，公吊之曰「寡君承事」。示亦爲執事來。主人曰「臨」。君（辰）〔辱〕臨其臣之喪。《檀弓》。

○君吊，則復殯服。注：「復，反也。反其未殯、未成服之服，新君事也。謂臣喪既殯後，君乃始來（吊）也。」《喪大記》。

○諸侯吊於異國之臣，其君爲主。君爲之主，吊臣，恩爲己也。子不敢當主，中庭北面哭，不拜。疏：「君無吊他（國）〔臣〕之禮，若來在此國，遇主國之臣喪時，爲彼君之故而吊，故主國君代其臣之子爲主。」《小記》。

○君遇柩於路，必使人吊之。注：「君於臣民有父母之恩。」《檀弓》。

○周人有喪，魯人有喪，周人吊，魯人不吊。周人曰：「固吾臣也，使人可也。」魯人曰：「吾君也，親之者也，使大夫不可也。」故周人吊，魯人不吊，以其〔下〕成、康爲未久也。君主尊也，去父之殯而往吊猶不敢，况未殯而臨諸臣乎？定公元年《穀梁傳》。今按《禮記·王制》：「天子七日而殯，七月葬。」疏曰：「其諸侯奔〔喪〕，案《異義》：『《公羊》記天王喪，赴者至，諸侯哭。雖有父母之喪，越紼而行事，葬畢乃還。《左氏》説王喪，赴者至，諸侯既哭，問故，遂服斬〔衰〕，使上卿（未）〔吊〕，上卿會葬。經書「叔孫得臣如京師葬（裹）〔襄〕王」，以爲得禮。許慎案：《易下（郡）〔邳〕傳》（其）〔甘〕容説，諸侯在千里内皆奔喪，千里外不奔喪者，同姓千里外猶奔喪，親親也。容説爲近禮。』鄭駁之曰：『天子於諸侯無服，諸侯爲天子斬衰三年，尊卑有差。案魯夫人成風薨，王使榮叔歸含且賵，召伯來會葬，傳曰禮也。襄王崩，叔孫得臣如周，葬襄王。天子於魯既含且賵，又會葬，爲得禮，則魯於天子，一大夫會爲不得禮可知。又《左傳》云鄭游吉(之)〔云〕：「靈王之喪，我先君簡公在楚。我先大夫(即)〔印〕段實往，(蔽)〔敝〕邑之少卿也。王吏不討，(恤)〔䘏〕所無也。」豈非諸侯奔天子喪及會葬之明文？說《左傳》者，云諸侯不得棄其所守奔喪，自(達)〔違〕其傳。同姓雖千里外猶奔喪，又與禮乖。』但說《左氏》者自(達)〔違〕其傳，云不奔喪。」《續通解》。

○邾婁子來奔喪，奔喪，非禮也。禮，天子崩，諸侯會葬；諸侯薨，有服者奔喪，無服者會葬，魯與邾婁無服，故以非禮書。○定公十五年《公羊傳》。

○其國有君喪，不敢受吊。疏：「國有君喪，而臣又有親喪，則不敢受他國賓來吊。以義斷恩，哀痛主於君，不私於親也。」《雜記》。

○曾子曰：「三年之喪而吊哭，不亦虛乎？」注：「爲彼哀則不專於親也，爲親哀則是妄吊。」疏：「云『虛』者，吊與服並虛也。」《曾子問》。

○三年喪，雖功衰，小祥後。不吊，自諸侯達諸(世)〔士〕。如有服而往哭之，則〔服〕其服而往。期之喪，既葬，大功，吊，哭而退，不聽事焉。不待主人襲斂等事。按聽與下待事同。期之喪，〔未〕葬，吊於鄉人，哭而退，不聽事焉。功衰，吊，待事不執事。小功、緦，執事，不與於禮。

執事，謂擯相也。禮，饋奠也。○《雜記》。

○有殯，聞遠兄弟之喪，雖緦必往。親骨肉也。非兄弟，雖鄰不往。疏無親也。所識，其兄弟不同居，皆吊。就其家吊之，成恩舊也。○《檀弓》。

○主人未降喪，有兄弟自他國至，則主人不免而爲主。注：「親質，不崇敬。」疏：「夫免必有時，若葬後，唯君來吊，雖非亦爲之免，崇敬，欲新其事也。若五屬之親，非時而（葬）〔奔〕，則主人不須爲之免也。嫌（新）〔親〕始奔，亦應崇敬如君，故明之也。」

○凡喪服未畢，有吊者，則爲位而哭，拜踊。注：「客始來，主人不可以殺禮待之。」○《雜記》。

○子張死，曾子有母之喪，齊衰而往哭之。或曰：「齊衰不以吊。」曾子曰：「我吊也與哉！」注：「朋友哀痛甚而往哭，非若凡吊。」疏：「此一節論哭朋友失禮之事。」

○五廟之孫，祖廟未毀，雖爲庶人，死必赴，練、祥則告。族之相爲也，宜吊不吊，宜免不免，有司罰之。至于賵、賻、承、含，皆有正焉。疏：「族人雖或至賤，吉凶必須相告，吊賵含贈皆當有正禮，庶子掌其正焉。正者，使賵賻隨其親疏，各有正禮。」《文王世子》。○「承」文在「賻含」之（疏）〔間〕。

○隱公三年秋，武氏子來求賻，喪事無求，求賻非禮也。蓋通于下。嫌天子財多不當求，（于）〔下〕財少可求，故明皆不當求之。○《左傳》。

○伯高之喪，孔氏之使者未至，謂賻賵者。冉子攝束帛、乘馬而將之，孔子曰：「異哉！徒使我不誠於伯高。」注：「徒，猶空也。禮所以副忠信也，忠信而無，禮何傳乎？」疏：「何傳乎？不可傳行。」

○童子曰「聽事」。疏：「童子未成人，雖往適他〔喪〕，不與成人爲比方，但〔大〕〔來〕聽主人以事見使，故云『願聽事於將命者』也。」適公卿之〔長〕〔喪〕，則曰「聽役於司徒」。疏：「司徒主國之事，〔次〕〔公〕卿之喪，則司徒皆率甚屬掌之。《檀弓》云『孟獻子之喪，司徒〔旅〕歸四布』是也。〔檀弓〕〔《隱義》〕云：『公卿亦有司徒官，以掌喪事。』」○《小記》。

○婦人非三年之喪，不踰封而吊。如三年之喪，則君夫人歸。夫人其歸也，以諸侯之吊禮；其待之也，若待諸侯然。夫人至，入自闈門，升自側階，君在阼。其他如奔喪禮然。《雜記》。

○婦人不越疆而吊人。注：「不通外。」○《檀弓》，下同。

○五十無車者，不越疆而吊人。氣力始衰。

○子游曰：「既祥，雖不當縞者，必縞。然後反服。」謂有以喪事贈賵來者，雖不及時，猶變服，服祥祭之服以受之，重其禮也。其於此時始吊者，則衛將軍文子之爲之是矣。反服，反素縞、麻衣也。《檀弓》，下同。

○將軍文子之喪。既除喪，而後越人來吊，主人深衣練冠，待于廟，〔無〕〔垂〕涕洟。凡主人，文子之子，簡子瑕也。深衣練冠，凶服變也。待于廟，受吊不迎賓也。子游觀之曰：「將軍文子之子，其庶幾乎亡於禮者之禮也。其動也中。」注：「中禮之變。」疏：「《雜記》曰：『既祥，雖不當縞者必縞，然後反服。』注云：『謂有以喪事贈賵來者，雖不及時，猶變服，服祥祭之服以受之，重其禮也。』《雜記》經文本爲重來者，故縞冠，衛將軍之子始來者，故練冠，故《雜記》注引此文者，證禫後來吊之事一邊耳。推此而言，禫後始來吊者，則著祥冠。若禫後更來有事，主人則著禫服。其吉祭已後，或來吊者，其服無文。除喪之後，有吊法。」「又曰：文子之子庶幾堪行乎無禮文之禮也。動舉也中，當於禮之變節也。」

○宓子賤曰：「雖有公事，而兼以吊死、問疾，是朋友篤也。」孔子喟然謂子賤曰：「君子哉，若人！」《家語》。

○吊人，是日不樂，行吊之日，不飲酒食肉焉。《檀弓》，下同。

○死而不吊者三：畏、自經于溝瀆之類。厭、立岩牆下之類。溺。無故不舟而游之類。

○吕氏《吊説》曰：「《詩》曰『凡民有喪，匍匐救之』，不謂死者可救而復生，謂生者或不救而死也。夫孝子之喪親，不能食者三日，其哭不絶聲，既病矣，杖而後起，問而〔後〕言，其惻怛之心、痛疾之意，不欲生，則思慮所及，雖其大事有不能周知者，而况于他哉！故親戚、僚友、鄉黨聞之而往者，不徒吊哭而已，莫不爲之致力焉。始則致含襚以周其急；見《士喪禮》《文王世子》。三日則共糜粥以扶其羸；見《問喪》。每奠則執其禮；見《曾子問》。將葬則助其事；見《檀弓》。其從柩也，少者執紼，長者專進止；見《雜記》《曾子問》。其掩壙也，壯者盈坎，老者從反哭；見《雜記》。祖而賵焉，不足則贈焉，不足則賻焉；竝見《士喪禮》。凡有事則相焉，見《檀弓》。斯可謂能救之矣。故適有喪者之詞，不曰『願見』，而曰『比』，雖國君之臨，亦曰『寡君承事』，他國之使者，曰『寡君使某，毋敢視賓客』。見《少儀》《檀弓》《雜記》。主人見賓，不以尊卑貴賤，莫不拜之，明所以謝之，且自別于常主也。賓見主人，無有答其拜者，明所以助之，且自別于常賓也。見《曲禮》。自先王之禮壞，後世雖傳其名(教)〔數〕，而行之者多失其儀，喪主之待賓也如常主，喪賓之見主人也如常賓。如常賓，故止于弔哭，而莫敢與其事；如常主，故舍其哀而爲衣服飲食以奉之，其甚者至于損奉終之禮，以謝賓之勤，廢弔哀之儀，以寬主之費，由是則先王之禮意其可如是而已乎？今欲行之者，雖未能盡得如禮，至于始喪則哭之，有事則奠之，奠不必更自致禮，唯代主人之獻爵是也。又能以力之所及，爲營喪具之未具者，以應其求，輟子弟僕隸之能幹者，相助其役，易紙幣壺酒之奠，以爲襚，除供張饋食之祭，以爲賵與賻，凡喪家之待己者，悉以他辭受焉，庶幾其可也。」〇按今世俗於親賓來弔、奠，往往設席以待之，裂帛以散之，是正呂氏所謂「如待以常賓，舍其哀而爲衣服飲食以奉之」者。今世俗之人，送之日，親友醵錢，爲主人設宴于墓所，醉飽歌唱，甚者孝子亦預飲啜，此何禮也？今擬親賓之來，路遠者令無服之人設素饌以待之，似亦無害，但不可飲酒耳。至于裂帛分散，習俗已及，一旦驟革，恐亦未能，有力之家隨俗亦可，若貧無力者，勉强舉債鬻産爲之則不可耳。《儀節》五卷十三版。

聞喪　奔喪　治葬

○始聞親喪，哭。

《禮·奔喪》篇曰：「奔喪之禮：始聞親喪，以哭答使者，盡哀；問故，又哭盡哀。」注：「親，父母也。以哭答使者，驚怛之哀無辭也。問故，問親喪所由也。雖非父母，聞喪而哭，其禮亦然也。」

○易服。

丘氏曰：「裂布爲脚，《家禮》本《書儀》，恐是當時有此製。今世人不用，忽然以行遠路，恐驚俗觀，擬用有子粗麻市爲衫，戴白帽，束以麻繩，著麻鞋。」

○遂行。

《奔喪》曰：「遂行，日行百里，不以夜行。注：「雖有哀戚，猶避害也。遂行者，不爲位。」唯父母之喪，見星而行，見星而舍。」丘氏云：「日行百里，言其大約也。」《書儀》云：「今人雖或與親屬偕行，不能百里，道中亦不可留滯也。」

《東路鹽士傳》云：「外國一里，當日本四町半七間。」一四版。

《鎌倉志》云：「關東以日本六町爲一里。」六十六版。

按，於此《奔喪》篇有「若未得行則成服而(右)〔后〕行」十字。注：「謂以君命有爲者也，成喪服，得行則行。」

○道中哀至則哭。

《奔喪》云：「哭辟市朝。」注：「爲驚衆也。」

○望其州境、其縣境、其城、其家，皆哭。

○《奔喪》云：「望其國境哭。」注：「斬衰者也，自是哭且遂行。」疏：「按《聘禮》云，行至他國竟上而誓衆，使次介假道，是國境行禮之處。去時親在，今反親亡，故哭盡哀戚，感此念親也。」

○入門云云。

△初變服如初喪。　如第一版左所謂易服也。謂被髮徒跣，《儀節》可見。

△又變服。　如第六版左袒括髮免髽也。《儀節》可見。

△如大小斂亦如之。　謂歸家時當大小斂，亦初變服復變，如上次第。

○《奔喪》云：「至於家，入門左，升自西階，殯東，西面坐，哭盡哀，括髮袒。」　按《奔喪》篇，成服前有三哭之禮，《家禮》略之。

○後四日成服。(間)〔聞〕後之第四日。

《奔喪》云：「三日成服，拜賓、送賓（送賓）皆如初。」按言「三日」者，其實第四日也，所謂死與往日者也。」

○若未得行，則爲位不奠。

《奔喪》疏：「此奉君命而使，使事未了，不可以己私〔喪〕廢於公事，故成服以俟君命，則人代己也。」按，於此，《儀節》、丘氏詳之。

《奔喪》云：「凡爲位不奠。」注：「以其精神不在乎是。」

○變服。　在道、至家，皆如上儀。

○若既葬云云。《喪大記》曰：「在竟内則俟之，在竟外則殯葬可也。奔喪者不及殯，先之墓，北面坐，哭盡哀云云。」

△已成服。此謂道遠不歸家已成服者也。

○齊衰以下，聞喪，爲位而哭。

按齊衰以下，則除父母之外也。

張子曰：「『爲位』者，爲位哭也，然亦有神位。」按《家禮》曰尊長卑幼異處，則恐無神位乎，或神位亦空位乎？

△廨。字書：官舍。

〇若奔喪云云。

△齊衰望鄉而哭云云。　《奔喪》云：「齊衰望鄉而哭，大功望門而哭，小功至門而哭，緦麻即位而哭。」注：「奔喪哭，親疏遠近之差也。」疏：「按《雜記》云『大功望鄉而哭』者，《雜記》所云者，謂本齊衰喪者降服大功。」此云『望門而哭』。」

〇若不奔喪云云。

《喪服小記》云：「奔兄弟之喪，先之墓而〔後〕之家，爲位而哭。所知之喪，則哭於宮，而〔後〕之墓。」疏：「兄弟骨肉，自然相親，不由主人，故先往之墓。所知之喪，由主人乃致哀戚，故先哭於宮而後至墓。」

大夫以君命出，聞喪，徐行而不反。聞喪者，聞父母之喪，不忍疾行，又爲君當使人追代之。以喪喻疾者，喪尚不當反，況於疾乎？宣公八年《公羊傳》。

〇三月而葬，前期擇地之可葬者。

《檀弓》曰：「葬者，藏也。藏也者，欲人之弗得見也。」

△古天子七月至踰月而葬。　《王制》之文。

△葬師之説。　臨川吴氏曰：「葬師之説，盛于東南，郭氏《葬經》者，其術之祖也。郭璞，字景純，晉河東人，作《葬經》，後進位大司馬。《文會筆録》一之三，五十八版。載《答胡伯量書》。

《二程外書》，程氏兄弟所葬以昭穆定穴。載《筆録》一之三，五十八版。《二程全書》六十四，五版。載《下穴昭穆圖》。《周禮·家人》曰：「先王之葬居中，以昭穆爲左右。」注：「先王之葬居中，而子孫以昭穆夾處，與廟制同。」程氏蓋本于此。

△子游問喪具云云。見《檀弓》。陳注：「『惡乎齊』，言何以爲厚薄之劑量也。『還葬』，謂歛畢即葬，不殯而待月日之期也。『縣棺而封』，謂以手縣繩而下之，不設碑繂也。」窆葬，下棺也。

△廉范。《漢書》：「廉范，杜陵人。父遭亂，客死於蜀。范時年十五，往迎父柩，船沉俱溺，以救得免。明帝時，范舉茂才云云。」

△郭平。《漢書·孝義傳》：「郭平家貧力學，親死不送葬，遂賣身於富家爲傭，覓錢營墓云云。」

△於禮，未葬不變服。言未葬不變喪服也。

△延陵季子。《檀弓》。吴公子札，讓國而居延陵，故曰「延陵季子」。嬴、博，齊二邑名。

△卜其宅兆。《孝經》云：「卜其宅兆而安措之。」《大義》云：「宅，塚穴也。兆，墓域也。」

△窑。字書：音姚，燒瓦竈。

△皆决於卜筮。司馬温公曰：「莅卜或命筮者擇遠親或賓客爲之。及祝執事者，皆吉冠素

服。」注：「非純吉，亦非純凶，素服者，但徹去華采珠金之飾而已。」

△筮葬地。　《士喪禮》：「筮宅冢人營之云云。」

△卜日。　亦《士喪禮》有卜人占葬日事。

《曲禮》云：「凡卜筮日，旬之外曰『遠某日』，旬之内曰『近某日』。注：「旬，十日也。」喪事先遠日，吉事先近日。」注：「孝子之心。」疏：「今月下旬筮來月上旬，是旬之外日也。」「筮旬内之日，是旬之内日也。」「喪事謂葬與二祥，是奪哀之義也。非孝子之所欲，但制不獲已，故先從遠日而起，示不宜急，微伸孝心也。」「吉事謂祭、祀、冠、昏之屬，故《少牢》云『若不吉，則及遠日』，是先近日也。」

○擇日，開塋域，祠后土。

塋域。字書：葬地也。

△掘穴四隅。　丘本作「掘兆」，丘氏云：「掘兆，謂掘地，四隅爲塋兆之域，非謂開穴也。今《家禮》刻本多誤以『兆』字爲『穴』字，相承之誤久矣。殊不知本文只是開塋域，下文穿壙方是掘穴。」

按兆是墓域也，非壙穴也。丘氏謂「開穴也」可疑，《家禮》掘穴之穴亦不指壙穴而言，謂塋域之四際掘小穴，穴定墓域者也。「掘穴」不必作「掘兆」，其義無礙矣。

丘氏云：「今制，塋地一品周冂九十步，二品以下每品降十步，七品以下三十步，士庶之家准此以降殺可也。」

《士喪禮》曰：「掘四隅，外其壤，掘中，南其壤。」注：「爲葬將北首故也。」疏：「『堀中，南其壤』，爲葬時北首，故壤在足處。《檀弓》云『葬於北方，北首，三代之達禮也』。」

△告后土氏。　丘氏云：「按古禮雖有合葬墓左之文，而無所謂『后土氏』者。惟唐《開元禮》有之，温公《書儀》本《開元禮》，《家禮》本《書儀》，其喪禮開塋域及窆與墓祭俱祀后土。然后土之稱對皇天也，士庶之家有似乎僭，考之《文公大全集》有祀土地祭文，今擬改后土氏爲土地之神。」

△吉服。　上文決於卜筮之下，温公之説可見。

△日子。　按《筆録》引《韵會》云云，蓋以每日起子之義，則日子只是日之謂，而日子是連綿字也。絅齋先生以子爲兩個，則子是十二支之一，舉之以兼其餘，書朔日與當日之支干之義。

△清酌。　疏：「直言酌者，以彼直有酒，故不言酒，是酒可知。」《曲禮下》：「酒曰清酌。」

○遂穿壙。

△隧道。　寘韵，墓道也，謂掘地通道以葬。《周禮》：「家人丘隧。」注：「羡道也。」疏：「天子有隧，諸侯以下有羡道，隧則上有負土。」

△擴。　字書：擲也。按《性理大全》作「竁」。

△古者唯天子得爲隧道。　《國語》：「晉文公請隧，弗許。周襄王曰：『王章也，不以二王。』」《左傳》亦言之。

按夫婦合葬之位，及壙中深淺之事，《語類》有說。今以其説推之，壙中空虛，人可步行，故此温公狹則不崩損之云，亦似無疑。

又按棺與椁之間有空隙，可以容物，故《喪大記》云：「棺椁之間，君容柷，大夫容壺，士容甒。」

○作灰隔。以代槨。

壙中最下。炭末二三寸，次三物二三寸。以淡酒灑之。最上。灰隔。以薄板作之，本注所謂「牆」者，非別爲一物。灰隔，四方板也，下文九三版左所謂四牆者可見。又以薄板隔炭與三物之間。所謂近上者。按灰隔是如椁而無底筐也。謂之如椁，則蓋無底物也。然謂之灰隔，則似當有底，且有蓋，瀝青塗之，則底亦當有之，更考。蓋則窆後加之。灰隔内以瀝青塗之，未下於壙中前塗之。灰隔四外墻高於棺四寸許，以置於灰上而下四物，外炭末，内三物。當四旁下四物，別以薄板隔四旁之炭與三物之間，此「薄板」，《性理大全》補注謂之「築板」者。此築板則旋抽之近上者。加灰隔内外蓋，二十三版左。内蓋是灰隔之内板蓋也，外蓋是灰隔板高於棺四寸許者所謂墻。之蓋也。

按炭末厚二三寸，恐甚薄，《語類》八十九云「炭末約厚七八寸許」，蓋如此厚可也。

△全石。《性理大全》作「金石」。

按《檀弓上》云：「有虞氏瓦棺。」注：「始不用薪也。有虞氏上陶。」「夏后氏堲周。」注：「火熟曰堲，燒土冶以周於棺也。或謂之〔土〕周，由是也。」「殷人棺椁。」注：「椁，大也，以木爲之，言椁大於棺也。殷人上梓。」「周人牆置翣。」注：「牆，柳衣也。」自古棺外有或椁或堲周或柳衣如此。

惕齋中村《欽慎終疏節》曰：「灰隔如椁而無蓋底，以隔沙灰與炭末也云云。」按此説與《家禮》不合，非矣。

△必誠必信。《檀弓上》。

○刻誌石。

李繼善問「九品以下至庶人無誌石」，朱子答書曰：「不有僭偪之嫌云云。」《文集》。誌石，漢以前已有之，見于《事物紀原》九。

△某官某公之墓。

△某君某甫。　按丘氏詳言書法。

△埋之壙前近地面三四尺間。　按「三四尺」者，指壙南而言。「近地面」者，謂近壙外地面。下文「下誌石」條下云「壙内近南」是也。後按，此説非也，「近地面」者謂其深；「三四尺」者，其深三四尺也。《答李繼善書》云「誌石須在壙上二三尺計」，若在壙中則已暴露矣。○中村惕齋亦謂：「自地面下三四尺間。」

先生葬長子，埋銘石二片，各長四尺闊二尺許。《語類》八十九。或云厚三四寸。《二禮童覽》。

絅齋先生用假名字書之。

△造明器。

《檀弓》曰：「孔子曰『之死而致死之，不仁而不可爲也。之，往也。以禮往送死者而極以死者之禮待之，是無愛物之仁。之死而致生之，不知而不可爲也。往送死者而以生者之禮待之，是無燭理之明。是故竹不成用，竹器。瓦不成味，瓦器不成黑沫之光。木不成斲。其曰明器，神明之也。』」以神明之道待之也。孔子謂爲「明器」者，知喪道矣，備物不可用也。丘氏云：「高氏曰：晉成帝詔：重壤之下豈宜重飾，惟潔掃而已。張説曰：墓中不置餅瓻，以其近于水也；不置羽毛，以其近于尸也；不置黄金，以其久而爲怪也；不置丹朱、雄黄、礜石，以其近烈而燥，使土枯而不滋也。古人納明器于墓，此物久而致蟲必矣，如必欲用之，則莫若于壙旁别爲坎以瘞之也。」按朱子不用明器，見《答陳安卿書》，收于《筆録》。

△刻木。丘氏云：「泥塑亦可。」

○下帳。金芝山曰：「帳，猶供帳之帳。凡鋪陳器物，總謂之供帳，故此牀、席、椅、卓之類，以一『帳』字包之。『下』字，上下之『下』。」按此説可疑，「帳」是注中所謂牀帳之「帳」，帳是帷幔之屬，舉一物以包之，如金氏之説，則「下」字亦難通。

○苞。《既夕》本文云「葦苞，三尺一編」。

按卷首圖，其形圓而以竹造之，然劉氏璋曰：「《既夕禮》『苞二，所以裹奠羊豕之肉』。注云『用便易』者，謂葦長難用，裁取三尺，一道編之。」補注：「《儀禮》注，『苞草』也，古稱苞苴是也。《曲禮》注，『苞』者，苞裹魚肉之屬；『苴』者，以草藉器而貯物也。」以是見之，則或竹或草造之，編其中一道以包物者，其形如薦歟？卷首圖誤矣。

△遺奠餘脯。《儀節》作「遺奠脯醢」，尤分明。

○筲。

司馬公曰：「今但以小甕，貯五穀各五升可也。」劉氏璋曰：「《既夕禮》筲三，容與簋同，盛黍稷麥，其實皆淪。」注云：「皆湛之以湯，神之所享，不用食道，所以爲敬也。」補注：「按《儀禮》注，『筲』『箱』通，飯器，容與（與）簋同。《論語》注：『筲，竹器，容斗二升。』」

按卷首圖，其形圓而口小腹大。《既夕記》疏：「筲，以菅草爲之，筲三各盛一種黍、稷、麥也。」

又按《既夕禮》曰：「苞二。筲三，黍、稷、麥。」今《家禮》謂「苞三、筲五」，不知何故如此其數之異矣，丘氏亦不言。

○甖。

《既夕禮》：「罋三，醯、醢。」疏：「罋斗二升。○醯，酢也。《論語》：『乞醯。』醢，肉漿也。」丘氏云：「竊謂宜少其制，每種各置少許，五穀每種存數十粒，脯醢存一二塊，庶幾存古，似亦無害。」

○大轝。丘氏圖并説甚詳。

按兩手對轝之車也。

△柳車。　喪車也，柳，聚也，諸飾所聚也，其制見于《三家禮圖》及《書儀》。柳車見《士喪禮》及《喪大記》，丘本五三十四版載之。

△扎縛。　扎、札同。扎，櫛也，編之如櫛齒相比也，以麻繩縛之如櫛而相比也。金芝山曰：「扎系，同纏束也。」

△竹格。　其形則卷首圖大槩可見。

△撮蕉亭。　或云：「或松或柏，植之四方，屈集之以爲屋者，謂之松亭、柏亭之類歟？」蓋

以蕉葉覆以爲屋者也。

△流蘇。　《性理大全集覽》曰:「按《考索倦游録》:『盤線繪綉之毬,五彩錯爲之,同心而下垂者,曰流蘇。』摯虞曰:『流蘇,緝鳥尾而垂之,若流然。以其桀不垂,故曰蘇。』今俗謂條頭桀爲蘇。《吴都賦》注:『流蘇者,五色羽飾,惟四角,角垂之也。』」

按,蘇,《字彙》:蘇,猶鬚也。又散貌。條頭桀謂之蘇,亦是此義。

△罣。音卦,礙也。

○翣。

《喪大記》:「畫翣二。」注:「翣形似扇,木爲之,在路則障車,入椁則障柩。」

△以木爲筐。　金芝山曰:「『筐』字可疑,《夏官·御僕》『大喪持翣』,注疏作『匡』字是也。」按「筐」與「匡」同,金説不是。

△黼。斧形。黻。兩己相戾。

△準格。　丘氏曰:「準格者,依宋制也。」《儀節》五,四十二版。金芝山曰:「格,式也,階級也。一説格,竹格也,準之竹格而用之,若用竹格則翣不用可也。」此説不是。

《喪大記》曰:「大夫黼翣二、畫翣二,士畫翣二。」

○作主。

△勒。刊也，刻也。

△古者虞主用桑云云。　《春秋》：「文二年作僖公主。」三《傳》言之。《胡氏傳》曰：「作主，造木主也。既葬而反虞，虞主用桑，期年而練祭，練主用栗，用栗者藏主也。」《集解》云：「《士虞禮》曰，桑主不文，三代同者，用意尚麤犅，未暇別。」虞主，虞祭之神主。練，小祥冠。

遷柩　朝祖　奠　賻　陳器　祖奠

○發引前一日，因朝奠以遷柩告。

引，所以引柩車，在軸輴曰紼，輴，棺車也。《正衡》云。引，柩前之索。

△古有啓殯之奠。　《既夕禮》曰：「請啓期，告於賓云云。」

楊氏復曰：「古禮自啓殯至卒哭，更有兩變服之節。啓殯，斬衰男子括髮，婦人髽，蓋小斂括髮、髽，今啓殯亦不柩，故變同小斂之節也，此是一節。今既不塗殯則亦不啓，雖不變服可也。古禮啓殯之後，斬衰男子免，至虞、卒哭，皆免，此又是一節。」《開元禮》，主人及諸子皆去冠絰以斜布(山)〔巾〕帕頭，亦放古意，《家禮》今皆不用，何也？司馬溫公曰：「自啓殯至于卒哭，日數甚多，若使五服之親皆不冠而袒免，恐其驚俗，故但各服其服而已。」

○奉柩朝于祖。

《既夕禮》曰:「遷于祖用軸。」注:「遷,徙也。徙於祖,朝祖廟也。《檀弓》曰:『殷朝而殯於祖,周朝而遂葬。』蓋象平生時將出,必辭尊者。軸狀如長牀。」疏:「殷人將殯之時,先朝廟訖,乃殯,至葬不復朝也。周人殯于路寢,至葬時乃朝,朝訖而遂葬。」又《既夕禮》:「重先,奠從,燭從,柩從,主人從。」注:「行之序也。主人從者,丈夫由右,婦人由左,以服之親疏爲先後,各從其昭穆。男賓在前,女賓在後。」疏:「假令昭親則在先,昭疎則在後。就同昭穆之中,又以年之大小爲先後,男從主人〔後〕,女從主婦後。云『男賓在前,女賓在後』者,謂無服者,亦各從五服男子、婦人之後爲序也。」又《既夕禮》:「升自西階。」注:「柩也猶用子道,不由阼也。」疏:「《曲禮》云爲人子者『升降不由阼階』。」又《既夕記》:「正柩于兩楹間,用夷牀。」注:「兩楹間,象鄉户牖也。是時柩北首。」疏:「『兩楹間,象鄉户牖也』者,以其户牖之間,賓客之位,亦是人君受臣子朝事之處,父母神之所在,故於兩楹之間,北面鄉之。若言鄉户牖,則在兩楹間而近西矣。『是時柩北首』者,既言朝祖,不可以足鄉之,又自上以來,設奠皆升自阼階,今此下文設奠升降,自西階。」

△輯杖。《喪大記》文。

丘氏曰:「奉柩朝祖,象其人平生出辭尊者也,固不可廢,但今人家多狹隘,難於遷轉,今擬奉魂帛以代柩，雖非古禮，蓋但主必行，猶愈於不行者，若其屋宇寬大者，自宜如禮。」

楊氏復曰：「按《儀禮》朝祖正柩之後，遂匠始納載柩之車于階間，即《家禮》所謂大轝也。方其朝祖時，又別有輁軸，狀如長牀。夫輁狀如長牀，則僅可承棺，轉之以軸，輔之以人，故得以朝祖。既正柩，則用夷牀。蓋朝祖時載柩則有輁軸，正柩則有夷牀，後世皆闕之，今但使役者舉柩，柩既重大，如何可舉？恐非謹之重之之意。若但魂帛朝于祖，亦失遷柩朝祖之本意，恐當從《儀禮》別制輁軸以朝祖。至祠堂前，正柩，用夷牀，北首祝師執事者，設靈座，必奠于柩西，東向，主人以下就位，哭盡哀止。」又曰：「輯，斂也。謂舉之不以拄地也。」

△設靈座及奠于柩西，東向。　《既夕禮》：「席升，設于柩西。奠設如初，巾之。升降自西階。」注：「席設于柩之西，直柩之西，當西階也。從奠設如初，東面也。不統於柩，神不西面也。不設柩東，非神位也。巾之者，爲禦當風（鹿）〔塵〕。」疏：「此論設宿奠於柩西。云『席設于柩之西，直柩之西，當西階也』者，知『當西階』，以其柩當户牖之南，席北鋪之，自然當西階之上。云『從奠設如初，東面也』者，謂如殯宫朝夕奠設于室中者，從柩而來，此還是彼朝夕奠脯醢醴酒，據中東面，設之於席前也。云『不統於柩，神不西面也』者，謂不近東統於柩。知神不西面者，特牲、少牢皆設席于奥，東面，則天子、諸侯亦不西面可知。云『不設柩東，東非神位也』者，此亦據神位在奥不在東而言也。若然，小斂奠設于户東者，以其始死，未忍異於生。大斂以後

奠皆設于室中，亦不統於柩，此奠不設于室者，室中神所在，非奠死者之處故也。云『巾之者，爲禦〔當〕風塵』者，按《檀弓》云『喪不剥奠也與？祭肉也與？』據小斂、大斂之等也，有牲肉故不倮露，故巾之。以此宿奠脯醢醴酒無祭肉，巾之者，以朝夕奠在室不巾，此雖無祭肉，爲在堂風塵，故巾之，異於朝夕在室者也。」

○遂遷于廳事。

丘氏曰：「今人家未必有廳又有堂，其停柩之處即是廳事，略移動可也。若有兩處者，自合依禮遷之。」按《儀禮》無遷于廳事一節，蓋周人朝祖而遂葬，亦是廟宇廣大之故也，非遷于廳事，則下文所言節節不可行也。

朝祖設靈座及奠之圖

柩北首，靈座及奠柩西東向，靈座在北，奠在南。或云奠北坐南，更思。一説奠在柩與座之兩間。此説亦更思。

遂遷廳事靈座及奠設之圖

按《家禮》朝祖下云，坐及奠皆柩西東向，遷廳下云，柩前南向，柩在北，坐其次南，南向。而奠亦其南，南向。則奠所向爲背後，今作圖如此，奠當北向，更思。

○乃代哭。

○親賓致奠賻。「致」，丘本作「至」，《性理大全》作「致」。若作「至」，則爲賓到來之義。

○陳器。

《既夕禮》：「陳明器於乘車之西。」疏：「『明器，藏器也』者，自筲以下皆是藏器。」疏又云：「陳器從此茵鄉北爲次第。」按《家禮》無茵，故方相次明器以下物自南北爲序也。

△方相。《周禮》：「方相氏，狂夫四人，掌蒙熊皮，黄金四目，玄衣朱裳，執戈揚盾。大喪，先柩，及墓，入壙，以戈擊四隅。」

《事物紀原》九曰：「《軒轅本紀》曰：『帝周游時，元妃嫘祖死於道，令次妃姆嫫監護，因置方相，亦曰防喪。』此蓋其始也。」

△魌頭。支韵，醜也，逐疫有頬頭。四目方相，兩目爲倛。

○日晡時設祖奠。

晡。字書：申時。

《既夕禮》：「祖。」注：「爲將祖變。」○疏：「御柩是將祖，（改）〔故〕主人祖，祖即變也。」

「商祝御柩，乃祖。」注：「還柩鄉外，爲行始。」○疏：「祖者，始也。爲行始去載處而已也。」

金芝山曰：「顔師古曰：『祖者，送行之祭，因享飲焉。黄帝之子纍祖好遠遊而死，故後人祭之以爲行神，祭道神曰祖。』《風俗通》曰：『祖，徂也。今人謂餞行曰祖道。』《檀弓》：『曾子曰：祖者，且也。』」一說曰：共工氏之子好遠遊云云。

按《檀弓上》：「曾子曰：『祖者，且也。』」注：「且，未定之辭。」疏：「祖是行始，未是實行。」且去往亦是一義也，此疏詳悉，今略之。疏又曰：「設奠於柩西。」

△司馬温公曰云云。　此及之此指遷柩之六節而言。朝夕哭奠十三版左。以上所言數節，則既行之於他處也。

遣奠

遣是遣去之義，此時所設奠遂遣去之，故謂此奠以爲遣奠。

○乃設奠。

△饌如朝奠有（哺）〔脯〕。按，謂之有（哺）〔脯〕者，對無脯之辭，無脯者不知指何奠，更考。

有脯。　小斂以後奠，亦皆有脯，今特言如此者，蓋下文徹脯納苞中之張本乎？

楊氏復曰：「高氏禮，祝跪告曰：『靈輀既駕，往即幽堂，載陳遣禮，永訣（缺）終天。』」《儀節》用此祝告，《家禮》則略之。

△舁牀。　載苞筲之等牀也。

△徹脯納苞中。　按筲納五穀，甖納酒醢，並不用奠物，别納之，唯脯用所奠者而納之苞中也，故禮經所言如左。《既夕》云：「苞二。」注：「所以裹奠羊豕之肉。」疏：「下文既設遣奠，而云『苞牲，取下體』，故知『苞二』『所以裹奠羊豕之肉』也。」　按筲甖下不云納所奠。　又《既夕》云：「苞牲，取下體。」注：「苞者，象既饗而歸賓俎者也。」疏：「既饗而歸賓俎，《雜記》文。」　又《既夕》云：「不以魚腊。」注：「非正牲也。」疏：「正牲，謂上三牲，魚腊非正牲，故不以魚腊載之。」　《雜記》云：「或問於曾子曰：『夫既遣而包其餘，猶既食而裹其餘與？君子既食則裹其餘乎？』曾子曰：『吾子不見大饗乎？夫大饗，既饗，卷三牲之俎歸于賓館。父母而賓客之，所以爲哀也。』」注：「既饗歸賓俎，所以厚之也。言父母之主，今賓客之，是孝子哀親之去也。」

發引

○賓客次之。

《檀弓》：「弔於葬者，必執引；若從柩及壙，皆執紼。」注：「示助之以力。車曰引，棺曰紼。從柩，贏者。」疏：「引，車索也。弔葬本爲助執事，故必相助引柩車也。『若從柩及壙，皆執紼』者，及，至也。紼，引棺索也。凡執引用人，貴賤有數，若其數足，則餘人不得遥行，皆散而從柩也。至壙，下棺窆時，則不限人數，皆悉執紼，示助力也。車曰『引』者，引者長遠之名，故在車，車行遠也。紼是撥舉之義，故在棺，棺唯撥舉，不長遠也。云『從柩，贏者』，贏者，餘也。從柩者，是執引所餘贏者也。何東山云：『天子千人，諸侯五百人，大夫三百人，士五十人。』贏，數外也。」

△或出郭哭拜辭歸。《雜記》：「相趨也，出宮而退。相揖也，哀次而退。相問也，既封而退。相見也，反哭而退。朋友，虞、附而退。」注：「此吊者恩厚薄、去遲速之節也。附，當爲祔。」疏：「相趨，謂〔與〕孝子本不相識，但相聞姓名而來會趨喪也。（惜）〔情〕既輕，故柩出廟之宮門而退去。相揖，謂經會他處，已相揖者也。恩微深，故待柩出至大門外之哀次而退去也。相問，謂曾相餉遺，恩轉深，故至（穴之）〔窆〕竟而退也。相見，謂身經自執摯相詣往來，恩轉厚，故至葬竟，孝子反哭還至家時而退也。朋友疇昔情重，生死同殷，故至主人虞、附而退也。然與死者相識，其禮亦當有吊。禮，『知生者吊，知死者傷』。」

及墓　下棺　祠后土　題木主　成墳

○婦人幄。主婦以下諸婦女在此幄内，見下文主人男女各就位哭之下，親賓婦女不入于此内，見上見親賓次之下。

〇明器等至。

△陳於壙東南，北上。《既夕》曰：「至于壙，陳器于道東西，北上。」注：「統於壙。」疏：「論至壙陳器及下棺説送賓之事。『統于壙』者，對廟中南上，此則北上，故云統於壙也。」

〇遂設奠而退。祝奠之。

〇柩至。

△北首。《檀弓》云：「葬于北方，北首，三代之達禮也，北幽之地也。」注：「北方，國之北也。」殯猶南首，不忍以鬼神待其親也，葬則終死事矣，故葬而北首，三代通用此禮也。南方昭明，北方幽暗之地，釋所以北首之義。

〇主人男女各就位哭。

《既夕》曰：「主人袒，衆主人西面北上，婦人東面。皆不哭。」注：「狹羨道爲位。」疏：「主人袒者，爲下棺變。婦人不言北上，亦如男子北上可知。『不哭』者，爲下棺宜静。『羨道』，謂入壙道，上無負土爲羨道。天子曰隧，塗上有負土爲隧，僖公二十五年，晉文公請隧弗許是也。」

衛司徒敬子之喪，孔子相及墓，男子西面，婦人東面，殷道。

襲斂哭位皆(甫)〔南〕上者，尸南首也，及墓奠哭位皆北上者，北首也。《性理》補注。

〇賓客拜辭而歸。

按《既夕》賓之歸在窆贈之後，朱子蓋改之。

○乃窆。

《既夕》曰：「乃窆。主人哭，踊無算。」注：「窆，下棺也。今文『窆』作『封』。」疏：「窆，《春秋》謂之塴，皆是下棺之名也。」

○主人贈。

《既夕》：「襲，贈用制幣玄纁束。拜稽顙，踊如初。」注：「丈八尺曰制。」疏：「『丈八尺曰制』者，朝貢禮及巡狩禮皆有此文，以丈八尺爲制。昏禮幣用二丈，取成數。凡禮幣，皆用制者，取以儉爲節。《聘禮》云：『釋幣制玄纁束。』注云：『凡物，十曰束。玄纁之率，玄居三，纁居二。』」

十曰束。玄纁之率，玄居三，纁居二。

△奉置柩傍。蓋指壙中而言，非灰隔中也。

○加灰隔内外蓋。

△油灰。俗謂之漆喰。

○實以灰。

△躡。尼輒切，登也，蹈也。

○藏明器等。

《既夕》：「藏苞筲於旁。」注：「於旁者，在棺與椁之間。」《家禮》曰：「藏便房者，用及隔不用椁之故也。」

○下誌石。

△壙内近南。　壙南數尺。　《答李繼善書》及《語類》八十九，十六版。並曰「壙上」，置于壙南者恐不是。

△磚。　「磚」或作「塼」，與甎同。音先。　金芝山云：「墼，未燒者；磚，已燒者。」

○題主。

△窀穸。《左傳》杜注：「窀，厚也。穸，夜也。言穴中厚暗如長夜。」

△懷之。懷祝文。

△孤子哀子。　《答郭子從書》曰：「孤哀子，温公所稱，蓋因今俗別父母，不欲混并之也，且從之亦無害。」《文集》六十三。

○祝奉神主升車。補注：「即靈車。」

○墳高四尺云云。

△石獸。　丘氏云：「按國朝稽古定制，塋地一品九十步，二品減十步，七品以下不得過三十步，庶民止于九步。墳一品高一丈八尺，每品減二尺，七品以下不得過六尺。其石碑一品螭

頭，二品麒麟，三品天禄辟邪，皆用龜趺，四品至七品皆圓首方趺。其石人石獸，長短闊狹以次減降。其石人石獸望柱皆有次第。著在令甲可者也。貴得同賤，雖富不得同貴，慮遠者于所當得，縱不能盡去，少加減殺可也。」

《炙轂子》曰：「秦漢以來帝王陵寢有石麟、辟邪、兕馬之屬，人臣墓有石人、羊、虎、柱之類，皆表飾墳壠，如生前儀衛。《風俗通》曰：『方相氏葬日入壙駈罔像。罔像好食死人肝腦，人臣不敢備方相，乃立其像於墓側。又罔像畏虎與柏，故頂上栽柏，路前立虎也。』」《事原》。

按螭音鴟，似蛟無角，龍而黃。天禄辟邪，《筆録》有一説，《後漢・靈帝紀》：「鑄銅人四、黃鍾四及天禄蝦蟆。」注：「天禄，獸名也。按鄧州南陽縣北有宗資碑，旁有兩石獸，鐫其膊，一曰『天禄』，一曰『辟邪』。」據此，『天禄』『辟邪』並獸名也。漢有天禄閣，亦因獸以立名。○樂天《貘屏贊序》曰：「貘者，象鼻犀目，牛尾虎足，坐南方，寢其皮辟瘟，圖其形乃辟邪。」

△碑。　豐碑桓楹，見《檀弓下》。《喪大記》曰「君葬用輴，四綍〔二〕碑」至「哭者，相止也」，宜合考。

△坊墓。　事見《檀弓上》。坊，地名，孔子先塋所在，而合葬於此。古者墓而不墳，殷時然。高四尺者，蓋周之士制也，父梁紇雖爲大夫，周禮公、侯、伯之大夫再命與天子中士同也。古者不修墓，易墓非古也。二語並見《檀弓》，而程子有説。

夫婦合葬。見《檀弓》《詩經》。墓碑書法，退溪之説，載《筆録》。丘氏引《白(鹿)〔虎〕通》且論夫婦東西位，《儀節》五，三十八版。其東男西女之謂，恐不是。

壙形。子夏曰：「昔者夫子言之曰：『吾見封之若堂者矣，見若坊者矣，見若覆夏屋者矣，見(者)〔若〕斧者矣。從若斧者焉，馬鬣封之謂也。』」陳注：「若斧者，上狹如刃，較之上三者皆用功力多而難成，此則儉而易就，故俗謂之馬鬣封。馬鬃鬣之上其肉薄，封形似之也。」

及墓序列

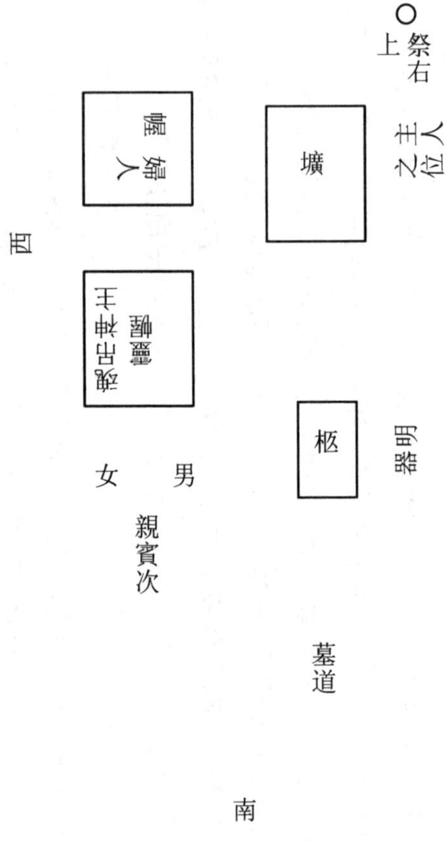

反哭

○主人以下云云。

△其反如疑。　《檀弓上》曰："其往也如慕，其反也如疑。"注："慕，謂小兒隨父母啼呼。疑者，哀親之在彼，如不欲還然。"疏："疑者，謂凡人意有所疑，在彷徨不進。今孝子哀親在外，不知神之來否，如不欲還然，故如疑。《問喪》云：『其反也如疑。』鄭注云：『疑者，不知神之來否。』與此相兼乃足。"

○祝奉神主云云。

△設靈座於故處。　上文所謂徙尸牀置堂中間，而設椸於尸南，覆以帊者，是靈座故處。

○主人以下云云。

△入，升自西階。　《既夕》云："乃反哭，入，升自西階，東面。衆主人堂下，東面，北上。"注："西階，東面，反諸其所作也。反哭者，於其祖廟，不於阼階，西面，西方神位。"疏："反哭者，拜鄉人訖，反還家，哭於廟，入，升自西階，東面哭。按《檀弓下》云：『反哭(于)〔升〕堂，反諸其所作也。』注云『親所行禮之處』是也。云『不於阼階，西面，西方神位』者，以《特牲》《少牢》

主人行事升降，皆由阼階，今不於阼階，故決之，以『西方神位』。知者，《特牲》《少牢》皆布席於奥，殯又在〔西〕階，是西方神位，主人非行事，直哭而已，故就神位。」

△婦人先入哭於堂。　《既夕》云：「婦人入，丈夫踊，升自阼階。」疏：「反哭之禮，主人男子等先入，主婦、〔婦〕人等後(人)〔入〕，故婦人入，丈夫在位者皆踊。婦人不升西階者，由主人在西階，故鄭云『辟主人』。」　《既夕》云：「主婦入于室，踊，出，即位。」注：「入〔于〕室，反諸其所養也。出，即位，堂上西面也。」疏：「按《檀弓》曰：『主婦入于室，反諸其所養也。』鄭云『親所饋(養)〔食〕之處』，哭也。」　朱子曰：「『反哭升堂，反諸其所作也。主婦入于室，反諸其所養也。』須知得這意思，則所謂踐其禮等事，行之自安，方見得繼志述事之事。」　楊氏復曰：「按先生此言，蓋古者反哭于廟，『反諸其所作』，謂親所行禮之處，『反諸其所養』，謂親所饋食之處。皆指反哭于廟而言也。先生《家禮》反哭于廳事，婦人先入哭于堂，又與古異者，後世廟制不立，祠堂狹隘，所謂所事者乃祭祀之地，主婦饋食亦在此堂也。」　重固按：「古者升自廟西階，反哭。《家禮》升自廳事西階。古者婦人入于室，《家禮》哭于堂，皆所擬古(昔)〔者〕也。西階上是親行禮之處，主位在阼階上，行事則在賓位。且殯宮亦在西階上，婦人哭于堂亦曾所饋養之處。婦人先男子而先入堂者，別其地而辟主人，以致饋養之意也。

○遂(諸)〔詣〕靈座前云云。　《檀弓下》云：「殷既封而吊，周反哭而吊。孔子曰：『殷已慤，吾從周。』」

△賓客之親密者云云。　此《雜記》所謂「反哭而退」者之類，而兼「朋友虞附而退」者而言。

△《檀弓》曰。下篇。　陳注：「當此時，亡矣，失矣，不可復見吾親矣，哀痛於是爲甚也。」

○期九月之喪者云云。

《喪大記》曰：「期之喪三不食。食，疏食水飲，不食菜果。三月既葬，食肉飲酒。父在爲母，爲妻。九月之喪，食飲猶期之喪也。食肉飲酒，不與人樂之。」《〈士喪〉〈既夕〉禮》：反哭，「兄弟出，主人拜送」。注：「兄弟，小功以下也。異門大功，亦可以歸。」疏：「兄弟等始死之時，皆來臨喪。殯訖，各歸其家，朝夕哭則就殯〈處〉〈所〉，至葬開殯而來喪所。至此反哭亦各歸其家。至虞卒〈祭，還來預焉，故《喪服小記》云『緦、小功、虞、卒〉哭，則皆免』是也。大功以上，有同財之義，爲異門則恩輕，故可歸也。」按：大歛訖，大功以下已歸家，故疏説及于此。

虞祭虞，安也。

《檀弓下》曰：「反，日中而虞，葬日虞，弗忍一日離也。是日也，以虞易奠。」《士虞禮》記曰：「日中而行事。」注：「朝葬，日中而虞。君子舉事，必用辰正也。再虞、三虞皆質明。」疏：

「辰正者，謂朝、夕、日中也。以朝有葬事，故至日中而行虞事也。再虞、三虞，皆質明而行虞事也。」

朱子曰：「未葬時，奠而不祭，但酌酒陳饌，再拜。虞始用祭禮。卒哭謂之吉祭。」

丘氏云：「所館行禮，恐寓他人宅舍，未必皆寬敞。及哭泣于他宅，俗人所忌。若經宿以上，須先用蓬葦構一屋，度寬可行禮，似爲簡便。」

《既夕》云：「猶朝夕哭，不奠。」注：「是日也，以虞易奠。」疏：「自啓殯以來常奠，今反哭至殯宮，猶朝夕哭，如前不奠耳。」

△鄭氏曰骨肉云云。　見《既夕》注。

△主人以下皆沐浴。　《士虞禮》記：「沐浴，不櫛。」注：「沐浴者，將祭自潔清。不櫛，未在於飾也。唯三年之喪不櫛，(以)期以下櫛可也。」

○執事者陳器具饌。

△酒瓶。　《士虞禮》云：「醴酒，酒在東。」注：「酒在東，上醴也。」疏：「『酒在東，上醴也』者，醴法上古，酒是人所常飲，故在東。吉禮玄酒在酒上，今以喪祭禮無玄酒，則醴代玄酒在上，故云『上醴也』。」按《家禮》直云酒，則非醴，蓋從簡而已。

△蔬。　字書：「草菜可食者通名。」

丘氏曰：「此據禮陳設耳。若夫倉卒之際，即用世俗所設卓面，似亦簡便。況乃死者平生所用，似亦事死如事生之意。」

○祝出神主云云。

△倚杖於室外。《士虞禮》云：「主人倚杖入。」注：「主人北旋，倚杖西序，乃入。」《喪服小記》曰：『虞，杖不入於室，祔杖不升於堂。』然〔則〕練杖不入於門，明矣。」《喪服小記》注：「哀益衰，敬彌多也。虞於寢，祔於祖廟。」按：主人及兄弟倚杖於室外，而不杖於寢，此古禮。故今雖杖於神主所在室外，不杖於神主所在室中。

○降神。

△酹之茅上。丘氏云：「盡傾于茅沙上。」

○初獻。

△三祭於茅束上。不盡傾。

△執事者受盞，奉詣靈座前，奠於故處。此盞中有三祭餘酒，故丘氏云奠酒。○下文侑食下云添盞中酒，亦可見。

△柔毛。《曲禮》云：「凡祭宗廟之禮，豕曰剛鬣，豚曰腯肥，羊曰柔毛。」

△粢盛。黍稷曰粢，在器曰盛。

△醴齊。　《周禮・〔酒〕正》：「辨五齊之名，一曰泛齊，二曰醴齊云云。」注：「謂『齊』者，每有祭祀，以度量節作之。」

△祫事。　《士虞禮》注：「〔如〕〔始〕虞謂之祫事者，主欲其祫先祖也，以與先祖合爲安。」疏：「鄭以祫爲合，但三虞卒哭後，乃有祔祭，始合先祖，今始虞而言祫者，鄭云『以與先祖合爲安』，故下文云『適爾皇祖某甫』，是始虞預言祫之意。」

△尚饗。　《士虞禮》注：「饗，勸强之也。」

○祝闔門。

《士虞禮》：「贊闔牖户。」注：「鬼神尚居幽暗，或者遠人乎？」疏：「『或者遠人乎』者，《禮記・郊特牲》文。此鄭玄之義，非直取鬼神居幽闇，或取遠人之意故也。」

△如食間。　《士虞禮》注：「隱之，如尸一食，九飯之頃也。」疏：「『隱之』者，謂闔牖户也。『九飯之頃』，時節也。」

○祝啓門。　《禮》注：「將啓户，警覺神也。」疏云：「『聲者，噫歆』者，若《曲禮》云：『將上堂，聲必揚。』」

△噫歆。　丘氏云：「作咳聲，噫歆，則欬聲也。」○《性理大全》作「噫欬」，丘本作「噫歆」。

△利成。　禮《儀禮・少〔年〕〔牢〕》及《特牲禮》：「祝傳尸意，告利成于主人也。」注：「利猶養也。

成，畢也。言養禮畢也。不言養禮畢，於尸間嫌。」疏：「『於尸間嫌』者，若言養禮畢，即於尸中間有嫌，諷去之。或本間作閑音，以養尸事畢，而尸空閑，嫌諷去之。」

△斂主匣之。上文「反哭」條下云：「櫝之，此曰匣之，亦櫝之也。」

匣之。字書：「匣，櫝也。」《家禮·喪禮》祔還故處下言(言)匣之者二，未聞櫝外復有匣，則匣亦櫝也爾。然或曰「櫝之」，「反哭」條下。或曰「匣之」，亦可疑，更思。又按：《大祥》篇，《性理大全》引《文集》李敬善之問，有遷祠版匣于影堂之語。

○昧然歸匣。《筆録》一之三，七十七版左。考妣共用一木匣，從上罩下至趺。同上，八十九版左。以此説看，則匣是坐蓋也。

考妣各自爲主。同匣。○《筆録》一之三，八十三版右。

○遇柔日再虞。

《士虞禮》云：「始虞用柔日。」注：「葬之日，日中虞，欲安之，柔日陰，〔陰〕取其静。」疏：「葬用丁亥，是柔日。」

△前期一日。按：柔日而初虞，其明日是剛日，其次日又柔日。再虞，用葬日後二日之柔日。後條詳之。

○遇剛日三虞。

《士虞禮》注：「當祔於祖廟，爲神安於此。後虞改用剛日。剛日，陽也，陽取其動也。」疏：「鄭云，『當祔於祖廟，爲神安於此』者，却解初虞、再虞稱祫、稱虞之意。今三虞改〔用〕剛日，將（祈）〔祔〕於祖，取其動義故也。云『士則庚日三虞，壬日卒哭』者，以其（巴）〔己〕日爲再虞，後改用剛日，故次取（剛）〔庚〕日爲三虞也。卒哭亦用剛日，故庚日後，（隔）〔降〕（卒）〔辛〕日，〔取〕壬日爲卒哭。」

按《家禮》不詳言。再、三虞卒哭之日，上條疏文詳言如此。

丁葬日初虞。　戊　己再虞。　庚三虞。　辛　壬卒哭。

△成事。　按：卒哭用吉祭，曰「成事」，蓋祭禮成于此也。三虞與卒哭雖不同日，預稱「成事」，亦猶預言祫事也。

卒哭

《檀弓》曰：「卒哭曰成事。是日也，吉祭易喪祭。」《檀弓下》篇。注：「成事，成祭事也。祭以吉爲成。」疏：「虞祭之時，以其尚凶，祭禮未成。今既卒無時之哭，唯有朝夕二哭，漸就於吉，故云『成事』，祭以吉爲成故也。」

《喪服小記》云：「報葬者報虞，三月而後卒哭。」《集説》云：「謂家貧或以他故，不得待三月，（而）死而即葬者。既疾葬亦疾虞，虞以安神，不可後也。惟卒哭則必俟三月耳。」《士虞禮》記云：「三虞、卒哭、他，用剛日。」注：「士則（剛）〔庚〕日三虞，壬日卒哭。他，謂不及時而葬者。《喪服小記》曰：『報葬者報虞，三月而後卒哭。』然則虞、卒哭之間，有祭事者亦用剛日。其祭無名，謂之『他』者，假設言之。」疏：「虞、卒哭、祔、祥皆有名，此則無名，故謂之『他』。」按：他字義未詳。

朱子曰：「卒哭之禮，（近）近世以百日爲期，蓋自開元失之。今從周制，葬後三虞，而後卒哭復之矣。」此説見《學的》。

○厥明夙興云云。

△玄酒瓶。《禮運》曰：「玄酒在室。」疏：「玄酒謂水也。以其色黑，謂之玄。而大古無酒，此水當酒所用，故謂之玄酒。」又《禮運》曰：「玄酒以祭。」疏：「此重古，設之，其實不用以祭也。」《郊特牲》曰：「酒醴之美，玄酒、明水之尚，貴五味之本也。」注：「明水，司烜以陰鑑所取於月之〔水〕也。」疏：「玄酒，謂水也。明水，謂取於月中水也。陳列酒尊之時，明水在五齊之上，玄酒在三酒之上。」

△充玄酒。謂爲玄酒也，非謂水之外别有玄酒者以水易之也。

○主人、主婦進饌。

△羹。字書：「羹謂之湆，湆者，肉汁也。」

○初獻。

△出於主人之左。　朱子曰：「温公以虞祭讀祝於主人之右，卒哭讀祝於主人之左，蓋得禮意。」　按：虞祭，祝出〔於〕主人之右，告利成，亦卒哭西階上，東面告利成。虞祭則立于主人之右，西向告利成也。吉禮用左，凶禮用右也。　楊氏復曰：「高氏禮，祝進，讀祝文曰：『日月不居，奄及卒哭。叩地號天，五情糜潰。謹以清酌庶羞，哀薦成事。尚饗！』」

△隮祔。　隮。丘本作「躋」，《性理大全》作「隮」，升也。

楊氏復曰：「按古者既虞、卒哭有受服，練、〔祥、〕禫皆有受服。蓋服以表哀，〔哀〕漸殺則服漸輕，然受服數更近於文繁。今世俗無受服，自始死至大祥，其哀無變，非古也。《書儀》《家禮》從俗而不泥古，所以從簡。」　按《儀禮》，卒哭後丈夫説經帶于廟門外，變麻受之以葛。婦人説首経不説帶，是受服也。

祔

程子曰："喪須三年而祔。若卒哭而祔，則三年都無事。禮，卒哭猶存朝夕哭。若無祭於殯宮，則哭於何處？古者君薨三年，喪畢，吉禘，然後祔。因其祫祧主藏於夾室，新主遂自殯宮入于廟。《國語》言『日祭月享』，豈有（字脱力）日祭之禮，此正謂三年之中，不徹几筵，故有日祭朝夕之饋，猶定（有）〔省〕之禮，如其（神）〔親〕之存也。至於祔祭，須是三年喪終，乃可祔也。"

高氏《喪禮》："既虞，卒哭，明日祔于祖父，此周制也。若商人，則以既練祭之明日祔。故孔子曰：『周已戚，吾從殷。』蓋期而神之，人之情也。若卒哭而遽祔于廟，亦太早矣。然唐《開元禮》則既禫而祔。夫孝子哀奉几筵，至大祥而既徹之矣，豈可復（使）禫祭乃始祔乎？唐禮，祥祭與禫祭隔兩月，此又失之於緩。故今於大祥徹靈座之後，（别）〔則〕明日祔于廟。緣孝子之心，不忍一日未有所歸也。"　朱文公先生曰："衆言淆亂，則折諸聖。孔子之言，萬世不可易矣，尚復何説？况期而神之之意，揆之人情，亦爲允愜，但其節文次第，今不可考。而周禮則有《儀禮》之書，自始死以至祥、禫，其節文度數詳焉。故温公《書儀》雖記孔子之言，而卒從《儀禮》之制。蓋其意謹於闕疑，以爲既不得其節文之詳，則雖孔子之言亦有所不敢從者耳。程子之説意亦甚善，然鄭氏説凡祔已反于寢，練而後遷廟。《左氏春秋傳》亦有特祀于主之文。則是古人之祔，固非遂撤几筵，程子於此，恐其考之有所未詳也。《開元禮》之説，則高氏既非之矣，然其自説『大祥徹靈座之後，明日乃祔于廟』，以爲不忍一日未有所歸。殊不知既徹之後、未祔之前，尚有一夕，其無所歸也久矣。凡此皆有未安，恐不若從《儀禮》。温公之説，次序節文亦自（由）〔曲〕有精意，如《檀弓》諸説可見。」以上《續儀禮》。

《答陸子壽書》曰：「先王制禮，本緣人情，吉凶之際，其變有漸，故始死全用事生之禮。既卒哭、祔廟，然後神之，然猶未忍盡（戀）〔變〕，故主復于寢，而以事生之禮事之。至三年而遷于廟，然後全以神事之也。此其禮文見於經傳者不一。雖未有言其意者，然以情度之，知其必出於此無疑矣。」《文集》三十六。

《答許順之書》曰：「《檀弓》篇云：『殷既練而祔，周卒哭而祔，孔子善殷。』據孔子以殷禮爲善，則當從殷禮，練而祔，無疑矣。然今難遽從者，蓋今喪禮皆周禮也。葬而虞，虞而卒哭，卒哭而祔，是一（頂）〔項〕事，首尾相貫。若改從殷禮，俟練而祔，即周人之虞亦不〔可〕行，欲求殷禮而證之，又（又）不可得。是以雖有孔子之言，而未敢改也。」《文集》卌九。○《語類》八十九亦論之者一條。

○卒哭，明日而祔云云。　此六字《檀弓》語。

朱子曰：「古人所以祔于祖者，以有廟制昭穆相對，將來祧廟，則以新死者安於祖廟。所以設祔祭豫告，使死者〔知其〕將來安於此位，亦令其祖知是將來移上去，其孫來居此位。今不異廟，只共一堂排作一列，以西爲上，則將來祧其高祖了，只趲得一位，死者當移在禰處。如此，則〔只〕當祔禰，今祔於祖，全無義理。但古人本是祔於祖，今又難改他底。」《語類》八十九。

△母喪則不設祖考位。　高氏曰：「若祔妣，則設祖妣及妣之位，更不設祖考位。若父在而祔妣，則不可遞遷，祖妣宜别立室以藏其主，待考同祔。若考、妣同祔，則並設祖考及祖妣之位。」胡氏泳曰：「高氏别室藏主之説恐未然。先生内子之喪，主只祔祖，在祖、妣之旁，此當爲據。」楊氏復曰：「父在，祔妣，則父爲主，乃是夫祔妻於祖妣。三年喪畢未遷，尚祔於祖妣。待父他日三年喪畢，遞遷祖考、妣，始考、（孝）妣同遷也。高氏『父在不可遞遷祖妣』之説亦是，但别室藏主之説則非也。」

△三分二分。　猶言三主分、二主分。

△以親者。　《喪服小記》：「婦祔於祖姑，祖姑有三人，則祔於親者。」注：「謂舅之母死，而又有繼母二人也。親者，謂所生。」疏：「『祖姑有三人，則〔祔〕於親者』，謂舅之母有三人，親者，謂舅之所生者。言婦祔祖姑，則祔於舅之所生者也。」「妾合祔於妾祖姑，〔若〕無妾祖姑，祔

於女君可也。」

△配不配。　《雜記》（疏）〔注〕：「配，謂并祭王母；不配，則不祭王父也。有事於尊者可以及卑，有事於卑者不敢援尊。配與不配，祭饌如一。」

○質明，主人以下云云。

△若喪主非宗子云云。　按：虞祔其禮重，故非宗子則不得也。若主兄弟之喪者非宗子，則虞祔皆宗子主之。　《雜記上》曰：「凡主兄弟之喪，雖疏亦虞之。」疏：「彼既無主，故疏緦、小功者亦爲之主虞祔之祭。」按：此則謂無主者雖疏遠者主虞祔之祭也。《家禮》則言尊者主虞祔也。

按：宗子死，則其世嫡亦乃宗子，故此世嫡主之。若旁親庶子死，則其喪主是庶子之子，非宗子，故以繼亡者之祖之宗主之。皆者或二男，或三男，並以繼祖之宗主之。

祖父——長子
　　　　　├是ガ亡者繼祖父之宗子ナリ
　　　　　├長子
　　　　　└庶子此人死スレハ——長子此長子爲喪主

△《禮》注云。　注説未詳出處。

○詣祠堂奉神主云云。

△若在他所。或祠堂狹隘，而行此禮於廳事之類。　丘氏云：「若行禮于他所，則跪告曰：『請

主詣其所。』乃奉其櫝以行，至，置西階卓子上，然後啓櫝，請主就位。」

△若喪主非宗子云云。　丘氏云：「異居則宗子爲告于祖，爲牌位而祭，畢則焚之。」按：異居則喪主行至于宗子家而祭之。此他日入于宗子廟者也。若所祔之祖在喪主家，則不如此。

○初獻。

△適。　按《儀禮·士虞禮》《饋食禮》注疏無「適」字解，非適祔之謂。時祭命玟之辭，亦用「適」字，則非祫祔之義可知矣。蓋只是「於」字義，《北門》詩「王事適我」，注：「適，之也。」廣大全以爲到來之義。《大學章句》亦曰「之」猶「於」，蓋「之」「適」並其義近於字義。更考。

△某考某官府君。　丘氏《儀節·祝文式》曰：「適子顯曾祖考。」亡者之祖，喪主之曾祖也。《士虞禮》注：「欲其祔、合兩告之。」疏：「欲使死者祔於皇祖，又使皇祖與死者合食，故須兩告之。是以告死者曰：『適爾皇祖某甫。』謂皇祖曰：『(濟)〔隮〕祔爾孫某甫。』二者俱饗，是其兩告也。」

○祝奉主云云。

△若喪主非宗子，則哭而先行，宗子亦哭送之。　按：先行者對上文「哭從」而言，謂喪主從神主還其居。或同居者還其室，或異居者還其家。其還也先於宗子，宗子哭送之也。

小祥

△鄭氏曰：《士虞禮》注。「按以吉禮祭之，故謂之祥也。」

○期而小祥。

《士虞禮》云：「期而小祥。」注：「小祥，祭名。祥，吉也。《檀弓》曰：『歸祥肉。』」疏：「自祔以後，至十三月小祥。引《檀弓》者，彼謂顔(問)〔回〕之喪，饋祥肉於孔子。證小祥是祭，故有肉也。」

△古者卜日祭。　《喪服小記》云：「練，筮日筮尸。」

○設次陳練服。

楊氏復曰：「按《儀禮·喪服》記載衰、負版、辟領之制甚詳。但有闕文，不言衰、負版、辟領何時而除。司馬公《書儀》云：『既練，男子去首絰、負版、辟領、衰。』故《家禮》據《書儀》云：『小祥去首絰、負版、辟領、衰。』但禮經：『既練，男子除首絰，婦人除腰帶。』《家禮》於婦人成服時，並無婦人絰帶之文，此爲疏略。故既練而不言婦人除帶，當以禮經爲正。」

丘氏曰：「按《家禮》于設次陳練服下既曰『男子以練服爲冠』，而不言冠之制。又曰『去首絰、負版、辟領、衰』，而不言别有所製。今考之《韵書》，練，漚熟絲也。意其以練熟之布爲冠服，故謂之練焉。古人因其所服遂以爲小祥之冠。《雜記》云：『三年之練冠，亦條屬，右縫。』（注）〔疏〕謂『三年練冠，小祥之冠也』。則小祥别有冠明矣。《服問》云：『三年之喪既練矣，則服其功衰。』《雜記》亦云：『有父母之喪，尚功衰。』（注）〔疏〕謂『三年喪練後之衰，升數與大功同，故云功衰也』。則小祥别有衰明矣。又《檀弓》云：『練，練衣黄裏，縓緣，葛腰（帶）〔絰〕，繩屨。』注：「練衣，中衣之承衰者也。葛腰帶，用葛爲腰絰也。」又《喪小記》曰：『練，皆腰絰、杖、繩屨。』今擬冠别爲練，其制繩武條屬右縫，一如衰冠。但用稍粗熟麻布爲之，其服制則上衰下裳，一如大功衰服。而布用稍粗熟麻布爲之，不用負版適衰，腰絰用葛爲之，麻屨用麻繩爲之。父杖用竹，母杖用桐如故。」〇又曰：「又按温公《書儀》謂『今人無受服及練服。小祥則男子除首絰及負版、辟領、衰，婦人長裙不令曳地』。蓋不復别有所製，惟仍其舊而已。冠上去首絰，服上去負版等三物。婦人之服，只截去長裙，使不曳地。噫！古禮以小祥爲練，小祥而不制練服，可乎？故今擬爲練服如右，及擬婦人服製，亦用稍粗熟麻布爲之，庶〔幾〕稱練之名云。」按丘氏所考詳悉矣。朱子則據温公，温公又據時俗從簡耳。丘氏辟領製，截去本身布爲之。朱子製别制辟領，以屬本身布。今謂之去辟領而已，本身服舊服也爾。

△改吉服。　問妻喪踰期主祭。朱子曰：「此未考。但司馬氏大、小祥祭，已除服者皆與

祭，則主祭者雖已除服，亦何害于與祭乎？但不可純用吉服，須如吊服及忌日之服可也。」

△唯爲妻者猶服（𥌾）〔禫〕，盡十五月而除。　禫服見《大祥》篇。第三節條下。司馬公之説服（基）〔朞〕者至于此改吉服，唯爲妻期者服練服，不改吉服，更服禫，十五月而除也。其他服期者多若伯叔父，雖服期，亦小祥改吉服。伯叔父之子，則三年後中月二十七月而除也，唯妻服期亦十五月而除，更詳記于《禫祭》篇。服期而禫者不一，《家禮》唯妻言之者何也？更思。

○三獻。

△小心畏。　謚法：小心畏忌曰僖。

△常事。　《士虞禮》曰（曰）：「薦此常事。」注：「祝辭之異者。言常者，期而祭，禮也。」疏：「『祝辭之異者』，謂小祥辭與虞祔之辭有異者。以虞祔之祭非常，一期天氣變易，孝子思之而祭，是其常事，故祝〔辭〕異也。云『期而祭，禮也』者，《喪服小記》文。按彼云：『期而祭，禮也。期而除喪，道也。祭不爲除喪也。』注云：『此謂練祭也。禮，正月（有）〔存〕親，親亡至今而期，期則宜（用）祭。期，天道一變，哀惻之情益衰。衰則宜除，不相爲也。』以是謂小祥祭爲常事也。」

大祥

○再期而大祥。

《士虞禮》云：「又期而大祥。」注：「又，復也。」疏：「此謂二十五月大祥祭，故云『復期』也。」

○設次陳禫服。

△垂脚黲紗幞頭。　丘氏云：「按《說文》，黲，淺黑色也。今世無垂脚幞頭之制。」

△布裹。　按：「裹」，一作「裹」，或云作「裹」爲是。丘氏「大祥禫服」條下，有白布裹帽者，蓋是也。布裹以爲帽子之類，則與上文所謂幞頭重複，恐只是黲布衫裹以布之義乎？

△角帶。丘氏無說。

△未大祥間假以出謁者。此句未詳，更思。　後按：上文所言之服，則未大祥以前出謁之服也，今以此爲禫服。

△鵝黄。　或云：「鵝」，是今所謂唐雁是也。「鵝黄」，淺黄色。「柳絲鵝黄獨未濃。」山谷詩乎。

△碧。　青與白之間色。

問子爲母大祥及禫，夫已無服，其祭當如何？朱子曰：「今禮，几筵必三年而除，則小祥、大祥之祭，皆夫主之。但小祥之後，夫即除服；大祥之祭，夫亦恐素服，如巾服可也。但改其祝辭，不必言爲子而祭也。」此竇文卿問，朱子答之。全文載《筆録》六十九版。

○告遷于祠堂。

△其別子也，則遷于墓處不埋。其支子也，親皆盡，則埋于兩階之間。《性理大全》補注云：「大宗之家，始祖親盡，則遷其主于墓所，不埋。其第二世以下祖親盡，及小宗之家高祖親盡，請出就伯叔親未盡者祭之。親皆已盡，則遷其主埋于墓側。所謂『告畢，埋于兩階之間』者也。」按此説以埋階間、埋墓側爲一事者，誤矣。下文辨之。

朱子曰：「天子、諸侯有大廟夾室，則祧主藏於其中。今主人家無此，祧主無可置處。《禮記》説藏于兩階間，今不得已，只埋于墓側。」按：所謂埋于兩階之間者，是禮經之文；而其云兩階者，指廟堂之兩階言。今世人家無廟，故不得已，埋于墓側耳。補注以埋階間爲埋墓側者，恐誤矣。然《家禮》既曰埋于兩階之間，而下文曰奉遷主埋于墓側者，蓋上文據禮經而言，下文則言不得已之處置乎！

埋主蓋不埋櫝。丘氏云：「親盡者以紙裹，暫置卓子上。」則以紙包主埋之者可見。

○厥明行事，皆如小祥之儀。

丘氏云：「序立以下至于辭神以上，其儀節並同小祥，惟辭神後添舉哀、焚祝文。

△常事曰祥事。　《士虞禮》曰（曰）：「薦此祥事。」疏：「變言『祥事』，亦是『常事』也。」

○始飲酒食肉，而復寢。

丘氏云：「按禮，中月而禫，禫而飲醴酒。始飲酒者先飲醴酒，始食肉者先食乾肉。又大祥居復寢，禫而（沐）〔牀〕。由是觀之，則禫猶未可以食肉飲酒，惟飲醴酒食脯而已，而況大祥乎？今擬禫後始飲淡酒、食乾肉，大祥後雖復寢，至是乃卧牀，庶幾得禮之意。」

《喪大記》曰：「禫而從御，吉祭而復寢。」注：「從御，御婦人也。復寢，不復宿殯宮也。」疏：「《間傳》既祥復寢，與此『吉祭復寢』不同者，彼謂不復宿中門外，復於殯宮之寢。此吉祭（復）〔後〕，不復宿殯宮，復於平常之寢。文雖同，義别，故此注『不復宿殯宮也』，明大祥後宿殯宮也。」按：胡伯量之問，朱子答書。按：載《筆録》七，十五版；《文集》六十三，七版。「胡伯量問而食肉」一節，以踰月爲節，朱子是之。

按：告遷于祠堂下，曰「祝版」云云者凡四，而其文則並同，式見丘氏《儀節》。且丘本有「埋主」一節而補入。

李繼善問曰：「納主之儀，禮經未見。《書儀》但言遷祠版匣于影堂，别無祭告之禮。周舜弱以爲昧然歸匣，恐未爲得。先生前云，諸侯三年喪畢，皆有祭，但其禮亡，而大夫以下又不可考。然則今當何所據耶?」朱子答書曰:「横渠説三年(復)〔後〕祫祭於大廟,因其告祭畢還主之時,則奉祧主歸於夾室,遷主、新主皆歸于其廟,此似爲得禮。鄭氏《周禮注》,大宗伯享(主)〔先王〕處,似亦有此意。而(爲)〔舜〕弼所疑與熹所謂三年喪畢有祭者,似亦暗與之合。但既祥而徹几筵,其主且當祔于祖父之廟,俟祫畢,然後遷耳。」《文集》。

楊氏復曰:「《家禮》祔與遷皆祥祭一時之事。前期一日,以酒菓告訖,改題遞遷而西,虚東一龕以俟新主。厥明,祥祭畢,奉神主入于祠堂。又按先生與學者書,則祔與遷是兩項事,既祥而徹几筵,其主且當祔于祖父之廟。俟三年喪畢,祫祭,而後遷。蓋世次迭遷,昭穆繼序,其事至重。豈可無祭告禮,但以酒果告,遽行迭遷乎?在禮,喪三年不祭,故横渠説『三年喪畢,祫祭於大廟』。因其祭畢還主之時,迭遷神主,用意婉轉,此爲得禮,而先生從之。或者又以大祥除喪,而新主未得祔廟爲疑。竊嘗思之,新主所以未遷廟者,其爲體亡者尊敬祖考之意。祖考未有祭告,豈敢遽遷之?況禮辨昭穆,孫必祔祖,凡祫祭時,孫常祔祖。今以新主且祔於祖父之廟,有何所疑?當俟告祭前一夕以薦告遷主畢,乃題神主。厥明,祫祭畢,奉神主埋於墓所,奉遷主、新主(無)〔各〕歸于廟。故並述其説,以俟參考。」補注:「告遷于祠堂,猶未祧、未遷,但改題神主。厥明行事,猶未入新廟,且祔藏于其祖廟。待禫祭畢,又卜日祫祭,然後遷後入也。」○《筆録》云:「楊氏所引先生與學者書，祔與遷是兩項事，是答王晉輔、胡伯量、李繼善書中之語。」《筆録》一之三，七十五版收之。

丘氏云：「楊氏引朱子與學者書而云云，《家禮》時祭之外，未嘗合祭。若即是時祭，又不知設新主位于何所，今不敢從。且依《家禮》爲此儀節，庶幾不失云。」

禫

△鄭氏曰：「澹澹然，平安之意。」孝子之心至于此而平安，得行四時之祭，故謂之禫。禫與澹同，即平安之意也。

○大祥之後，中月而禫。

《士虞禮》曰：「又期而大祥，中月而禫。」注：「中猶間也。禫，祭名也，與大祥間一月。自喪至此凡二十七月。禫之言澹，澹然平安意也。」疏：「知『與大祥間一月』，二十七月禫、〔後〕〔徙〕月樂，二十八月（後月）〔復〕平常正作樂也。云『禫之言澹，澹然平安意也』者，禫月得無所不佩，又於禫月將鄉吉祭，又得樂懸，故云『平安意也』，但至後月乃是即吉之正也。」

又《士虞禮》曰：「是月也吉祭，猶未配。」注：「是月，是禫月也。當四時之祭月，則祭猶未以某妃配某氏，哀未忘也。《少牢饋食禮》祝祝曰：『孝孫某，敢用柔毛剛鬣，嘉薦普淖，用薦歲事于皇祖伯某，以某妃配某氏。尚饗！』」疏：「謂是禫月，（得）禫祭仍在寢，此月當四時（言）〔吉〕祭之月則于廟，行四時之祭於群廟，而猶未得以某妃配，哀未忘，若喪中然也。言『猶』者，如祥祭以前不以妃配也。按《禮記》云『吉事先近日，喪事先遠日』，則大祥之祭仍從喪事，先用遠日，下旬爲之。故《檀弓》云：『孔子既祥，五日，彈琴而〔不成聲，十日而〕成笙歌。』注：『踰月且異旬也。祥亦凶事，先遠日。』按此禫言澹然平安，得行四時之祭，則可從吉事，先近日，用上旬爲之。若然，二十七月上旬行禫祭於寢，當祭月即從四時祭於廟，亦〔用〕上旬爲之。引《少牢》禮者，證禫月吉祭未配，後月吉，如《少牢》配可知也。」重固按：猶未配者，蓋祥祭唯祭新主，母雖已死，亦不配祭於父主。若禫月當四時之祭，則唯新主配祭，而母主不配祭先妣也。如是則四時之祭，母主祭於何處？更思。後按：鄭引《少牢禮》祝文者，蓋證經所謂不配之配，則合食之義耳。禫月當時祭，猶未合食，別祭之寢。而如祥祭，哀未忘，猶喪中也。《少牢禮》所謂以某妃配某氏者，鄭注曰：「某妃，某妻也。合食曰配某氏，若言姜氏子氏也。」吉祭合祭時，妣合食于祖妣，故云如此。

司馬温公曰：「《士虞禮》：『中月而禫。』鄭注云：『中猶間也。（潭）〔禫〕，祭名也。自喪至此凡二十七月。』按：魯人有朝祥而暮歌者，子路笑之。夫子曰：『踰月則其善也。』『孔子既祥，五日，彈琴而不成聲，十日而〔成〕笙歌。』《檀弓》曰：『祥而縞。』注：『縞冠素紕也。』又曰：『禫，徙月樂。』《三年問》曰：『三年之喪，二十五月而畢。』然則所謂中月而禫者，蓋禫祭在祥月之中也。歷代多從鄭説，今律敕三年之喪，皆二十七月而除，不可違也。」

朱子曰：「二十五月祥後便禫，看來當主王肅之説，『是月禫，徙月樂』之説爲順。而今從鄭氏之説，雖是禮宜從厚，然未爲當。」按此説與温公同，而異於《家禮》。

《答胡伯量書》曰：「中月而禫，猶曰中一以上而祔。《漢書》亦云間不一歲，即鄭注《虞禮》爲是，故杜佑亦從此説。但《檀弓》云是月禫，及踰月異旬之説爲不同耳。今既定以二十七月爲期，即此等不須瑣細，如此尋討，枉費心力。但於其間自致其哀足矣。」《文集》六十三。○按：此説與《家禮》合。《集成》泰溪楊氏曰：「司馬公曰：『《士虞禮》：「中月而禫。」鄭注云：「中猶間也。禫，祭名也。自喪至此凡二十七月。」按：魯人有朝祥而暮歌者，子路笑之。夫子曰：「踰月則其善也。」「孔子既祥，五日，彈琴而不成聲，十日而成笙歌。」《檀弓》曰：「祥而縞。」注：「縞冠素紕也。是月禫，徙月樂。」《三年問》曰：「三年之喪，二十五月而畢。」然則所謂中月而禫者，蓋禫祭在祥月之中也。歷代多從鄭説，今律敕三年之喪，皆二十七月而除，不可違也。』先生曰：《語類》八十九，十三版表。『二十五月祥後便（祥）〔禫〕，看來當如王肅之説，於『是月禫，徙月樂』之説爲順。而今從鄭氏之説，雖是禮（疑）〔宜〕從厚，然未爲當。』」○《理窟》五曰：「三年之喪，二十五月而畢，又兩月爲禫，共二十七月。（禫）〔禮〕，鑽燧改火，天道一變，其期已矣，情不可以已，於是再期；又不可以已，於是加之（二）〔三〕月，是二十七月也。」《張書抄略》論禫月者詳矣。《檀弓》「孟獻子禫，縣而不樂」疏文詳論中月義。

中月。温公、朱子。中月。鄭玄、横渠。

○前一月下旬卜日。

△或丁、或亥。《少牢饋食禮》曰：「日用丁、己，筮旬有一日。」注：「内事用柔日。必丁、己者，取其令名，自丁寧，自變改，皆爲謹敬。必先諏此日，明日乃筮。」疏：「『内事用柔日』，《曲禮》文。彼云『外事以剛日，内事以柔日』，内事爲冠、昏、祭祀；出郊爲外事，謂征伐、〔巡〕守之等。若然，甲、丙、戊、庚、壬爲剛日，乙、丁、己、辛、癸爲柔日。今直言『丁、己』者，鄭云『取其令名，自丁寧，自變改，皆爲謹敬』之義故也。『旬有一日』，『以先月下旬之己，筮來月上旬之己』者，除後己之前，通前己爲十日，十日爲齊，後己日則祭。若然，筮日即齊乃可，故下文筮日即云『乃官戒』，不云『厥明』也。〔即〕〔鄭〕直云『下旬己』『上旬己』，據用己一日而言。若用丁，言先月下旬丁，筮〔來月〕上旬丁。若丁、己之外，辛、乙之等皆然。鄭必言『來月上旬』，不用中旬、下旬者，〔言〕〔吉事〕先近日故也。」

又《少牢饋食禮》曰：「主人曰：『〔某〕〔孝〕孫某，來日丁亥，用薦歲事。』」注：「丁未必亥也，直舉一日以言之耳。禘于大廟禮，曰『日用丁亥』，不得丁亥，則己亥、辛亥亦用之，無則苟有亥焉可也。」疏：「『丁未必亥也，直舉一日以言之耳』者，以日有十，辰有十二，以五剛日配六陽辰，以五柔日配六陰辰，若云甲子、乙丑之等，以日配辰，丁日不定，故云『丁未必亥』。經云『丁亥』者，不能具載，直舉一日，以丁當亥而言，餘或以己當亥，或以丁當丑，此等皆〔得〕用之也。『禘于大廟禮，曰日用丁亥』者，《大戴禮》文。引之證祭〔用〕丁亥之義也。『不得丁亥，則己亥、辛亥亦用之』者，鄭云此吉事先近日，唯用上旬，若上旬之内或不得丁、己以配亥，或上旬之内無亥以配日，則餘陰辰亦用之。故《春秋》宣八年，經書『辛巳，有事於大廟』，文二年，經書『八月丁卯，大事于大廟』，昭十五年，經書『二月癸酉，有事于武宫』，桓十四年，『己亥，嘗』，此等皆不獨用丁、己之日與亥辰也。『無則苟有亥焉可也』者，此即乙亥是也。必須亥者，按《月令》云：『乃擇元辰，天子乃耕。』注云：『元辰蓋郊後之吉亥也。』陰陽〔武〕〔式〕法，亥爲天倉，祭祀所以求福，宜稼于田，故先取亥，上旬無亥，乃用餘辰也。」

《曲禮上》曰：「外事以剛日，内事以柔日。凡卜筮日，旬之外曰遠某日，旬之内曰近某日。喪事先遠日，吉事先近日。」注：「順其出爲陽也。出郊爲外事。《春秋傳》曰：『甲午祠兵。』順其居内爲陰。旬，十日也。孝子之心。喪事，葬與練、祥也。吉事，祭、祀、冠、取之屬也。」按：内事以柔日，故禫祭用或丁、或亥，乙、丁、己、辛、癸，是十干之柔日；丑、卯、巳、未、酉、亥，是十二辰之柔日。必用丁亥、己亥者，取其丁寧變改自謹之意也。無，則或丁則不必亥，己則亦不必亥，亥則不必丁、己亦可矣。丁是丁寧之義，己，改革之義，《楚辭辨證·懷沙》改叶音己。

按鄭注《儀禮》釋「用己日」爲「自變改」，二字音義固相近也。今考字書改字，字從己、從攴，且十干戊、己居中而已是半截以下，亦改變之意可見。亥爲大食，有祈福之章。竊謂鄭氏之意，只是舉柔日之一耳，不必取其義也。且亥與改同音，賄韵，亥，下改反。而亥是十二辰之終，亦有改變之意。

△設卓子于祠堂門外。《儀禮·士冠》：「筮于廟門。」〔注〕〔疏〕：「以著自有靈，知吉凶，不假廟神也。」

△环珓。《筆録》詳之。

△主人禫服。《答陳明仲書》曰：「忌日服制，王彦輔《麈史》載：『富鄭公用垂脚黲紗幞頭、黲布衫、脂皮帶，如今人禫服之制。』」此説《筆録》一之三七十六版。載之，可以見温公云云，此禫服也。

按：禫服，《大祥》篇陳服下温公云云，此禫服也。然《性理大全》補注曰：「禫祭不言設次陳服者，蓋小祥祭即易練服，大祥即易禫服，禫祭宜易吉服。」《禮記·間傳》所謂「禫而纖無所不佩」是也。如是，則禫服以行禫祭者，《家禮》之説也。以言服禫祭者，補注之意也。蓋《家禮》既略受服一節，於是亦略乎？

《間傳》曰：「又期而大祥，素縞麻衣。中月而禫，禫而纖無所不佩。」注：「《喪服小記》

曰：『除成喪者，其祭也朝服縞冠。』此素縞者，《玉藻》所云『縞冠素（紕）〔紕〕，既祥之冠』。麻衣，十五升布深衣也。謂之麻者，純用布，無采飾也。大祥除衰杖。黑經白緯曰纖。舊説：『纖冠者采纓也。』無所不佩，紛帨之屬，如平常也。」疏：「『又期而大祥，素縞麻衣』者，謂二十五月大祥祭，此日除脱，則首服素冠，以縞紕之，身著朝服，而爲大祥之祭。祭訖之後，而哀情未除，更反服微凶之服，首著縞冠，以素紕之，身著十五升麻深衣，未有采緣，故云『大祥素縞麻衣』也。『禫而纖』者，禫祭（衣）〔之〕時，玄冠朝服。禫祭既訖，而首著纖冠，身著素端黄裳，以至吉祭。『無所不佩』者，吉祭之時，身尋常吉服，平常所服之物，無不佩也。『《喪服小記》曰：「除成喪者，其祭也朝服縞冠」』者，證當祥祭之時，所著之服，非是素縞麻衣也。云『此素縞者，《玉藻》所云「縞冠素紕，既祥之冠」』者，引之者證此經『大祥，素縞麻衣』，是大祥之後所服之服也。云『麻衣，十五升布深衣也』者，按《雜記》篇云『朝服十五升』，此大祥之祭既著朝服，則大祥之後麻衣麤細當與朝服同者，故知『十五升布深衣也』。云『謂之麻者，純用布，無采飾也』者，若有采飾，則謂之深衣，《深衣》篇所云者是也。若緣以素，則曰長衣，《聘禮》『長衣』是也。若緣之以布，則曰麻衣，此云『麻衣』是也。云『大祥除衰杖』者，以下《三年問》篇云『三年之喪，二十五月而畢』。既稱終畢，是除衰杖可知也。云『黑經白緯曰纖』者，戴德《變除禮》文矣。云『舊説「纖，冠者采纓也」』者，以無正文，故以舊説而言之。云『無所不佩，紛帨之屬，如平常也』者，此謂禫祭既畢，吉祭以後，始（後）〔得〕無所不佩。若吉祭之前，禫祭雖竟，未得無所不佩，以其禫後尚纖冠、玄端、黄裳，故知吉祭以後始從吉也。若吉祭在禫祭既畢以後，始從吉也；若吉祭在禫月，猶未純吉。《士虞禮》云：『是月也，吉祭而猶未配。』注云：『是月，是禫月也。當四時之祭月則祭，而猶未以某妃配。』則禫之後月，乃得復平常。」

重固按：此注疏文所言如是，則首服素冠，以縞紕之，身著朝服，而爲大祥之祭。大祥祭訖，而後首著縞冠，以素紕之，身著十五升麻深衣，遂以此服爲禫祭。禫祭訖，而後至吉祭之間，纖冠、玄端、黄裳，吉祭始從純吉。吉祭當禫月，則猶未純吉。

△不吉，更命中旬之日；又不吉，則用下旬之日。《儀禮經傳通解》：「横渠曰：筮日若再不吉，則止諏日而祭，更不筮。（握）〔據〕《儀禮》『唯不筮遠日』之文。不言三筮，筮日之禮，只是二筮，先筮近日，後筮遠日，不從則直諏用下旬遠日。蓋亦足以致聽於鬼神之意，而祀則不可廢。」《答張敬夫書》曰：「今改用卜日之制，尤見聽命於神、不敢自專之意。」按《曾子問》篇，孔子曰：「祭，過時不祭，禮也。」如四時常祭，過其時，則不可祭。故至下旬之日，則唯諏以祭之。如禘、祫，則有追祭之例，疏文詳之。

按丘氏云：「下旬之日，亦其卜不吉，則只用忌日。」此指忌日者何日也？妄説不可取。

○厥明行事云云。

△三獻不哭。　按：虞祭，卒哭，祔，小、大祥，三獻皆哭。禫祭則唯辭神哭。

《喪服小記》曰：「宗子，母在爲妻禫。」注：「宗子之妻，尊也。」疏：「此一節論宗子妻尊，得爲妻伸禫之事。宗子爲百世不遷之宗。賀瑒云：『父在，適子爲妻不杖，不杖則不禫。若父没母存，則〔爲〕妻得杖，又得禫。凡嫡子皆然。嫌畏宗子尊，厭其妻，故特云「宗子，母在爲妻禫」。宗子尚然，則其餘適子，母在爲妻禫可知。』」云云。

又曰：「爲父、母、妻、長子禫。」注：「目所爲禫者也。」疏：「鄭云『目所爲禫者』，此一人而已。然慈母亦宜禫也，而下有『庶子在父之室，爲其母不禫』，則在父室爲慈母亦不禫也，故不言之。妻爲夫亦禫也，但《記》文不具。」

又曰：「庶子在父之室，則爲其母不禫。」注：「妾子，父在厭也。」《雜記下》曰：「期之喪，十一月而練，十三月而祥，十五月而禫。」注：「父在，爲母也。」疏：「父在爲母，亦備二祥節也。」按：《家禮》不及此曲折者，何故也？

居喪雜儀

○《檀弓》曰：「至〔廊〕〔廓〕然。」　注：「皆憂悼在心之貌也。求猶索物。」疏：「事盡理屈爲窮。言親始死，孝子匍匐而哭之，心形充屈，如急行道極，無所復去，窮急之容也。殯斂後，心形稍緩也。瞿瞿，眼目速瞻之貌。求猶覓也。貌恒瞿瞿，如有所失，而求覓之不得然也。『既葬，皇皇如有望而弗至』者，又漸緩也。皇皇，猶栖栖也。至葬後，親歸草土，孝子心形，栖栖皇皇，無所依託，如有望彼人來而彼人不至也。『練而慨然』者，轉緩也。至小祥，但歎慨日月若馳之（逸）〔速〕也。『祥而廓然』者，至大祥而廖廓，情意不樂而已。」

○「顏丁」至「而息」。按：此一段有與上文不同者，故疏文辨之，未知是否。

疏：「皇皇，猶彷徨。如〔有〕所求物不得。『及殯，望望焉如有從而弗（得）〔及〕』者，謂殯後容貌，望望焉，如有從逐人後行而不及之〔貌〕。始死，據内心所求；殯後，據外貌所求。故此經始死求而不得，據内心也。『既葬，慨焉如不及』者，謂既葬之後，中心悲慨然，如不復所及，既不可及。『其反而息』者，上殯後云『從而不及』，似有可及之理；『既葬，慨焉如不及』，謂不復可及，所以文異也。」　陳注：「顏丁，魯人。望望，往而不顧之貌。葬後，則不復如有所從矣，故但言『如不及』。其反，又云『而息』者，息猶待也，不忍决忘其親，猶且行且止，以待其親之反也。」

○《雜記》：「孔子曰：『少連、大連』至『三年憂』。」　疏：「『三日不怠』者，親之初喪，三日之内禮不怠，謂水漿不入口之屬。『三月不解』者，以其未葬之前，朝奠、夕奠，及哀至則哭之屬。

『期悲哀』者，謂練以來常悲哀，朝哭、夕哭之屬。『三年憂』者，以服未除，憔悴憂戚。」《小學合》載「東夷之子也」五字。彼以此勉中國人，此則但明居喪之禮耳，故刊五字。

○《喪服四制》曰。

○《曲禮》曰云云。

注：「復常，除服之後。樂章，弦歌之詩也。」

○《檀弓》曰：「大功」至「可也」。

注：「許其口習故也。」疏：「業，謂所學習業。身有外營，思慮他事，恐其忘哀，故廢業也。誦則在身所爲，其事稍靜，不慮忘哀，故許其口習。言『或曰』者，以其事疑，故稱或曰。」《考證》曰：「業者身所習，如學舞、學射、琴瑟之類。誦者口所習，稍暫爲之亦可。然稱『或曰』，亦未定之辭也。」誦，誦《詩》《書》禮樂之文。

△今居喪，但勿讀樂章可也。按：後世多事，凡居喪不能如古昔，則讀不害，但不葬之前，固不可讀。

○《雜記》：「三年之喪，言而不語，對而不問。」

疏：「《間傳》云『斬衰唯而不對，齊衰對而不言』是也。」

○《喪大記》：「父母之喪，非喪事不言云云。」

疏：「『既葬與人立』者，未葬不與人並立，既葬後，可與人並立也，猶不群耳。『君言王事，不言國事』者，君，諸侯；王，天子也。既可並立，則諸侯可得言於天子之事，而猶不自私言己國事也。『大夫、士言公事，不言家事』者，公，君也。大夫、士葬後亦得言君事，而未可言私事也。」

○《檀弓》：「高子皐云云。」

刊「泣血三年」字者，蓋有踰節之意故歟。

○《雜記》：「疏衰之喪」至「可也」。

疏：「小功，輕可請見於人。然言小功可，則大功不可也。此『小功』文承『疏衰』『既葬』之下，則此小功亦謂既葬也。凡言見人者，謂與人尋常相見，不論執摯之事。」陳注：「疏衰，齊衰也。」

○又「凡喪，小功以上云云。」

疏：「凡居喪之禮，自小功以上，恩重哀深，自宜去飾。以沐浴是自飾，故不有此數條祭事，則不自飾。言『小功以上』，則至斬同，然各在其服限如此耳。練、祥，不主大功、小功也。」

○《曲禮》：「頭有創則沐，身有瘍則浴。」

○《喪服四制》：「百官備云云。」

疏：「『百官備，百物具，不言而事行者，扶而起』者，此謂王（俠）〔侯〕也。喪具觸事委任百官，不假自言而事得行，故許子病深。雖有扶病之杖，亦不能起，故又須人扶乃起也。『言而後事行者，杖而起』者，此謂大夫、士。既無百官百物，須己言而後喪事乃行，故不許極病，所以杖而起，不用扶也。『身自執事而後行者，面垢而已』者，此謂庶人也。卑，無人可使，但身自執事，不可許病，故有杖不得用，但使面有塵垢之容而已也。子於父母，貴賤情同，而病不得一，故爲權制。」

〇凡此皆云云。以下朱子之言。

致賻奠狀

丘氏云：「按此本《書儀》中書疏，文公採入《家禮》。」

〇歆。《説文》：「神食氣也。」《左氏傳》僖公十年，杜注：「歆，饗也。」〇具位。《文選》注：「言在位君臣。」

謝狀

〇襚。死人衣也。

慰人父母亡疏

疏，記也，與書通。

○先其位。官位。○緬。字書：「遠也，思貌。」○襄事。《左傳》：「克襄大事。」

○罹荼毒。《湯誥》曰：「罹其凶害，弗忍荼毒。」荼，《傳》云：「天下被其凶害，如荼之苦，如毒之螫。」按《祭傳》以「毒」爲毒蟲，字書爲毒草。

○何似。或云：「如何」雅語，「何似」俗語，故有輕重之别。按丘本，此大小字九字無。○飦。與饘同，粥也。

○郡望。書所居郡名，下文卅九版左某郡是也。朱子新安之屬。望者，以他人自此望彼言。

○面簽。封皮、封緘上，别貼片紙，凶，則以藍色紙爲簽。　何似。下文慰人祖父母亡啓狀曰：「尊體何似。」則於尊者亦用「何似」字，或人俗語之云，亦可疑，更思。

父母亡答人慰書

○即日蒙恩。蒙天恩。○祇奉几筵，苟存視息。敬謹奉事於靈筵，苟目視口息而未死耳。○未由號訴。未由往而號泣告訴。○不勝隕絶。今將死亡。

△謹空。或云：「空」是空手拜也，《山谷集》言之。温公石刻月日下有此二字，猶言謹拜。○按：空手，《周禮》疏曰：「先兩手拱至地，頭至手，以其頭不至地，故名空手。」

慰人祖父母亡啓狀

祖父母亡答人啓狀

○某郡。前所謂郡望者也，前云降等用郡望，似與此相反，更思。

家禮筆記

祭禮

《尚書大傳》：「祭之（言）〔爲〕察也，（察者）〔薦〕至也。言人事至於神也。」《廣韵》：「祭，事也，薦也。」《孝經注疏》：「祭，際也。人神相接也。」按《家禮》，祭禮凡五條，時祭、冬至、立春、忌日、墓祭。《答林擇之書》曰：「只七祭爲正祭。」蓋指四時與立春、季秋、冬至歟？《王制》曰：「宗廟之祭，有田則祭，無田則薦。」注：「何休曰：『有牲曰祭，無牲曰薦。』」丘氏曰：「牲或羊或豕，或雞、鵝、鴨。」朱子曰：「有田則祭，無田則薦，如何？」曰：「温公祭禮甚大，今亦只是薦。」《語類》九十。丘氏曰：「後世非世富貴者，不復有祭田。苟有禄食及財産者，皆當隨時致祭，不可拘田之有無也。」按支子不祭，居喪三年不祭，七十曰老，祭祀不預，此亦不可不知焉，而朱子説盡曲折矣。凡祭是吉禮，然哀樂相半，故《祭義》曰：「祭之日，樂與哀半。饗之必樂，已至必哀。」《祭統》曰：「凡治人之道，莫急於禮。禮有五經，莫重於祭。夫祭者，非物自外至者也，自中出，生於心者也，心怵而奉之以禮，是故唯賢者能盡祭之義。」祭祀之重如是。

四時祭《祭統》曰：「凡祭有四時，春祭曰礿，夏祭曰禘，秋祭曰嘗，冬祭曰烝。」

按：四時必祭祖考者。《祭義》曰：祭不欲數，〔數〕則煩，煩則不敬。祭不欲疏，疏則怠，怠則忘。是故君子合諸天道，春禘秋嘗。霜露既降，君子履之必有悽愴之心，非其寒之謂也。春雨露既濡，君子履之必有怵惕之心，如將見之。樂以迎來，哀以送往，故禘有樂而嘗無樂。」此孝子行祭祀之意，而其祭也必止四時，亦此義也，而春祭主樂、秋祭主哀之别亦可見。

○時祭用仲月，前旬卜日。

伊川程先生曰：「時祭用仲月，物成也。古者天子、諸侯於孟月者，爲首時也。」時祭，横渠先生用分、至，《張書抄略》中六版至八版。朱子卜日。《答張敬夫書》，《筆録》一之三，九十五版左。《語類》九十廿七版二條。

司馬温公曰：「孟詵《家祭儀》用二至二分，然今仕宦者職業既繁，但時至事暇可以祭，則卜筮亦不必亥日〔及〕分、至也。若不暇卜日，則止依孟《儀》用分、至，於事亦便也。」

朱子曰：「古人薦用首月，祭用仲月，朝廷却用首月。」按此「薦」「祭」字當换置，《王制》注及温公之説可見。

《王制》：「有田則祭，無田則薦之。」注曰：「有田者，既祭又薦新。祭以首時，薦以仲月。」按：疏論首時仲月甚詳，今略于此。

△諏。《左傳》：「咨事爲諏。」《儀禮》注：「諏，謀也。」

△再拜。《二程類語》六：「家祭，凡拜皆當以兩拜爲禮。今人事生，以四拜爲再拜之禮者，蓋中間有問安之事故也。事死如事生，誠意則當如此。至如死而問安，却是瀆神。若祭祀有祝，有告，謝神等事，則自當有四拜、六拜之禮。」

△祝立于主人之右，命執事者曰云云。此《少牢饋食禮》所謂「史告于主人：『占曰從。』乃官戒，宗人命滌，宰命爲酒，乃退」者也。

△具修。《祭義》曰：「孝子將祭祀，必有齊莊之心以慮事，以具服物，以修宮室，以治百事。」

○前期三日齊戒。

《祭義》曰：「致齊於内，散齊於外。齊之日，思其居處，思其笑語，思其志意，思其所樂，思其所嗜，齊三日，乃見其所爲齊者。」

《祭統》曰：「及時將祭，君子乃齊。齊之爲言齊也，齊不齊，以致齊者也。是故君子非有大事也，非有恭敬也，則不齊。不齊，則於物無防也，耆欲無止也。及其將齊也，防其邪物，訖其耆欲，耳不聽樂，故《記》曰：「齊者不樂。」言不敢散其志也。心不苟慮，必依於道；手足不苟動，必依於禮。是故君子之齊也，專致其精明之德也。故散齊七日以定之，致齊三日以齊之。定之之謂齊，〔齊〕者精明之至也，然後可以交於神明也。是故先期旬有一日，宮宰宿夫人，夫人亦散齊七日，致齊三日。君致齊於外，夫人致齊於內，然後會於大廟。」

李敬子問：「程先生齊不容有思之説，燔嘗以爲齊其不齊，求與鬼神接，一意所祭之親，乃所以致齊也。《祭義》之言，似未爲失。不知其意果如何？」朱子答書曰：「《祭義》之言，大槩然爾。伊川先生之言，乃極至之論，須就事上驗之，乃見其實。」《文集》六十二。

△致齊於外，致齊於內。《祭統》語。

△飲酒不得至亂，食肉不得茹葷。　丘本作「不飲酒茹葷」。按：時祭齊戒，飲酒不得至亂，食肉不得茹葷。忌日齊戒，亦如時祭之儀，但是日不飲酒、不食肉。以上見《家禮》。《語類》九十。曰：「乙卯年，見先生家凡值遠諱，一家固自蔬食，其祭禮食物，則以待賓。」又按：「祭外神先祖齊戒，不食肉者，世俗溺佛之所致也。宋真宗東封太山，上及百官皆蔬食。事見《言行録》。朱子《答陳同甫書》亦曰：「涉秋雨，爲鄉人率挽蔬食請雨。積傷脾胃，遂不能食，食亦不化。」《文集》三十六。

△葷。臭菜，其氣不潔。　五葷。

○前一日，設位陳器。丘本作「前期一日」。

△各用一椅一卓。丘本作「每位用二椅一卓」。

按《性理大全》補注，疑《家禮》神位排列之次，别論一法。

△束茅聚沙云云。　香案前者以降神，逐位前者以代神祭也。

△酹酒盞。酹，魯外反，以酒沃地也。○下文降神用之。

△巾一。以拭酒瓶口，下文降神下可見。

○省牲滌器具饌。丘氏云：「牲或羊，或豕，或雞、鵝、鴨。」

按《儀禮·特牲禮》，有「宗人視牲，南(向)〔面〕，視側殺」之禮。《饋食禮》有「司馬刲羊，司士擊豕」之禮。

△蔬菜。非二物。

△肉、魚一盤。蓋烹調物也。初祖祭厥明夙興條下，有腥烹二樣。

△肝各一串。此炙肝也。見下文初獻下，一次薦之，故只一串。

△肉各二串。此炙肉也。見亞獻、終獻下，兩次薦之，故二串。

△糕。　天社任子淵政和中人。《黄山谷集序》，宋景文公亦云：「夢得嘗作九日詩，欲用餻字，思六經中無此字，不復爲。故景文《九日食糕》詩云『劉郎不(旨)〔敢〕題餻字，虚負人間一

世豪』云云。」景文之詩，見《詩格》第十卷。餻，《本草》時珍云：「糕以黍糯合粳米粉蒸成，狀如凝膏也。米粉合豆末、糖密蒸成者曰餌。」○楊雄言：「餌謂之糕。」○《周禮・籩人》注：「方言，餌謂之糕。」

丘氏云：「按禮，事死如事生，事亡如事存。《家禮》所具之饌，亦非三代以前之禮，只是常時所用耳。今世俗宴會用卓面，且吾先祖平生所用者，若欲從簡，用之亦可。」

朱子嘗書戒子塾曰：「吾不孝，爲先公棄捐，不及供養。事先妣四十年，然愚無識知，所以承顔順色，甚有乖戾。至今思之，常以爲終天之痛，無以自贖，惟有歲時享祀，致其謹潔，猶是可著力處。汝輩及新婦等切宜謹戒，凡祭（凡祭），肉臠割之餘，及皮毛之屬，皆當存之，勿令殘穢褻慢，以重吾不孝。」《性理大全》。

○厥明，夙興，設蔬菜酒饌。

△酒。丘氏云：「其酒亦令温熱。」《家禮》初祖處下曰：「冬月，即先煖之。」

△熾炭。爲炙肝肉也。

△實水于瓶。爲點茶也。

△以盒盛出。丘氏本作「合子」。我邦俗亦椀，謂之合子。

○質明，奉主就位。

《士冠禮》：「質明行事。」注：「質，平也。」《士昏禮》注亦同。

△告日。卜日而後告廟，以薦歲事之日。

△斂櫝。見下文納主之注。

○參神。

△再拜。　按《儀節》四拜。

○降神。

△東階卓子上盤盞。上文陳器下所謂「酹酒盞」是也。

朱子曰：「降神是盡傾。然温公《儀》降神一節，亦似僭禮。灌獻爇蕭，乃天子諸侯禮云云。」《語類》九十。按《家禮》有降神儀，朱子後又爲無害歟？

北溪陳氏曰：「廖子晦廣州所刊本，降神在參神之前，不若臨漳傳本降神在參神之後爲得之。蓋既奉主於其位，則不可虚視其主，而必拜而肅之，故參神宜居於前。至灌則又所以爲將獻，而親饗其神之始也，故降神宜居於後。然始祖、先祖之祭，只設虚位而無主，則又當先降而後參，（前）不容以是爲拘。」

按《筆録》考降參前後之異同詳矣。蓋空位則以宜先降後參，如祭先祖是也。如時祭則似宜先參後降。然《家禮》曰「正至朔望降神」，則畢竟不可知。故陳北溪亦曰「不容以是爲拘焉」。

○進饌。

△米麵食。米粉及麵粉、團子。

○初獻。

右手取盞，祭之茅上。　丘氏《儀節》：祭酒、傾少許于茅上。奠酒。執事受之，置高祖考主前。

問：「既奠之酒，何以置之？」程子曰：「古者灌以降神，故以（苐）〔茅〕縮（酒）〔酌〕，謂求神於陰陽有無之間，故酒必灌於地。若謂奠酒，則安置在此。今人以澆在地上，甚非也。既獻，則徹去可也。」

張子曰：「奠酒，奠，安置也。若言奠摯、奠枕是也。謂注之於地，非也。」

朱子曰：「酹酒有兩説：一用鬱鬯灌地以降神，則惟天子諸侯有之；一是祭酒，蓋古者飲食必祭，今以鬼神自不能祭，故代之祭也。今人雖存其禮而失其義，不可不知。」楊氏復曰：「降神酹酒是盡傾，三獻奠酒不當澆之於地。《家禮》初獻取高祖、妣盞祭之茅上者，代神祭也。」

按：降神灌之茅上者盡傾。三獻奠酒置主前，不灌。三獻祭酒，灌茅少許。三獻先取盞酌酒，置故處，主前。復取其盞，灌茅上少許，以代神祭也。復以其盞反故處者，所謂奠酒也。

△柔毛剛鬣。已見《家禮》四，廿七版。

△昊天罔極。《蓼莪》篇。

△祔位。《家禮》是三獻，《語類》九十、卅四版右所言，則只是一酌。

○亞獻。

朱子曰：「祭禮，主人作初獻，未有主婦，則弟得爲亞獻，弟婦爲終獻。」

○楊氏復曰：「按亞獻如初儀，潮州所刊《家禮》云：『惟不祭酒于茅。』潮本所謂不祭酒于茅，是乎？」曰：「所謂『祭酒于茅』者，爲神祭也。古者飲食必祭，及祭祖考、祭外神，亦爲神祭。《少牢饋食禮》主人初獻尸，尸祭酒而後啐酒、卒爵。主婦亞獻尸，尸祭酒而後卒爵。賓長三獻尸，尸祭酒而後卒爵。主虞特牲禮亦然。凡三獻尸皆祭酒，爲神祭也。鄉射、大射，獲者獻侯，先右個，次中，次左個，皆祭酒爲侯祭也。以此觀之，三獻皆當祭酒于茅，潮本蓋或者以意改之，故與他本不同，失之矣。」

○終獻。

○侑食，闔門，啓門。

《玉藻》曰：「君未覆手，不敢飧。注：「覆手以循咡，已食也。飧，勸食也。」君既食，又飯飧。注：「不敢先君飽。」飯飧者，三飯也。」注：「臣勸君食，如是可也。」疏曰：「『(居)〔君〕未覆手不敢飧』者，侍食者悉然也。覆手者，謂食飽必覆手以循口邊，恐有殺粒污著之也。飧，謂用飲澆飯於器中也。禮，食竟，更作三飧以勸，助令飽實，使不虛也。『君既食，又飯飧』者，既，猶畢竟也。飯，飧也。君食畢竟而又飧，則臣乃敢飧，明不先君而飽也。『飯飧者，三飯也』者，三飯，並謂飧也，謂三度飧也。」

「凡侑食，不盡食。」　疏曰：「此明勸食於尊者之法。」　按：以《玉藻》所言觀之，平日存生之時，君臣有侑食之禮。如此，而祭亦有侑食之禮，《儀禮》《禮記》並言祭祀侑食之事者數處。《曾子問》曰：「攝主不厭祭。」注：「厭，厭飫神也。厭有陰有陽，迎（主）〔尸〕之前，祝酌奠，〔奠〕之且饗，是陰厭也。尸謖之後，徹薦俎敦，設（放）〔於〕西北隅，是陽厭也。」疏云：「『迎尸』至『陰厭』也，約《少牢》《特牲禮》文。祝酌奠者，謂祝酌，奠於鉶南。且饗者，祝奠訖，且復以辭饗告神也。是室奧，陰靜之處，故云『陰厭』。尸謖之後，佐食徹尸之薦俎，設於西北隅，得户明白之處，故曰『陽厭』。」

曾子問曰：「祭必有尸乎？注：「言無益，無用爲。」若厭祭，亦可乎？」注：「厭時無尸。」孔子曰：「祭成（長）〔喪〕者必有尸。祭殤必厭，蓋非成也。注：「厭（飲）〔飫〕而已，不成其爲人。」祭成喪而無尸，是殤〔之〕也。」注：「與不成人同。」孔子曰：「有陰厭，有陽厭」注：「言祭殤之禮，有於陰厭之者，有於陽厭之者。」曾子問曰：「殤不祔祭，何謂陰厭〔陽厭〕？」注：「『祔』當爲『備』，聲之誤也。言殤乃不成人，祭之不備禮，而云陰厭、陽厭乎？此失孔子指也。祭成人，始設奠於奧，迎尸（於）〔之〕前，謂之陰厭。尸謖之後，改饌於西（南）〔北〕隅，謂之陽厭。殤則不備。」疏曰：「『祭必有尸乎』，曾子之意，以祭神，神本虛無，無形無象，何須以生人象之？故云『祭必有尸乎？』云『無益』。云『無用爲』者，無用爲此尸。一解云，『無用爲』者，無用此之爲，『爲』是助語。『若厭祭，亦可乎』，若如厭祭之時，亦應可乎？謂祭初，尸未入之前，祭末，尸既起之後，並皆無尸，直設饌食以厭飫鬼神，如此之時，其理亦(耳)〔可〕？」(注)〔疏〕云：「謂尸起之後也。」　按以上所言，是有尸之陰、陽厭也。《曾子問》曰：「祭殤不舉，無肵俎，無玄酒，不告利成，是謂陰厭。」注：「此其無尸，及所降也。舉肺脊，肵俎。利(或)〔成〕，禮之施於尸者。是宗子而殤，祭之於奧之禮。」　疏曰：「此宗子殤死，祭於祖廟之奧，陰闇之處，是謂陰厭也。」

「凡殤與無後者，祭於宗子之家，當室之白，尊于東房，是謂『陽厭』。」注：「當室之白，謂西北隅得户明者也。明者曰陽。」　按：以上是無尸之陰、陽厭也。

楊氏復曰：「《士虞禮》：『無尸者，祝闔牖户。如食間。』注：『如尸一食九飯之頃也。』又曰：『祝聲三。啓户。』注：『聲者，噫歆也。』今祭既無尸，故須設此儀。」

朱子曰：「飲福受胙，即尸酢主人之事。無尸者，則有陰厭、陽厭。《語類》九十。〇按《家禮》無尸而有受胙，皆是酌古今，爲之儀節者也。

〇受胙。

劉氏璋曰：「韓魏公《家祭》云：『凡祭飲福受胙之禮，久已不行。今但以祭餘酒饌，命親屬長幼分飲食之可也。』」按：胙是祭肉也。受胙之禮，久已不行，故《家禮》亦有飲福之事及受飯之禮，蓋以飯代胙者也。

△祝詣高祖考前，舉酒盤盞。　按：止舉高祖考一位酒盞，而他位酒盞不逐一舉之。

△祭酒、啐酒。　受高祖考酒盤盞，先祭酒，非代神祭，傾少許于茅上，而自祭也。後啐酒，此所謂飲福也。

△抄取諸位之飯少許。　蓋祔位之飯則不取用。

△嘏。　《禮運》曰：「祝以孝告，丘氏云：「謂祝文也。」嘏以慈告。」丘氏云：「謂祖考命工祝也。」《性理大全》補注云：「爲尸致福於主人之辭也。」《儀禮·少牢》注：「嘏，大也。予主人以大福也。」

△工祝。《少牢禮》注：「工，官也。」

△承致。《少牢饋食禮》注：「承，猶傳也。」

△稼。《少牢》注：「耕種曰稼。」

△勿替引之。　《楚茨》篇語。《少牢》注：「勿，猶無也。替，廢也。引，長也。言無廢止時，長〔幼〕〔如〕是也。」

△實于左袂。　蓋無盤，實之於左袂。

△掛袂于季指，取酒啐飲。蓋掛袂于左手季指，以右手取酒啐飲。《儀禮・少牢禮》注：「實於左袂，便右手也。季，猶小也。」

△利成。《家禮・虞祭》篇已言之。

○辭神。

○納主。

○徹。

△所謂福酒。《儀禮》。

○餕。

楊氏復曰：「司馬温公《書儀》曰：『禮，祭事既畢，兄弟及賓迭相獻酬，有無算爵，所以因其接會，使之交恩定好，優勸之。』今亦取此儀。」

△并酒。酒亦合封以歸之。

△東西分首。自中而分，東西列位。

△分東西向。非謂東西爲二列，而相對向也。東西分首，而左右相對也。

△獻者。即上文子弟之長者，一人是也。

△五福。《洪範》：「壽、富、康寧、攸好德、考終命。」

△肉食。△麵食。△米食。此三食，堂中衆男、中堂衆婦人皆薦之。

○凡祭主云云。

問：「祭禮古今事體不同，行之多窒礙，如何？」朱子曰：「有何難行？但以誠敬爲主，其他儀則隨家豐約。如一羹一飯，皆可自盡其誠。若温公《書儀》所説堂室等處，貧家自無許多所在，如何要行得？據某看來，苟有作者興禮樂，必有簡而易行之理。」《語類》九十，下同。

朱子曰：「祭禮極難。且如温公所定者，〔亦〕自費錢。温公祭儀，庶羞麵食〔米食〕共十五品。今須得一簡省之法，方可。」

初祖

按：始祖、先祖祭以似僭而不祭。見《語類》九十。《家禮》則當初從伊川之説也。始祖或謂受姓之祖；或謂厥初生民之祖，如盤古之類。《語類》九十。朱子此書初祖祭，以所引程説觀之，則似爲盤古之類者也。然初祖題下注曰「繼始祖」，則所謂始祖者，指受姓之祖而言之。按生民之祖，見《詩·生民》篇，而其義則受姓之祖者也。朱子引程可見初祖乃始祖，而指受姓之祖也。《文集》四十二，十二版右。四十四，九版右。六十三。十九版左。

丘氏曰：「冬至祭始祖，立春祭先祖，程子説也。朱子作《家禮》多取温公，而此二祭則用程氏。」

△惟繼始祖之宗得祭。　按：此曰「始祖」者，却是指受姓之祖而言。

○冬至祭始祖。

○前期三日齋戒。

○前期一日設位。

△洒掃祠堂。　按：始祖祭似當行之於正寢，今曰「祠堂」者可疑。且下文曰「設神位於堂中間，北壁下設屏風」，則北壁下是四龕所在，亦是可疑，更思。　後按：禰祭，忌日則曰「正寢」，以是觀之，初祖、先祖二祭於祠堂中。

△設神位。　與下文先祖祭所言照看，唯設一位，無主用食牀一個，但盞、盤、匙、筯則各二，飯及大羹、鉶羹亦各二。

○陳器。

△杅。　按盂、杅並見于《虞韵》，以盂爲飯器，釋「杅」字只曰「器也」。《家禮》五八版左。曰：「以杅二盛飯。」七版左。曰：「飯米一杅。」則杅、盂同字也。《家禮正衡》「杅」皆作「盂」，亦可見。

△蒲薦草席。

○具饌。

△毛血爲一盤。丘本作二盤。　按：作二者恐誤。上文陳器下曰「盤三，毛血爲二盤」，則盤不四則不足。《國語》曰：「毛以示物，血以告殺。」

△雜以蒿。　丘氏曰：「雜以乾蒿末，無蒿，用末杳代之。」先祖祭條下。

△左胖不用右胖云云。凡十二體。　胖，半體肉也。十二之「二」字，丘本、《正衡》並作「一」，蓋去近竅一節，故作十一體。恐是。此肉皆烹調之。見後條。《少牢饋食禮》注：「右胖，周所貴也。」

○厥明云云。

△匙、筯各一於食牀云云。　凡匙二、筯二也。

○質明，盛服就位。

○降神，參神。

△始祖考、始祖妣。　丘本作「皇始祖考、皇始祖妣」。

○進饌。

△腥肉。上文所謂首、心、肝、肺者是也。　△熟肉。所謂十二體者也。

△以杅二盛飯，盂二盛肉，湆不和者。此杅、盂並言，則似兩物。然丘本皆作「杅」，爲一物可見。

△肉湆，音泣。肉汁也，羹也。《廣韵》：「羹謂之湆。」《郊特牲》云：「大羹不和。」《士昏禮》云：「大羹。」注：「大古之羹，無鹽菜。」按：肉湆不和菜者，大羹也。肉湆和以菜者，謂之鉶羹。鉶是盛和羹器，如鼎而小。和羹盛杅，亦謂之鉶羹。

○初獻。

△追惟報本。如此點恐是。

先祖

始祖受姓之祖。　二世　三世　四世　高祖　曾祖　祖　考　大宗子

按：繼受姓之祖，大宗子，自始祖以下至五世祖，高祖之父。凡謂之先祖而祭之。如小宗，則有高祖以上親盡之祖則祭之，不得祭受姓始祖。《性理大全》補注云：「大宗之家，其第二世以下祖親盡；及小宗之家，高祖親盡，所謂先祖也。」此除受姓之祖，而曰第二世以下祖。《語類》亦曰：「立春祭先祖，自始祖下之第二世，及己身以上第六世之祖。」亦是除受姓之祖而言。蓋高祖以下，四時祭之，故立春不祭。祭先祖，無除始祖之理。《家禮》先祖條下曰：「自初祖而

下，則合始祖而言。」《語類》及補注誤矣。

或問曰：「（祭禮，立春云祭高祖而上，只設二位。若古人祫祭，須是逐位祭？）（祭先祖，用一分如何？）」朱子曰：「本是一氣，若祠堂中各有牌子，則不可。」問：「何以只設二位？」曰：「此只是以意享之而已。」《語類》九十，下同。用之問：「先生祭禮，立春祭高祖而上，只設二位。若古人祫祭，須是逐位祭？」曰：「某只是依伊川説，伊川禮更略。」又曰：「伊川時祭止于高祖，高祖而上，則於立春設二位統祭之，而不用主，此説是也。祖又豈可厭多？苟其可知者，無遠近多少，須當盡祭之。」按：蓋古者有大廟，則親盡之祖，祧之于太祖廟。祫祭，出群祧主而祭之。今士庶之家無廟，五世以上主皆埋之。或祧於墓處。故立春先祖祭只設二位、二膳以兼之。無木紙牌，祭於空位而已。

補注云：「設于墓所，初祖祠堂中，東西向。設東向爲昭，西向爲穆，略如天子大祫之儀。」按：設于墓所之云，尤爲胡論。其東西相向爲昭穆，亦與《家禮》異。

丘氏謂設先祖考、妣二位於堂中，合高祖以下設紙牌考、妣相並，左昭右穆，以北爲上。按：此説亦與《家禮》異。

《家禮正衡》圖設始祖考、妣二位於堂中，二世以下至高祖以下親未盡者，東西相向。按曰：高祖以下云云者尤妄説。

○參神。

△如祭始祖之儀。按：前後皆曰如祭初祖之儀，此唯曰始祖者，恐誤字。

○進饌。

△瘞毛血。　丘本作「進毛血」，恐是也。《周禮·春官·司巫》：「凡祭事，守瘞。」注：「瘞，謂若祭地祇有埋牲玉者也。守之者，以祭禮未畢，若有事然。祭禮畢則去之。」以是觀之，先祖祭無瘞毛血之理也。

禰

朱子曰：「某家舊時，時祭外有冬至、立春、季秋三祭，後以冬至、立春二祭似僭，覺得不安，遂已之。季秋依舊祭禰，而用某生日祭之，適值某生日在季秋。」

△繼禰之宗以上皆得祭。丘氏云：「凡爲人長子者皆得祭。」

△徹餕。　丘氏云：「止會食而不行慶禮。」

忌日

《祭義》曰：「君子有終身之喪，忌日之謂也。」又曰：「文王忌日必哀。」 退溪之説見于《筆録》。九十三版。

○變服。

《筆録》。七十六版右。丘氏云：「今擬用素服。」《語類》九十。卅六版忌日部。

△黲。淺青黑色。皂。黑色。

△特髻。

△白大衣。

△淡黃帔。

○徹。補注：不餕。但不哭。禰祭固不哭，但如虞祭辭神有哭，故云爾。

○黲巾。丘本巾作布，不是。

墓祭

伊川曰：「嘉禮不野合，故生不野合，則死不墓祭。蓋燕享祭祀乃宮室中事，後世習俗廢禮，故墓亦有祭。如《禮》望墓爲壇，并（家）〔墓〕人爲墓祭之尸，亦有時爲之，非經禮也。」

劉氏璋曰：「周元陽《祭録》曰：『唐開元敕許寒食上墓，同拜掃禮，若拜掃非寒食，則先期卜日。古者宗子去他國，庶子無廟，孔子許望墓爲壇，以時祭祀，即今之寒食上墓。義或有馮依，不卜日耳。今或羈宦寓於他邦，不及此時拜掃松檟，則寒食在家亦可祠祭。』」

南軒張氏曰：「墓祭非古也。然考之《周禮》，則有冢人之官，凡祭於墓爲尸，是則成周盛時，固亦有祭於其墓者。雖非制禮之本經，而出於人情之所不忍，而其義理不至於甚害，則先王亦從而許之。其必立之尸者，乃亦所以致其精神，而示享之者非體魄之謂，其爲義亦精矣。」

朱子嘗書戒子云：「比見墓祭土神之禮，全然滅裂，吾甚懼焉。既爲先公託體山林，而祀其主者，豈可如此？今後可與（暮）〔墓〕前一樣，菜果鮓脯〔共十器，肉魚饅頭各一大盤，凡所具之物悉陳之，羹〕飯茶湯各一器，以盡吾寧親（享）〔事〕神之意，勿令其有隆殺。」《性理大全》。《語類》九十，四十五版。三條。《筆録》引《文集》三條。

《文集》三十。十六版左。

《南軒集》十三，四版左。二十，二版右。四十四。八版左。

《綱目》十二。廿九版右。

《樂書》云：「三代以前未有墓祭，至秦始出寢，起於墓側。漢因秦〔制〕，上（陸）〔陵〕皆有園寢。」見《韻會》寢字下。

○厥明云云。

△展省。展，省視也。苴。按：苴苴，並草也，丘本作「草」。

○三獻。

△神休。休，美也，猶休命。

跋

一童行　金芝山曰：「按《續綱目集覽》：行，合浪反，輩行也。童行，猶言童穉之行。禪家稱童少者髮者謂之童行，如韓持國所稱老行者，老人之輩行也。」

所謂非嫡長子不敢祭其父，見《祠堂》篇「爲四龕」下。

神主題名式

〔日本〕三宅尚齋　撰
陳曉傑　整理

《神主題名式》解題

[日] 吾妻重二　撰　董伊莎　譯

《神主題名式》，寫本一册，收録於名古屋市蓬左文庫的《道學資講》卷八十五。《道學資講》是幕末時，尾張藩儒中村得齋（一七八八—一八六八）收集道學相關寫本輯成的四百卷叢書，成書於嘉永四年（一八五一），是日本朱子學，尤其是崎門派著述的一大叢書。

此《神主題名式》爲三宅尚齋（一六六二—一七四一）所撰。尚齋是與佐藤直方、淺見絅齋并稱爲崎門三傑的朱子學者。播磨（今兵庫縣）人，名重固，字實操，通稱儀左衛門，後又稱丹治。尚齋是其號。尚齋少時先到京都學醫，十九歲入山崎闇齋門下，三年後因闇齋去世便尊直方、絅齋爲兄，隨其學習。後到江户侍奉忍藩主的阿部侯，四十八歲時因常對藩主進諫而遭疏遠，又被監禁於忍藩城内（今埼玉縣行田市）的監牢近兩年。尚齋的學問只專於繼承、發展和完善朱熹、闇齋之學，其劄記式的筆記多以寫本流傳。有《易本義筆記》十一册、《易學啓蒙筆記》三册等，另有著述《默識録》六卷、《神主題名式》一册等，還有語録《尚齋先生雜談録》四册。

此書卷末有「享保八年癸卯九月朔日　尚齋」，因此應爲寫就於享保八年（一七二三）三宅尚齋六十二歲時。全書僅有七葉，但實爲尚齋《家禮》相關著作的重要組成部分。此外，《道學資講》卷八十五後緊接有崎門派中村習齋（一七一九—一七九九）的《神主題名類説》及《神主制諸説》，均爲有關神主的著述，内容很有意義，但因是和文撰寫，在此不得不割愛。

神主題名式

三宅重固

【陷中】父則曰故某官故丞相某公温國公，文正，姓司馬諱某諱光字某字君實第幾神主第十二神主

伊川主式本文曰書姓，本注却不曰書姓，然書姓蓋當如是。

丘氏《儀節》與《家禮》同，但故字上有宋字。按《儀節》，圖有宋字，題主式有明字。引伊川主式題名法，其本主圖中却不書行第，題主式云行幾。亂雜之甚，不足以爲證。

【粉面】考某官考大師封温國謚文正公府君神主孝子康奉祀，孝子某奉祀

《儀節》止曰「某官府君神主」，亦是廉率。《儀節》五卷題主式「考」上有「顯」字，「府君」上有「封謚」。第一卷圖。伊川主式書行第，無封謚。然《家禮》亦不曰書行第，可疑。蕃按，伊川主式曰官或號行，故《家禮》舉一例不及，或例歟。

【陷中】母則曰故某故孺人封某氏饒氏諱某諱昭字某字明之第幾神主第八神主

《儀節》不言書法。第一卷圖正舉父例，第五卷題主式與此仝。

【粉面】妣某妣孺人封某氏神主饒氏神主。孝子康奉祀，孝子某奉祀

無官爵名。今以意定之。

【陷中】父則曰姓尹諱焞字彦明第十五神主

【粉面】考迪齋府君神主孝子德奉祀

蕃按，伊川主式本注曰號行，則似當有「十五翁」三字。

【陷中】母則曰饒氏諱昭字明之第八神主

【粉面】妣饒夫人神主孝子德奉祀

右當中所書，則《家禮》第四卷所載。其右方所細書，是今以意填文字者如此。蕃今左右分書。

陷中所書四個「某」字，上二個在「官」、「公」字上，下二個在「諱」、「字」字（上）（下），以故今存「諱」、「字」二字。或云：「陷中所書，直是祖考也耳，宜除『諱』、『字』二字。用『諱』、『字』字，則是記奉之體也。」此説却似有理。故字是示人以死之詞，猶今前任官加「前」字。《儀節》加「宋」字者，以見所受官之詞，以爲題名凡例者，似不安。明道先生之墓表，稱大宋者，示天下萬世之意也，與家廟所立神主自不同。丘氏以「故」字爲近俗，見下文。蕃按，丘説以爲近俗者，非指陷中故字，左方前後文可見。

《家禮》單書「考」字，《儀節》加「顯」字。《家禮》首卷神主圖式下曰：「《禮經》及《家禮》舊本，於高祖考上皆用『皇』字。大德年間，省部禁止，回避『皇』字，今用『顯』可也。」丘氏云：「《家禮》舊本於高曾祖考妣上俱加『皇』字。淺見先生。今本改作『故』字，行者粉面改作『故』者無之，蓋氏所見有別本。『故』字近俗，不如用『顯』字。蓋皇與顯皆明也，其義相通。」山崎先生曰：「《祭法》曰：『顯考廟』。」《家禮》今本改作「故」字者，不知何人改作。

無爵曰府君夫人，漢人碑已有，只是尊神之辭。府君，如官府之君，或謂之明府，今人亦謂父爲家府。《語類》九十。丘氏曰：「無官者，妣曰某氏夫人。」蓋婦人稱夫人，猶男子之稱公也。今制二品方得封夫人，宜如俗稱孺人。

我邦國主城主有官爵者題名式

士庶無官爵者，父則曰：

【陷中】西川段八藤原正次神主

【粉面】顯考恒軒家君神

母則曰：

【陷中】荒川氏秋神主

【粉面】顯妣貞室荒川氏小君神主

我邦稱呼與漢不同，今從俗所稱，題名如右。左右衛門、兵衛之類，有志者勿自稱。世俗不尊諱幼名，今因不書。

府君夫人：朱子以爲無官爵名所宜稱。敬義先生嘗謂：「仕而無爵者，書仕士，不仕者書處士，可矣。」今按，或書「家君」，或單書「君」，恐穩。或云，府，聚也。父則家事所聚，故曰府君。士庶用之，不爲僭矣。

夫人、孺人：漢諸臣之妻有七階，而夫人、孺人遂爲尊神之辭耳。然士庶之妻通用之，恐近僭，况我邦無七階，何以稱之。今只或稱小君，或稱家小君，蓋可矣。

婦人名加「子」字，古法上下通用否，今不可知其詳。今攝家至月卿用之，其下不用之。則通用上下恐非矣。蕃案，今以《雙帋物語》等之所言觀之，不必如先生言，更考。父稱師香，則稱師子。父稱高久，則稱高子。今俗不用父諱字，妄稱子，尤無義理。但或稱其女可，或云無女字可矣。不欲單字者，加女字無害。

傍題寄己名於神主，似不安，因今不書。

男子無軒號之類者，粉面當書段八家君。女子無室號之類者，粉面當書荒川氏小君。

享保八年癸卯九月朔日　尚齋識

父母之喪止於三年說

［日本］三宅尚齋　撰
陳曉傑　整理

《父母之喪止於三年説》解題

［日］吾妻重二　撰　董伊莎　譯

三宅尚齋《父母之喪止於三年説》一卷，寫本，收録於名古屋市蓬左文庫的《道學資講》卷二百二十七中。

在此所載的《父母之喪止於三年説》，是討論父母喪制之著述。卷末識語有「享保十二年丁未十一月十八日　尚齋識」，更有「丁巳重陽後一日　尚齋」，因此該説應著於享保十二年（一七二七），又補寫於元文二年（一七三七）。關於三宅尚齋（一六六二—一七四一）其人，可參看《朱子家禮筆記》解説。

父母之喪止於三年說

《三年問》曰：「三年之喪，何也？曰：稱情而立文，因以飾群，別親疏貴賤之節，而弗可損益也。故曰無易之道也。注：稱情而立文，稱人之情輕重，而制其禮也。群，謂親之黨也。無易，猶不易也。創鉅者其日久，痛甚者其愈遲。三年者，稱情而立文，所以爲至痛極也。故先王焉爲之立中制節，壹使足以成文理，則釋之矣。注：釋，猶除也。然則何以至期也？注：言三年之義如此，則何以有降至於期也。期者，謂爲人後者，父在爲母也。曰：至親以期斷。是何也？曰：天地則已易矣，四時則已變矣，其在天地之中者，莫不更始焉，以是象之也。然則何以三年也？曰：加隆焉爾也。焉使倍之，故再期也。疏：下焉猶然。故三年之喪，人道之至文者也。夫是之謂至隆。是百王之所同，古今之所壹也。未有知其所由來者也。孔子曰：子生三年，然後免於父母之懷。夫三年之喪，天下之達喪也。」疏按：「《易·繫辭》云：『古之葬者，厚衣之以薪，葬之中野，不封不樹，喪期無數。』《尚書》云：『百姓如喪考妣三載。』知堯以前喪考妣已三年，但不知定在何時。」

○問：「喪止於三年，何義？」伊川先生曰：「歲一周則天道一變，人心亦隨以變。惟人子孝於親，至此猶未忘，故（心）〔必〕至於再變，猶未忘，又繼之以一時。」

○朱子曰：「《論語》曰：『子生三年，然後免於父母之懷。』此又言君子所以不忍於親，而喪必三年之故。」《論語集注》。

○又曰：「三年之喪者，子生三年，然後免於父母之懷。故父母之喪，必以三年也。」《孟子集注》。

○范氏曰：「所謂三年然後免於父母之懷，特以責宰我之無恩，欲其有以跂而及之爾。」《論語集注》。

○朱子《答陳明仲書》曰：「夫謂三年而免於父母之懷者，責宰予耳。父母之愛其子而子之愛其親，皆出於自然而無窮，豈計歲月而論施報之爲哉？」《文集》四十三。

○又曰：「三年通喪，天經地義，不容私意有所短長。示之至情。則不肖者有以企而及之矣。」《孟子集注》。

父母之喪，必至于三年而後止者，蓋孝子哀親之心，天道一變，尚未忘，將終身焉。聖人於是以子生三年然後免於父母之懷，爲之中制再期而止，所謂「天經地義，不容私意」者也。今摘其説及于此者數條，爲一篇如此。

享保十二年丁未十一月十八日　尚齊識

按：《三年問》及《論語》孔子之言，程子所答，皆發一理而立説不同。讀者即其説，會得各有其理，則幾不相悖矣。

丁巳重陽後一日，尚齋。

喪禮略私注

〔日本〕加藤九皐　撰

王韵婷　整理

《喪禮略私注》解題

［日］吾妻重二　撰　董伊莎　譯

《喪禮略私注》，寫本，一册，全四十葉。水户藩儒醫加藤九皋（一六六四—一七二八）於享保十年（一七二五）撰寫，財團法人無窮會的神習文庫藏有此寫本。圖書編號爲14674。

加藤九皋，名博，字與厚。稱宗博，亦號春風洞。武藏人，元禄元年（一六八八）以醫道出仕水户藩，是光圀晚年的家臣。其他著作有《醫學澄源》一册、《廬經裒腋》二卷和《脈位辨正》二卷，均在享保年間即十八世紀前半刊行。

本書外題「喪禮略私注」，内題「朱文公家禮喪禮略私注」。前半部分是關於《家禮》喪禮（葬禮）部分漢文的注解，多有朱筆訂正，欄上以小字記有按語。後半部分載有光圀讓家臣編纂并頒給領民的和文儒教喪祭書《喪祭儀略》。在此割愛和文的《喪祭儀略》，僅采録漢文的《喪禮略私注》。

關於本書的撰述，九皋的序文有：

冠婚喪祭者，乃天理實用，聖賢制禮，尊卑殊等，風化合宜。我朝廷禮典，古昔遺美，今於其進退、步趨、拜揖、舞踏之際，頗可概見焉。……至喪祭之禮，多爲浮屠氏所有，遂毀棺斂之實理而火其尸。人皆慣看，恬而不怪。

西山大君好禮之餘，嘗命儒臣據《文公家禮》等籍，譯之俗語，令衆庶以便採用。……然而貴賤不齊，襄事各別，至若其爲銘旌、結魂帛、題神主，詢諸有學之者，學者取《家禮》考之。其間異邦殊俗，有不可盡從者，經往艱焉。今揭《家禮》本文，附以諸家之説，間又加管見，質諸同志，庶乎倉卒臨時之際，措置得所，而莫趦趄囁嚅之弊矣。享保乙巳歲，加藤宗博謹識。

這里有「西山大君好禮之餘，嘗命儒臣據《文公家禮》等籍，譯之俗語，令衆庶以便採用」，其中「西山大君」即是光圀，其命儒臣根據「《文公家禮》等」書籍用俗語（和文）給領民以便實踐，是指前述的《喪祭儀略》一書。據九皋所説，日本古時本有儀禮，但喪祭儀禮被佛教（浮屠氏）支配，火葬死者也無人稱怪。對此，光圀根據《家禮》等書籍，頒布了庶民也能舉行的喪祭儀禮書，即《喪祭儀略》。但因貴賤之别、中日兩國的國俗差异等，産生各種疑點，因此，引用《家禮》原文外加諸家之説和自説，以提供參考。

從序文中可知，本書的特色是指出了日本的習俗和《家禮》本文的相異，并對其進行調整、折中。例如，「既絶乃哭」條有「然本邦人多不飯含也」，接着關於「復」的儀禮有「本邦古者有之，今無行之者矣」，均指出應該考慮國情的不同。關於吉凶、奇數偶數的問題也在「文字奇偶數」條引用朱舜水的《朱氏談綺》而調整其與日本習俗相異之處。本書的撰寫來源於光圀頒布的《喪祭儀略》以及此書帶來的對《家禮》研究的關注，雖然是短篇，但很好地反映了水户藩家臣的推敲軌迹。

目録

喪禮略私注序

冠婚喪祭者，乃天理實用，聖賢制禮，尊卑殊等，風化合宜。我朝廷禮典，古昔遺美，今於其進退、步趨、拜揖、舞踏之際，頗可概見焉。降至民間，亦有肄禮節、授品目之家。如冠婚儀，世悉從其所指揮，不敢議之。至喪祭之禮，多爲浮屠氏所有，遂毀棺斂之實理而火其尸。人皆慣看，恬而不怪。

西山大君好禮之餘，嘗命儒臣據《文公家禮》等籍，譯之俗語，令衆庶以便採用。且夫斂葬之具，商其有無降殺得宜而易從，恃置葬地於水域之南北以爲仕臣者之墓所，於是棺墳墓之禮備，銘旌、魂帛、神主、茅沙之制成，而彼天理實用，風化之盛，復見於今日矣。然而貴賤不齊，襄事各别，至若其爲銘旌、結魂帛、題神主，詢諸有學之者，學者取《家禮》考之。其間異（拜）〔邦〕殊俗，有不可盡從者，經往艱焉。今揭《家禮》本文，附以諸家之説，間又加管見，質諸同志，庶乎倉卒臨事之際，措置得所，而莫趦趄嚅嚅之弊矣。享保乙巳歲，加藤宗博謹識。

朱文公家禮喪禮略私注

疾病，遷居正寢。

《家禮》注曰：「正寢，即今人家所居正廳也。」今按：廳，本邦所謂政所、會所之類。或以爲座敷、書院，然座敷是延客之所，猶如異邦之堂。凡人疾，則卧於寢間，及病勢不可起，遷居正寢，從之則遷居於居間，或奧座敷可也。此儀本於《喪大記》，然病者氣未絶，豈忍遷居？況觸動之，恐革其死矣。宜屬纊，俟氣絶而遷尸也。此時戒内外安静。又曰：「遷居正寢東首。東首者，受生氣也。」今按：氣未絶，故東首。又曰：「撤去舊衣，加新衣。」按：新衣，《喪大記》爲朝服，今本邦士庶通用肩衣袴以加其上，可也。而是氣未絶之際也，此名死衣，沐浴之時去之。又按：《家禮》再注除去加新衣一節，曰：「若倉卒不能盡從，惟用五節亦可。」

既絶乃哭。

《家禮》注曰：「屬纊，氣絶，以一箸横口中，楔齒，使不■合。」按，欲後爲飯含者，宜楔齒。然本邦人多不飯含也。

復。

復者，持死者衣服升屋相呼，所謂招魂也。本邦古者有之，今無行之者矣。

治棺。

制圖詳見于後。

設幃及床，遷尸，握坎。陳襲衣、沐浴、飯含之具。乃沐浴，襲。

《儀》注曰：「縫白布爲幃幕，以障内外。」今按：本邦貴富者爲之，否别多以屏風障之。「遷尸于床上，南首。」按：几床，本邦平常不設，故不用。貴人者，宜以重疊㡟代之。此時沐浴、束髮、剪爪，其浴沐餘水、巾櫛棄于所堀坎，埋之；爪者，俟斂，納于棺。悉去病時衣，易以新衣。今按：貴人用絹帛夾錦者，庶人通用單白麻衣。

徙尸床，置堂中間。

《家禮》注曰：「當堂正中南者，若亡者卑幼，則各于其室中間。」今按：此時須始遷尸于居間，或奥座敷可也。以本邦座敷書院當堂，則嫌婦女輒出間内，量酌風俗制宜而可也。

乃飯含。

主人左袒盥洗，奉含具。徹枕，以幎巾覆面，乃舉巾而含。初飯含，以匙抄米實于尸口之右，并實以一錢。再飯含，以匙抄米實于尸口之左，又實以一錢。三飯含，以匙抄米實尸口之中，又實以一錢，有金珠亦可，乃去楔齒。○或問：飯含何爲也？《詩》《書》不載其何義，竊思是祝子孫顯貴，不匡食化也。蓋出巫祀之説而自成風俗也。然子孫榮幸，□祖先之至孝也，爲之亦可。盜爲其金玉，開發墳墓，不爲之亦可也。

侍者卒襲，覆以衾。

《儀》注曰：「先加幅巾，次充耳，次設幎目，次納履，次襲深衣，以結大帶，次設握手，次覆衾。」○按：是儒服也。蓋文公一家禮式，故所襲如此，餘應隨其官品而有差異矣。本邦禮服亦有束帶、衣冠、直衣、狩衣、大紋袍衣，素襖之差，而今尊卑常儀，以肩衣袴通用，宜從其人。服如幎目、握手，並非常儀，是斂掩其面、手，須用以擬小斂；衾用絹帛、木綿或厚紙，皆新製，覆之後置于棺中以擬大斂。又按：小斂下曰「其衣皆袵向左」。

置靈座，設魂帛，設銘旌。

《儀》注曰：「尸前設衣架，架上覆以帕或錦被，架前置椅，椅上置坐褥，褥上置衣服，衣服上置魂帛。椅前設卓子，卓上設香爐、香合、酒盞、酒注、茶甌、菓盤、菜楪之類。」○按：本邦朝廷禮儀，天子、大臣設椅子，其他人家不設椅子，只坐席，故不有椅子。須尸前設屏風，其中間置案，案上置帕或褥氈，其上置常時所服肩衣袴或衣服，其上置魂帛，其前置卓子，卓上設香爐、香合、燈燭、茶菓之類，其右設銘旌、魂帛。銘旌圖或詳見于後。蓋魂帛依神，猶如巫師裁褚帛以依神也。

厥明，小斂。

《家禮》注曰：「謂死之明日。」按：小斂衣衾，衾用複者，絞用細白棉布爲。今設以幎目巾、握手巾擬小斂，不別爲小斂衣衾，取事簡易。從君富貴而在志厚葬者，宜考《文公家禮》行之，大斂亦然。幎目、握手圖並見于後。

厥明，大斂。

按：大斂衣衾，衣無常數，衾用綿者。一單□□紋用布三大幅爲之，詳見于《家禮》。今用卒襲所覆衾擬大斂，不別爲大斂衣衾。先敷灰于棺內，而後上施七星板，板上置卒襲所覆衾垂，其裔于四外，乃舉尸納棺中。衾內實生時齒髮及所剪爪于棺中四角，揣其空缺處，卷衣塞之，務令充實，不可搖動。今隨家有無，以綿花或殼皮包裹塞空缺亦可。乃收衾之四角垂棺外者，先掩足，次掩首，次掩左，次掩右，令棺中平滿，蓋棺，召匠下釘。按：未蓋棺之先，大書蓋上故某之柩，如銘旌，而後蓋棺，乃如柩衣。又按：是死之第三日也，而本邦人慮遭水火之變，以急其殯斂，宜死之第二日小斂、大斂兼之，以從風俗也。

朝奠，夕奠、食時上食。

按：《家禮》大斂畢，乃設靈床于柩東，薦枕衣服，皆平生時。朝奠如人平生晨起，故侍者設頮盆、帨、巾、櫛具于靈床側。既而奉魂帛出，就靈座設蔬菜、羹飯、茶酒、匙著于靈座前卓子上。魂帛出，侍者斂枕被。夕奠亦陳設如前，奠畢，奉魂帛入靈床，鋪被安枕，安魂帛于上，收頮櫛之具，如人平生夕寢時。今本邦平生寢不置床，故不設靈床，及朝夕奠，惟衾時上食如平日。

三月而葬。

《禮》，大夫、士三日而殯，故三月而葬。温公曰：「古者天子七月，諸侯五月，大夫三月，士踰月而葬。今五服年月，敕王公以下皆三月而葬。」按：本邦俗，自死之日至葬不出三日，三日如大家貴顯，亦不過十數日。其都府下士庶，慮或遭水火之變，朝死夕斂葬。且以土寸余，無葬地之可擇，概從釋氏説，茶毗收骨于小器，瘞之寺院内，纍纍相櫟。既無棺斂之固，故其法會誦經之頃，僧徒竊卸褫死者衣帶裸裎之，而人不及視焉，亦可惡之甚也。

前期擇地之可葬者。

喪禮餘注下有温公之議：「余嘗聞受葬地風水形勢於異邦人者之言，其要就高燥之地，避卑濕。擇前南有山水之美，後北陸野曠遠，而無塹隍坎缺而已。」

擇日，開營域，祠后土，遂穿壙，

按：《家禮》送葬有日，其間前期堀葬地，開兆域，祠后土，後臨既窆，復祠后土，祝文有少異。今本邦葬，不出三五日，故穿壙畢即日祠后土。○《家禮》曰：「擇遠親或賓客一人，吉冠素服，告后土氏。祝師執事者設位於中標之左，南向。」今按：是神位也，故南向。中標之左，則壙之東也。設盞注酒果脯醢於其前，又設盥盆、浴巾二於其東西，其東告者所盥，其〔西〕執事者所盥也。今按：盞用土器，注用瓶子，或德利儀節，詳見《家禮》。祝文曰：

維年號幾歲次干支，幾月干支，朔越幾日干支，姓名。按：是告者姓名，所謂遠親或賓客，吉冠而告神作喪主姓名，蓋告非不瀆也。敢昭告于土地之神。今爲某官姓名，本注曰：「母則云其封某氏。」○按：是亡者姓名，今不稱其君者，對神也。營建宅兆，神其保佑，俾無後艱。以清酌脯醢，按：若不用脯醢，而須菓糕之類，則祝文改脯醢爲庶品。祇薦于神。尚饗。

作灰隔。

穿壙既畢，先布細炭末壙底，築實，厚二三寸，然後布石灰、細砂、黃土拌勻者於其上，別用薄板爲灰隔，詳見《家禮》。又按：餘注曰：「既不用槨，無以容瀝青，故爲此制，然則以代槨也。」今本邦送葬，不日，無以能辨，故穿壙深五六尺，計容棺寬四旁三寸許，布炭末於壙底三寸，築實之。下棺又實炭末於四旁，築實之。棺上穿壙比底四旁廣各二尺，以爲緣道，深三尺許，便于下棺。及實炭末，棺上又布炭末二三寸而漸下土築。如此，則雖不用灰隔，亦以耐久。所謂穿地直下爲壙而無棺以窆者也。居家必用，亦除炭隔。蓋非高貴人不用槨，今擬爲灰隔，恐幾僭矣。

刻誌石。

按：《家禮》用石二片，其一爲蓋，刻云「某人之墓」。其〔一〕爲底，刻云「某人諱某、字某，某州某縣人，父某母某，某年月日終，葬某地」。以二石字面相向，而以鐵束束之，埋之壙前近地面三四尺。今按：是亦高貴人所設也。

發引。

按：《家禮》曰：「葬之日，日中而虞，是旦而葬也。」然本邦士庶之葬，必以昏夜，故張燈而發，且無衾安明器靈車之具。風俗不同，今從時宜爲行列之次。

魂帛神主本在靈車，而本邦不設靈車，故魂帛爲令人奉也。若顯貴人，以棄物擬靈車，升魂帛神主以從柩後。

亡者卑幼，或除柩後燗燈。

若士庶人，無棄物之擬靈車別此，除從者儀衛，如生日。

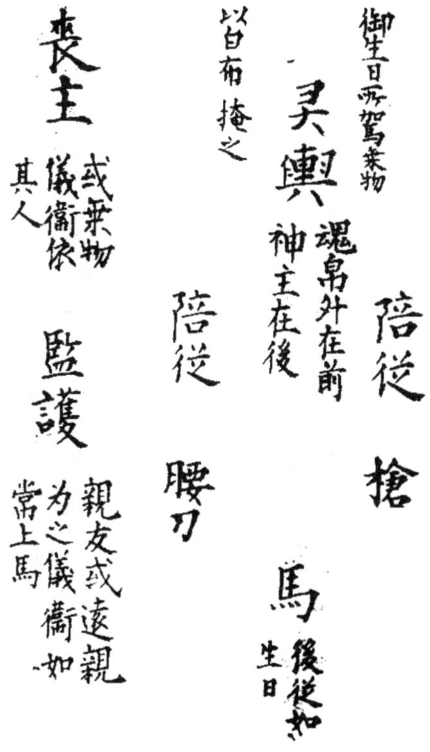

顯貴人以平生所用棄物擬靈車以外，魂帛神主箱從者亦如生日。但槍函、挾箱、腰刀及棄物並以白布掩之。

士庶無棄物之擬靈車，別喪主自祭神主駕棄物。

柩至，乃窆。

先布席於壙前，柩至，設凳置席上，（此）〔北〕首。取銘旌，去杠，置于柩上。用索漸下棺，整柩衣，鋪銘旌。按：柩及銘旌，亦皆北首，若有灰隔，別以炭末實于底及四旁，乃實土而漸築之。

題主。

詳見《家禮》。而本邦無靈座，故執事者設卓子就靈輿，出魂帛、神主箱，並開箱置卓子上，出神主，卧置。題主者，先題陷中，次題粉面畢，乃藏魂帛於箱中，置主後。祝焚香，跪讀祝文，畢。然今葬以昏夜，倉卒不便題主，故未發柩，先題主，畢但除主字上一點，書爲神主，此時加點而已。神主及題主式見于後。祝文曰：

維年號幾年歲次月朔日辰，孤子某母則改孤子爲哀子。敢昭告于某府君今按：在官別書稱號府君，有官位書之，不任書處士。形歸窀穸，神返室堂，神主既成，伏惟尊靈舍舊從新，是憑是依。

今按：祝文讀畢，主人以下親族以次焚香拜可也。若葬寺地，則柩至，先置之佛前。開魂帛，箱置于案上，其前置僧家所授之紙牌，衆僧梵唄喃喃。事畢，主僧焚香，拜喪主，以下亦然，而後乃窆。

祝奉神主升車。

魂帛箱在其後。〇按：貴顯人神主魂帛歸家時，升乘物，神主在前，魂帛在後，儀衛如前。魂帛初虞後埋之浄地，或三虞後埋之。庶人題主畢，即擇浄地埋之，惟喪主自奉神主而歸。若倉卒，神主不能弁，則奉魂帛歸家，神主成後，題主畢，埋魂帛亦可。

喪禮圖式

棺圖

今按：《朱氏談綺》棺制，四旁及底並有馬蹄、筍蓋，本邦匠家所謂蟻而合，故不用釘，惟蓋用釘而已。

其制方直，頭大足小，僅取容身，勿令高大。內仍用瀝青鎔瀉。按：瀝青、松脂，用少蚌粉、黃蠟、清油合煎之。今唯□脂用清油。又曰：「以煉熟糯米灰鋪其底，厚四寸許，加以紙，紙上加七星板。」今按：以爐灰和殼皮鋪之，但不用竈灰也。

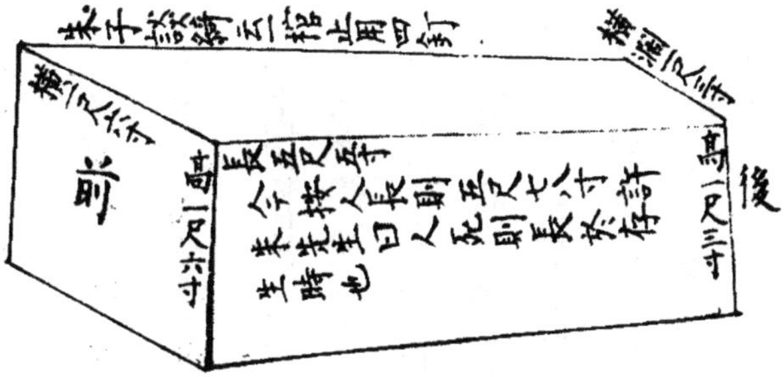

七星板図

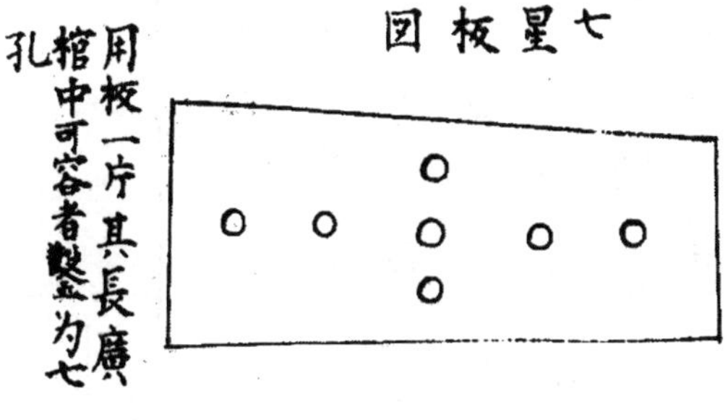

銘旌圖

今按：《朱氏談綺》圖異之，今略焉。

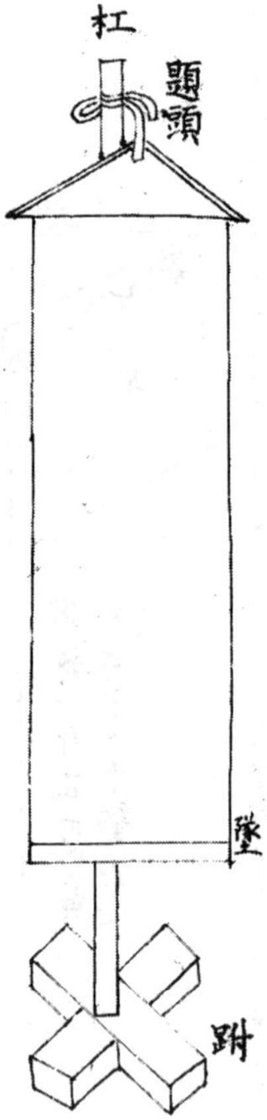

朱先生曰：「上用板作題，下用板作墜，俱采画。」

《家禮》注曰：「以絳帛爲之，廣終幅。」按：《家禮》「銘旌之具」下曰：「紅絹或段子爲之。」三品以上九尺，五品以下八尺，六品以下七尺。朱先生曰：「無更短者。」按：今曲尺四尺五寸許也。以粉筆大書曰「某官某公之柩」，無官則隨其生時所稱。按：《朱氏談綺》曰：「日本故某官某之柩，或士或處士所宜稱也。」以竹爲杠，如旌而稍長，倚于靈座之右。〇按：今士庶紅絹或紅紙爲之，有官書「故某官某姓公之柩」，無官則書「故某稱號某氏君之柩」。〇問：「銘旌可書諱或字否？」曰：「今有以所稱爲字者，以生時所稱。書其（守）〔字〕，可如某諱。止書神主陷中、碑陰、誌石，至銘旌、碑面、神主、粉面，不可書，蓋爲不敬也。」

魂帛圖

《家禮》曰：「魂帛以白絹爲之，如世俗所謂同心結者，垂其兩足。」

結法

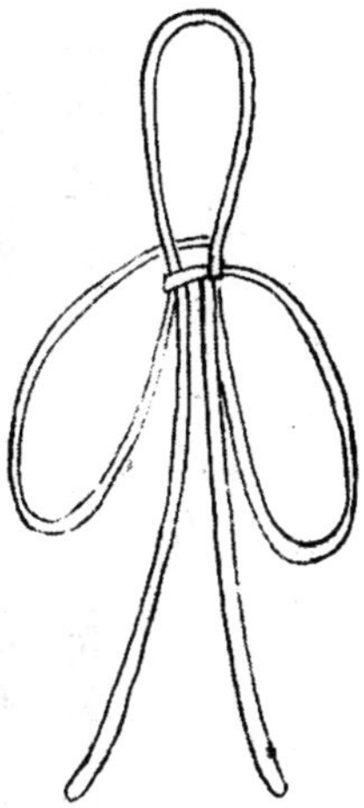

今摺白麻布或白紙爲之，長一丈。吴服尺八尺也。

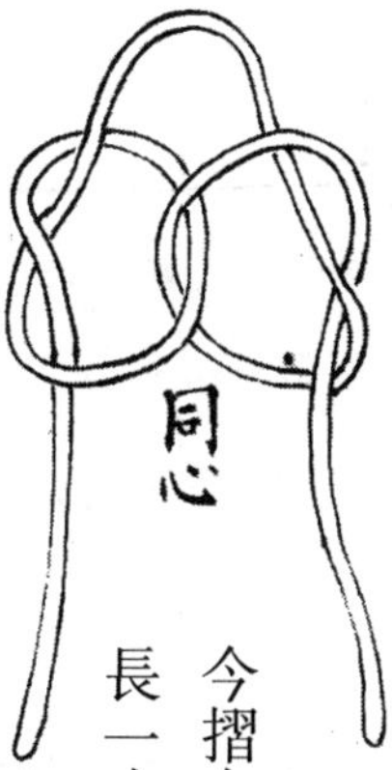

今俗所謂總角結，用繫甲背者也。或以中心交者爲總角結，不交者爲魂帛結，非也。箱車長一尺八寸，闊八寸五分，深二寸半，上際下一竹釘，係其有。

幎目握手圖

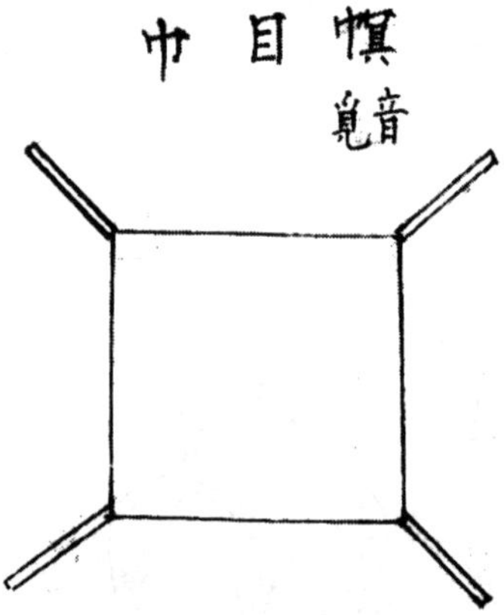

用白麻布，方七寸七分。四角有帶繫于後結之。高貴人，用熟絹夾縫之，内充以綿。

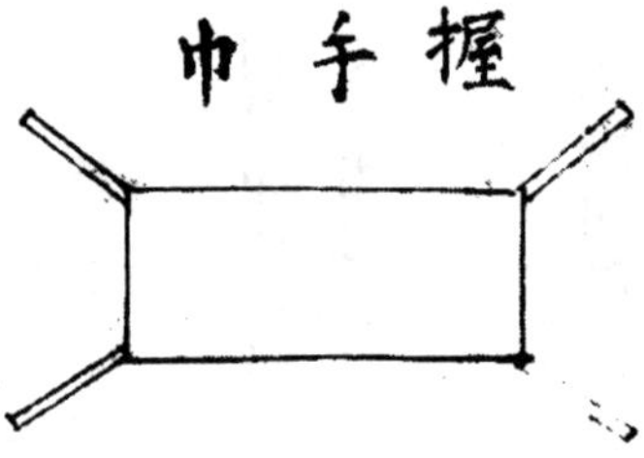

用白麻布，方七寸七分，中裁爲二，亦合有帶繫。如高貴人，用熟絹，内充以綿。

神主圖式座蓋及櫝圖式，詳見《家禮》，今略之。

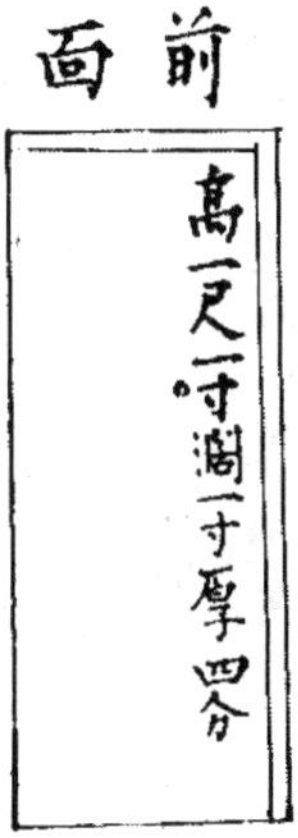

並用周尺

主身高一尺二寸，闊三寸，厚一寸二分。

趺上主首一尺八分，入趺中者一寸二分。

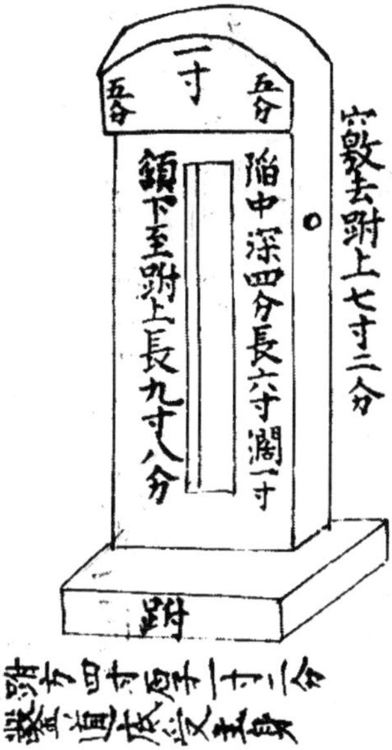

今按：陷中六寸而不足書官銜、稱號、姓名者，宜上去頷下上分、下去趺上一寸三分，則陷中長八寸。

頷上厚一寸三分，頷下厚八分，合前面厚四分，通爲一寸二分。

按：周尺有二，其一則本邦木匠尺六寸四分弱，是周文王尺用作神主者；其一則木匠尺七寸三分。强，周景王尺，即横黍尺也。

題主式

陷中

《家禮》曰：「陷中父則曰『明故某官某公諱某字某行幾神主』，母則曰『明故某封某氏諱某字某行幾神主』。」

今按：曰宋曰明，以世統變革記之也。本邦萬世一統，不用書可。

有官者假如，故從五位下上總權介平公諱廣常神主。

婦人有位者，則故從二位平民諱政子之神主。

無官者假如，故北條四郎平君諱時政神主。

婦人無官者，則故大江氏諱波留之神主。

粉面

《家禮》曰：「粉面父則曰『顯考某官封謚府君神主』，母則曰『顯妣某封某氏神主』，其下左旁皆曰蓋衍。『孝子某奉祀』，無官則以主所稱爲號。如父則曰『顯考處士府君神主』。」

按：《朱氏談綺》曰：「粉面屬稱有官爵者『顯考顯妣』，士庶人曰『先考先妣』，男在官者曰『府君』，不仕者曰『處士』，無官無學者曰『郎』。」又曰：「婦人一品曰『一品夫人』，二品曰『夫人』，三品曰『淑人』，四品曰『恭人』，五品曰『宜人』，六品曰『安人』，七品曰『孺人』，八品、九品、散官共用『孺人』，庶人妻曰『媪』或『嫗』，女曰『姑』或『姐』。」今按：本邦非官女或至貴不賜官爵者，其夫有官爵者，準夫或用「嬬人」猶可。

○按：《家禮》粉面或曰：「其下左旁，皆書『孝子某奉祀』。」又據《通禮》，神主式圖書神主右旁，向者之左，居家必用神主圖，書神主左旁，向者之右。伊川神主説但曰旁題主祝之名，不言左右。今皆從《通禮》，主圖書神主右旁，向者之左。今按：有官者假如顯考從五位下上總權介平府君之神主。婦人有爵者則顯妣從二位平夫人神主。無官者假如先考北條四郎平府君之神主。是以生所稱爲號也。不仕者則先考某稱號某姓處士神主。士庶人之妻假如先妣大江媪之神主。若不識姓，則用氏書。

墳墓圖

墳高四尺，立小石碑於其前，亦高四尺，趺高尺許。

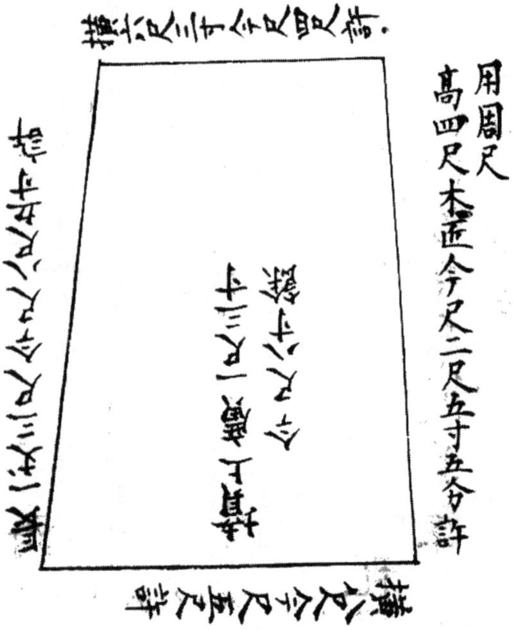

墳前高後卑，上狹下廣，其前立小石碑，四方以栗木作周垣。

石碑圖

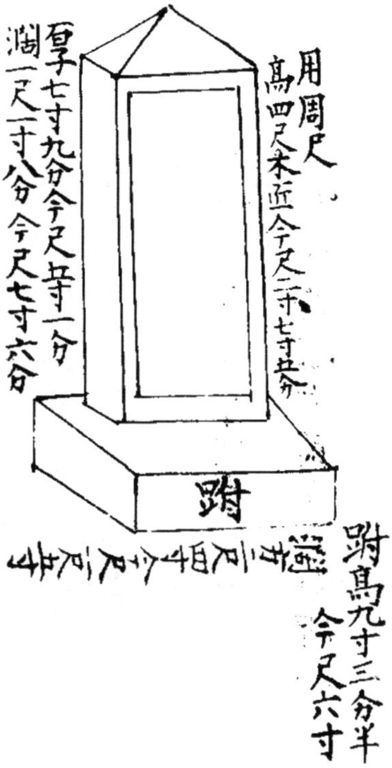

右墳墓碑石尺寸全據《葬禮儀略》。

《家禮》注曰：「碑石闊尺以上，其厚居三之二，圭首而刻其面，如誌之蓋。」

按：《朱氏談綺》朱先生答人問墳墓曰：「立一小石碑於墳前，高四尺，闊尺以上，厚七八寸，圭首而刻其面，曰『某人之墓』。略述其世系名字行實，而刻於其左，轉及後與右而周。」○按：《家禮・喪禮》餘注朱文公曰「今按，孔子防墓之封，其崇四尺，故取以爲法。用司馬温公説，別立小石碑」云云，其言與朱先生大同。又按：碑陰文刻於其左云云，是言向者之左而碑石之右也，與神主左旁書主祀之名同。《談綺》又曰：「碑首及趺，有三官尊者，螭首贔屓。趺次者，雲日首方。趺下者，方首方趺。碑中書『故某官其贈及勛階某號某府君之碑』。」

文字奇偶數

《朱氏談綺》曰：「大明俗，吉禮用偶數，凶禮用奇數，故卜葬日必用單日。凡銘旌、石碑等文，書其官爵屬稱，若會偶數，則加『之』字足以爲奇，如『之柩』『之墓』之類也。唯神主從吉，用偶數，若會奇，則亦加『之』字。大明俗，凡修造墳墓，必用十二月，他月不用。」〇按：本邦貴陽數，故吉事必用奇數，不用偶數。雖然，葬禮宗儒，則從異邦禮式可也。至修造墳墓，係凶事，今世俗用七月，不用十二月。考本朝古昔典故，朝廷奉班幣，諸陵必用十二月，謂之荷前使。又有御佛名氏，俗亦是月祭祖先靈，而今忌十二月者，何也？然弗悖人情，從俗之爲宜矣。

葬禮考 祭禮略記

［日本］荻生徂徠　撰
陳曉傑　整理

《葬禮考》《祭禮略記》解題

[日]吾妻重二　撰　董伊莎　譯

《葬禮考》，刊本一册，現藏於關西大學綜合圖書館長澤文庫，圖書編號爲 L23 * * 300 * 177。《祭禮略記》，寫本一册，現藏於東京大學附屬圖書館渡部文庫，圖書編號爲 C20：60。

此兩種書的著者是荻生徂徠（一六六六——一七二八），名雙松，字茂卿，通稱總右衛門，號徂徠、蘐園。是館林藩藩醫的兒子，生於江户（現東京）。苦學之後，元禄九年（一六九六）被將軍綱吉的權臣柳澤吉保發掘并出仕，曾謁見綱吉，聞名一時。寶永六年（一七〇九）因綱吉的死和吉保的失勢而辭官，開設私塾「蘐園」，培育衆多門人。在其晚年，享保七年（一七二二）以後深得將軍吉宗的信任，不時被委託諮詢。

徂徠作爲代表江户時代的儒者而著稱。原來信奉朱子學，後來從回歸中國古代原典的立場攻擊朱子學，又批判同樣志在回歸原典的京都伊藤仁齋之古義學，提出新的「古文辭學」，風靡一時。門人有服部南郭、太宰春臺、山縣周南、安藤東野、宇佐美灊水、菅甘谷等。

徂徠著作很多，有《弁道》一卷、《弁名》一卷、《學則》一卷、《論語徵》十卷、《譯文筌蹄》六卷、《孫子國字解》十三卷、《讀荀子》四卷、《明律國字解》三十七卷、《蘐園隨筆》五卷、《南留別志》五卷等，這些著作因其嶄新的内容在當時引發了很大的反響和議論。詩文集有《徂徠集》三十一卷、《徂徠集拾遺》一卷（一九八五年，ぺりかん社影印）。收録其主要著作的全集有兩種，一是河出書房新社的《荻生徂徠全集》（一九七三年），二是みすず書房的《荻生徂徠全集》（一九七三—一九八七年，未完）。

在此收録的《葬禮考》一卷原名《葬禮略》，是反映徂徠儒教儀禮實踐狀况的著作。門人服部南郭的《物夫子著述書目記》（收於《灊水叢書》的《雜著》）中記有「葬禮略一卷」，與「琉球聘使記一卷」「琴學大意抄一卷」「滿文考一卷」「南留別志五卷」等，緊接著有以下的説明：「右十部，一時戲作，亦小而辨物爾，不必當弘行者。」這就是説《葬禮考》是徂徠一時的「戲作」，并非經過嚴密推敲之作。

此外，《蘐園雜話》中有云：

葬禮略はもと徠翁唐紙にすつと書いて置かれしを、灊水写し置きて、題号もなければ葬禮略と書き置かれし。其後南郭書目を書かるゝ時灊水かくと申しければ、あれはあの通りにて然るべしとて右の名となりたる由。（葬禮略本是徂徠隨意寫於唐紙上的放置之作，灊水抄之，無題號，僅寫作葬禮略。之後作南郭書目時便記作灊水抄寫，也順理成章地使用了灊水抄寫時使用的書名。）

此《蘐園雜話》一卷著者不詳，但因記録了徂徠及其門人太宰春臺、服部南郭、平野金華等的言行，其文獻價值早有定評。這裏的記述内容與上述南郭《物夫子著述書目記》互相一致。因此可知，《葬禮考》原是徂徠「隨意寫就并放置」的手稿本，著述的具體時期不清，但後來由宇佐美灊水（一七一〇—一七七六）抄寫并傳世，書名《葬禮略》也是灊水所作。此書在明和五年（一七六八）刊行時被改題爲《葬禮考》。

《葬禮考》的内容以《家禮》爲基礎，還考慮《大明集禮》《禮記》和日本的制度、習俗加以修正。儀式記述到「初終」中的「治棺」部分結束，其後在「具辨」部分附録解説葬儀需要準備的道具。因爲也缺少了關於埋葬後的儀式和喪服制度的記述，此書確實是未完成之作，也就是南郭所説的「一時戲作」，不能説經過了充分的推敲。不過，在寶永二年（一七〇五）即徂徠即將從朱子學轉向古文辭學的時候，徂徠嚴格按照朱熹的《家禮》舉行了妻子三宅氏的葬儀（《徂徠集拾遺》上，《嬪三宅氏墓誌》），因此徂徠實際上對《家禮》有著濃厚的興趣。作爲徂徠儒葬研究的一個反映，本書可謂珍貴的著述。

卷末有《附譯》，用日文説明了書中難解的詞語，但在此割愛。

《葬禮考》出版時寫序文的是平賀晉民（也有稱晉人，一七二二—一七九二），廣島藩安芸

（現廣島縣）人，字士亮或房父，號中南。在徂徠門人大潮元皓處學習，後來在江户向老中松平信明講學，是篤實的經學者，著書豐富。從卷末刊記看，出版《葬禮考》的是晉民鄉里安芸的書鋪——摛藻堂。

《祭禮略記》一卷，是徂徠關於祖先祭祀的著作。本爲《祠堂式及通禮微考》（後詳）。上述的《葬禮略》是相當於冠婚喪祭之「喪禮」的指南書，此書則相當於「祭禮」的指南書，兩書作爲儒教的死者儀禮書具有連貫性。

在此收録的版本內題與外題都有「祭禮略記」，隨後有「祠堂式及通禮微考」。「祠堂式及通禮」的「微考」這一題目大概是因爲此書包含了關於《家禮》開頭「通禮」部分中祠堂的記述，并對此作了若干考察。「祭禮略記」的書名似爲此文本抄寫者所作。

關於此書的書志，宇佐美灊水《物夫子著述書目補記》（《泊園圖書目録》，關西大學綜合圖書館泊園文庫藏）有云：

祠堂式通禮微考一卷

右夫子爲門人秋子帥師所書者也，余得之校定一過，今附葬禮略後

這裏所説的「秋子帥」是指秋元澹園（一六八八—一七五一），名以正，岡崎藩藩儒。根據此叙述，此書是徂徠爲了門人秋元澹園寫作，灊水校訂後附於《葬禮略》之後。另外，前述的服部南

郭《物夫子著述書目記》中記有「祠堂式一卷」也值得注意。

此本的一個特徵是附有三篇書牘，即《答松子錦問神主制度》、《復安澹泊》同《又》。這些書牘原載於徂徠文集的刊本《徂徠集》卷二十八，而這裏的《復安澹泊》同《又》相當於《徂徠集》全集中的第五篇和第六篇。關於這些書牘，《祭禮略記》本文末尾朱筆有：「良謂徂徠先生祭禮略止於此，下三書牘係後人附考」，所以這些書牘是後來從《徂徠集》中抽出附加的。這裏稱爲「良」的人物詳細不明。書牘的收件人「松子錦」是前述秋本澹園出仕的岡崎藩（現愛知縣）之家老，「安澹泊」是水户藩（現茨城縣）的安積澹泊（一六五六—一七三八）。安積澹泊師從朱舜水，是在德川光圀指揮下編纂《大日本史》的中心人物，爲著名的儒者。可以推測，這三篇書牘在内容上陳述徂徠關於祠堂與神主之意見，因此被附載於後面。

這部書在宫内廳書陵部藏有别本，在國文學研究資料館的日本古典書籍綜合目録資料庫中公開了全部書籍的圖像。通過畫像可見，宫内廳書陵部本正文幾乎相同，只是没附有三篇書牘。因這些書牘是瞭解徂徠晚年儀禮思想的重要資料，所以這裏採用了有書牘的文本作爲底本。

目録

葬禮考序

維中夏聖人之御代也，制作禮樂爲之極以施天下，天下莫或不由之者矣。而其於喪祭，君子尤謹焉。故曰：「先王制禮，弗敢過也。先王制禮，不敢不至焉。」及至戰國，文武之道墜於地矣。後之王者，亦各立一代之制，使天下由之，而亦不周於物。故後賢君子，酌之古而量於今，以從其心之所安，一家之禮於是乎書，是所爲後世無聖人也。自我非聖人，寧必其得中乎。且俗移物換，聖人尚猶損益之，愜於時，況東西殊居，山澤異宜乎。傳其學者，以其師宗奉之，不敢違拂，一如聖人之制，不亦尤乎。物夫子有《葬禮考》，蓋亦録其心之所安已，亦以其師宗人傳寫而藏之以爲帳中之秘。夫從流俗所爲，君子固其纇有泚，若欲稽古，則有士葬禮在焉。曾子曰：「國無道，君子耻盈，禮焉。國奢則示之以儉，國儉則示之以禮。」爲卿大夫者當然也。子思曰：「有其禮，無其財，君子弗行也。有其禮，有其財，無其時，君子弗行也。」爲其可爲，而不爲其不可爲，以從心之所安，庶其不差乎，何用《葬禮考》之爲。國都書肆摛藻堂得之，將刻而公之，請序，余因次所見以問世之君子。明和戊子中元之日安藝平賀晉人撰。

葬禮考

初終

疾病，遷居正寢東首。男子不死於婦人之手，婦人不死於男子之手。

遷居正寢者，惟家主爲然。主人於外寢，邦俗所謂「居間」也。主婦於内寢，邦俗所謂「奥一間」也。此得正而斃之意也。東首者，受生氣也。今按不得遷外廳，官人疾病，或有君使來臨，或有官長同僚來驗事情，則虚外廳以待之，可也。

戒内外，安静毋得諠譁驚擾。

病革未死，婦女輩悲泣啼哭，及請僧念佛之類，皆使勸逼。病者自知死期，由此隕獲，以速其死者，往往有之。夫孝子慈父之心，豈不欲一息之少延，而乃如此，大不可也。蓋人之生，不自知其生，則人之死，豈必自知其死乎。不知而生，不知而死，理當然矣。故知死者，異學之陋也。儒者或有惑焉者，其察諸。

書遺言。

出于《大明集禮》，然病革之際，當有亂命。故書遺言，當在病未革之前。祇無子立嗣一事，國家有定制，要在親戚同僚議定也。

加新衣。

《喪大記》用朝衣，只此一節。恐驚動病者，當在既絶之後。一息未絶，當保護愛養，務要安静，以求一息之少延。及於既絶之後，則衣衾太温，必發臭氣，致人厭憎。藉此，襲斂不謹，大乖道理。况設冰之禮，今俗不用。當盡去舊衣，單用新衣一領。更旁設盤水，以助冷氣也。室中原設爐火，皆當撤去。

屬纊。

綿不動，則氣絶也。凡病人氣絶，有易識者，有不易識者。故古有此禮，纊既不動，更審六脉及趺陽等脉。若其暴病，心下丹田尚煖，未可遽斷爲死也，慎諸。《寶要》曰，屬纊，恐其動念，不用亦可。

廢牀寢地帷堂。

中華牀地而卧。本邦室有地板，故此禮不可用矣。當揭去疊席，只用單席，鋪在地板上。俟其氣絶，扶卧其上。帷堂者，恐人惡之也。今用屏風，環蔽以至蓋棺。當係犬猫。毋使孕婦近屍，恐其作魅也。毋滅燭，恐鼠來嚙也。

楔齒綴，足用燕几。

楔音屑。古用角柶，《家禮》用箸。横口中楔齒，使不合，可以含。綴足用燕几者，防其繚戾。蓋欲死者形正直也。按齒禁，則身體手脚强戾不柔。故先王制禮，有楔齒飯含綴足之禮，皆欲其形體正直也。若無燕几，則爪杖如意麈尾之類，平生燕閒奉體之具，皆可。

舉哀，復哭，擗踊無數。

此禮邦俗難用，况都下衙門也。若在鄉村好禮君子，冀或舉行。

易服，被髪，徒跣。

此禮亦難用，但男子去肩衣佩，女子去上衣櫛笄，冬脱韈，可也。

不食。

諸子三日不食，期九月者三不食，謂父母祖孫叔姪兄弟姊妹也。五月、三月者，再不食。近鄰親戚，爲糜粥食之。尊長，勸之少食，可也。自此闔家齋素。按今士庶之家，親屬子弟不得同居，且婢僕皆賃役，百事皆待己處分，則不得不强食以自養，此又可不必拘古制。故爲其尊長者，宜務勸勉强食之。

立喪主，主婦，護喪，主賓，相禮，祝，贊，司書，司貨。

喪主者，謂嫡長子也。無長子，則長孫或次子主之。古人重嫡之意，今按君命爲嗣者爲喪主。父在而子有妻，子之喪則父主之。父殁之後，兄弟雖同居，各自主其妻子之喪。雖有子，不得主其母之喪。兄弟喪，則長兄主之。親不同，則其最親者主之。在旅官人，則同僚主之。無官人，則朋友主之。《喪大記》曰「喪有無後，無無主」是也。凡喪主主饋奠，若其與賓客爲禮，則同居之親且尊者主之。凡謂尊者，謂屬尊也，非官爵貴也。和俗誤會，故審諸。

主婦者，亡者之妻也，無則喪主之妻也。

護喪者，以子弟知禮能幹者一人爲之。

主賓者，以同居之親且尊者一人爲之。如無同居者，族屬或親戚或執友皆可。族屬者，謂同高祖者也。親戚者，謂外親姻戚也。

相禮者，以親友或鄉鄰中之素習禮者一人爲之。凡喪事，皆聽其處分，而以護喪助焉。

司書者，以子弟知書者爲之。發訃及置曆，記親賓吊賻，以便它日答謝。

司貨者，以子弟或家執事一人爲之。置二曆，其一書凡喪禮應用之物，及財貨出入，其一書親審賻襚祭尊之數。孔子之喪，公西赤爲志；子張之喪，公明儀爲志，是也。

祝者，主奠獻。

贊者，主導主賓行禮。

按孝子喪親，悲迷不復自知。故立右諸人，以使孝子自遂其哀也。

稟官，訃告於親戚僚友。

亡者有官，喪主有官，皆不得不稟官。故今此一節，訃告於親戚僚友，當依俗書式。若或好雅君子，遵守華制，則有書式在。

某親某人不幸，於某月某日某時，卒於正寢，孤子某泣血稽顙拜。

無官者不得稱「卒」，止當曰「歿」曰「終」也。正寢，婦人曰「内寢」。孤子，父亡稱「孤子」，母亡稱「哀子」，父母俱亡稱「孤哀子」。禮喪不二孤，支子不與，故支子不稱孤，子孫止承重者稱孤。

門外訃狀，父母書曰「荒迷不及遍報」，妻書曰「悲迷不及遍報」。

正寢若在官舍，則曰「官舍」。逆旅，則曰「某地逆旅」。若非常之死，則曰「邦事」，曰「戎事」。

擇葬地。

此一節，《家禮》在成服之次。但古禮士庶三月而葬，前期擇地之可葬者，故當在成服之次。邦俗速葬，即死日而葬，誠爲薄俗之極。然都下衙門内官舍及市廛，皆不得過一兩日。士人有宅地者，或可留停五七日而葬。冬天風烈，無日不火，萬一延燒，相及薄禄之家，莫有人役，坐視遺骸罹災，其痛虐當甚於速葬。夏天則臭氣易發，而莫有隙地之可殯者，爲人憎惡，適貽亡者身後之辱。若諸侯者，尚可殯在寺院。若夫外郡，士大夫禄三五千石以上有采邑者，或可殯在采邑別墅之中耳。除此之外，三五日之間旋葬，爲合時宜矣。孔子曰：「有，毋過禮。苟無矣，斂手足形，還旋葬，懸棺而窆。人豈有非之者哉。」聖言如此。今在都下，歛畢即葬，爲是擇地之法。程子曰：「他日不爲道路，不爲城郭，不爲溝地，不爲貴勢所奪，不爲耕犂所及。又須避村落，遠井窑。」此又外郡士大夫有采邑者，及鄉村之人率葬山林者，得依此法。若都下，非寺院，則不得葬矣。但擇高燥之地，可不速朽者，可也。且國制，自王侯下至士庶，皆有宗門，有香火寺院，則當先報寺僧，議定葬地。或寺院狹隘，僧不喜寬占宅兆，則當別謀焉。故即死之日，急當擇葬地也。

告啓期。

告葬期於親族僚友之當來會葬者也。

治棺。

《家禮》：「油杉爲上，柏次之，土杉爲下。」《寶要》：「沙枋爲上。」大氏材木，各地所産各殊。驗以形狀，尚當不同，預造壽棺，乃得擇材。都下速葬，止須地庫所用俗稱比婆者，極耐水濕，否則柏材亦可，要擇乾燥無節無疵者。《孟子》「棺厚七寸」，當今五寸許。厚祿有力之家，當遵此法。秖士庶家，棺太厚，必太重而難於搬動。且發引在途，轝車難用。使人役荷擔，設或失手顛仆，驚動柩靈，傷損人夫，反不便穩。故今依墨子法，棺厚三寸。厚於大禹，施諸士庶，大爲不儉。周尺三寸，當今二寸五分。其制方直，頭大足小，僅取(客)〔容〕身，勿令高大及爲虛檐高足。無用之飾，徒爲觀美，鮮有實益。頭闊以兩肩尖相去之廣爲度，深以腦後鼻尖相去之長爲度，長以巔頂足尖相去之長爲度。秖死者足不曲，故不度跟也。皆僅大寸許，爲襲衣之厚，末梢深厚皆減去二寸，冀合於頭大足小之制矣。有官之人，頭上戴冠，當量加長三五寸也。底下施七星板，板下虛一寸許，當横設木片，填之棺。四隅櫳合之處，不用釘，當用造地庫法。底用大鐵釘，頭尾各二根，左右各五根，合十四根。或曰銅釘，入土不朽。或曰銅釘滲水，弗若鐵釘之愈也。内外縫罅，抹以硃漆。其法先用絞净真生漆，厚調生麵銀砂，塗嵌其間。試真漆法，取少許抹青竹上，少頃即乾，乾而粘綴，不可剔剥者真。硃性極收濕，可以助漆之堅，解漆之濕，故用之棺外。以瀝青塗厚五分許，今用塗水筧者可也。七星板其制用板一片，長廣令棺中可容者，鑿作七孔，臨殮時用糯米灰或糠厚鋪棺底，灰上鋪紙，帋上安板。《寶要》曰：「槨雖聖人所制，其罅隙處，多有水滲入。」昔司馬温公亦曰：「板木終於腐爛，徒使壙中寬大不能牢固，不若不用之爲愈也。孔子葬伯魚，顏路葬子淵，皆有棺無槨。」

又按都下葬地狹隘，有用坐棺者，又有用瓦甌者，最爲貧家所使。古昔夏后氏塈周，沈約堀鍾山得若盂者，乃知亦爲坐棺。即今瓦甌，雖非周制，則爲夏禮。三代禮制，聖人所定，皆可遵用。

具辨

棺具　見上

遷尸具

幃今用屏風。　尸牀本邦不用牀，但用細席可。　枕　衾俱用舊者，但衾助熱生臭，止用夏衣可也。

沐浴具

水桶二　浴盆二　杓二　沐巾二一者蘸湯洗用，一者拭乾用。　浴巾三二者蘸湯洗用，一者拭乾用。　粗席　細席　櫛　剪刀　束髮絲條

襲具

褥一　細席一　明衣一用夏衣　裩襠　便衣二領　帶一　盛服麻肩衣袴，或十德，或折烏帽子素袍長袴，有官則冠服。　布襪　充耳用白綿二塊，如棗核大，以塞兩耳。　幎目帛　握手帛　掩或用幅巾，婦人則用綿。　廣蓋士庶家權用夾箱蓋。　冒或用衾。

幎目帛制。皂絹方一尺二寸，以赤色爲裏，四角用組爲係，交結腦後，古著以綿絮。

握手帛制。皂絹長尺二寸廣五寸，以淺絳色爲裏，著以綿絮，四角用組爲係。樓斂狹小，握之手中，交結手背。

掩制。用絹，廣終幅長五尺，折其末，而結於頤下，又還結于項中。

冒制。上曰「質」，下曰「殺」。「質」用黑布，其長舉手齊。「殺」用絳布，其長三尺。皆縫合一頭，又縫連一邊，餘一邊不縫，安三帶綴以結之。今按《家禮》，有衾無冒。所謂衾者，廣四幅長七尺，用以裹屍。

含具

錢三文古用貝。王侯家，用金銀錢亦可。須水洗潔净。　米一合精鑿者，新水洗净。古用珠。　合盛錢。　甆椀盛米，或用瓦盃。　匙

斂具

小斂絞用白布或生絹横者三幅，其長取足，以周身相結，兩頭折爲三片。直者一幅，其長取掩首至足，而結於身中。兩頭折爲三片。　大斂絞同上横者五幅，直者一幅。　斂衣無算，無力者亦必二領。　衿横六幅長一丈，縫合如方，大褥或袷或單。　布袋數十内實綿。　刀劍婦人則鏡。　扇子　掀鼻帋　懷袋　佩袋

奠具

卓子　香爐　香合　香箸或匙。　酒注用小瓶。　酒盞用瓦盞。　盤用足打。　椀甆椀五。　托燭臺　蠟燭　罩巾製竹爲之，蒙以細紗。　盥盆　帨巾　帨架

服制具

無紋鈍色，麻肩衣及袴鈍衣被衣。

靈座具

椅　卓　重即桑木主。　帳　衣架舊。　刀架舊。　帕新。　屏風　銘旌

銘旌者，以絳帛爲之。廣終幅三品以上九尺，五品以下八尺，六品以下七尺。以粉大書曰某官某公之柩，無官則隨其生時所稱。以竹爲杠，如旌而稍長有跗，倚于靈座之右。按《檀弓》曰：「以死者爲不可別已，故以其旌識之。」靈座有重，但爲在途中無所識別，故設之耳。今都下恐驚人耳目也，雖無亦可。

治葬具

石灰　細沙　黃土以下實棺與灰隔之間。　灰隔板六片　柱四根　竹繩

送葬具

明器今不用。　翣都下不用。　切布同上。　大輿

祭禮略記

祠堂式及通禮微考

○晦庵先生曰：「按旁親祔位皆向西，主櫝略小。」又云：「不用櫝，列主龕之兩傍，男左女右，亦可也。」

○司馬温公曰：「所以上西者，神道尚右故也。」

○《闕里志》記孔氏世祖二代三代四代五代，累世如是者，竊惟嫌爲其顯考顯妣。

○祭主每日　洗手　焚香　俯伏　興拜　興拜　興　平身

○每月朔望　前日洒掃齋宿，其翌明，托茶盞及酒盞於櫝前，具香燭。盛新菓於盤，具卓子之上，開龕扉。

○主人盥手　焚香　酹酒　俯伏　興　少退　鞠躬拜　興拜　興　平身

○主婦在右點茶。　肅拜　禮畢

○望日不設酒，惟點茶，餘如朔日禮。

○正月朔　男列于左，女列于右，餘皆如月朔禮。然是日，主人斟酒于逐位神版之前，逐一俯伏興。到庶弟祔位之畀者，長子代主斟酒，俯伏興。

○冬至　右如正朔之禮。

正至朔望之禮如此。

○俗節獻以時食。元夕　清明　端午　中元七月十五日　重陽　十月朔　臘日　除夜

右禮節如正朔冬至。

○忌日式

○《祭統》云：「君子有終身之喪。」忌日之謂也。

○散齋七日以定。不飲酒，不食肉，不茹葷，不聽樂。

○致齋三日以齋。思其居處笑語之類也。

○前一日齊戒，陳器，香燭。

○厥明日，設蔬果酒饌，開龕去帛囊。　跪上香，酹酒，告辭。

○進饌　興拜　興拜　興　平身

○進饌　庶弟持炙肉，加鹽以從。

○祝在主人左　把祝版　唱祝文祝板長一尺，高五寸，以紙書祝文。　凡有告辭無祝文，有祝文無告辭。

右初獻畢。每一獻畢，執事徹酒及饌，還盞於故所。

○主婦行亞獻，進饌，例如獻，無祝文。

右亞獻畢。

○諸弟諸婦長行終獻，例如初獻，無祝文。

右終獻畢。

○次主婦點茶畢。

○闔門復位

○啓門受福　受胙　春秋祭禮

○辭神

○鞠躬拜　興拜　興拜　興拜　興　平身

○焚祝文

右忌日三獻禮畢。

○告辭式

孝子某，今月今日，當　先考某府君正忌。　敢請　尊靈　降居　神位，恭伸尊獻。

○祝文式

維

享保幾年，歲次某干支，幾月干支越干支朔幾日干支。孝子某，敢昭告　先考某府君，歲序流易，諱日爰臨，不任追慕，敢以酒饌，敬伸尊獻，尚饗。

良謂徂徠先生祭禮略止于此，下三書牘係後人附考。

徂徠先生論神主制度書牘二篇

答松子錦問神主制度

吾邦俗間所爲牌子多雲首者，尺寸大小不一，從人所好，皆謂浮屠法。然浮屠但奉佛天，不奉祖先，佛天皆塑像，豈有之乎？今審具制，迺神版，又謂之神位，非神主也，皆中華所流傳。雲首，予嘗謂出《會典》，《會典》誠無之，一時見諸他書，而誤記耳。世儒者恪守考亭法，而謂爲先王之禮，遂黜俗間所用者爲浮屠法。雖熊澤、伊藤二先生，力排宋儒，亦一切遵用考亭法弗敢違，皆無稽之失也。此方浮屠所杜撰，唯題梵文及戒名者耳。然世俗無字謚，其官爵花名皆世襲，不可得而識別，則不得無戒名，亦勢所必至也。今儒者既黜戒名，迺題諱以别之，豈敬神之道乎？其過適相等，所争止神主制，然所守者，未必先王禮所黜者，未必非禮。夫吾邦先王不定喪祭禮，今國家復無定制。君子之生於斯邦也，亦行己之志，以竢後聖人。苟其中禮，可以爲王者師，如之何其可也。茂卿謹按，主與版，意謂自别。主者，廟之主也。有廟有主，無廟無主。毁廟藏焉瘞焉，所以寓神也，故六孔相通，神集於虛。初喪無主，則設魂帛，師行載毁廟主。無毁廟主，則以幣及圭祭之，奉而出以代之，是豈有題識乎？一廟二主，其配微短。其尊既專，可望而識之，可無題署，題其背者，有司之守也。版者，所以表識其位也，非以寓神，故無孔。其形挺長，題其面。蓋秦漢以後，臣不世禄，則無邑無廟，祀數世於一室，神位叢然，不可望而識之，故以表其位，是主版之所以殊也。許慎《五經異義》所以言卿大夫士無主者，戰國以來，世多游宦。觀韓魏先秦郡縣其國，則臣亦多稟奉。夫無采邑，則無廟。無廟則無主，是以其制弗傳耳。然《左傳》孔悝反祏，《公羊》攝主而往，《士喪禮》有重重主道也，則士大夫豈無主乎？唐制，天子尺有二寸，三品以上一尺，用古諸侯禮。四品以下無主，據許氏之義也。晉安昌公荀氏神版長尺有一寸，既非主，故不以近僭爲嫌。其祠在鄉，父爲三公，子爲庶人，猶尚得以奉之者。秦以後爲然，故無復貴賤之等，宜矣。唐四品以下，蓋用此制歟。至於伊川、考亭法，則長尺有二寸，謂之主，則僭矣。挺長其形，旁通二孔，題署其面，是混主與版而一之。曰：「趺方四寸，象歲之四時。高尺有二寸，象十二月。身博三十分，象月之日。厚十二分，象日之辰。」是其意謂自天子以至庶人，皆可以用之。不然，尺寸之度所法象何倨也？人無貴賤，禀性於天，厥生之初，皆聖人無殊，是其家言。故其意謂，死歸於天，天子庶人何别。亦佛氏法身如來遺意。夫禮者，所以定分也，制禮無等，豈禮乎哉？故伊川、考亭，可謂無知妄作已。當時司馬温公儀用牌子，非二子所能及也。降及明代，率皆神版，而《會典》不言尺寸。高祖謚曰「太祖開天行道肇紀立極大聖至神仁文義武俊德成功高皇帝」，后曰「孝慈貞化哲順仁徽成天育聖至德高皇后」。他帝與后謚，亦皆不下二十字，則版長當近三尺。臣下牌，假如「文淵閣大學士太子少保兼禮部尚書榮禄大夫襄敏公」，神位上加顯祖考，豈尺有二寸所能容哉？又載，大社石主高五尺，神牌高一尺八寸，朱漆質金。書府州縣社石主，長二尺五寸，神牌亦當短，而高二尺二寸，朱漆青字，迺爲太社。止書帝社之神府，州縣社上加某府等字，故反高耳。《清會典》載親王郡王牌位高二尺。明清相沿，意者明制亦爾。則知題署其面，自當牌子，其長短亦隨字數多少觀望所在。金字填青，亦其所也。今好學之士，欲守古禮。其有采邑者，建廟于邑，則當設主。依唐制，諸侯減一等，則大夫又減一等，則士尺寸自見。不然，束茅結葀，有文可據。其無采邑者，城中第宅，變遷不定，何况邸中舍偪促，豈得六家廟。則當依荀氏神版制，是既非古禮，其尺寸及圓首、雲首，或趺或懸，或紙牌，祭畢焚之，皆從便可也。要之，主以寓神。有廟有主，則必有人守之，水火不虞奉之以出。版以表神位，雖毁棄之亡害。至於題署，愚不佞竊謂，其有别號者，書别號，無者以殁月日支干配以伯仲庶，或不失古意矣。禮，字殤，則因其諱爲之字，亦不爲無據。主版制列于左。

杜子《通典》卷四十八曰：「主之制，四方，穿中央通四方。天子長尺二寸，諸侯一尺，皆刻謚於背。」

此周制。

又曰：「晉武帝太康中制，太廟神主尺二寸，后主一尺，與尺二寸中間。」

此其配稍短之證。

又曰：「大唐之制，長尺二寸，上頂徑一寸八分，四廂各刻一寸二分。上下四方通孔。徑九分。玄漆匱，玄漆趺。其匱，底蓋俱方，（庭）〔底〕自下而上，蓋從上而與底齊。趺方一尺厚三寸。皆用古尺，以光漆題謚於背。」

卷一百三十九三品以上虞祭曰：「先造虞主，以烏漆匱匱之，盈於廂，烏漆趺一，皆置於別所。」注：「虞主用桑，主皆長一尺，方四寸，上頂圓，徑一寸八分，四廂各刻一寸一分，又上下四方通孔，徑九分。其櫝，底蓋俱方，底自下而上，蓋從上而下與底齊。其趺方一尺，厚三寸。」四品以下無。

此天子主，尺有二寸。三品以上，主一尺爲異耳，其它皆同。則上文脱「方四寸」三字，「一寸二分」迺「一寸一分」之誤，蓋方四寸，除一寸一分者二，其餘適當圓徑一寸八分。

卷四十八曰：「安昌公荀氏《祠制》：神板皆正長尺一寸，博四寸五分，厚五寸八分。大書某祖考某封之神座，夫人某氏之神座，以下皆然。書訖，蠟油炙，令入理，刮拭之。藏以帛囊白縑裏盛，如婚禮囊板。板與囊合於竹廂中，以帛緘之，檢封曰『祭板』。」

此神版制也。厚五寸，恐當五分，而八分大書連讀，必是八分字。後人不解，遂改五分爲五寸耳，不然，豈得謂之神板乎？

享保癸卯九月二十二日燈下書

復安澹泊

接十一月望日書，兹審足下起居納祉，是大慶也。不佞劣劣依舊，前書妄陳愚管，切慮見怪，乃言文恭先生亦有所不滿於程朱者，往往逼漏筆札之間，因憾不得聞其説之詳也。又言，西山先侯首革儒者陋習，且曰：「有民人焉，有社稷焉。寡人亦儒者也。」是自非常之君，所見迥踰流俗萬萬。因又憾時相及而遇不及，恍如異代，徒爲之悵望已。不佞經術，亦由聖人之道，即人君之道起見，是其根本也。雖宋儒，豈不然哉。祇爲其貴精賤粗，重内輕外，故所主在彼，而不在此，遂致類佛、老耳。嚮者所論神主制，承問其詳，是在經傳本無明文，雖不佞，豈能鑿空爲之説乎？唯《漢志》載天子主尺有二寸，六孔相通，不題識其面，而背有題識。其圓首處，不與伊川同是已。是雖漢制，亦古來沿襲所傳。何以言之？古者士大夫皆有廟，漢以來，乃不世禄，則無廟。是以其主制不傳，但傳天子之制也。又載荀氏神牌之制，題識其面，而無通孔等制，亦無趺，是温公所據也。伊川主制尺有二寸，圓首通孔，微變其制，而題識其面，陷中判合，乃其所特創也。蓋主者所以棲神，故六孔相通。一廟一主，無廟無主。既有其廟，不須題識，號謚自明。而題識其背者，守者之所識別也。後世士大夫，其在官猶逆旅，故祀於其鄉。鄉者，庶人所家焉。庶人之制，祀四代於一室，神位叢然，不可得而別，故設牌以別之。牌者，所以表其位也，故題識其面；非所以棲神也，故不通孔。是主、牌之所以不同也。宋儒不習禮，不能睹其制，以識其義所在，遂混主、牌以一之，豈足以爲知禮邪？夫稱主則棲神，棲神則神常在焉，不可以不尊嚴之。故古必立廟以厝之，門堂、房室、廊廡悉備，必有官以守之，必有巫祝以奉之，必割牲佾舞以祭之，皆所以尊嚴之道也。今祀四代於一室，尊嚴之道不足，豈神所常在處乎？無官守，無巫祝，不割牲，不佾舞，豈得稱祭乎？庶人之薦，已掃一室以設一日之位，薦訖即撤。故荀氏、温公爲合禮之。牌以表位焉耳矣。有趺亦可，無趺，釘壁亦可。木牌亦可，紙牌亦可。蹔以表位，豈有定制哉。稱祭則四代爲僭，稱主則尺有二寸爲僭，是不佞之説也。後世儒者，徒好標異於世俗以自矜，而其意以爲實無鬼神，故率沿伊川制，以爲儒者之禮當然，而不知所以尊嚴之道，則先王敬鬼神之意荒矣。明朝之制，稱神版而不用伊川，其陋不慊於人意者，可以見焉。然其士大夫六年一省親，十年一省祭，尚得歸鄉以從事庶人之薦，而此方儒者，乃勸諸侯大夫用伊川制，何其謬哉。士人雖有采邑而不居，皆館于城中，屋舍猥陋，百事苟且，宂迫無暇，日齋且不能，况祭薦乎。尚何問主、牌異同乎。與其祀而褻瀆，孰若且從世俗所爲，薦於僧寺之爲祖先所安享也。悲哉！聞貴邦制度，西山先侯頗有更張意者，必有禮俗可觀，不知得與聞乎否。餘未既。

又

承問，今世頗有據《家禮》修祭祀者，假使知其非禮之正，未必能率然易以牌子，縱易之，將處舊主於何地乎？瘞之焚之，皆非所宜。此非順非襲故之謂，而爲人子者，其心實有所不安也。愚按，有制禮焉者，有傳禮焉者，有行禮焉者。三者自別，不可槩論。何也？制禮焉者，三代聖人是也。虞夏讓，商周繼，所因雖同，其文質損益，豈凡人所能與知哉？傳禮焉者，仲尼之徒是也。杞宋無徵，故獨取《周禮》，誦以傳之。夏殷雖善，奈其亡滅；《周禮》雖備，奈其散軼。聖人之智不可測，而散軼之多，不得類推以識之。故恪守殘經，不敢厠以私見，是今日儒者所務。如不佞鄉論神主之制是已，皆所以尊聖人也。至於行禮焉者，乃有古今華夷之分焉。古之時，夏之禮不得行諸殷，殷之禮不得行諸周，周以後皆然。異代之禮，悖時王之制，臣子所不得爲也。故繁文末節之至，瑣屑或如可不必拘者，雖仲尼之聖，亦皆詳問而固守之。凡《戴記》諸書所載，所以欽時王之制也，是古之行禮焉者爲爾。後世則殊，是蓋三代聖人之智周物，物爲之制，曲爲之防，故世之行禮者，莫有所不足爾。後世之制禮，其人非聖人，不達禮樂之原，一切苟且，徒爲觀美，顧其智不周物，而禮始有所不足。故世之行禮者，於其無時王之制者，則不得已，遥取先王之禮，以己意斟酌以行之，如温公、朱子是也。既已斟酌，豈責其必合先王之禮乎？况吾邦先王不制喪祭之禮，是以世之人莫有所遵守。則又苦於三代先王之禮難讀，乃近取《朱子家禮》而代，殊土殊俗殊故，亦不得一一遵守以行之，則又必以己意斟酌其所宜，而後始得行之。不者，終不可得以行之矣。夫斟酌者何？求合人情也。《傳》曰：「非從天降也，非從地出也，人情而已矣。」則聖人之制禮，本於人情矣。故今行禮而求合人情，可謂弗悖已。仲尼又曰：「延陵季子之於禮也，其合矣乎。」子游曰：「將軍文氏之子，其庶幾乎！亡於禮者之禮也。其動也中。」故今求行禮亡於禮者之邦，亦唯是已，豈責其盡合先王之禮乎？昔者宰我欲短喪，仲尼曰「女安則爲之」，是雖責辭乎，然其所期在心之安已。今足下以心之安不安爲説，可謂知禮之意已。不佞乃謂，程朱之禮，使其自行之而已，亦何不可也。辟諸伊尹、夷、惠，均皆學聖人之道。乃夷致其行，則清和與任之異撰，而仲尼未嘗少貶之，皆稱以爲古聖賢，可以見已。然愚不佞所惡於宋儒者，乃世人尊信程、朱過於先王、仲尼，恪守其《家禮》，而謂是儒者之禮也，而不復問其與先王仲尼所傳之禮何如。嗚呼！禮也者，被之天下者也，豈有所謂儒者之禮乎？此説一盛，聖人之道不可行於天下。一與毗尼清規相似者，不亦小乎！究其心，不過務自標異於世俗耳。其小宜哉！是雖末流之弊，然推其原，程朱亦有不能辭其責者。何則？禮者，古聖人之所制也，宋儒乃曰「仁義禮智之性」，又曰「性即理也」，於是遂取理其胸臆，建以爲禮之本真。故其論成王賜伯禽祭周公，以天子禮樂爲非禮。夫成康之時，非周之隆乎？此而非禮，則周終無禮也。豈先王以禮樂爲教之意哉。是其理障所錮，執拗自是，封己太高，逞私見以非擿萬古。遂使西河之民疑女於夫子，則末流之弊，作俑者誰歟？不佞曰，以制禮言之，程朱之擬聖人，非也。以傳禮言之，程朱之亂古制，非也。若以行禮言之，程朱之禮亦可，世俗之禮亦可，特以己心斟酌先王之禮亦可。夫先王之禮既不可全行於今，則人人以己心所安斷之可也。人異性，心如面。其心所安，人人而異，庸何傷乎。祇人安於習，故習於世俗之禮者，不以程朱所定爲安，亦猶足下以程朱之制爲安也，是亦不可不知如此。謹對。

喪祭私說

幽人先生服忌圖附

[日本] 中井甃庵 撰
陳曉傑 整理

《喪祭私説》解題

[日] 吾妻重二 撰　董伊莎 譯

《喪祭私説》附《幽人先生服忌圖》，寫本一册，全三十八頁。現藏於大阪大學綜合圖書館懷德堂文庫，圖書編號爲121・4－SOS（藏書票是遺1－27）。《喪祭私説》是中井甃庵撰，其子中井竹山和中井履軒補訂。卷末所附的《服忌圖》是履軒（幽人先生）撰。

中井甃庵（一六九三——一七五八），名誠之，字叔貴，通稱忠藏。甃庵是其號。龍野藩（現兵庫縣）藩醫之子。十四歲時全家移居大阪，受教於三宅石庵（一六六五——一七三〇）。三宅石庵於享保九年（一七二四）成爲懷德堂的初代學主，當時甃庵爲懷德堂能獲取幕府的官方許可而積極出力。後來甃庵成了第二代學主，帶來了懷德堂的興盛。其著作除這裏收載的《喪祭私説》一卷（寫本）外，還有《貽範先生遺集》三卷（寫本）、《五孝子伝》一卷（刊本）等。

中井竹山（一七三〇——一八〇四），甃庵的長子，名積善，字子慶，通稱善太。號竹山、渫翁等。與年少兩歲的弟弟履軒一起受教於懷德堂的助教五井蘭州，學習朱子學，後來作爲第四代學主，造就了懷德堂的黄金時代。著作極多，主要的刊本有論駁徂徠《論語徵》的《非徵》八卷、回答老中松平定信試問的《草茅危言》八卷、討論漢詩作法的《詩律兆》十一卷、作爲德川家康傳記獻給幕府的《逸史》十三卷等，詩文集有《奠陰集》二十卷（一九八七年，ぺりかん社影印）。以寫本流傳的儒教經典注釋有很多，其中也有注解《禮記》的《禮斷》五册。

中井履軒（一七三二—一八一七），甃庵的次子，名積德，字處叔，通稱德二。號履軒或幽人。三十有半時離開懷德堂獨立開設私塾「水哉館」，留下了龐大而精細的研究。其中最有名的是在各種儒教經典欄外寫注解的《七經雕題》，并以此爲基礎整理而成的《七經逢原》，被評價爲樹立了獨特的經學。此外，對《史記》、《老子》、《莊子》、《古文真寶》等史書及諸子文獻、文學古典等也留下了雕題。在醫學、天文學及度量衡方面也有不懈探求。還有文集《履軒弊帚》三編、漢詩集《履軒古風》四卷。

衆所周知，懷德堂作爲許多大阪庶民、商人階層學習的地方，尊重日常道德和合理性，具備豁達的學風。但作爲幕府官方許可的學問所，其講學的基本是推崇修己治人的朱子學。因此甃庵、竹山和履軒等懷德堂的學者關注儒教儀禮和朱熹《家禮》也是理所當然的。

此書題簽「喪祭私説幽人先生服忌圖附」，内題「甃庵先生喪祭私記」，卷頭題「龍野中井誠之叔貴甫編男積善補正/積德校訂」。據此，此書實爲甃庵撰寫原稿，竹山與履軒加以補訂而成。

本書成立的具體原委如下：據享保六年（一七二一）甃庵的自叙，一年前父親的死去是著書的動機。此書以朱熹《家禮》和丘濬《文公家禮儀節》爲基礎，又「併考我邦諸儒之書，參互斟酌」，還參用「家庭舊儀」、「所聞於師友」而成。此時，甃庵二十九歲。根據竹山的序，甃庵在那以後不斷改訂此自己「少壯」時代的草案，但未完稿便於寶曆八年（一七五八）去世。之後，竹山和履軒繼承其遺志補訂此書。關於此事，竹山的序中有云：

歲戊寅六月，皇考易簀，善居喪哀慕之餘，竊不自揆，欲紹先志。己卯之秋，與弟德議，參考諸書，乃就舊本，稍加綜理，補以平昔所聞見，間亦竄入臆説，踰歲緒就。

由此整理而成的《喪祭私説》考慮到日本的國情、習俗和中井家的習慣等，其後作爲「一家之儀」（竹山序語）成了中井家儒式喪祭儀禮實施的指南書。

《喪祭私説》在懷德堂也受到重視，除此文本外，懷德堂文庫還藏有四件别本。此外，東北大學附屬圖書館的狩野文庫也藏有精寫本。由此可見該書在江户時代廣爲流傳。

關於本書所附幽人先生即履軒所撰的《服忌圖》，開頭處載有履軒寫於寶曆八年（一七五八）的《服忌圖前引》。此時正是其父甃庵死去的年份，因此可知撰寫《服忌圖》與補訂《喪祭私説》有很密切的關係。

據《服忌圖》的《前引》，製作該圖的意圖在於對中國古代喪服制有未釋然之處，以及對當時幕府在日本施行的「服忌令」有誤解等原因，因而嘗試改正其不足之處，進而云：

今演國家制，私作服忌圖，旁注古禮，别譯令辭，附于其後。其意不過欲使人知國家制作之意有在焉，階梯凜焉不可相踰，而又參之古禮，以自淑耳。

如此所述，《服忌圖》内容分爲圖和「令譯」兩部分。圖是以《家禮》卷首的喪服圖爲藍本製成，各框架内的右側表示中國古禮，左側記有日本的服忌令規定。例如對父母的服喪，右側所云「斬衰三年嫁母出母俱齊衰杖期」是中國古禮，左側所云「忌五旬，服期」是日本服忌令。但是，這裏的中國古禮多與《家禮》相同，有根據明代制度作若干修改之處。

下面的「令譯」是把日本的服忌令規定，仿照中國禮制時間長短的順序重新排列并叙述的。「譯」大概是指用漢文説明和文服忌令的内容吧。

對於該圖的特色有待今後詳細考察，在此僅舉一例。如此圖中省略了從高祖父母、曾祖父母中分離出來的旁系親屬。這是根據日本服忌令的範圍而成的，而其根本原因在於日本的親屬範圍比中國狹小。

本來，爲了死者應該以怎樣的服裝服喪、應該服喪多長時間是自古以來儒教切實關注的問題，在《儀禮・喪服篇》和《家禮》中對此都有詳細的記述。另一方面，日本雖然參考了中國的禮制，但與此不同，規定了「服」和「忌」的期間。「服」是指穿著喪服服喪的時長，「忌」是忌諱死穢之意，也表示被授予的休假天數。比如前面提到了對父母的服忌爲「忌五旬，服期」，是意謂忌(關在家裏躲避凶厄、休假)爲五十日，穿著喪服的時長爲一年。履軒的《服忌圖》就是以這種日本服忌令爲基礎，嘗試調和其與中國喪服制度的不同。

目録

喪祭私説序

昔者皇考丁皇祖考憂，撰《喪祭私説》，其意蓋謂：先王之禮，决裂煨燼，不可復覩。浮屠之教，乃乘間投隙，風俗益頽，喪、祭二禮，最不勝鹵莽。斂葬之儀，變爲荼毗，俎豆之設，移爲薦祓。孝子順孫，雖有愛敬之實，而貿貿焉何由得伸。漢域猶然，矧我邦乎。賴有《朱子家禮》一書，洞酌古藉，俯就時俗，崇本務實，永爲士流通典。播在我邦，學者由是獲闚古禮門墻，朱子之賜大矣。但俗有彼我，勢有可否。《家禮》所定器服之制、起居之節往往非我邦所宜。雖有雖行者，亦或類矯激。且流俗之弊，浮屠之習，扞格沮奪，有不可遽得有所爲者，乃有志之士，不能不更推其意以斟酌之。我邦先儒，雖有所論定也，不量之以宜，不導之以漸，直據《家禮》以爲標準，不顧違衆異俗。若三月而葬，深衣而祭之類，未至移風，衹足駭世，恐非先王設教之意，而特失朱子折衷之旨。乃采《家禮》可通于今者，間以儒先師友之説，與其所見，務從時俗而就簡省，原國制以存古意，使人人易得而行、可跂而及焉。書成，致之於伯父懿貞君之家。既而懿貞君殁無嗣，皇考奉宗祀，乃取以行于家云。然是編以出乎少壯之手也，其間不能無斟酌失宜者。自後三十有餘年，時時所裁定，損益不少。且善自幼觀皇考莅祭治喪之禮，其儀文詳略，不必與是編同，則未及筆之者亦多，而稿竟未脱。噫。其不汲汲乎卒業也，蓋有以矣。平居謂善曰：「世人率浮躁，稍讀書即立祠堂，作神主，造籩豆，制冠服。凡喪祭之儀，今世所無者，欲一朝而舉行。親戚尊長呵禁之，輒目以不學，極口詬罵，孝弟之實，果烏在焉？是無他矣。事生之際，各存好尚。居動進退，不得任己。但鬼神不言，唯其所欲爲，而節文度數，足夸耀人目，可以藉口於慎追也。其設心若此，不幾以祖先爲戲弄乎？則與夫貯漢畫、列鑾器，以爲雅賞者奚擇焉。設令素行之，未失正，亦當航海移家而後可耳。是學者通病，汝等慎勿蹈其轍。」又曰：「喪祭之禮，至情所係，固不可一日闕矣。然世人淺薄如彼已甚，常恐吾儒爲之嚆矢，曩所編次，粗具一家之儀而已，非所標示世間也。苟以免流俗頑鄙之弊，不陷浮屠禱禳之愚，可以從儉戚之旨，而伸愛敬之情，則吾意足矣。其駁而未純，略而失當者，脩正未畢，吾病矣，不遑焉。汝等異日以此意徐圖之。」善聳焉聽受，藏之有日，因思善甫成童，皇祖妣脇阪氏尚無恙，而皇考已斑白。其事之也，色養弗惰，甘毳畢給，勤苦之狀，一不使知愛敬所覃。閨門肅穆，鄉邦稱嘆，爲難得焉。其崇本抑末之篤如此，真可謂學者模楷也。乃是編未脱稿者，微意可見矣。歲戊寅六月皇考易簀，善居喪哀慕之餘，竊不自揆，欲紹先志。己卯之秋，與弟德議，參考諸書，乃就舊本稍加綜理，補以平昔所聞見，間亦竄入臆説，踰歲緒就。繕寫既畢，退而自謂：急實緩文，前日明規。今也母氏在堂，菽水之奉，多媿於古人者，將日夕勉勵之不暇。然而從事是編，屑屑于儀制文爲之細，是豈遺意所在哉。乃竦然恐懼，耿耿不寐。既而蹶然起曰：以善等面奉嚴訓也，猶且或至於此，况在後人，安知不以其所戒，反以爲務，日趨婾薄，大墜家聲。乃書其詳於卷首，以爲異日子孫之警。

寶曆十年庚辰二月哉生魄，男積善謹識。

喪祭私説自叙

余自幼賦性粗豪，甫將成童，吾祖好生君，辭龍藩禄，挈家遊於大阪。乃命余出爲人後，遂得曳裾於豫藩。於是東西馳騁，志愈豪，氣愈粗。既而不諧，還，則好生君捐館，家益貧困。時余方弱冠，先考教導懇至，責以志學，乃折節讀書，始師事萬年三它先生。無幾，先考移家播之赤穗，於是又從游熊陽藤江氏於龍野。乃擔簦負篋，來往于津、播之間，殆十年焉。日聽孝弟之訓，往遇舊非，聳然感悔，欲改之，未能也。歲庚子七月，自大阪歸覲家，庭居厘一旬，先考俄爾逝矣。嗚嘑！生之養，死之喪，既葬之祭，其孝子所以日孳孳歟。余也遇家多艱，奔走四方，眇然索居，不能晨昏養歡於膝下矣。則其所以養者，竟不可得焉。唯執喪助祭可以追孝於冥冥之中，哀哉。乃忘僭踰，據《朱子家禮》、邱氏《儀節》，併考我邦諸儒之書，參互斟酌，間以家庭舊儀與所聞於師友，輯爲一卷，名曰《喪祭私説》。其儀之略、文之疏，雖無可取，而本實則或存焉。何謂本？倫理是也。何謂實？愛敬是也。本實存焉，至於遵守之篤，履行之久，則夫禮也亦或不外於斯矣。書成，貽之宗家，其意無他，庶吾從子輩，長成之日，得覩此書，乃知吾家有古禮可行者，而敬依崇奉，以致孝於祖先，併以佑余追念焉。是不獨余之志，抑亦先考遺意云。

享保六年辛丑春二月，中井誠之叙。

甃庵先生喪祭私説

龍野中井誠之叔貴甫編　男積善補正、積德校訂

通禮

祠室

朱子以廟制不見於經，且士庶有不得爲者，特以祠堂名之。今以其從簡，不別搆，姑以祠室稱焉。

凡屋宇之間，先立祠室。朱子祠堂之制三間，而有中門、外門，及神厨，遺書、衣物、祭器庫。我邦士庶之家，往往狹隘，不能輒具。朱子又爲家貧地狹者設一間之制，然謂立之於正寢若廳事之東，亦亦或難行之。今但視屋宇之制，就便設之。其制，大容三席，南施户二扇，以擬外門。其内近北一席，架滑板爲龕，大竟席，高三尺，施户二扇，以擬中門。龕下亦設户，以擬厨庫，藏遺物、祭器。龕前二席，置香案，設香爐，以爲家衆拜位，不許置他物。大抵祠室，須準此制隨宜增損焉。人有貧富，勢有可否，禮廢之久，不可拘以定制也。○凡屋之制，不問何向背，但以前爲南，後爲北，左爲東，右爲西。後皆倣此。以奉先世神主。高、曾、祖、考，各爲一櫝，置於卓上，南向。高祖居西，曾祖次之，祖次之，考次之。其考妣二主，皆同櫝。《朱子家禮》分龕爲四，各藏一櫝，今從簡制，四櫝共一龕。旁親無後者，以其叙祔。禮，祔位各祔其祖父母，皆西向。今祠室狹隘，祔叙不得若制，乃有祔主者，宜一

以尊卑叙列。本主之次，但盛以座蓋，不用櫝，以別乎本主。其用卓子與否，從宜可也。無服之殤不祭。下殤之祭，終父母之身。中殤之祭，終兄弟之身。長殤之祭，終兄弟之子之身。成人而無後者，其祭終兄弟之孫之身。凡年十九至十六爲長殤，十五至十二爲中殤，十一至八歲爲下殤，不滿八歲爲無服之殤。男子已娶，女子許嫁，皆不爲殤。○善按：三殤之祭，程子所以義起。今據國制，十七以上爲成人，則改以十二至十六通爲長殤，而不立中殤。其長殤之祭，終兄弟之身。成人之祭，終兄弟之子之身，亦或可。

具祭器。卓、案、火爐、酒食之器，隨其合用之數，皆具貯于龕下，不得他用。不可貯者，列于外門之内。若家貧不悉備者，厨下割烹之具，或用燕器代之可也。主人晨謁於外門之内。主人，謂宗子主祭者。晨謁，便衣裳，焚香再拜。出入必告。主人主婦近出，瞻禮而行，歸亦如之。經宿而歸，則焚香再拜。遠出，經旬以上，則焚香告以適某所，再拜而行。歸亦如之，但告以歸自某所。經月而歸，則開中門焚香告畢，再拜四退。餘人亦然，但不開中門。○凡主婦，謂主人之妻。

或有水火盜賊，則先救祠室，遷神主、遺書，次及祭器，然後及家財。易世則遞遷之。親盡之主，埋之於墓側。或墓遠者，預設木函，姑祧之其中，以藏龕下可也。

神主

澤栗作之，上爲圓首。高七寸七分，闊二寸，厚八分。刻上三分爲圓首。○凡器物制式，皆用今匠尺，後倣此。勒前爲頷而判之。前面厚二分半，長七寸，上斜刻作瑋形。後身頷長七分，下斜刻作瑁形，以啣前面，除頷其厚五分半。頷下刻陷中。深二分半，闊六分半，長四寸。竅其旁。徑二分半，適于陷中，離趺面四寸六分。合之植於趺。趺方二寸五分，厚八分，鑿之洞底，以受主身。

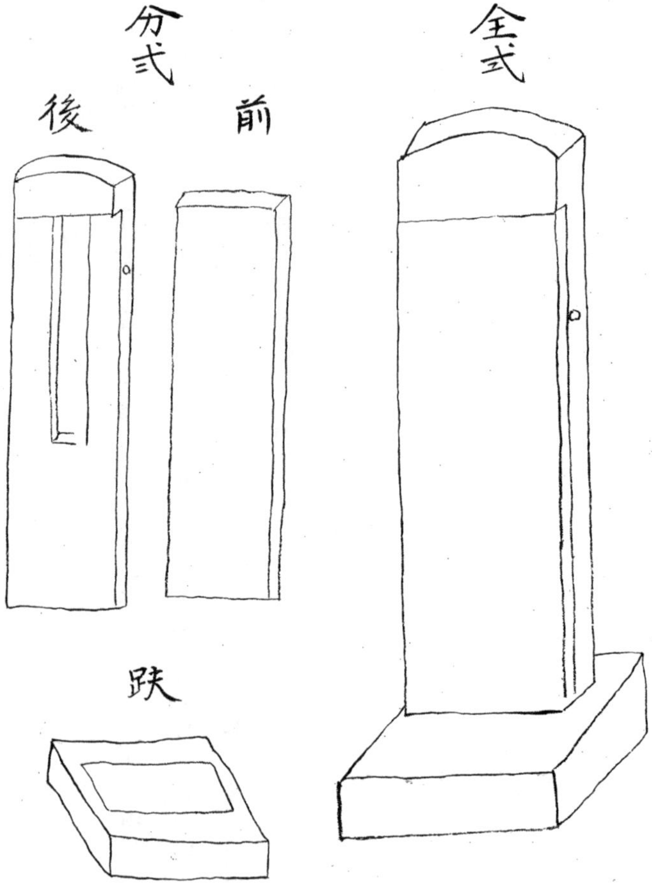
分式
後
前
全式
趺

善按：周尺比我邦匠尺，爲六寸四分，主式依程子周尺之制，以匠尺折之，以便乎製造。其毫釐之差，不能無少前却，乃據丘瓊山所演程子説之文，分注匠尺列于左，以備案據。

身高一尺二寸，是爲今匠尺七寸七分弱。闊三寸，是爲一寸九分强。厚一寸二分。是爲八分弱。首前去其上，兩角各去五分。是爲三分强。俾其首作圓形頷，從上量下一寸。是爲六分半弱。横勒其前，入身深四分。是爲二分半强。爲頷判開其下，分陷中於頷下，本身上刻深四分，是爲二分半强。闊一寸。是爲六分半弱。長六寸。是爲三寸八分半弱。爲陷竅於本身兩側，側鑽中兩圓孔徑四分。是爲二分半强。以通陷中，其孔離趺面七寸二分。是爲四寸六分强。前面廣三寸。是爲一寸九分强。安在頷下，趺方四寸，是爲二寸五分强。厚一寸二分。是爲八分弱。鑿之通底，以受主身。

又按，周尺有數家，唯荀勖晉前尺爲得當而可焉。程、朱子所稱周尺，即荀勖之尺云。荀勖之尺，當今匠尺七寸二分弱。若夫以六寸四分弱爲周尺，出於明朱載堉之謬矣。載堉以前無是説，今是篇沿載堉之謬尺者，不得已也。蓋前時諸儒，大率惑於載堉之言。其制主，一用載堉之尺，而匠氏亦熟其度，或預造以待沽者。且吾先世設主，從當時諸儒之規，仍是載堉之尺也，故其非是，而不能有改焉。況主制本以義起焉，非有三代之遺法也，則分寸小異同，固無害也，何必矻矻立異，倍從衆之訓。

主櫝檜木作之，板厚三分，平頂四直，高九寸，闊七寸，深四寸六分，皆用内矩。臺坐厚九分，臺檐四方，闊各八分，剡爲圓形。中以板隔爲兩局，各櫥小幃。幃前上下設漕以嵌户，如今書櫥制。户板。二寸五分之下，鑿兩圓孔徑二分，兩竅相距二寸九分，竅下一寸横施一小木，以便開闔，皆飾以黝漆。櫝下卓子，高五寸，闊八寸，長一尺二寸，桐木作之，不用漆飾。

座蓋座以薄板三片，相合，安於趺之兩旁及後面，比主稍高。面頂俱虚趺之四邊，各寬於板少許，令可蓋。蓋亦以薄板爲之，四片相合，有頂可以罩趺，上板惟前面留一圓竅，俱以漆飾之，或不加漆飾亦可。

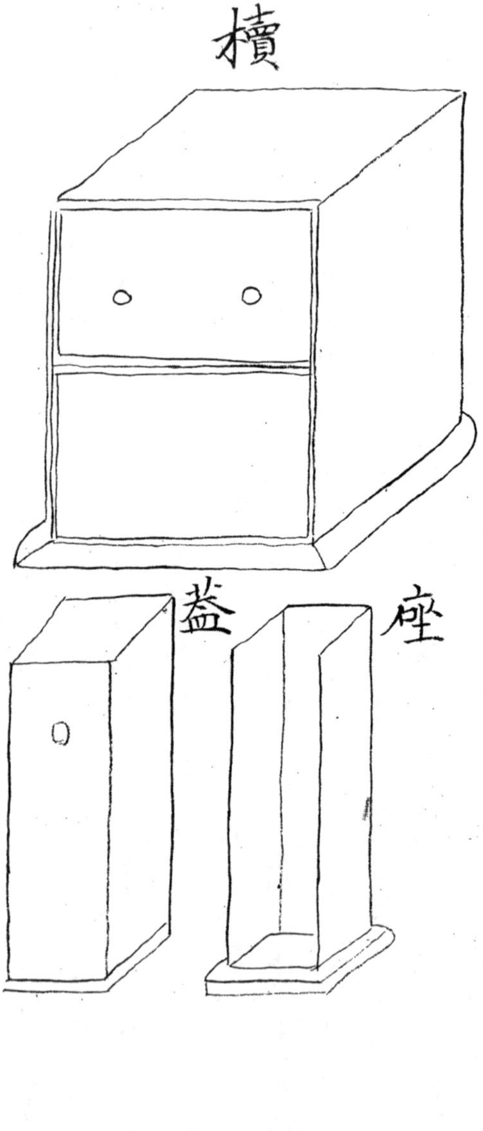

陷中書式裁厚滑紙，大如陷中，凡不問尊卑男女，皆書曰姓某諱某神主。題畢，嵌定，不用糊粘，務令恰合，不可扯動。

主面書式裁厚滑紙，大亘前面，凡諸考皆以家君稱，諸妣皆以室君稱，旁親祔主，去家、室字，惟以君稱，雖卑等皆然。但中下殤從乙所稱，俱不用「某奉祀」、「主祀」等字。題畢，貼于主面，以代粉面。

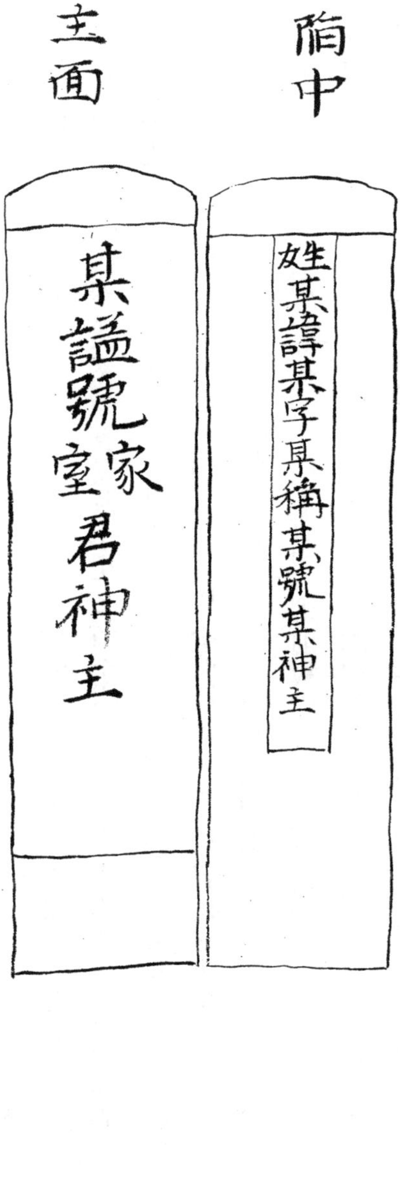

善按，是編主面書式創乎吾萬年先生。嘗聞先生采當時諸儒之説，折衷以立一家之法。蓋謂《朱子家禮》，主面書，屬稱及主祀之名，加贈易世更之。夫生有封爵不能不書，死有追贈不能不更。然主已神之所寄，而子孫晨夕致敬之久，則其改題也原出乎不得已。我邦士流，生已無封爵，乃追贈之典固所不與，今乃省屬及主祀之名不書，則雖易世不用改題，事簡而心亦安焉。祖先之稱用府君、孺人，在我邦，士庶不免僭踰。近儒有以家君、室君稱之者，甚得允當。旁親袝位雖卑，亦書曰君，似是等過稱。然既以不改題爲惡，乃今日己之卑等，是異曰子孫之尊行。且旁不題主祀之名，則姑加過稱，亦無害焉。但若中殤下殤，祭不及子孫，乃從主者所稱，可也。陷中嵌紙，古制所無，主已不改題，則前板亦宜直書，不更用紙代粉面。但方書題時，敬愼之至，心手畏縮，反易致字形參差。若陷中運筆，甚若阻閡，最難保無脱誤。而塹鑿之役，固所不忍焉。不若用紙之書寫平易，改換自由，而心舒手熟，自免差謬。且禮俗之壞既久，安知異時無子孫頑率，家敗嗣絶，諸主散失，不復收藏。當是之時，孰能一一刊削瘞埋，以揜其醜哉。識者所以寒心，乃若一紙所貼剥而焚甚易，雖路人亦能爲之。既爲空主，則祖先之神，與夫孝子順孫歷年崇敬之情，亦可少安慰矣。君子方無事之日，不能不爲後世慮。陷中主面俱用紙者，以是也。先生又有一制，不必別作神主，唯用世俗所謂位牌，大與神主準者，代之裁紙，如陷中主面，書法若前式，題畢糊陷中。紙面貼主面，紙背隨糊其四隅，以貼牌面。蓋慮或有水火盜賊，而身老人寡，不能盡遷者，就剥主面，奉而避之，萬無失墜。是其制與俗不異，人家易行，併足以存不虞之戒，乃命行于家云。以愚觀之，前制固悉斟酌之方，而後制兼得時俗之宜。乃家素有神主者，須一從前制，至於窮鄉士庶有志者，欲新立祠室、神主，則不如隨便用後制之最愈。今述所聞，以備考據奉。

喪禮

喪禮之廢久矣。今世之制，墳墓皆寓佛寺，不許自占塋域。蓋寬永中，以耶蘇之亂，官舉天下户口，分屬浮屠 宗派，以淘汰染俗。權時之法，因仍不更，遂以供司農版籍之用，是以浮屠殆有官吏之寄。上自邦君，下及士庶，皆不能不倚託佛寺，而隨以福田利益之惑。乃喪祭之禮，斂葬之儀，唯浮屠是聽，不復問古制，以成頑弊焉。至於愚夫愚婦，信其誑誘，髡髮火化，不以爲異者，固不足論。若夫讀書知古之人，竊稽遺禮，欲以伸己意，往往爲其所沮格，不能得行，可勝嘆歟。抑是亦有自取者，蓋學者平居，視緇流如寇讐，排擊詬罵，不相通問。彼徒蓄忿之久，不能不待死喪之時而一發以釋憾焉。以因時之勢，陵獨行之士，宜乎事事掣肘，不獲有所爲。但有孝子順孫，若能無事之日，接之以禮，有事之際，動之以誠，則彼亦秉彝之良，惻然感發，不能不聽受，乃自初終至祥禫，不必家設道場作佛事，而禮意有所伸矣。爲人子者，不可不豫於此也。

初終

死於適室。死于適室者，唯家主爲然。餘人則各死于其所居之室中，或病困卧于他室，不可動摇者，勿遷。既絶乃啼。有遺言則書之。氣絶，男女舉哀，略徹垢衣衾，以素單衣覆之。立喪主。凡主人謂長子，無則長孫承重以奉饋奠。主婦。謂亡者之妻，無則主喪者之妻。護喪。以親戚執友知禮能幹者爲之，凡喪事皆禀之。司書、司貨。以子弟或使僕爲之，司貨置二曆，其一書凡喪禮當用之物，及財貨出入，其一書親賓賻襚祭奠之類。○凡喪事合當用之物，及所用之人，護喪當與相助者，議豫爲之備。乃易服，不食。妻子以下，皆庵衣徒跣，去華飾，婦人髽髻。諸子三日不食，親戚尊長强之，少歠稀粥可也。訃告於親戚朋友。護喪、司書爲之發書。若無，則主人自訃親戚，不訃朋友，自餘書問悉停。以書來吊者，並須五旬忌盡答之。○善案：《朱子家禮》，訃告在治棺後，我邦葬期迫促，習俗不可粹變，則訃告爲最急，故移此。治棺。護喪命匠擇木爲棺，柀爲上。○《日本記・神代記》載，柀可以爲蒼生棄尸之具。柀，此云磨記，今俗用槙字。○檜次之。其制方直，厚一寸三分，高二尺。竪二尺一寸，横一尺九寸，皆外矩也。底鋪石灰，厚二寸許，加七星板，底四隅各釘鐵環，動則以大索貫而舉之。若木有裂文釘隙，當以松脂補塞。按，古者卧棺之制，今不復存。意其制重大，不便移動，家貧人寡者，不易遽致。且我邦墳墓寄在佛寺，不得廣占地，故從俗就簡，以坐棺代之。執事者設屏風及席，遷尸。設席東西，隨室之宜，屏風圍之。遷尸臥于席上，覆以素單衣。暑月則設床襢笫，置水盤。若亡者卑幼，則各于其室。乃設奠，執事者以卓子置香燭酒茶之類，于尸奠前，侍者朝夕設奉養之具，皆如平生。主人以下，代拜盡哀。主人以下，各以服次入拜盡哀，乃代。夜則諸子親戚寢於尸近側，男女異室。子弟及使僕，晝夜代護尸，不絕香燭。若暑月，令使僕以巨扇扇尸以至斂。食時上食。子親或執事爲之，食具皆用燕器，日三次以至遣。〇善按，今世習浮屠之法，一切祭祀無用魚肉者。流俗之弊，固不足言。然有志于禮者，當初喪之時，乃外買魚肉，世人驚恠，以爲異事。或反致蒸羝之議，故自初終至五旬忌闋，姑從俗禮宜用素膳，以避嫌疑。且哀戚致禮，不必備物可也。執友親厚之人，至是入拜，可也。賓臨尸拜，遂吊主人，主人出拜無辭。若非所尊者，護喪代拜亦可。

治葬

按：家禮三月而葬，邦俗葬禮，唯浮屠是聽，不復知有先王之禮。幸不火化，則以速葬爲務，謂斂葬稍緩，則亡者體失依託，魂迷中有，往往朝死夕窆，其甚至有一二時而辦者。雖鄙愚可笑，殘賊可憎，而習染之久，無如之何。故今姑以死之第三日爲葬期，是禮所謂大斂之日。記曰三日而斂者，俟其復生也。三日而不生，則亦不生矣。今竊存古意，以從俗耳。

厥明。謂死之明日。擇地之可葬者。有祖塋，則祔葬其次。若窄狹及有所妨礙，則別擇地可也。遂穿壙。穿地直下爲壙，深一丈，廣狹從宜。作灰隔。用板如槨之狀，釘合四隅，不計板之廣狹，凡三層，而墻高於棺三寸許以爲度。不用蓋底，内距棺四方各三寸許以受灰砂。穿壙既畢，布石灰、細砂、黄土拌匀者於壙底，築實，厚四五寸。若及泉，則厚尺以上，從宜而築。先置灰隔一層於灰上，乃於四方旋下土貼之，留餘二層，以待柩至。如水泉迸出不止，或旁土易崩者，三層俱下以備之，亦可也。子弟一人須先往監視，隨宜制方。○善按，《朱子家禮》云，灰隔内以瀝青塗之，厚三寸許，中取容棺。墻高於棺四寸許，乃於四旁旋下四物，亦以薄板隔之。炭末居外，三物居内。築之既實，則旋抽其板近上，復下炭灰等而築之，及墻之平而上。據此，灰隔所以隔棺與三物，而築板所以隔三物與炭。我邦諸先儒所謂灰隔，實備築版之用，與《家禮》異，蓋灰砂之牢固，萬無木根水蟻之患。瀝青炭末，我邦不必用，則一圍板足矣。意以其制依灰隔也，相傳以是稱之已，讀者宜審之。造葬具。素轎提燈之類可從葬者，依俗制之可也。但幡幢、天蓋、影燈之屬，不必用焉。方俗或以轅轝代素轎，亦可從。其用轅轝者，設天蓋當及柩衣。○善按：今世葬儀，原明季遺制，世以爲浮屠之法者，非矣。然今素轎提燈之外概而斥之者，蓋以無用外飾，徒爲觀美也，非儉親也。凡從葬之具，道路所列，宜一從俗制，勿妄標新奇以招譏議。近日學者，有作銘旌者，雖合古制，而我邦禮廢之久，世無能知者。卒用之以駭衆矚，不免矯詭，殊失先王從俗制禮之意，切戒勿爲。作主。澤栗爲之，制式見于《通禮》。澤栗難遽得者，以柏木作牌子姑代之可也，盛以座蓋。墓標。以木制之長短，狹闊隨宜，圓首尖趾，面書私謚若生時之號，一如碑面，所書居三之二，以其一插墳上。蓋邦俗葬期迫促，石碑不可遽致，因姑以是代之爾。

厥明。死之第三日也。執事者，設沐浴、襲、斂之具。按，沐者，漢人常事，故亦施之於死者。我邦今世之人平居無沐髮者，但俗於喪時特以沐浴並稱，而實亦不用沐。今從俗，姑存其稱，而省其儀。

沐浴之具

櫛。三枚。鬠繩。一條。水盂。一。剪刀。一。剃刀。一。盤。一。桶。一。杓。一。浴巾。二，俱用布，上下體各用其一。

襲具

時服。一襲。帶。一條。公衣裳。一稱。儀刀。一雙。摺扇。一柄。幎目。用塾絹夾縫之，方八寸，内充以絮，以覆面。四角有繫，于後結之，或麻布無綿，可也。握手。長八寸，廣三寸五分，熟絹縫之如囊，以罩手，繫二于腕結之。假韈。長尺，廣五寸，制如握手，有繫結于跗。蓋以平時韈或梗難施，故設此制。握手、假韈俱用布，亦可。○凡布帛制度，皆用今吴服尺，後倣此。

斂具

充囊。糊紙爲囊，大小長短，數十百許，實以穀皮。大氏以穀皮五斗爲度，用代斂衣。紙褥。用紙糊合制之，穀皮代綿，以加七星板上，狹闊稱宜，用代斂衾。○充囊、紙褥，皆用穀皮者，以其能防濕也。布絞。用白麻或棉布四幅作之，每幅長七尺，以直者二幅乘橫者二幅爲十字，合處皆縫之，餘皆不縫。

乃沐浴。侍者以湯入，擧尸而浴，拭以巾，解髮櫛之。撮爲髻，剪爪剃鬚，其髻爪盛于囊，俟斂納于棺。浴水并巾櫛，掘屏處潔地而埋之。○善按，禮，沐浴在死之日，此用第三日者，蓋以蚤浴，易發臭氣也。且合所行襲斂儀已簡，則隨浴隨斂，亦無妨矣。其浴所用湯，取微温可也，必勿使過熱。襲。侍者設薦席，遷尸於其上，悉去病時衣，先襲時服結帶，乃襲公衣裳。佩儀刀，縉搢扇，設幎目、握手、假韈。歛。侍者盥手，鋪布絞，遷尸於其上，穩坐拱手，安頓其體。各執絞納于棺中，隨收絞端，乃實生時齒髮及所剪爪于棺角。又揣其空缺處，塞以充囊，務令充實，不可摇動。慎勿以金玉珍玩置棺中，啓盜賊心。既畢，主人以下，憑棺盡哀，婦人退入室。乃召匠加蓋下釘。若葬用轅轝者，至此覆柩以衣。奉柩遷于廳事。執事者設席，役者遷柩其上，屏風圍之。乃設奠。置卓子于柩前，焚香，茶菓酒肴隨宜設之。主人以下成服。諸子親戚，各着喪服，服即俗所謂伊盧。○按，喪服古有藤衣，染爲黲色，其制今無考焉。國典父母喪，忌五旬，服十三月。然今士大夫無有服制，已經五旬，乃飲酒茹腥，張樂議昏，公然不顧。唯云服限未滿者，不可詣神祠。殊不知古居喪者，以身實有服，而面垢形毁，其凶穢不可以參神明也。野史記平内府以治承三年薨，子惟盛明年從宇治役，以身有服，不着戎衣。當時猶有服制，蓋可見矣。今都下庶人，唯送葬之際，親戚皆素服，以淡青麻若黲麻公衣裳表之，既葬即除。是古制所僅存，而其亡者不可復考。乃士之有志於禮者，因用極麁麻依俗制之服以終制，可也。或五旬忌闋，別用麁麻若棉布制便衣裳，亦可也。皆須用黲色，爲近於古藤衣色。因不緝其下際，可以存古禮焉。然禮廢之日，習俗不可猝變。慶吊迎謁，勢難久闋。欲强行己意，反類矯激。如此者，須方事暫除，卒事復服。或尊長慮其毁瘠，勞勉弗措，不能不屈志者，五旬之外，宜量勢除之，一執心喪，以終本制。庶乎情制稱宜，而無詭世駭俗之舉。若夫勢無不可者，固當服焉，以闋制不得妄意降殺矣。發引前奉柩朝于祖。執事者徹奠，役者舉柩詣祠室前，主人焚香盡哀，乃奉柩還故處。此禮蓋象平時將出，必辭尊者也。室家狹隘，難於遷轉者，略移動以向祠室，可也。乃設遺奠舉哀。酒肴茶菓之類，執事者隨宜設之。主人焚香再拜盡哀，告以靈輀將駕，往即幽宅，載陳遣禮，永訣終天。主婦兄弟以下代拜盡哀，遂徹奠。

送葬

及期，遷柩就轎。俗以未時若未半申時，爲出柩之期。及期，婦人退避。召役夫舉柩遷之就轎，乃載以索維之，令極牢實。主人視載。○善按，《朱子家禮》，奉魂帛升靈車，别以箱盛主，置帛後。邦俗不用靈車，乃使幼者奉位牌，先柩而行。夫主未憑神而特奉之，甚無謂也。今已無靈車，則姑從權宜，韜主及净研新筆墨，以置于轎内柩側。墓標亦同載以隨，可也。柩行。役者兩行，執提燈前導，燈四或六。主人以下步從。重服在前，輕服在後，服各爲叙。僕隸在末。婦人從與否，隨其土俗可也。尊長次之，無服之親又次之，賓客又次之。皆步從。賓客或先侍於墓所，或出郭拜辭而歸。塗中遇哀則泣。若墓遠，則每舍朝夕設奠於柩前。夜則主人兄弟皆宿柩傍，親戚共守衛之。柩至設奠。執事者先布席於壙側。柩至，脱載置席上，乃設茶菓之奠。但今世墳墓率寓佛寺，及葬期，浮屠設奠於佛堂，以待柩至。如此者，奉轎置堂上，竢賓客辭歸，乃脱載就壙而窆，可也。主人以下，焚香拜，各退就位。執事者以席設位於墓道傍。衆主人各以叙坐，重服在上，輕服在下，侍者在後。賓客拜辭而歸，主人以下拜之，賓答拜。乃窆。用索四條穿柩底環，不結而下之。竢柩坐正定抽索去之。大凡下柩，最須詳審用力，不可誤有傾墜動摇。主人兄弟，宜忍哀，親臨視之。實以灰。石灰、細砂、黄土拌匀者，和水粘合，偏下於灰隔内，每寸以杵築實之，乃施灰隔第二層，築之既實，復施第三層。下三物而實之，及墻之平而止。若三物有餘，則至此盡下之，不厭厚重矣。大凡三物，要堅牢固密，專任役夫，易致簡忽，主人兄弟，宜忍哀親臨視之。○按，今世澆漓，幸不火化，亦以薄葬爲務，習染成風，恬不之恠。使其間有孝子，棺制窆儀，欲量禮而行，或家貧勢禁，不得伸志。余爲之議曰，微力之人，不必拘舊制，以世俗所用瓦棺若木桶，亦可也，蓋以有三物也。夫三物經歲之久，結爲金石，螻蟻盜賊皆不得近。故棺或可隨權略制，至三物，則孝子情慮所係，至大至重，決不可闕矣。乃實土而築之。下土每尺許，即輕手築之，勿令震動柩中。漸上，乃須密杵。堅築既畢，封土成假墳。預識柩之正中，以立墓標，繚以竹垣。題主。執事者設卓子于墓前，以奉座蓋。置研筆墨，主人盥手出主，卧置卓子上。其陷中主面皆預題之，但留主面「主」字一畫不書。至此填之既畢，奉置卓子，上炷香，告以形歸窀穸，神返室堂，神主既成，伏惟尊靈舍舊從新，是憑是依。再拜盡哀。兄弟親戚代拜畢，納主于座蓋。○善按《家禮》，使善書者題陷中、粉面。邦俗葬期，皆用午後，故其成墳必至昏黑，題主之儀難得而備。且善書者，亦親友中不可常得。今斷以預題主，而主人填墨爲儀者，以是也。奉主遂行。以轎奉主，主人以下步從，如來儀。塗遠者，主人上轎。乃安主於其轎中奉而歸。尊長乘轎先歸可也。

反哭

主人以下，在塗徐行。哀至則泣。至家，奉神主入，置于靈座。執事者先設靈座於適室，圍以屏風，以前二扇爲假門。主人奉神主入，就位櫝之，或姑用座蓋，以至祔，亦可也。主人以下，詣靈座前拜，盡哀止。

虞祭

葬之日而虞。若去家經宿以上，則初虞於所館行之。

主人以下，皆洗浴。若既晚不暇，即略澡潔，可也。執事者，設器具饌。卓子、香燭之類，酒茶、蔬菓、飯羹之具，室中隨便陳之，始用祭器，執事者作饌。主人啓櫝，拜。靈座前陳香爐燭臺，主人啓櫝，焚香泣拜。進饌奠酒，主人以下代拜。主人奉饌，主婦兄弟以下佐之，乃酌酒，一獻或三獻，肴稱之。既畢，主人以下代泣拜，皆出坐外如食間。徹。主人入徹，主婦兄弟進茶菓，頃又徹之。辭神。主人斂主，再拜盡哀止。若路遠，于所館行禮。恐不能備，唯奠酒肴若茶菓而殺其儀，可也。厥明再虞。禮如初虞，惟前夕設器具饌，是日夙興作饌，質明啓櫝行事。若墓遠，則亦於所館行之。夕上食。如虞祭而殺禮。若墓遠，則闕之。厥明三虞。禮如再虞。但墓遠，塗中且闕之，須至家乃可行此祭。夕上食。儀如前夕。○善按，禮遇柔日再虞，遇剛日三虞。要之，皆在三四日内。今從簡便，直連用三日，不必問剛柔焉。其再虞、三虞，皆於晨行。祭乃夕時，不可無事，設上食之儀者以是也。

朝夕奠

三虞後設朝奠夕奠。朝奠如虞祭而少殺禮。夕奠如朝奠而又殺之，至卒哭而罷。或家貧人寡，不能備禮者，五旬忌盡罷饌，唯奠酒肴茶果之類亦可也，須隨時制宜。朔日俗節，於朝奠加盛。是日，晨起行事，望日如常儀。有新物則薦之。五穀、果品、菜蔬一應新熟之物，凡初出而未嘗者。用盤盛陳于靈座前卓子上。若四方金錢之賻，香茶酒果之奠，隨至奠告。〇善按，禮，既殯，設朝夕奠，至初虞而罷。今世葬期迫促，乃行初虞不出死之第三四日，故移朝夕奠在三虞後。

卒哭

《檀弓》曰：「卒哭曰成事，是日也，以吉祭易喪祭。」故此祭漸用吉禮。按《家禮》三月而葬，三虞後遇剛日卒哭，即與今俗所謂百日祭日數相近，故斷以死之第百日行禮。

前期一日，主人以下洗浴，設器具饌。並同虞祭，但告以來日隮祔，尚饗。乃徹，辭神。並同虞祭。自是罷朝夕奠。厥明，夙興作饌。質明，啓櫝，進饌，奠酒。

祔

按，《家禮》祔祭奉新主入祠堂，祭畢又奉之反于靈座，至大祥，始入于祠堂。今人家多狹隘，至有賓客來，坐于靈坐側者，豈得不瀆哉。若是，不如速納主之愈。宜因祔祭，遂徹靈座，納主祠室。其尤狹隘不堪者，五旬忌盡，即奉主遷祠室內，假隔一座，不置祖先之列。及卒哭行祔祭，方與祖先列，無害也。此與夫禮雖遲速甚相懸，而邦典五旬忌盡，乃皆即吉迎謁，仕者可以就職。乃靈座之設，或至妨事，輒自非屋宇寬大，勢不得不以義起禮矣。大氏流俗之弊，不可遽革，而有志者欲强行古禮，亦致矯激。乃從國制，略存古意，以竢異日可也。

卒哭明日而祔。父則祔于父之祖考，母則祔于祖妣。祔父則設祖考妣二位，祔母則設祖妣一位而已，卑不敢援尊也。夙興，設酒殽茶菓。肴果隨宜而設。禮殺，於卒哭不必具饌，可也。質明，主人以下，拜于靈座前。世嫡當爲後者主喪，乃用此禮。若喪主非宗子，則以尊者主此祔祭。詣祠室，奉神主出，置于座。以卓子設亡者祖考妣位於中，南向，西上。設亡者位於其東南，西向。主人啓櫝揭幃，奉所祔祖考妣之主，置于所設位上。還，奉新主入祠室，置于座。主人以下還詣靈座前，主人奉主櫝詣祠室，啓櫝，出主，如前儀。若喪主非宗子，則惟喪主主婦以下還迎。獻酒進茶。主人奠之，主婦兄弟進肴菓。主人詣祖考妣前，焚香再拜，告以今日謹隮祔某，尚饗。次詣新主前，焚香再拜，告以今日哀薦祔事，尚饗。既畢，主婦以下代泣拜。若喪主非宗子，則宗子行之，亡者於宗子爲卑幼，則宗子不拜。主人納主。先納祖考妣神主還故處，次納亡者神主置于龕中東偏。

乃告遷。主人啓諸主櫝，奠酒殽，告以先考，某主當遷入廟，某主親盡當祧，某主某主世次迭遷，不勝感愴，謹以酒肴，用伸虔告，尚享。遷主辭神。主人奉親盡之主祧之，餘主遞遷而西，虛東一位，以安新主。主人以下，拜辭而退。遂徹靈座，奉遷主，埋于墓側。執事者以箱盛主，主人自送至墓側埋之。○自是，祖先忌日及朔望俗節之祭，如常儀可也。○善按，禮，祖先之祭，三年廢之，朱子論之已詳。（一見于後《祭禮餘考》。）吾萬年先生亦嘗有言，亡者於祖先固卑等也。以卑等之喪，廢尊屬之祭，亡者之心，竊恐有不安者。且古禮不可復，喪制往往俯就時俗。而祖先之祭，特據禮廢之，是尤所不安。按朔望俗節，號爲吉祭，乃未卒哭之前，或可暫廢焉。若忌日祭，是君子終身之喪，所以伸追慕之情，所係者重矣。既葬之後輒行之，似無害焉。卒哭既以吉祭易喪祭，乃祖先之祭至此悉舉行之，竊意以義起之之無不可者，今既祔之後，一從常儀，以此也。

誌石　碑

善按，禮，既窆，下誌石，成墳立碑，邦俗葬期迫促，石刻不可猝備，故是編原本治葬之條省之，而後文偶遂脱不載，今固補之。夫碑既葬之後，須刻就即立，但亡者履歷行實或未可遽考，而其文多請之於名手，難限以時日。乃至家貧者，營葬之後，力不能輒致，則雖踰歲亦無妨焉。是以姑附諸祔祭後、小祥前云。至於誌石，功較易就，然既不及窆，則宜留竢立碑之期。蓋屢觸犯壙土，心所不忍也，故併記之于此。

刻誌石。用泉州青石二片爲蓋底，方尺餘，外不加礱磨。其蓋刻云「某謚家君柩」，無謚用平時所號。其底云：君諱某字某稱某姓某氏某國某郡某邑人，考諱某妣某氏某年月日生，略叙履歷行實，某年月日終年若干，葬於某處先塋之次，私謚曰某，娶某氏，子男幾許，長名某，次名某。女幾許，長適某人，次適某人。孤子某泣誌，母喪稱哀子，俱亡即稱孤哀子。承重者稱孤孫、哀孫、孤哀孫。其末以國字刻曰「古乃飛圖幾毛之安良波禮者，美之飛土阿波連美天宇徒三太末皿」，若文多，則連蓋刻之。乃磨蓋之外面，一行刻以某柩婦人，則蓋云某謚室君。若有晩號，不必用謚。旁親男女去家室字。立碑之日，以二石字面相向，而以銅線束之，理於壙中近地面二尺許。若蓋上有刻者，須加磚瓦以隔土。

立碑。泉州青石爲上，大小狹闊稱宜。圓首而刻其面，云某謚若號某姓先生之墓。乃述其世系、名字、生卒、履歷行實，而刻於其左，轉及後右而周焉。文省者唯刻於後，或改先生曰翁，非老者曰君。婦人曰某媼某氏之墓，非老者亦曰君。長殤曰郎，中殤曰童，女俱曰女。下殤男曰兒，女曰女兒。趺高尺許，一層或兩層，壙上當中立之。

小祥

期而小祥。自喪至此，不計閏凡十三月，祭用初忌。前期一日，主人以下洗浴設位。設神位於靈座故處，他如卒哭之儀。滌器具饌。主人率衆丈夫洒掃滌濯，主婦率衆婦女滌釜鼎，具祭饌。他皆如卒哭之禮。厥明，夙興作饌。如卒哭之儀。質明，奉主就位。主人盥手，詣祠室焚香再拜，告以今日小祥之辰，敢請神主出就適室，恭伸追慕。告訖，啓櫝以笥奉主，出置于座，焚香再拜。○凡預設座蓋一以爲奉主之笥，祭畢貯于龕下。進饌奠酒。並如卒哭之儀，但告以日月不居，奄及小祥，哀慕不寧，敢薦此常事，尚享。乃徹，辭神。並如卒哭之儀。納主。主人再拜，以笥斂主，奉歸祠室。

大祥

再期而大祥。自喪至此，不計閏凡二十五月，亦用第二忌日祭。前期一日，洗浴設位，滌器具饌。厥明，行事畢，奉神主入于祠室，皆如小祥之儀。惟告改「小祥」曰「大祥」，「常事」曰「祥事」。明日，易服，始飲酒食肉而復寢。

禫

善按，《喪大記》「祥而食肉」，《間傳》「中月而禫，始食肉」，《檀弓》「祥而縞，是月禫，移月而樂」。是數説皆不同，無可適從，然據《家禮》，食肉飲酒，在祥之下，似從《喪大記》之文也。夫既祥之縞，以禫除焉，今既祥無服，則雖無禫可也。

大祥之後，中月而禫。間一月也。按，丘氏《儀節》，前一月卜日，三卜不吉，用忌日。今不必卜，直用忌日，或因其朔望行之。前期一日，設位具饌。厥明，行事，皆如大祥之儀。惟告改「大祥」爲「禫祭」，「祥事」爲「禫事」。

居喪雜儀

《檀弓》曰：「始死，充充如有窮。既殯，瞿瞿如有求而弗得。既葬，皇皇如有望而弗至。練而慨然，祥而廓然。」

《雜記》：孔子曰：「少連、大連善居喪，三日不怠，三月不解。期悲哀，三年憂。」

《曲禮》曰：「居喪未葬，讀喪禮。既葬，讀祭禮。」

《雜記》曰：「三年之喪，言而不語，對而不問。」

《喪大記》曰：「父母之喪，非喪事不言。既葬，與人立，君言王事，不言國事。大夫士言公事，不言家事。」

《檀弓》曰：「高子皋執親之喪，未嘗見齒。」《喪服四制》曰：「百官備，百物具，不言而事行者扶而起，言而後事行者杖而起，身執事而後事行者面垢而已。」

喪禮餘考

司馬温公曰：「世人有游宦没于遠方，子孫火焚其柩，收燼歸葬者。夫孝子愛親之肌膚，故斂而藏之。殘毁他人之尸，在律猶嚴，况子孫乃悖謬如此。其始出于羌胡之俗，浸染中華，行之既久，習以爲常，見者恬然曾莫之怪，豈不哀哉。延陵季子適齊，其子死，葬于嬴、博之間，孔子以爲合禮。必也不能歸葬，葬于其地可也，豈不猶愈于焚之哉。」右治喪。

穿壙。程子曰：「惟五患者不得不謹，須使他日不爲道路，不爲城郭，不爲溝池，不爲貴勢所奪，不爲畊犂所及也。」

灰隔。程子曰：「古人之葬，欲比化者，不使土親膚。奇玩之物，尚保藏固密，以防損污，况親之遺骨當何如哉。世俗淺識，惟欲不見而已。又有求速化之説者，是豈必誠必信之義。且非欲求其不化也，未化之間，保藏當如是爾。」

反哭。朱子曰：「其反如疑，爲親在彼。」

虞祭。鄭氏曰：「骨肉歸于土，魂氣則無所不之。孝子爲其傍徨，三祭以安之。」

誌石。朱子曰：「蓋慮異時陵谷變遷，或誤爲人所動，而此石先見，則人有知某姓者，庶能爲揜之也。」朱子又曰：「嘗見前輩說，大凡誌石須在壙上二三尺許，即它日或爲畚鍤誤及，猶可及止。若在壙中，則已暴露矣。雖或暴見之，無及於事也。此說有理。」

立碑。司馬温公曰：「按令式，墳碑石獸大小多寡，雖各有品數，然葬者當爲窮之規。後世見此等物，安無知其中不多藏金玉耶。是皆無益于亡者，而反有害。故令式又有『貴得同賤，賤則不得同貴』之文，然則不若不用之爲愈也。」

祭禮

善按，《朱子家禮》有時祭、始祖、先祖、禰祭、墓祭之儀。然據《語類》，以始祖之祭似禘，先祖之祭似祫也。晚年廢之。是編舊本原其說併禰祭省之，以避嫌疑。且時祭亦以其文既繁，今世士庶之賤，有不能備禮者，姑存春秋二祭，以就簡便。然時祭既我邦所絕無，雖廢之，而幽明之間，原無餘憾。先君子以其違俗自異也，後來不敢行焉。至於墓祭，亦有可議者。蓋今制墳墓皆寓佛寺，州國所在丘壠曠闊者，即舉斯禮無害也。若通邑大都，户口殷盛，寺中碑碣，咫尺相逼，墓道厪容拜，已齷齪猥雜，豈勝行禮，不如廢之之爲愈也。先君子自家于阪府，亦未嘗行之。是以今皆削之，唯存忌日祭。乃采正旦俗節、告事、見子、告冠、告昏之儀，係之祭禮焉。《家禮》自正旦至見子，係之通禮，告冠昏，則收乎本篇。是編舊本從《家禮》之文，但所撰止喪、祭二禮。則告冠昏之儀，宜附告事之末。而舊本偶脱不載，今皆補之。夫斯數條，雖儀有隆殺，而其爲薦奠，一也。概謂之祭禮，意無妨矣。乃改列之于此，以補祭禮之闕云。

正旦朔望俗節

正旦朔望則參。正旦前一日，洒掃。厥明，夙興，主人以下盛服盥帨，執燭開門。主人主婦，啓櫝揭幃，次發袝主。蓋主人焚香再拜，各位進雜烹，奉以卓子，酒茶各一盞，有菓各一楪，主婦兄弟佐之。既畢，主人以下代拜，出坐于門外，如食間。乃入徹闔櫝，辭神而退。○朔日，惟進酒殽，不設茶菓。主人便衣裳，平明行事，餘如上儀。○望日，不啓櫝，不設酒肴，惟進茶菓，餘如朔日儀。○凡主人主婦，謂世嫡宗子夫婦。其有母及諸父母者，拜次須在主人先。俗節則獻以時食。節如人日、上元、上巳、端午、七夕、重陽之類，凡鄉俗所尚者，食如七菜糜、小豆粥、蒿餻、角黍、素麵、蒸粟之類。凡其節之所尚者，薦以大盤，間以酒茶，禮如正旦之儀。

告事

有事則告。獻酒肴茶菓，主人焚香拜告，凡官禄授降之類，所係重者，皆然。吉則告以「今有某事，奉承先訓，獲受祥福，餘慶所及，不勝感慕，謹以酒果用伸虔告」。凶則告以「今有某事，荒墜先訓，惶恐無地，謹以」，後同。止告正位，不告附位，茶酒則并設。餘儀如朔日，或因朔望行之，亦可。生子見之。主人生嫡長子，則滿月而見，告以「婦某以某月某日某時生子名某，敢見」。告畢，主婦抱子進，餘如上儀。嫡孫亦如之。若生餘子孫，則不設茶酒。子冠，前期三日，主人以告。主人，謂冠者之父兄家長者。告以「某年漸長成，將以某月某日如冠，謹以酒果用伸虔告」，餘如上儀。若宗子已孤而自冠，則自爲主人。既冠，主人以冠者見。主人告「以某今日冠畢，敢見」，冠者進拜。主人以下，盛服行事，如正旦之儀。若非嫡子孫，則殺其儀。議昏，納幣，主人以幣告。主人即主昏者，禮如告冠儀。但陳幣執狀，告以「某年已長，議娶某處某姓名之女，今行納幣禮，不勝感愴，謹以酒果用伸虔告」。若日期已定，因以日告。宗子自昏，則自告。○女氏主人受幣，亦以告，如壻家之儀，但告以「女某年長，許嫁某處某姓名之子某，今日行納幣，不勝感愴，謹以」，後同。若昏期已定，亦以日告。既昏，三日，主人以婦見。盛服行事，如子冠而見之儀。主人告以子某之婦某敢見，不勝感愴，謹以後同。新婦進拜。○女家主人，及期日以女見，如納幣儀。告以「女將以今日歸，不勝感愴，謹以」，後同。女拜辭。

忌日

前期三日，散齋。飮酒不得至亂，食肉不得茹葷，不吊喪，不聽樂。凡凶穢之事，皆不得預。前期一日，致齋。主人以下，洗浴，不飮酒，不食肉。主人居齋處，不理外事，齊一其心志。○高曾祖，前一日齋戒。旁親，前夕齋宿。飮酒不至亂，食肉不茹葷，儀物量宜減殺。設位。主人帥衆丈夫，掃適室，務令蠲潔。以卓子設神位，屏風圍之，以前二扇爲假門，陳香燭之具於位前。若家室狹隘者，臨期設位亦可。滌器，具饌。主婦帥衆婦女滌濯祭器，潔金鼎，室中隨便陳設于卓上。主人省擇饌品，作食次册。主婦以下，具祭饌，飯羹魚菜餻菓之具，務令精潔。未祭之前勿令人先食，及爲猫犬蟲鼠所污。〇世習浮屠之法，凡祭祀無用魚肉者。乃姑從俗，用素饌，別具魚炙之類，以存禮意可。厥明，夙興，作饌。主人以下，及執事者，盥手熾炭于爐，實水于瓶。炊（塾）〔熟〕祭饌，皆令極熱。質明，主人以下改服。丈夫公衣裳，婦人純服之類，從宜而服，皆去華盛之飾。奉主，就位。主人盥手，詣祠室，焚香再拜。告以今日某家君遠諱之辰，敢請神主出就室，恭伸追慕。告訖，啓櫝，奉神主置于笥，捧至適室，出就位，焚香再拜。進饌奠酒。主人奉饌，主婦以下佐之，乃酌酒三獻，肴稱之。既畢，主人焚香再拜，告以「歲序遷易，諱日復臨，追遠感時，不勝永慕，敢以酒饌，祇薦歲事，尚饗」。主婦以下代拜，乃皆出坐外，如食間。乃徹。主人入徹饌，主婦兄弟點茶進菓，菓用時新，與饅頭羊寒之類，各盛盤以進。頃而徹之，以徹酒入于瓶，果蔬肉食並傳于燕器。辭神，納主。主人再拜，奉主納于笥，捧歸祠室。還，以祭胙品取少許盛器，歸於親友。主婦以下，滌祭器而藏之。是日，不飲酒，不食肉，不聽樂。禮服以居，夕寢于外。

祭禮餘考

程子曰：「古所謂支子不祭者，惟使宗子立廟，主之而已。支子雖不祭，至於齋戒，致其誠意，則與主祭者不異。可與，則以身執事；不可與，則以物助，但不別立廟爲位行事而已。後世欲立宗子，當從此義，雖不祭，情亦可安。若不立宗子，徒欲廢祭，適足以長惰慢之志，不若使之祭，猶愈於已也。」

朱子曰：「古人宗子越在他國，則不得祭，而庶子居者代之。今人主祭者，游宦四方，或貴仕於朝，又非古人越在他國之比。則以其田禄修其薦享尤不可闕，不得一身去國，而以支子代之也。」

又曰：「今日俗節，古所無有，故古人雖不祭，而情亦自安。今人既以此爲重，至於是日，必殺羞相宴樂，具而其節物亦各有宜，故世俗之情至於是日不能不思其祖考，而復以其物享之。雖非禮之正，然亦人情之不能已者。」

又曰：「喪三年不祭，但古人居喪，衰麻之衣不釋於身，哭泣之聲不絶於口，其出入起居、言語飲食皆與平日絶異，故宗廟之祭雖廢，而幽明之間兩無憾焉。今人居喪，與古人異，卒哭之後，遂墨其衰。凡出入居處、言語飲食，與平日之所爲，皆不廢也，而獨廢此一事，恐亦有所不安。竊謂欲處此義者，但當自省所以居喪之禮，果能始卒一一合於典禮，即廢祭無可疑。若他時不免墨衰出入，或其他有所未合者尚多，即卒哭之前，不得已準禮且廢。卒哭之後，可以略倣《左傳》杜預之説，遇四時祭日，以衰服特祀於几筵，墨衰常祀於宗廟，可也。」

《檀弓》曰：「唯祭祀之禮，主人自盡焉爾，豈知神之所饗，亦以主人有齊敬之心也。」此條陳注非是矣，予別有説，見于本篇。

《郊特牲》曰：「腥、肆、爓、腍祭，豈知神之所饗也，主人自盡其敬而已矣。」

喪祭私説跋

先君子之捐館也，甃庵仲兄，哀戚之中，與二三友朋經紀襄事，其儀概據《朱子家禮》終始惟慎。俾先君子安魄於重泉者，吾兄之力也。自非講之素明，習之素熟，何以至於此哉。吾兄居憂，喪祭之書未嘗釋手，乃遵《家禮》，旁采諸儒之説，加以先君子遺禮，損益斟酌，以成是書，遂致之於宗家。所謂名分之守、愛敬之實，可見矣。夫子曰：「生，事之以禮；死，葬之以禮，祭之以禮。」夫是禮也，出乎不忍食稻衣錦之心，而實有家之常體，不可一日闕者。嗟乎，吾子弟其可不勉諸。

享保辛丑春三月，弟文之謹跋。

喪祭私説跋

《私説》之撰，胚胎乎吾祖考，成乎先君子，而完乎伯兄之修。蓋嘗論之，時有古今，俗有文質。漢以下不能復周禮，唐宋又不能行漢儀，勢則然也。昔者吾先王皇化之隆也，禮文制度，一承於唐氏，而不能無取舍於其間，亦豈非勢哉。今也禮闕矣，喪祭之儀爲最甚。蓋自縉紳之家，無復足徵焉者。至於士庶之流，則委巷之習，雜以浮屠之妄，使孝子慈孫無所繫其哀痛哉，服道之士，如之何不戚戚於心焉。所以先儒往往輯裁禮文，各行乎家。乃亦不能省時察勢，無矯飭駭俗，則難乎行之。噫，先君子之治喪，哀戚盡乎禮之實，儀文中乎禮之權，不矯俗自標榜，不拘習而淪胥。故觀焉者咸曰善哉，化者蓋衆。若夫遠乎實，而規規乎浮文，先君子所大(誡)〔誠〕，吾兄第遵奉遺訓，日夕栗栗，唯不能負荷是懼。伯兄修是篇，實先君子之遺意，而序詳列之。凡是篇所定，姑記吾家所行，庶幾宜於今之俗，而不謬於古之禮云爾，非謂一成不可易也。然循此定準而推之，則何適而不可也。禮云：「君子行禮，不求變俗。」祭祀之禮，居喪之服，哭泣之位，皆如其國之故，謹修其法而審行之。」即是篇之意矣。豈特是篇，抑亦《朱子家禮》之意矣。寶曆庚辰九月積德謹跋。

幽人先生服忌圖

服忌圖前引

《禮喪服》曰：「斬衰，次齊衰，次大功、小功，終于緦麻。」《喪期》曰：「三年，次期，次九月、五月，止于三月。」輕重之等，修短之期，若是三月者，以禮三月而葬也。又禮有既葬，期九月者，飲酒食肉之文，則齊衰三年之外，喪唯三月而已。由是觀之，齊之與緦，服有修短，其實則同也。齊則太輕，緦則太重。曰義服，曰從服，然而内外混矣。曰降，曰報，然而親疏淆矣。亦壹先聖王之法乎，其圖之未失乎，抑傳之者之謬乎，吾竟不能釋然也。吾國家服制，則高玄九世之外，伯叔無祖，姪甥無孫，有外孫而無子婦，昆弟止于同堂。母之父母兄妹姪甥，妻之父母而無婿，其服自期而半之，損而又損之，以至七日。是故骨肉貴，而服不黷焉，蓋得禮之質者。唯質也，故簡而簡，以至大簡。惜乎其莫濟之以文，以致乎彬彬之盛也。方今衰麻之廢久矣，服也者有名而已，乃使哀重者而服不稱，屬微者而忘其哀。又由制有忌服之别也，遂認爲喪，不復以服爲喪。忌既闋焉，輒忌飲食衎衎，莫殊平日焉矣，則與夫以日易月者何異。嗚呼，是非制禮者之辜也，豈學士大夫而效之哉。今演國家制，私作服忌圖，旁注古禮，别譯令辭，附于其後。其意不過欲使人知國家制作之意有在焉，階梯凛焉，不可相踰。而又參之古禮，以自淑耳，不敢置毫末於其際。若或好古崇禮君子，得從議考之役者，沿夫定準稍斟酌之，爲修其麻，物稱其哀，禮以文情，庶幾大成，于古有光。雖然，是國家大典，非草茅之士所敢議也。

寳曆戊寅長至日，中井積德書。

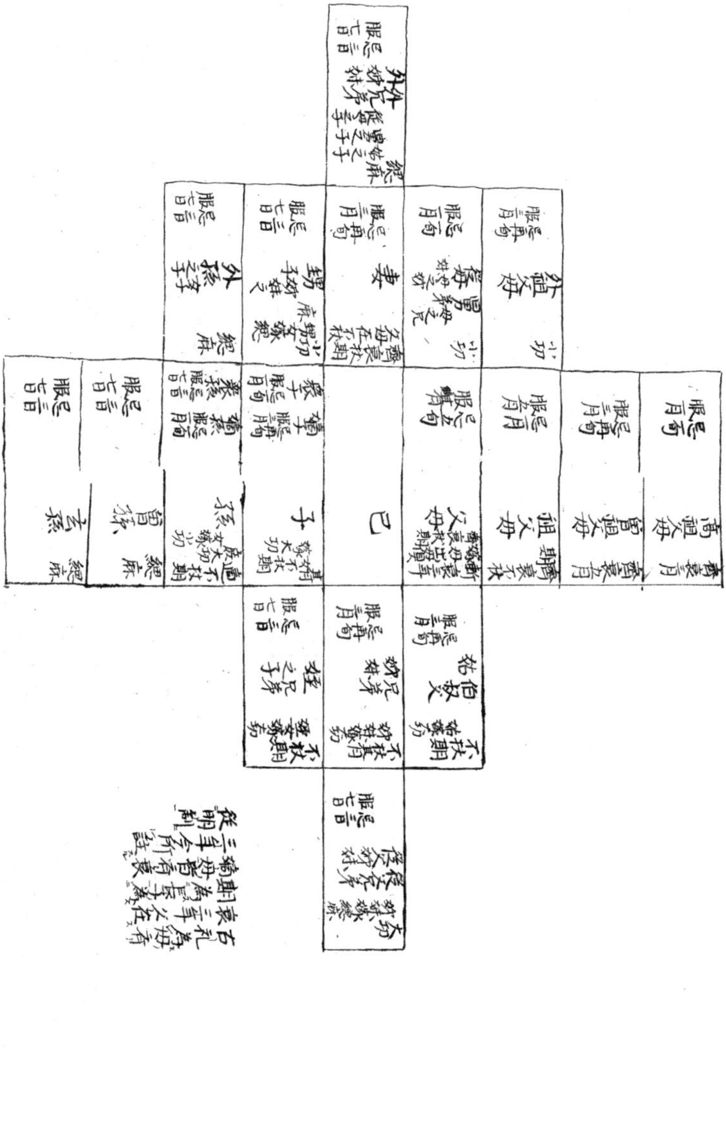

斬衰三年
謂父之室父不命我及為母者
嫡母
出者嫁者及不相通聞者皆無服
忌一旬
服一月

謂父之後妻父不命我以為母者出者嫁者及允不同居者皆無服
繼母
孔所言繼母與此稍不同故制不記于此
忌一旬
服一月

謂之養長而不承家不分封者
養父母
孔所言養父母與此稍不同故制不記于此
忌一月
服五月

同居不杖朞不同居齊衰三月元不同居無服
繼母
忌一旬
服一月

小功
異父兄弟
異父姊妹
忌一旬
服一月

斬衰三年
舅姑夫之父母
忌一月
服五月

斬衰三年
夫
忌一月
服朞

令譯

忌五旬服期不計閏月，凡十三月。者，爲父母，出母、嫁母不降。

忌一月服期者，爲夫。

忌一月服五月者，爲祖父母。○婦爲舅姑。○養子不養家不分封者，爲養父母。

忌再旬服三月者，爲曾父母。○爲伯叔父。○爲姑。祖○爲兄弟姊妹。○爲嫡子。○爲妻。○爲外祖父母。○父之異父兄弟姊妹，相爲降半。○養子不養家不分封者，於養兄弟姊妹，相爲降半。

忌一旬服一月者，爲高祖父母。○爲衆子。○爲養子不養家不分封者。○爲嫡孫。○爲舅從母。○爲妻之父母。○爲異父兄弟姊妹。○爲嫡母繼父母。嫡母繼母之出者嫁者，及嫡母不相通問，繼父母元不同居者，皆無服。

忌三日服七日者，爲衆孫。○爲曾孫玄孫。○爲外孫。○爲兄弟姊妹之子。○爲從父兄弟姊妹。

七歲以下無服，八歲以上如成人。

凡子養家者，雖養子，爲嫡；不養家者，雖長子，不以爲嫡子。

凡養重者，雖曾孫玄孫，相爲嫡子。

凡妾，雖有子者，無服，父之妾無服。

嫡母，繼母。父命子以爲母者，不謂之嫡母、繼母，嫡子、衆子相爲如母，而出者、嫁者無服。

凡婦人於其私親，相爲如男子，雖出嫁不降之，養於人者，亦如男子。婦人無嫡，婦人於夫黨，舅姑之外無服，爲子，爲孫，如男子。

凡養於人而養家分封者，於父母及所養之族，相養爲如本族。養母之出者嫁者，無服，爲其私親。唯本生父母不降，嫡母繼母養母無服，於祖父母，伯叔父姑，外祖父母舅從母降半。於兄姊妹及異父兄弟姊弟妹相爲降半，其餘無服。

凡養於人，而不養家不分封者，爲其私親不降。於所養之族兄弟姊妹之外，相爲無服。兄弟姊妹，亦出養於人，則相爲無服。冒姓而已焉者，相爲無服。

凡養於人，而養父生父亦自外來者，於養父之私親，無服。於生父之私親，亦如本族。

稅唯爲父母，其餘聞喪日數未闋者，終焉。既闋者，不復服。

凡有重服而遭輕服者，既除重服，而輕服日數未闋，服以終焉。既闋者，不復服。

凡半降，一月者旬有五日，三日者二日，餘皆效之。自子至亥爲一日。

按，服之有忌，猶齊之有致齊也。忌，諱也，謂不敢與外事。或謂之暇。暇，間也，謂不服政役。古令云，凡服紀者，爲君父母，及夫，本主，一年。祖父母，養父母，五月。曾祖父母，外祖父母，伯叔姑，妻，兄弟姊妹，夫之父母，嫡子，三月。高祖父母，舅姨，嫡母，繼母，繼父，同居異父兄弟姊妹，衆子，嫡孫，一月。衆孫，從父兄弟姊妹，兄弟子，七日。

祠堂制并祭四世説

［日本］天木時中　撰
陳曉傑　整理

《祠堂制并祭四世説》解題

［日］吾妻重二　撰　董伊莎　譯

天木時中《祠堂制并祭四世説》一卷，寫本，收録於名古屋市蓬左文庫的《道學資講》卷二百二十七中。

天木時中（一六九六—一七三六）是尾張（今愛知縣）人。名時中，通稱善六。遊學江户時師從佐藤直方，被伊勢長島藩（今三重縣）招爲藩儒。後至京都學於三宅尚齋，尚齋賞識其才能，欲把學塾的經營托付給他，無奈天木染疾，四十一歲時先於尚齋離世。著作有《天木子全書》二册（國會圖書館藏）、《爲貧説》、《學校考》等。另有注解朱熹《調息箴》的《調息箴説解》，由岡直養在昭和十年（一九三五）以活字綫裝本刊行。

在此所載的《祠堂制并祭四世説》廣泛搜集了中日有關祠堂及祖先祭祀文獻，雖爲短篇但内容詳實，論證充分。卷末識語有「享保辛亥五月二十七日　天木時中謹書」，因此應爲京都時代之作。早稻田大學圖書館也藏有另一寫本。

天木的其他相關著作有《二禮要略》一册，論述了《家禮》的葬禮與祭禮（財團法人無窮會藏）。爲和文寫本，識語有「寬永戊子閏月二十九日」。如此識語無誤，則應爲寬永五年（一七〇八），即天木少年時代撰成，當時天木僅十三歲。

祠堂制并祭四世説

《周禮・小宗伯》：「掌建國之神位，右社稷，左宗廟。」《匠人》：「左祖右社。」鄭玄曰：「宗廟是陽故在左，社稷是陰故在右。」王氏曰：「右，陰也，地道之所尊。左，陽也，人道之所鄉。位宗廟於人道之所鄉，亦不死其親之意。」

朱子《儀禮釋宮》曰：「《周禮》：『建國之神位，右社稷，左宗廟。』宫南鄉而廟居左，則廟在寢東也。寢廟之大門，一曰外門，其北蓋直寢，故《士喪禮》注：『以寢門爲内門、中門。』凡既入外門，其向廟也，皆曲而東行，又曲而北。』案《士冠禮》：『賓立于外門之外，主人迎賓入，每曲揖，至于廟門。』注曰『入外門，將東曲，揖，直廟，將北曲，又揖』是也。」問：「家廟在東，莫是親親之意否？」曰：「此是人子不死其親之意。」

余謂，《家禮》所謂「立祠堂於正寢之東」者，蓋本于此。

朱子《殿屋厦屋説》曰：「殿屋五間，前皆爲堂，後爲房室。中間之前爲兩楹間，後爲室。東間之前爲東楹之東，又少東爲阼階之上，少北爲東序，後爲東房。西間之前爲西楹之西，又少西爲賓階上，少北爲西序，後爲西房。序即墻也。設位在東西序者，負墻而立也。其南爲序端，東序之東、西序之西爲夾。亦謂之廂。又《説文》云：「廂廊也。廊，東西序也。」此亦可見。但疑「序」下脱一「外」字。其前爲東西堂，其後爲東西夾室。夾外之廣爲側階，房後爲北階。厦屋則前五間，後四間，無西房，堂中三間之後只分爲兩間，東房、〔室西〕〔西室〕。其餘並如殿屋之制。」余按《燕禮》注曰：「人君爲殿屋也。」《士冠禮》注曰：「周制，自卿大夫以下，其室爲厦屋。」

朱子《答黃直卿書》曰：「所論士廟之制，雖未能深考，然所論堂上前爲三間，後爲二間者，似有證據。但假設尺寸大小，每以見其深廣之實。須稍展樣，以四五尺以上爲一架，方可分畫許多地頭，安頓許多物色。而中間更容升降、坐立、拜起之處，浄埽一片空地，以灰畫定，而實周旋俯仰於其間，庶幾見得通與不通，有端的之驗耳。」又曰：「適又思之，恐只是作三大間，旁兩間之中爲墻，以分房室。西夾之界，略如趙子欽説，但『門廡』二字未合耳。可更考之。」

「適士二廟，各有門、堂、寢，各三間，是十八間屋。今士人如何要行得。」

余謂，士廟東西三間，堂中除兩夾而言之，合兩夾則五間也。故家屋前五間，後四間。大夫士廟屋用之，此爲其寢廟同制也。然則祠堂三間，亦擬士廟除兩夾者之制也。

鳩巢室氏曰：「祠堂之制，三間，言東西之廣容三間也。至南北之深，則未嘗言之。然觀朱子《儀禮釋宮》及《語類》之言，則祠堂之深亦當以五架爲度。而三間五架皆未見丈尺之量，則無以知其廣深之實。考之他書，亦無明據。但《三才圖會》敵樓圖下注：『每間闊一步，常法一間二柱。』又唐德宗時稅間架，其法兩架爲間云。朱子亦論古士廟三間云，須以四五尺以上爲一架。一架，兩架之間是也。或曰兩架，或曰一架，皆隨其文，無異義也。據此例，當是以五六尺爲一間，兩架之間亦如之。料祠堂廣深之度，大率如此。然間以柱間取義，架以屋架取義，皆非丈尺之稱，其遠近必從屋大小而隆殺之爾。又或謂，祠堂之制，有神厨、神庫在其東焉，所謂三間者，合堂與厨庫而言之。其一間者，不立厨庫也。此説非也。祠堂之制，三間者，於其行禮之際爲得宜也。東間爲阼階上，西間爲西階上，中間爲拜位。其一間者，稍廣兩柱之間，以其内分左右中而行禮也。況《家禮》本注上云：『祠堂之制三間。外爲中門，中門外有兩階。』下云：『又爲遺書、衣物、祭器庫及神厨於其東。』則祠堂自爲三間，而厨庫在祠堂外，亦已明矣。」

《士昏禮》賈公彦疏曰：「凡士之廟，五架爲之，棟北一楣，下有室户，中脊爲棟，棟南一架爲前楣，楣前接檐爲庪。」

《鄉射禮記》曰：「序則物當棟，堂則物當楣。」鄭玄曰：「是制五架之屋也。正中曰棟，次曰楣，前曰庪。」賈公彦曰：「中脊爲棟，棟前一架爲楣，楣前接檐爲庪。」

朱氏《儀禮釋宫》曰：「賈氏曰：『凡堂皆五架，則五架之屋通乎上下，而其廣狹、隆殺則異爾。』」

先生云：「欲立一家廟，小五架屋。以後架作一長龕堂，以板隔截作四龕堂，堂置位牌，堂外用簾子。小小祭祀時亦可只就其處，大祭祀則請出，或堂或廳上皆可。」

余謂，古寢廟南北五架也，所謂朱子家廟小五架，亦據賈氏之説也。

張氏曰：「凡人家正廳，似所謂廟也，猶天子之受正朔之殿。人不可常居，以爲祭祀吉凶冠昏之事於此行之。廳後謂之寢，又有適寢，是下室，所居之室也。」

丘瓊山《道南書院記》曰：「書院在府治之東，廣丈十有一，長十有七，前爲三門，後爲廳事，中爲堂，最後爲燕息之所。前後各六楹，並翼以兩廂。通環以周垣。」

余謂，如此，則程子所謂「言一廳則中央爲中，一家則廳中非中，則堂爲中」者，明白的實，有可指而知之者。古正寢在前，下室在後。後世前有廳事，中有正寢，後有内堂。廳事如古之正寢，内堂如古之下室。故《士喪禮記》注曰：「下室，如今之内堂。正寢聽事。」雖是正寢聽事，然非謂一堂二名也。後世正寢自是正寢，聽事自是聽事，此時以今日所行，明古之制耳。上曰「下室如今之内堂」，下文承之，曰「正寢聽事」，猶曰正寢如今之聽事。是以《喪大記》疏亦曰：「適寢，猶今之聽事處也。」是足以爲證矣。○《家禮・笄禮》有中堂者，蓋婦人行禮之正處，是在内堂與前堂之間歟。《近思録》曰：「程明道赴中堂議事。」此中堂蓋宰相治事之處。其異同及所在，未暇致其詳，故不强爲之説，以俟他日之考云。

祠堂在正寢東圖

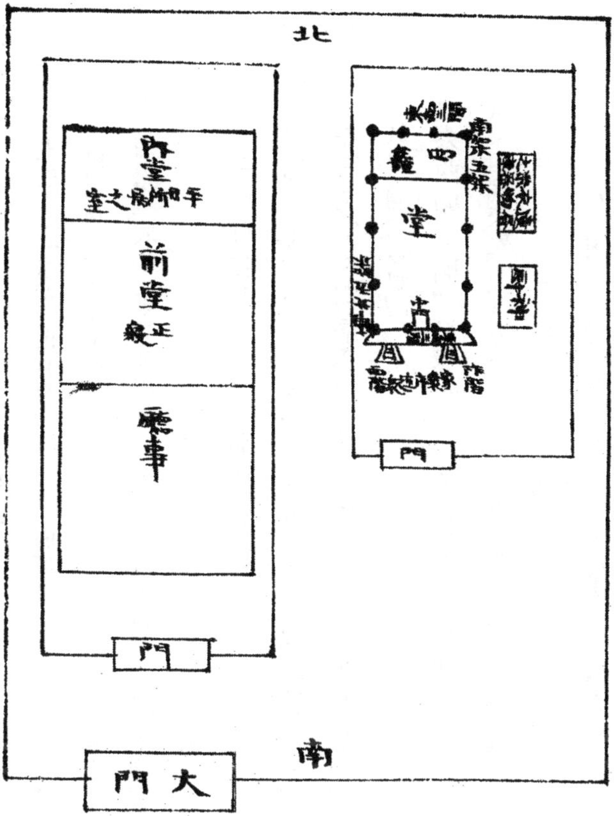

余謂，古寢廟同制，寢不踰廟，是以親之死生不易厚薄之意也。後世之君子不能得位以復其古，故爲祠堂之制，與常居之堂，大小雖不同，然姑從本朝之制，以奉其祀云。

室氏曰：「祠堂即古之家廟也，但古之家廟，後有寢，前有廟，而祠堂有堂無寢。古之家廟分爲房室，藏主於室，奉一世爲一廟。而祠堂爲四龕室，祭四主於一室，此其略也。」○余謂，古廟有堂有寢，祠堂有堂有寢。然廟之寢以藏遺衣服，今爲遺書、衣物、祭器庫以易之，則亦不爲大異也。唯古廟有夾有廂，祠堂皆無之，此則其異之一也。

《士昏禮》賈公彦疏曰：「大夫唯有寢門、大門。廟在寢門外之東。」

《月令・仲春》云：「寢廟畢備。」鄭玄曰：「凡廟前曰廟，後曰寢。」賈公彦曰：「廟是接神之處，其處尊故在前。寢，衣冠所藏之處，對廟爲卑，故在後。」朱子《儀禮釋宫》曰：「《春秋傳》曰：『子太叔之廟在道南，其寢在廟北。』其寢，廟之寢也。」

《爾雅・釋宫》曰：「室有東西廂曰廟。郭璞曰：「夾室前堂。」無東西廂，有室曰寢。郭璞曰：「但有大寢。」」○邢昺曰：「凡大室有東西廂夾室，及前堂有序牆者，曰廟。但有大室者，曰寢。《月令・仲春》曰：『寢廟畢備。』鄭注云：『前曰廟，後曰寢。』」○朱子《儀禮釋宫》以北寢爲廟之寢，與邢説同。

《聘禮》賈公彦疏曰：「諸侯有五廟，大祖之廟居中，二昭在東，二穆在西。皆別門，門外兩邊皆有南北隔牆，隔牆中夾通門。若然，祖廟已西，隔牆有三，則閤門亦有三。東行經三門，乃至大祖廟。」○朱子《儀禮經傳通解》曰：「《江都集禮·廟制》諸侯立廟，宜中門外之左。右者，宗廟之制，外爲都宫，内各有寢廟，别有門垣。太祖在北，左昭右穆以序而南。」與此疏之説不同，未知孰是。○余按《中庸或問》及《文集》禘祫議，以孫毓爲是。然兩説以爲廟皆南向，故皆取以證之。因爲初學講之者，别爲之説。見于後。

朱子《答吴晦叔書》曰：「古人廟堂南向，室在其北，東户西牖，皆南向。室西南隅爲奥，尊者居之，故神主在焉。《詩》所謂『宗室牖下』者是也。」

萬正淳問：「命士以上父子異宫，是同處而各有室廬否？」朱子答云：「古人宫室之制，前有門，中有堂，後有寢，凡爲屋三重，而通以墻圍之，謂之名。以理言之，父子固當同處。然所處之左右前後或是他人之居，不可展拓，不知又如何得同處。此等事古今異宜，不可得而考也。」《文集》○《語類》曰：「古父子異宫。如今人四合屋，雖各一處，四面共墻圍。」又曰：「古謂之宫，只是墻。蓋古人無今廊屋。」

余謂，古廟之制不盡見於經，今引諸家所説，以爲證者如右。寢之制，詳朱子《儀禮釋宫》，而絅齋淺見先生摹畫之以貽後世。然猶有可議者，凡宫室前有門，中有堂，後有寢，而總而言之，皆謂之寢也。故前之門，天子諸侯謂之路寢門，大夫士謂之寢門。中之堂即是正寢，天子諸侯謂之路寢，大夫士謂之適寢，或曰適室。考《士喪禮》及《大記》注疏，適寢、適室通也。《士喪禮》「死于適室」注云：「適室，正寢之室也。」賈公彦疏云：「『適室，正寢之室也』者，若對天子諸侯謂之路寢，卿大夫士謂之適室，亦謂之適寢。總而言之，皆謂之正寢。言正寢者，對燕寢與側室非正。」《喪大記》「君、夫人卒於路寢。大夫、世婦卒于適寢」注云：「言死者必皆於正處也。寢、室通耳，其尊者所不燕焉。君謂之路寢，大夫謂之適寢，士或謂之適室。」孔穎達疏曰：「『寢、室通耳』者，案《士喪禮》云『死于適室』，此云卒於適寢，是寢、室通也。」後之寢即是燕寢，天子諸侯謂之小寢，大夫士謂之燕寢，或曰下室。考《士喪禮・記》注疏，燕寢、下室通也。《士喪禮記》「朔（日）（月）」，若薦新，則不饋於下室」賈公彦疏云：「下室，燕寢也。」朱子《儀禮釋宫》亦云：「士之下室在適寢之後，而於天子諸侯則爲小寢也。」淺見先生之圖，以所謂寢之後有下室者，爲燕寢之後有下室，不知是適寢也。然適寢之室即適室，則恐燕寢之室即下室也。如此看，則存之無害，特題名「寢」字上加「燕」字則可耳。

賈公彦諸侯五廟圖

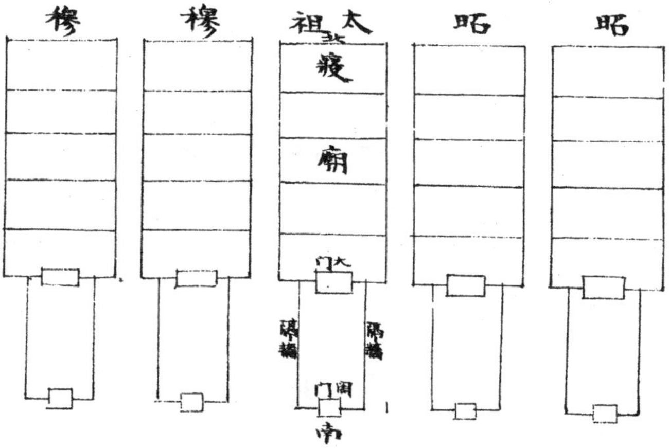

《聘禮》「公迎賓于大門内，每門每曲揖，及廟門」賈氏曰：「諸侯五廟，大祖廟在中，二昭居東，二穆居西。」每廟之前兩旁有隔墻，皆有閤門。諸侯受聘于太祖廟，以西隔墻有三大門，東行至太祖廟，凡經三閤門，故曰每門也。大夫三廟，其墻與門亦然。○此朱子《儀禮釋宫》隱括賈氏之説者也，故復載之於此。

《語類》六十三：「林安卿問：『《中庸》二昭二穆以次向南，如何？』曰：『太祖居中，坐(此)〔北〕而向南。昭穆以次而出向南。某人之説如此乃是。疏中謂太祖居中，昭穆左右分去列作一排。若天子七廟，恐大長闊。』」

孫毓諸侯五廟圖

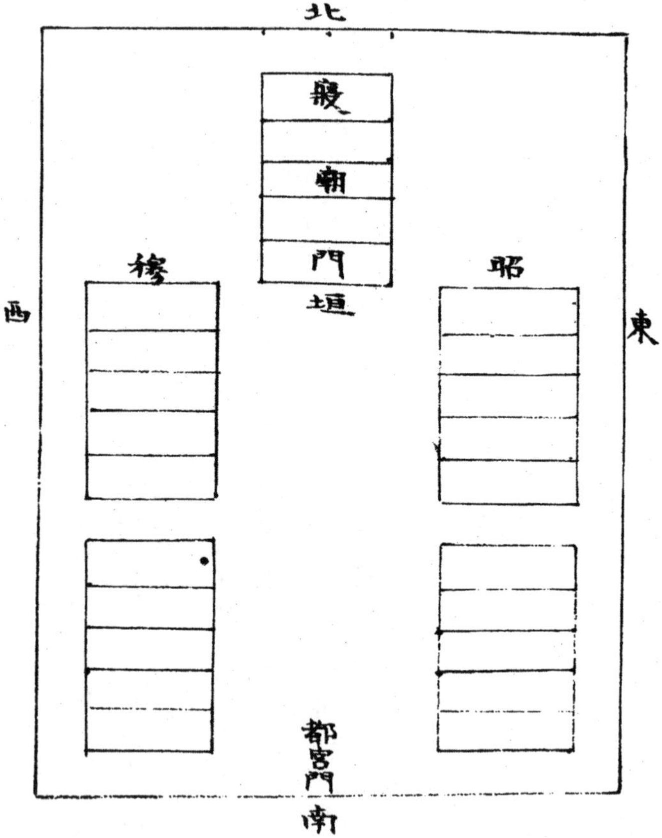

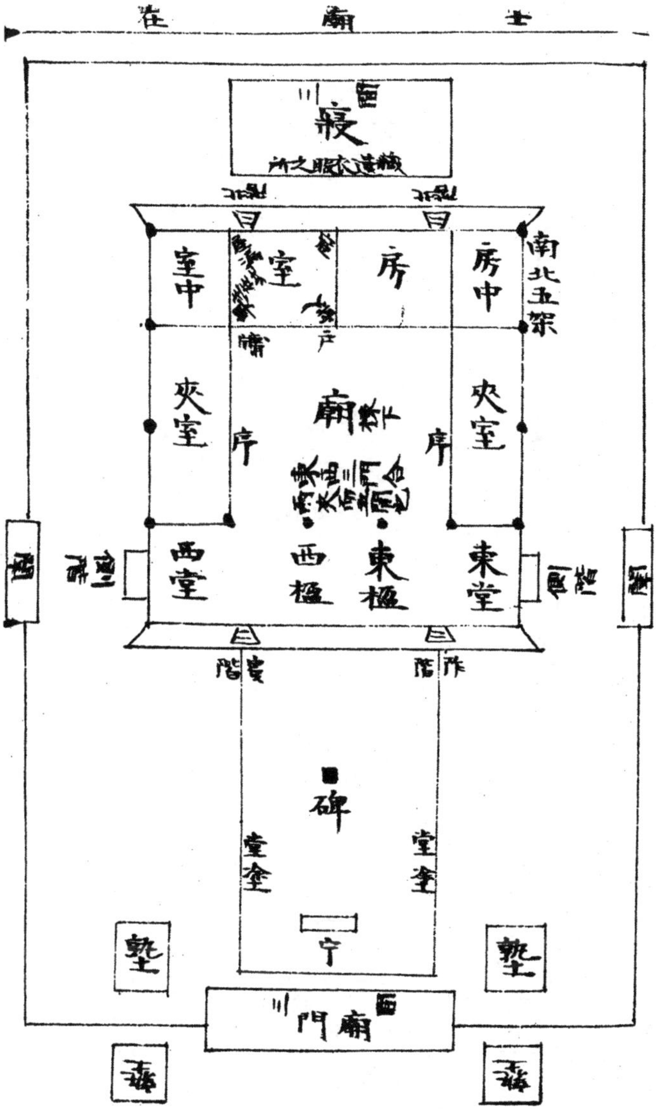
寢
廟
室中
室
房
房中
南北五架
夾室
序
西堂
西楹
東楹
東堂
碑
塾

寢東図

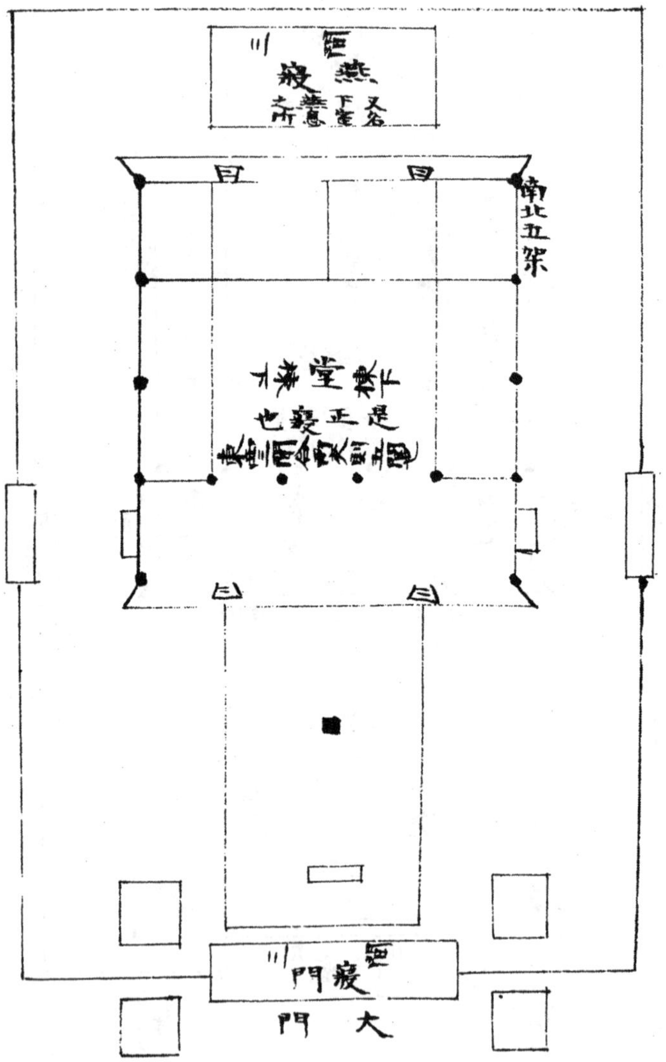

余謂，《文集》十五《古廟圖》夾室在室之左右而無東西廂，恐是初年之見也。夫寢廟初無異制，旁有兩夾兩廂。朱子《儀禮釋宮》以東堂西堂爲廂，《殿屋廈屋説》以兩夾爲廂。今據郭璞曰夾室前堂，則以《儀禮釋宮》爲是。朱子曰：「凡無夾室者，則序以外通謂之東堂西堂。」然廟有兩夾，而序以外不可謂之東堂西堂。則夾室在堂之左右兩序之外，而夾室之前有東堂西堂，與寢之制何異？淺見先生《堂室圖》得之，而《諸侯五廟圖》夾室在室東西，是據《文集》而失之者也。室氏固亦室左右有夾室而東堂西堂在序之外，可謂考之未詳也。

《王制》：「天子七廟，三昭三穆，與大祖之廟而七。諸侯五廟，（一）〔二〕昭二穆，與大祖之廟而五。大夫三廟，一昭一穆，與大祖之廟而三。士一廟。庶人祭於寢。」

《祭法》：「天下有王，分地建國，置都立邑，設廟、祧、壇、（禪）〔墠〕而祭之，乃爲親疏多少之數。是故王立七廟，一壇一墠，曰考廟，曰王考廟，曰皇考廟，曰顯考廟，曰祖考廟，皆月祭之。遠廟爲祧，有二祧，享嘗乃止。去祧爲壇，去壇爲墠，壇、墠有禱焉，祭之；無禱，乃止。去墠曰鬼。諸侯立五廟，一壇一墠，曰考廟，曰王考廟，曰皇考廟，皆月祭之。顯考廟，祖考廟，享嘗乃止。去祖爲壇，去壇爲墠，壇、墠有禱焉，祭之；無禱，乃止。去墠爲鬼。大夫立三廟二壇，曰考廟，曰王考廟，曰皇考廟，享嘗乃止。顯考、祖考無廟有禱焉，爲壇祭之。去壇爲鬼。適士二廟一壇，曰考廟，曰王考廟，享嘗乃止。顯考無廟，有禱焉，爲壇祭之。去壇爲鬼。官師一廟，曰考廟。王考無廟而祭之，去王考爲鬼。庶士、庶人無廟，死曰鬼。」

朱子《答余正甫》書曰：「如《祭法》所記廟制，與《王制》亦小不同，不知以何爲正。」○《語類》曰：「《王制》《祭法》廟制不同，以周制言之，恐《王制》爲是。」○又曰：「官師，諸有司之長也。官師一廟止及禰，却於禰廟併祭祖。適士二廟，即祭祖，祭禰，皆不及高曾。大夫三廟，一昭一穆，與大祖之廟而三。大夫亦有始封之君，如魯季氏，則公子友；仲孫氏，則公子慶父；叔孫氏，則公子牙是也。」○又曰：「一廟者得祭祖、禰。古今祭禮中，《江都集禮》中有説。」余按《祭法》孔穎達疏曰：「官師一廟，祖、禰共之。」與此説同。

余謂，天子於太祖及四親廟月祭之，二祧，文武二廟。則享嘗乃止。謂四時之祭。諸侯於曾祖以下，月祭之，太祖、高祖，則享嘗乃止。若大夫士，則其於廟祭例皆享嘗，而廟之外有壇、墠祈禱之祭。大夫三廟，《王制》太祖及祖考爲主，《祭法》曾祖祖禰爲主。廟之外爲壇，有祈禱，則祭高祖於此也。士二廟，《王制》無之，《祭法》祖考爲主，若有禱，則祭曾祖於壇，高祖爲鬼。官師一廟，祖禰共之。無壇。若有禱，則薦之於廟也。庶士、庶人無廟，鬼其祖考，得薦之於寢。凡鬼者，薦而不祭，以其疎遠主在無事，祫乃祭之，故特曰鬼也。《王制》《祭法》注疏所言甚多，故皆不之載。其於古之祭祀，以遠近爲等差，約而言之，以從簡便云。

《大戴禮》：「有天下者事七世，有國者事五世，有五乘之地者事三世，有三乘之地者事二世，待年而食者不得立宗廟，所以別積厚，積厚者流澤光，積薄者流澤卑也。」

《中庸或問》曰：「大夫士宗廟之制，奈何？曰：大夫三廟，則視諸侯而殺其二，然其太祖昭穆之位，猶諸侯也。適士二廟，則視大夫而殺其一，官師一廟，則視大夫而殺其二，然其門堂寢室之備，猶大夫也。曰：廟之爲數，降殺以兩，而其制不降，何也？曰：降也，天子之山節、藻棁、複廟、重檐，諸侯固有所不得爲者也。諸侯之黝、堊、斲、（礱）〔礲〕，大夫有不得爲者矣。大夫之倉楹、斲桷，士又不得爲矣。曷爲而不降哉？獨門堂寢室之合，然後可名於宮，則其制有不得而殺耳。蓋由命士以上，父子皆異宮，生也異宮，而死不得異廟，則有不得盡其事生事存之心者，是以不得而降也。曰：然則後世公私之廟，皆爲同堂異室，而以西爲上者，何也？曰：由漢明帝始也。夫漢之爲禮略矣，然其始也，諸帝之廟皆營之，各爲一處，雖其都宮之制、昭穆之位不復如古，然猶不失其獨專一廟之尊也。至於明帝，不知禮義之正，而務爲抑損之私，遺詔藏主於光烈皇后更衣別室，而其臣子不敢有加焉。魏晉循之，遂不能改，而先王宗廟之禮始盡廢矣。降及近世，諸侯無國，大夫無邑，則雖同堂異室之制，猶不能備，獨天子之尊，可以無所不致，顧乃梏於漢明非禮之禮，而不得以致其備物之孝。蓋其別爲一室，則深廣之度，或不足以陳鼎俎，而其合爲一廟，則所以尊其太祖者，既褻而不嚴，所以事其親者，又厭而不尊，是皆無以盡其事生事存之心，而當世宗廟之禮，亦爲虛文矣。」

《答郭子從》書曰：「古者一世自爲一廟，有門，有堂，有寢，凡屋三重，而墻四周焉。自後漢以來，乃爲同堂異室之廟，一世一室，而以西爲上。如韓文中家廟碑，有「祭初室」「祭東室」之語。今國家亦只用此制，故士大夫家亦無一世一廟之法，而一世一室之制亦不能備。故温公諸家祭禮皆用以右爲尊之説。獨文潞公嘗立家廟，今温公集中有碑，載其制度頗詳，亦是一世一室而以右爲上，自可檢看。《温公集·河東節度使潞國公先廟碑》曰：「皇祐二年，公乞立廟河南。明年七月，詔可之。然尚未知築構之式，靡所循依。至和初，西鎮長安，訪唐廟之存者，得杜岐公舊迹，止餘一堂四室及旁兩翼。嘉祐元年，始倣而營之。三年，增置前兩廡及門，東廡以藏祭器，西廡以藏家譜。齋祊在中門之右，省牲展饌、視濮濯在中門之左，庖廚在其東南。其外門再重，西折而南出。四年秋，廟成。」伊川之説亦誤，《語類》曰：「廟向南，坐皆東嚮。自天子以至于士，皆然。伊川於是不審，乃云『廟皆東向，祖先位面東』，自廳側直東入其所，反轉面西入廟中。其制非是。古人所以廟面東向坐者，蓋户在東，牖在西，坐於一邊，乃是奥處也。」昭穆之説則又甚長。《中庸或問》中已詳言之，更當細考。大抵今士大夫家只當且以温公之法爲定也。」

程子曰：「雖庶人，必祭及高祖。比至天子諸侯，止有疏數耳。」

又曰：「自天子至於庶人，五服未嘗有異，皆至高祖。服既如此，祭祀亦須如是。其疏數之節，未有可考，但其理必如此。七廟五廟，亦只是祭及高祖。大夫士雖或三廟二廟一廟，或祭寢廟，則雖異亦不害祭及高祖，若止祭禰，只爲知母而不知父，禽獸道也。祭禰而不及一有高字。祖，非人道也。」

朱子《答蔡季通書》曰：「祭法世數明有等差，未易遽改。古人非不知祖不可忘，而立法如此，恐亦自有精意也。」《文集》。

問：「天子七廟，諸侯五廟，大夫三廟，士二廟，官師一廟。若只是一廟，只祭得父母，更不及祖矣，無乃不盡人情。」曰：「位卑則流澤淺，其理自然如此。」《語類》九十文蔚録。

《答葉仁父書》曰：「始祖先祖之祭，伊川方有此説，固足以盡孝子慈孫之心。然嘗疑其禮近於禘祫，非臣民所得用，遂不敢行。德厚者流光，德薄者流卑，故古者大夫以下極於三廟，而于祫可以及其高祖。今用先儒之説，通祭高祖，已爲過矣。其上世久遠，自合遷毁，不當更祭也。」

堯卿問：「今士庶亦有始基之祖，莫亦只祭得四代，但四代以上則可不祭否？」曰：「今如祭四代已爲僭。古者官師亦只得祭二代，若是始基之祖，莫亦只存得墓祭。」

《答蔡季通書》曰：「廟議亦不盡記，若士大夫以下，自有定制。但今廟不成廟，即且依程夫子説，自高祖而下，亦未爲僭也。」《續集》。

叔器問：「士庶當祭幾代？」曰：「古時一代即有一廟，其禮甚多。今於禮制大段虧缺，而士庶皆無廟。但温公禮祭三代，伊川祭自高祖，始疑其過。要之，既無廟，又於禮煞缺，祭四代亦無害。」

《答汪尚書論家廟書》曰：「程子以爲高祖有服，不可不祭，雖七廟五廟，亦止於高祖，雖三廟一廟，以至祭寢，亦必及於高祖，但有疏數之不同耳。疑此最爲得祭禮之本意。今以《祭法》考之，雖未見祭必及高祖之文，然有月祭享嘗之别，則古者祭禮以遠近爲疏數亦可見矣。禮家又言，大夫有事，省於其君，干祫及其高祖，此則可爲立三廟而祭及高祖之驗。而來教所疑私家合食之文，亦因可見矣。但干祫之制，它未有可考耳。」李退溪注曰：「干祫見《禮記・大傳》篇，祫本諸侯祭禮。以大夫而行合祭高祖之禮，有自下干上之義，故曰干祫。」

問祭禮。曰：「古禮難行，且依温公，擇其可行者行之。祭土地，只用韓公所論。祇一位。祭祖，自高祖而下，如伊川所論。古者祇祭考妣，温公祭自曾祖而下。伊川以高祖有服，所當祭，今見《遺書》者甚詳。此古禮所無，創自伊川，所以使人盡孝敬追遠之義。」《語類》九十驤録。

余謂，古之祭祀，大夫以下，於四親遠近，有祭不祭之。而程子有通祭四親之論。朱子稱古禮之有品節，而於程説，則或信或疑，數説共存，未知晚年定論也。《家禮》雖從程説，然此書未暇更定而没，則亦不得以此爲正也。請試論之。夫高祖有服所當祭，然古人生存之時，自命士以上，父子異宫，而死不得專一廟，則事生與事死乖矣。古者，寢不踰廟，其制甚闊。大夫士之賤，不能備四世，故隨分爲之隆殺而已。且積厚則流澤光，積薄則流澤卑。世數多少，其理亦當如此，未可遽以此爲忘祖也。唐宋之廟，去古甚遠，而遺法不存，其制卑狹上下無度。四世之祭，亦不以尊卑爲隆殺。程子當是時，有制禮作樂之具，而不得位以伸其志。其祭於家者，隨時立法，以及高祖。雖是士庶，高祖有當祭之理，故以義斷之，而不拘拘于三代之迹。若使程子復古之廟制，則雖三廟一廟，以至祭寢，亦必及高祖，不取一世一廟之法也决矣。不唯此耳，古者大夫以下無木主，而程子制（本）〔木〕主以通之上下，是因時改制，皆其一類也。至于朱子論之詳，其《答蔡季通書》本集所載。及《語類》文蔚所録，則稱古禮之有品節者也。其《答葉仁甫書》及《語類》「答堯卿」條，則疑程説者也。其《答蔡季通書》《續集》所載。及《語類》「答叔器」條，則疑後始信者也。其稱古禮者，以上下有隆殺之辨也。其疑程説者，以有意於古代之制也。其信程説者，以高祖有當祭之理也。疑後始信者，以後世無廟，祭備四世，亦非僭踰也。今通而論之，爲學者計，大夫士無廟者，從程説祭四世可也。若萬一使復古，則取一世一廟之法，不祭四世亦可也。何則？高祖有服，上下皆不可不祭，一理也。積薄流澤淺，大夫士不可無别，亦一理也。故因廟之有無，以立四世祭否之異，則二者庶乎不差也。近世儒者不知有是等議論，而其譏程説者，四世之祭、木主之制，皆謂之僭；信程子者，又不悦古禮，以安於一偏。故余爲之著論一篇云。

享保辛亥五月二十七日　天木時中謹書。

家禮改圖

［日本］蟹養齋　撰

《家禮改圖》解題

[日] 吾妻重二　撰　董伊莎　譯

蟹養齋《家禮改圖》一卷，寫本，收録於名古屋市蓬左文庫的《道學資講》卷七十中，是刊載《家禮》相關諸圖并加以考證的著作。

蟹養齋（一七〇五—一七七八）是安芸（今廣島縣）或阿波（今德島縣）人。中村習齋之師。名維安，通稱佐左衛門。字子定，號養齋、東溟。師從京都三宅尚齋，嶄露頭角，後成爲尾張藩儒，打下了尾張崎門派的根基。寬延元年（一七四八）獲尾張藩主賜校舍和宅邸，建立學塾「巾下學問所」，培育了衆多門人。養齋因故於寶曆四年（一七五四）離開尾張，隨後輾轉伊勢桑名及京都等多地。著作多達六十餘種，其中《非徂徠學》一卷是從崎門派的立場出發，批判荻生徂徠的學問并爲崎門朱子學辯護的著作，流傳範圍頗廣。

《家禮改圖》一卷是整理《家禮》相關圖示的著作，從書中「此用舊圖」的記述來看，「改圖」是指改訂「舊圖」即《家禮》《文公家禮儀節》等圖。此書内容從「家禮改圖第一」的宗族諸圖到「家禮改圖第十二」的昏禮「婦見舅姑」。書中標注的「第一卷一板」「三板」等都是指淺見絅齋點校的和刻本《家禮》葉數，這點與中村習齋的《家禮新圖》一致。

但是，此書爲未完成之作，卷末識語有「師訓書要曰、家禮改圖の篇ハ圖卷の謬れるを訂して全成を求んと欲して未成ものなり。首より昏禮の半に至りて其後ハ未だならず　寛延以前の作也」（《師訓書要》曰，家禮改圖之篇爲改訂圖卷之誤而求全之作，未成，從起首至昏禮中間而止。爲寛延以前之作）。此處的《師訓書要》指《道統圖説　附師訓書要》（中村習齋《吾鄉所收，蓬左文庫藏》），是寄存在習齋處的其師養齋之作的提要。此識語應爲習齋所寫。正如識語所述，《家禮改圖》是寛延以前起草的未完成之作，内容只到婚禮的一半，且個别標題存在文字錯誤（如「家禮新圖第二」當作「家禮改圖第二」）。如此看來，中村習齋的《家禮新圖》就應是繼承《家禮改圖》，在其基礎上展開進一步論述之作。

此外，養齋的巾下學問所對門人實行「二學四座」制的教育制度，即根據門人的學識程度分爲新學次座、上座，久學次座、上座四等課程。需要注意的是，在「新學」即初學階段，最初使用的教科書就是《小學》和《家禮》。讓初學者讀《小學》和《論語》是常見的做法，但把《家禮》當作入門書的方針則頗爲獨特。雖不知中國、朝鮮、越南是否有把《家禮》置於學問根基位置的例子，而這樣的做法在東亞《家禮》發展史中值得留意。

養齋對《家禮》如此重視，除《家禮改圖》外還著有其他相關的著作：

《儒法棺槨式》一册（寫本，關西大學長澤文庫藏，和文）
《居家大事記》二卷（寫本，《道學資講》卷七十二，和文）
《士庶喪祭考》六卷三册（寫本，《道學資講》卷七十四—七十六，和文）
《火葬弁》一册（九州大學附屬圖書館藏，和文）
《家禮授兒解 附深衣制度》一卷［寫本，明和三年（一七六六）寫，大倉山精神文化研究所藏］

有關蟹養齋的《家禮》實踐情況，可參考松川雅信的《儒教儀禮と近世日本社会——闇斎学派の〈家禮〉実践》（《儒家儀禮與與近世日本社會——闇齋學派的〈家禮〉實踐》，勉誠出版，二〇二〇年）第四章的論述。

目録

家禮改圖第一

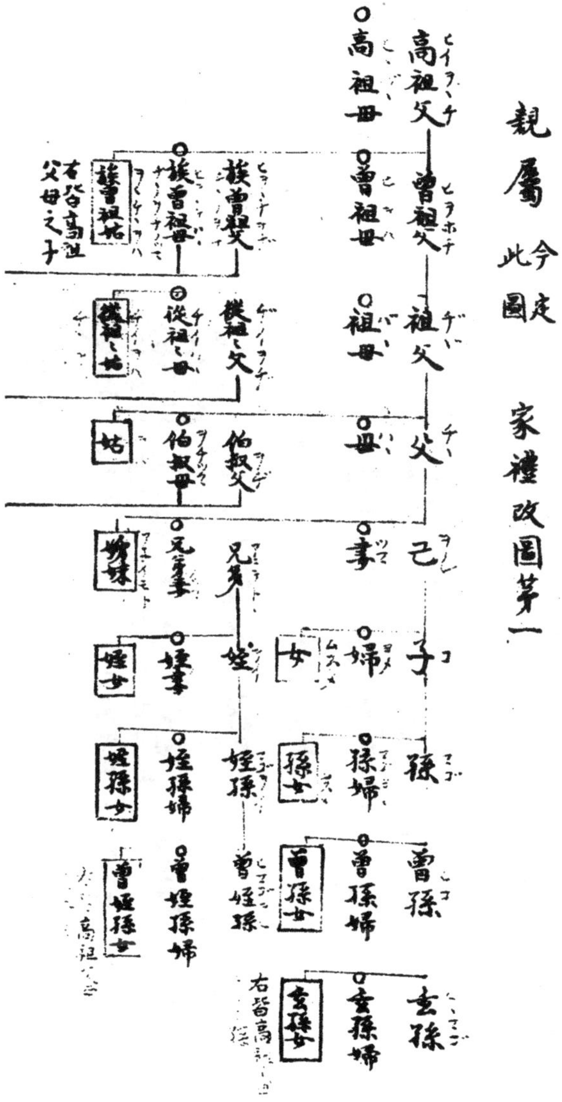
親屬
今定此圖
家禮改圖第一
高祖父
高祖母
曾祖父
曾祖母
祖父
祖母
父
母
己
妻
子
婦
女
孫
孫婦
孫女
曾孫
曾孫婦
曾孫女
玄孫
玄孫婦
玄孫女
族曾祖父
族曾祖母
族曾祖姑
從祖祖父
從祖祖母
伯叔父
伯叔母
姑
兄弟
兄弟妻
姊妹
姪
姪妻
姪女
姪孫
姪孫婦
姪孫女
曾姪孫
曾姪孫婦
曾姪孫女
右皆高祖父母之子
右皆高祖

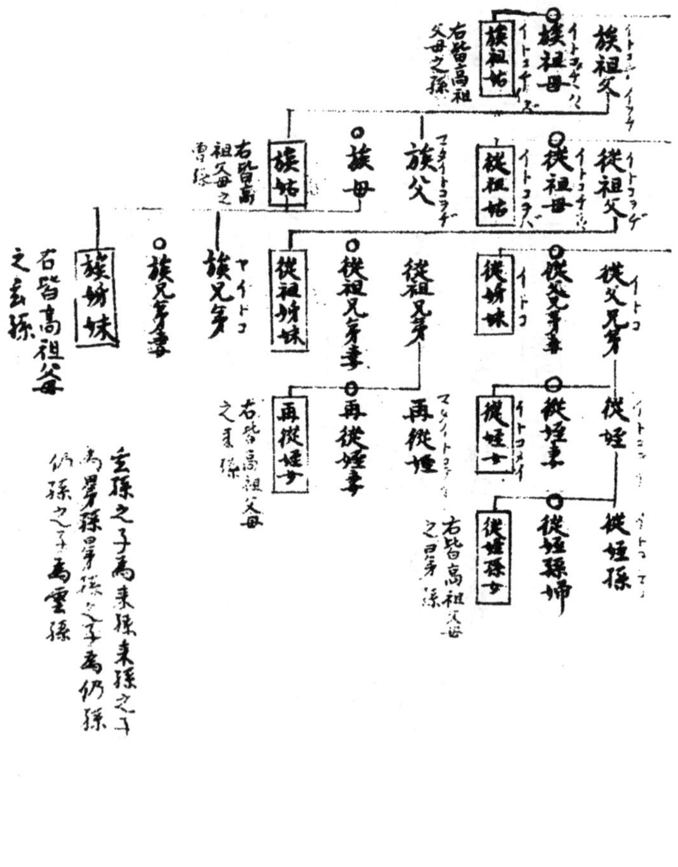
族祖父
族祖母
族祖姑
右皆高祖父母之孫
從祖父
從祖母
從祖姑
族父
族母
族姑
右皆高祖父母之曾孫
從父兄弟
從父兄弟妻
從姊妹
從祖兄弟
從祖兄弟妻
從祖姊妹
族兄弟
族兄弟妻
族姊妹
右皆高祖父母之玄孫
從姪
從姪妻
從姪女
再從姪
再從姪妻
再從姪女
右皆高祖父母之玄孫
從姪孫
從姪孫婦
從姪孫女
右皆高祖父母之昆弟孫
玄孫之子爲来孫来孫之子
爲昆孫昆孫之子爲仍孫
仍孫之子爲雲孫

右父黨即本宗
其上加圖者皆他姓之女来而爲婦者皆屬父黨而其婦之族則非吾黨也但母妻之族爲母黨妻黨耳〇外爲圍者同姓之女當適他姓者是固父黨而所適之族則非吾黨也但姑姊妹之子女子之夫與子爲有屬耳〇高祖父母曾祖父母祖父母父母爲先世其他爲旁親〇親屬之名諸書所称或不同今以家

礼屬主

令

令儀制五等親　朱書据法曹至要下卷十五枚廿五枚

一等　父母　養父母　夫　子養子亦同儀解

二　祖父母　嫡母父妾亦入二等儀解　繼母　伯叔父姑　兄弟姉妹

三　曾祖父母　伯叔婦　夫姪　從父兄弟姉妹兄弟之子相咲　異父兄弟姉妹

四　高祖父母　從祖父姑祖父兄弟儀解　從祖伯叔父姑祖父之兄弟之子父兄弟　夫兄弟姉妹　兄弟妻妾

五　妻妾父母　姑子　舅子　姨子　玄孫

夫之父母　妻　妾　姪孫　子婦（同妾[illegible]）

夫之祖父母　夫之伯叔姑　夫之姪婦　夫之繼父母　同居夫前妻妾　子（夫今妻妾子）

再從兄弟姊妹　外祖父母　舅姨　兄弟孫　從父兄弟子　外甥　曾孫婦妾　孫妻妾前夫子

外孫　女壻

中村蕃政　記

右青書在別紙今附于此

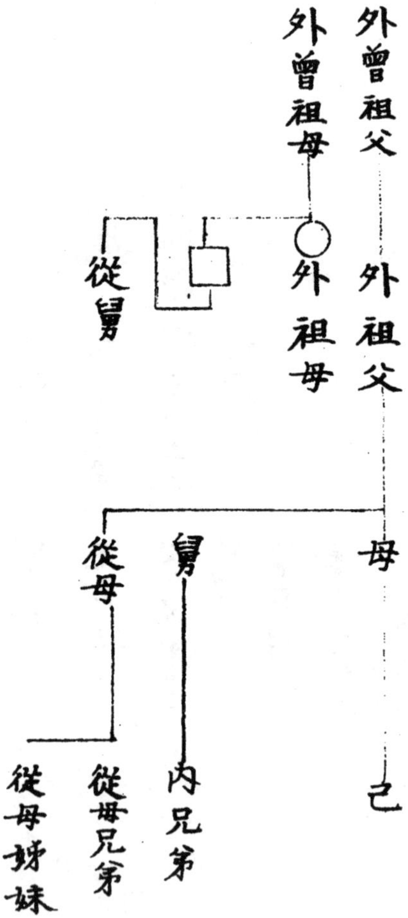
外曾祖父
外曾祖母
外祖父
外祖母
從舅
母
舅
從母
己
内兄弟
從母兄弟
從母姊妹

右母黨　此他無名無親

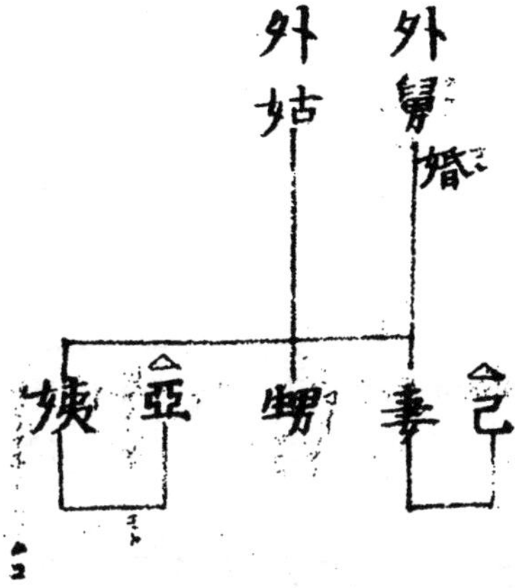

右妻黨

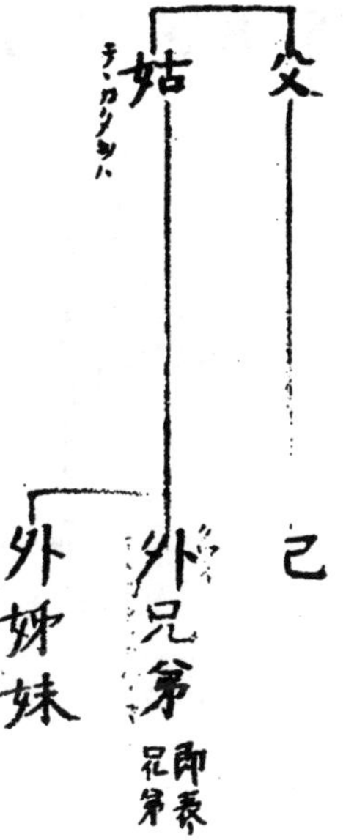

右姑之族

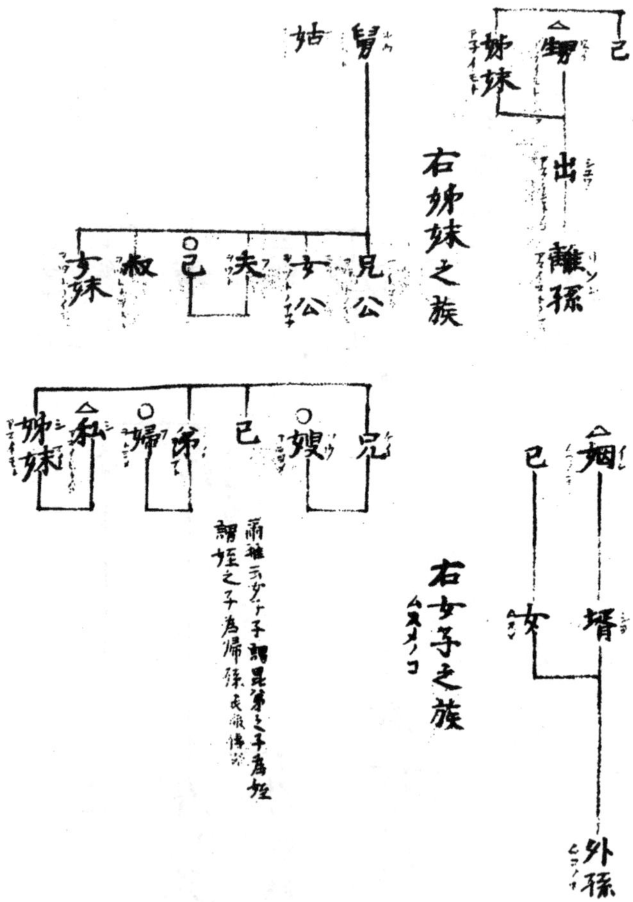

右姉妹之族

右夫黨　己指妻身

右女子之族

爾雅云女子子謂昆弟之子為姪
謂姪之子為歸孫

右女子之私族之名

家禮改圖第二

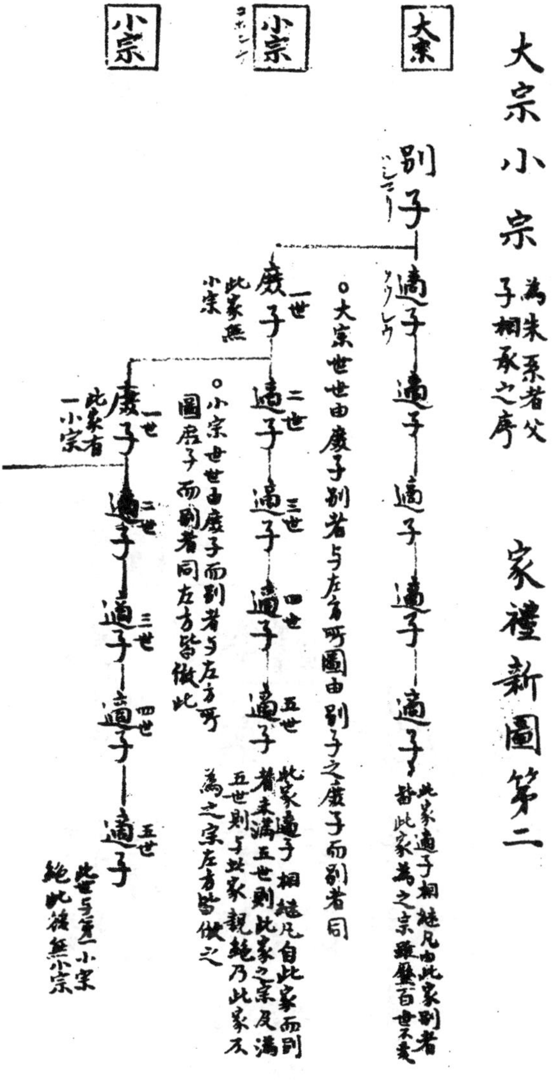
大宗小宗
為朱系者父子相承之序
家禮新圖第二
大宗
小宗
小宗
別子
適子
適子
適子
適子
適子
適子
此家適子相繼凡由此家別者皆此家為之宗雖歷百世不變
○大宗世世由庶子別者与左方所圖由別子之庶子而別者同
庶子 一世
此家無小宗
適子 二世
適子 三世
適子 四世
適子 五世
此家適子相繼凡自此家而別者未滿五世則此家之宗及滿五世則与此家親絶乃此家不為之宗左方皆倣之
○小宗世世由庶子而別者与左方所圖庶子而別者同左方皆倣此
庶子 一世
此家有一小宗
適子 二世
適子 三世
適子 四世
適子 五世
此世与第一小宗絶此後無小宗

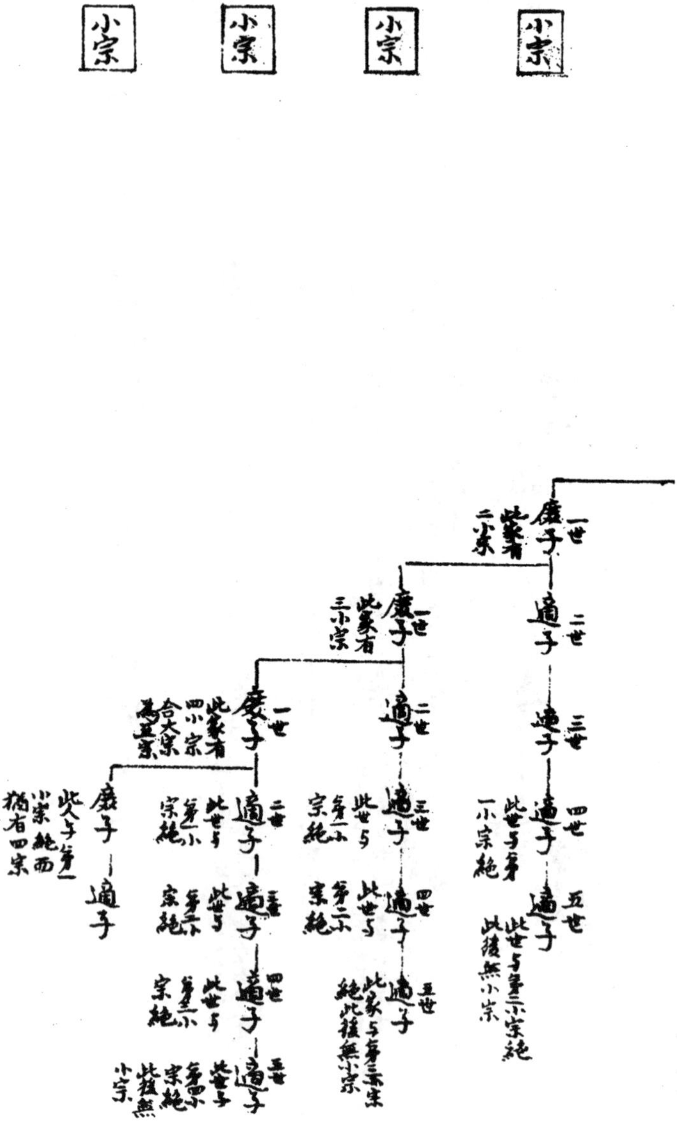
小宗
小宗
小宗
小宗
一世 庶子
此家有二小宗
二世 適子
三世 適子
四世 適子
此世與弟一小宗絕
五世 適子
此世與弟二小宗絕
此後無小宗
一世 庶子
此家有三小宗
二世 適子
三世 適子
此世與弟一小宗絕
四世 適子
此世與弟二小宗絕
五世 適子
此家與弟三小宗絕
此後無小宗
一世 庶子
此家有四小宗合大宗為五宗
二世 適子
此世與弟一小宗絕
三世 適子
此世與弟二小宗絕
四世 適子
此世與弟三小宗絕
五世 適子
此世與弟四小宗絕
此後無小宗
庶子
適子
此人與弟一小宗絕而猶有四宗

右小宗皆其一世為小宗之始第二世為繼祢唯祭禰第三世為繼祖得祭祖祢第四世為繼曾祖祭曾祖以下三世第五世為繼高祖祭高祖以下四世第六世以後皆為繼高祖皆祭高祖以下四世五世以上之祖則埋其神主於墓所

家禮改圖第三

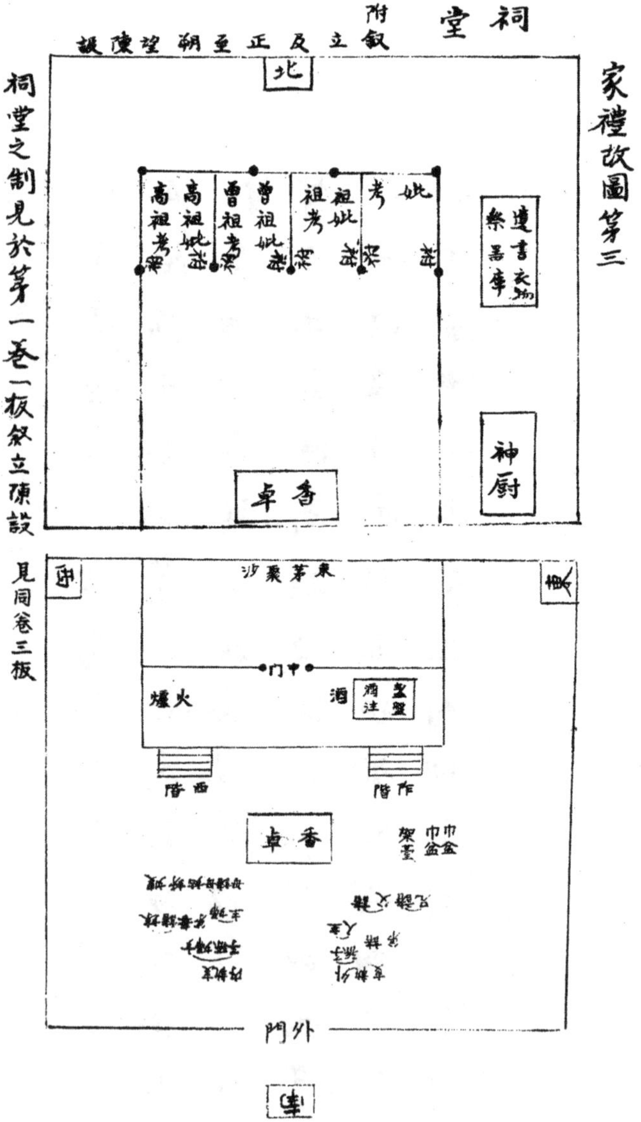
祠堂
附敍立及正至朔望陳設
家禮改圖第三
祠堂之制見於第一卷一板敍立陳設見同卷三板
北
高祖考
高祖妣
曾祖考
曾祖妣
祖考
祖妣
考
妣
遺書衣物祭器庫
神廚
香卓
西
東
東茅聚沙
中門
火爐
酒
盥盤
酒注
西階
阼階
香卓
巾盆
巾架
外門
南

家禮改圖第四

家禮改圖第四

深衣前

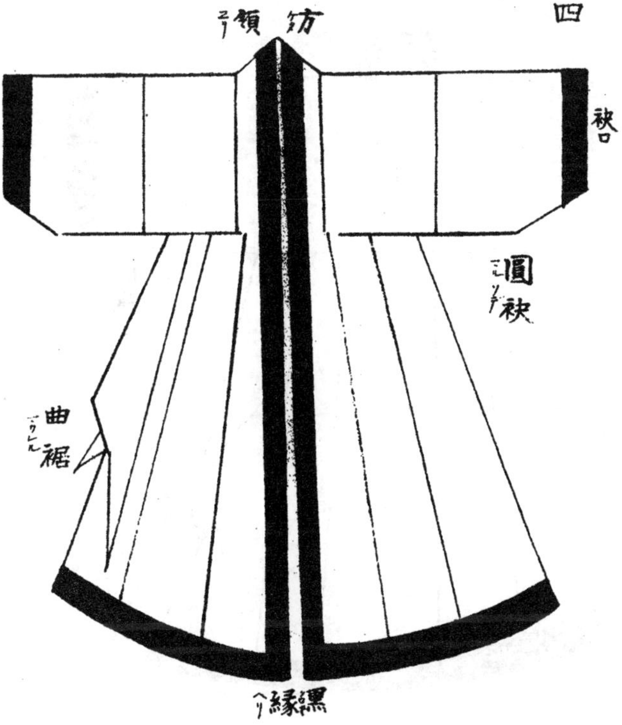

深衣後

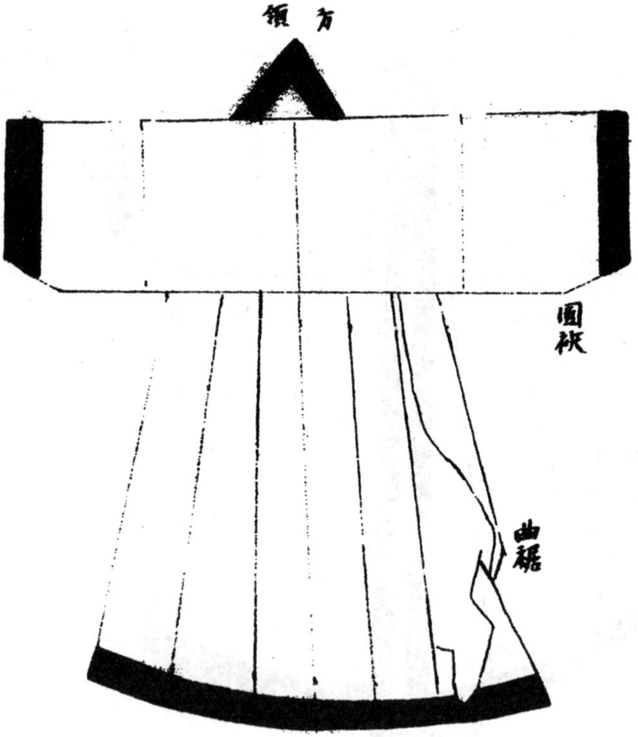

裳裁制 同曲裾

此用舊圖

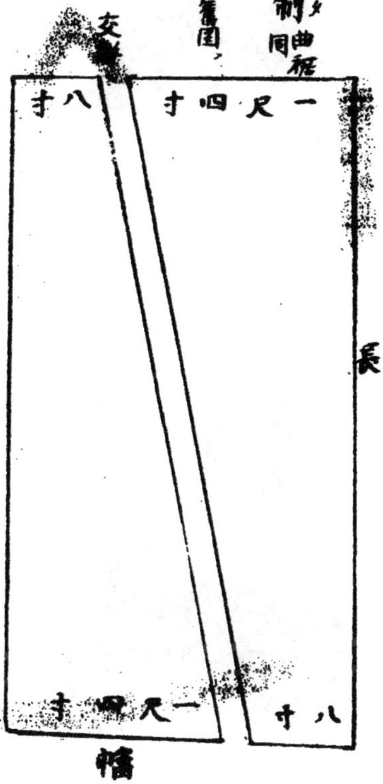

曲裾成制

此用舊圖

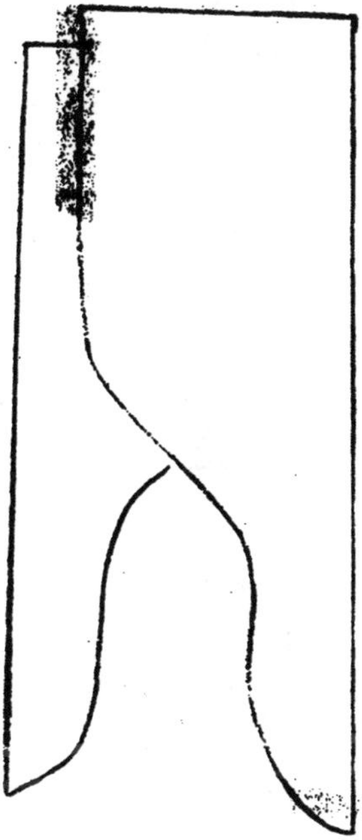

大帯

幅巾
姑從舊圖

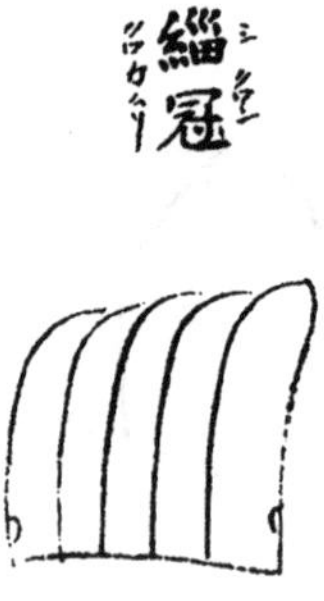
緇冠

黑履
從儀節圖
紕
絇
繶
綦

指尺圖

從儀節

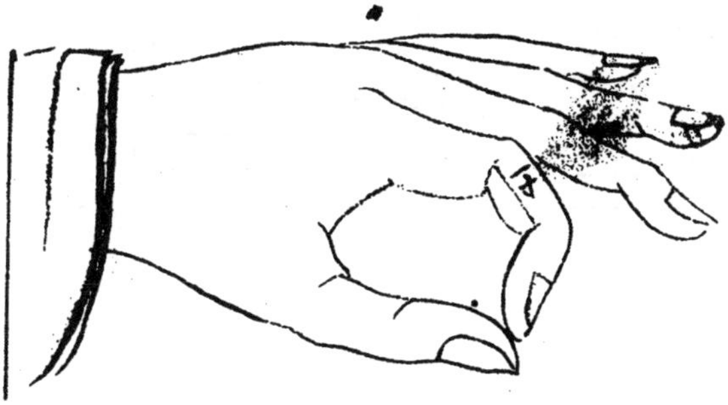

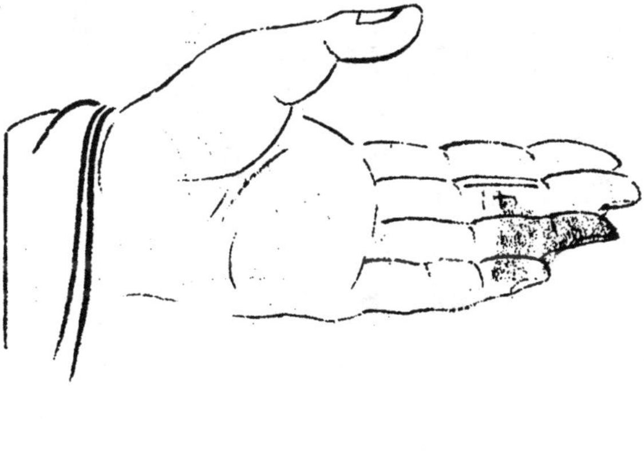

家禮改圖第六

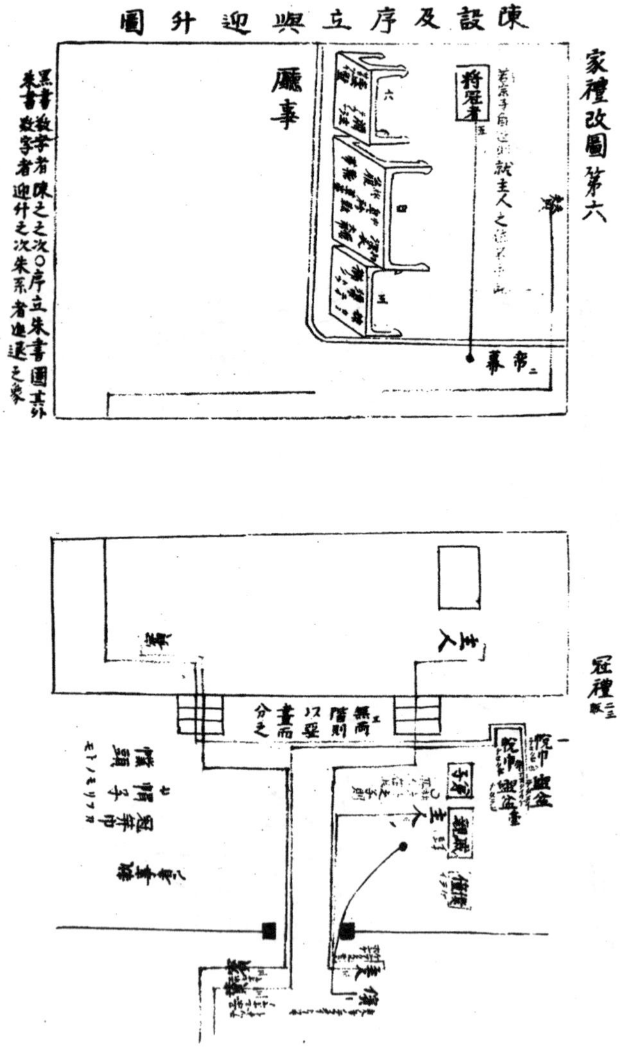

家禮改圖第七

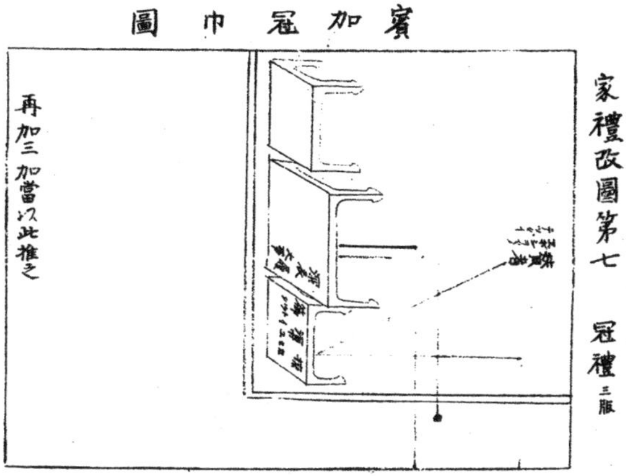
賓加冠巾圖
家禮改圖第七
冠禮
三服
再加三加當以此推之

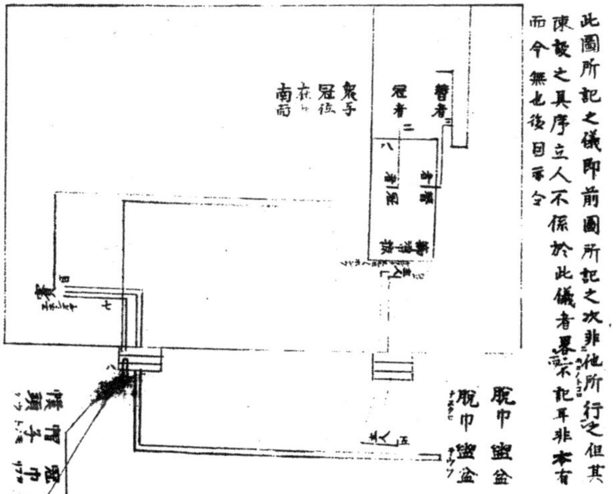
此圖所記之儀即前圖所記之次非他所行之但其陳設之具序立人不係於此儀者畧不記耳非本有而今無也後同
贊者
冠者
衆子冠位在南
脫巾 盥盆
脫巾 盥盆

家禮改圖第八

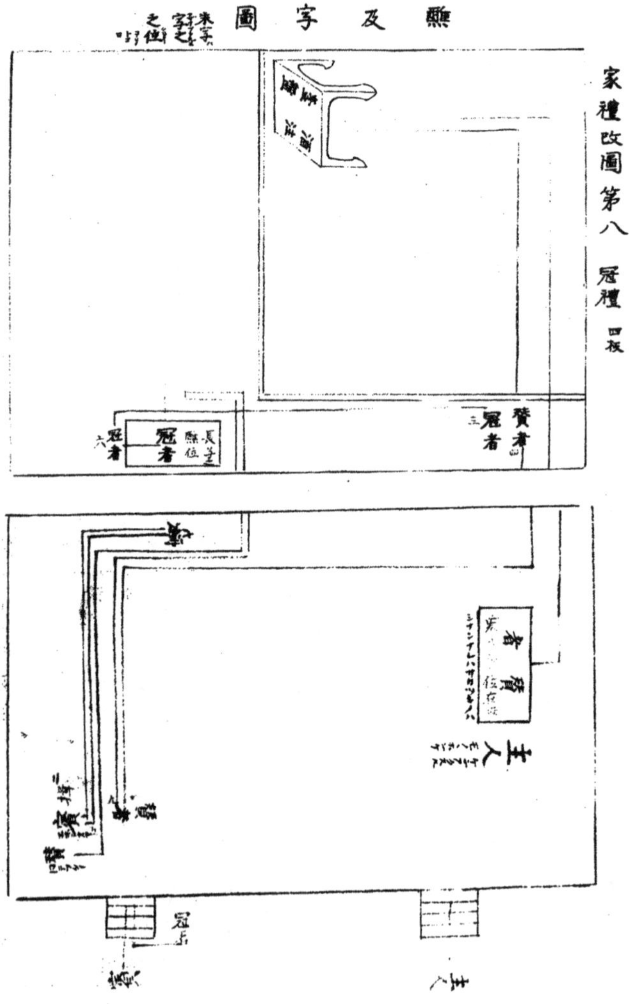

家禮改圖第九

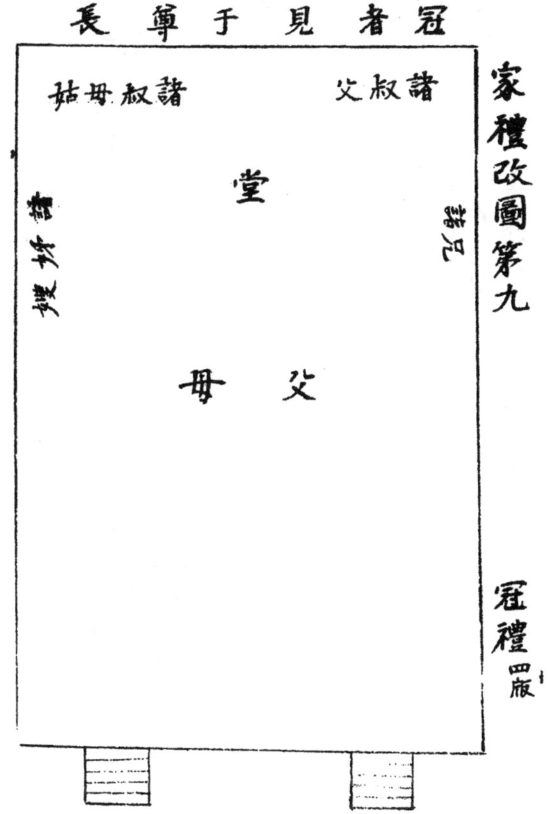
冠者見于尊長
諸叔父
諸叔母姑
堂
諸兄
諸姊嫂
父
母
家禮改圖第九
冠禮
四版

家禮改圖第十

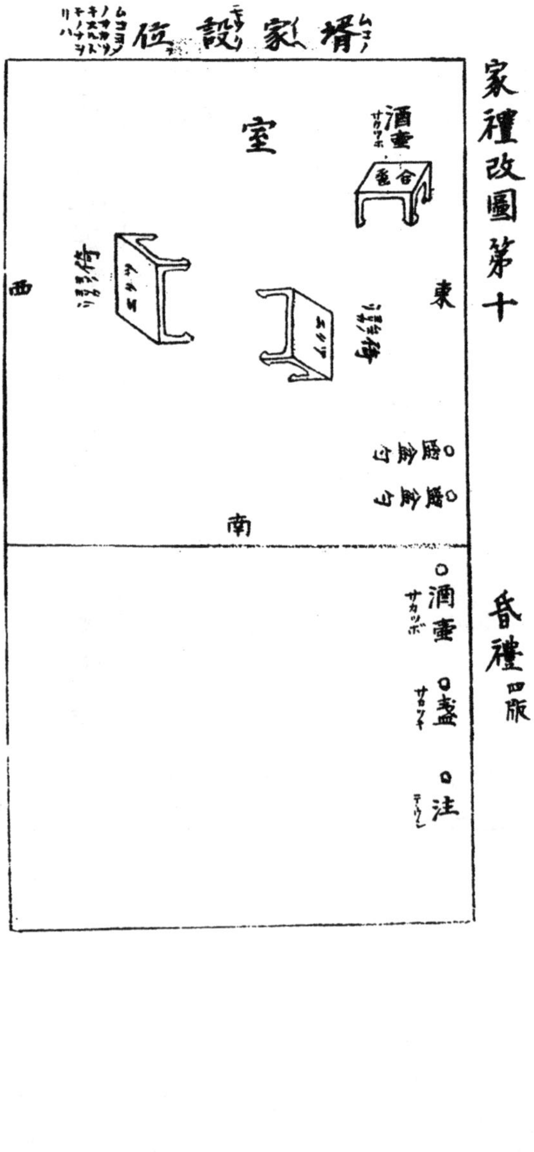

家禮改圖第十一

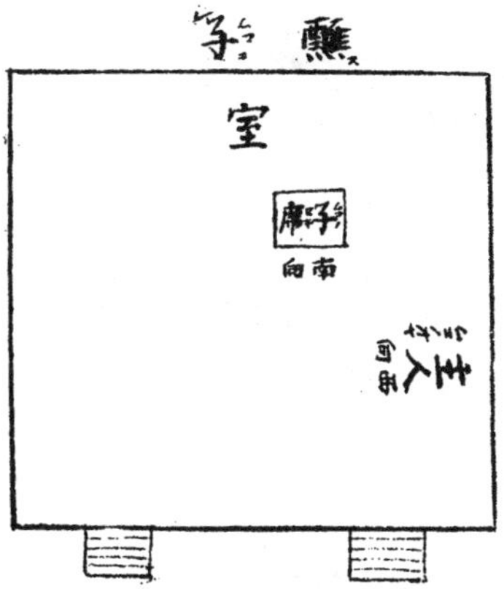

家禮改圖第十一

昏禮
四版左
五版右

家禮改圖第十二

家禮改圖第十二

昏禮　五版左　六版左

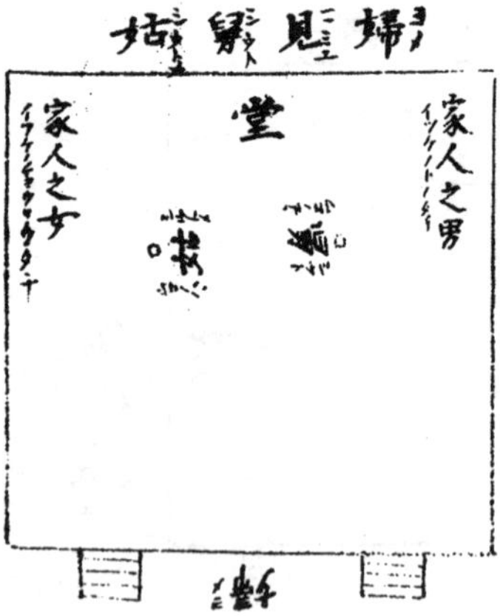

師訓書要曰家禮改圖の篇ハ圖巻の
謬差畧校訂して全成を求んと欲し
て未成ものなり首より昏禮持まて
至りて其後ハ未多ならん寛延の前
の作也